August Lufft

Der Feldzug am Mittelrhein

In den Monaten Mai, Juni und Juli 1794 insbesondere die Sprengung der

Gebirgspostenlinie der Alliirten zwischen Edenkoben und Kaiserslautern am 13. Juli

1794 unter Benützung bisher unbekannter Quellen

August Lufft

Der Feldzug am Mittelrhein
In den Monaten Mai, Juni und Juli 1794 insbesondere die Sprengung der Gebirgspostenlinie der Alliirten zwischen Edenkoben und Kaiserslautern am 13. Juli 1794 unter Benützung bisher unbekannter Quellen

ISBN/EAN: 9783743301757

Hergestellt in Europa, USA, Kanada, Australien, Japan

Cover: Foto ©ninafisch / pixelio.de

Manufactured and distributed by brebook publishing software (www.brebook.com)

August Lufft

Der Feldzug am Mittelrhein

Der k. bayer. Hof- und Staatsbibliothek (handschriftlich)

Der

Feldzug am Mittelrhein

in den Monaten Mai, Juni und Juli 1794,

insbesondere:

Die Sprengung der Gebirgspostenlinie der Alliirten

zwischen Edenkoben und Kaiserslautern

am 13. Juli 1794.

———

Dargestellt von A. L. W. *v. k. C. Regierungs Rath Dichter* (handschriftlich)

unter Benützung bisher unbekannter Quellen mit höchst wichtigen Aufschlüssen
über die Eroberung des Hauptgebirgspostens „Schänzel".

———

Mit einem Anhang und 5 Plänen.

———

Karlsruhe,
G. Braun'sche Hofbuchhandlung
1870.

Vorwort.

Indem der Verfasser diese seine Schrift der Oeffentlichkeit übergibt, glaubt er mit ihr eine, in der militärischen Geschichtschreibung des Krieges am Rhein im Jahr 1794 bisher bestandene, Lücke auszufüllen und insbesondere das Dunkel völlig aufzuhellen, in das die so folgenreiche Erstürmung des preußischen Gebirgs-postens auf dem Schänzel bei Edenkoben in der bayerischen Pfalz noch immer gehüllt war.

Bekanntlich wurde dieser Posten als der Hauptpunkt der Stellungen der Preußen in den Gebirgen zwischen Edenkoben und Kaiserslautern, damit aber als der Schlüssel zur ganzen Cordonslinie der Alliirten von Speyer bis in die Gegend von Trier betrachtet und zog dessen Eroberung am 13. Juli 1794 den schleunigen Rückzug der 80—90,000 Mann starken verbündeten Heere nach sich.

Verfasser war bestrebt, mit jener Objektivität und Unparteilichkeit zu Werke zu gehen, ohne welche der historischen Wahrheit die gebührende Ehre nicht erzeigt werden kann. Er ließ daher, während er faule Zustände oder begangene Fehler weder zu beschönigen, noch zu verhehlen suchte, den Alliir-ten sowohl, als auch den Franzosen alle und jede Gerechtigkeit um so entschie-dener widerfahren, als jene, wie diese bei den Kämpfen, die sie mit einander ausfochten, das Liebste auf Erden, das Leben, gleichmäßig einzusetzen hatten.

Mußte der Verfaſſer hie und da polemiſiren, wie z. B. einläßlicher gegen
das preußiſche Militair-Wochenblatt von 1825 und 1841, ſchärfer gegen die
Memoiren des Marſchalls Gouvion Saint-Cyr, im Vorübergehen gegen
die kritiſche und militäriſche Geſchichte der Revolutionskriege des General-
Lieutenants Jomini, ſo geſchah es doch blos im Intereſſe der Wahrheit
und zur nöthigen Berichtigung erheblicher Irrthümer hinſichtlich der Thatſachen
und der Oertlichkeiten.

Fiel bei ſeiner Arbeit die Beſchreibung der Gebirgspoſten zwiſchen Ebenkoben und Kaiſerslautern nach Lage und Beſchaffenheit umſtändlicher aus, ſo
gab hiezu die Erwägung Anlaß, daß es angemeſſen und dienlich erſcheine,
die Terrainverhältniſſe nebſt allen dermalen noch vorhandenen Reſten von
Schanzen, Bruſtwehren, Verhauen, Lagerſtätten, einſchließlich ſonſtiger Erinne-
rungszeichen, ein- und für allemal zu conſtatiren.

Hiſtoriker und hiſtoriſche Vereine ſuchen emſig z. B. nach Ueberbleibſeln
aus der römiſchen Zeit und ſtellen die gefundenen Maalſteine u. ſ. w. in
öffentlichen Gebäuden auf, indem ſie darüber Abhandlungen und Bücher
ſchreiben.

Haben jene Reſte von Schanzen u. ſ. w., haben namentlich die Steinplatten mit den Inſchriften preußiſcher Krieger auf dem Schänzel und dem
Moſisberg nicht auch ihren hiſtoriſchen Werth?

Deutſche und Franzoſen ſchlugen ſich, dieſe in den Revolutions-, jene in
den Befreiungs-Kriegen, nicht blos um ihr Vaterland von der fremden Invaſion
zu erlöſen, ſondern auch um ihm beſſere Zuſtände zu erringen.

Die geſunden Ideen, welche die franzöſiſche Revolution und die deutſche
Erhebung ausſäeten, gedeihen und entwickeln ſich immer beſſer und erſprieß-
licher.

In Folge deſſen wollen denn auch die Fürſten und die Völker ſich immer
mehr der Ueberzeugung zuwenden, daß die Werke der Civiliſation und Humanität nützlicher, fruchtbringender und heilſamer ſeien, als jene des Neides und
des Haſſes, der Zwietracht und des Kampfes.

Insbeſondere beginnen endlich die Franzoſen ſich an den Deutſchen ein
gutes Beiſpiel zu nehmen und mit dem Gedanken vertraut zu machen, daß es
doch in dem wahren und wohlverſtandenen Intereſſe beider Nationen liege,
gute und freundliche Nachbarſchaft zu halten.

Verfasser befand sich auf diesem Standpunkt, als er seine Schrift schrieb. Aber er wollte für den Fall, daß ein böser Geist über Frankreich kommen und es in einen Krieg mit Deutschland treiben sollte, schon im voraus, wenn auch nur einen kleinen Beitrag zu einem genaueren Bekanntwerden mit einem Terrain liefern, welches, trotz aller Errungenschaften der modernen Kriegs=kunde an gezogenen Geschützen, Zündnadel- und Werdergewehren, Chassepots u. s. w., dennoch, seiner strategischen Bedeutung und Wichtigkeit halber, der Schauplatz neuer Kämpfe werden dürfte. — Sicherlich wäre es denn auch patriotischer, wenn man in gewissen Schichten Süddeutschlands, vornehmlich Bayerns und Würtembergs, sich mit der Frage: durch wen und wie in einem solchen Kriegsfalle die Pfalz am Rhein dem gemeinsamen deutschen Vaterlande und damit dem Haus Wittelsbach erhalten werden könne und solle? ernstlich beschäftigen würde, anstatt ihr, in Hintergedanken oder in Illusionen, aus dem Wege zu gehen.

Ende Mai 1870.

Der Verfasser.

Inhalts-Verzeichniß.

Quellen.

(Das Eingeklammerte bedeutet die Abkürzung im Text.)

I. Bekannte Quellen.

1. Preußisches Militär-Wochenblatt von 1825 — Das Gefecht am Schänzel am 12. und 13. Juli 1794 nebst einem Plan — („M.-W.-Bl. v. 1825").
2. Das nämliche Wochenblatt von 1841 — Bruchstücke aus dem Tagebuch des Erbprinzen v. Hohenlohe im Jahr 1794, enthaltend die Gefechte am Schänzel u. s. w. — („M.-W.-Bl. v. 1841").
3. Oestreichische militärische Zeitschrift. II. Band, 4. bis 6. Heft. Wien 1824.
4. Der französische Freiheitskrieg an dem Oberrhein, der Saar und der Mosel in den Jahren 1792, 1793 und 1794. II. Theil.
5. Magazin der neuesten merkwürdigen Kriegsbegebenheiten. VI. Band. Frankfurt 1796 („Magazin").
6. Geschichte der Kriege in Europa seit dem Jahr 1792. III. Theil. Leipzig 1829. („Geschichte der Kriege").
7. Preußische Kriegschronik. Leipzig 1862.
8. Blücher's Campagne-Journal der Jahre 1793 und 1794. Hamburg 1866.
9. Erinnerungen eines alten preußischen Officiers aus den Feldzügen von 1792, 1793 und 1794 in Frankreich und am Rhein. Glogau und Leipzig 1833 („Erinnerungen" oder „General v. Valentini").
10. Ueber die Pfalz am Rhein. (Von einem Beobachter, der die Feldzüge von 1792 bis 1794 gegen die Neufranken mitmachte.) Brandenburg 1795.
11. Histoire critique et militaire des guerres de la révolution. Par le Lieutenant-Général Jomini. Tome VI. Campagne de 1794. Paris 1820 („Jomini").
12. Mémoires sur les campagnes des armées du Rhin et de Rhin-et-Moselle par le Maréchal Gouvion Saint-Cyr. Tome II. Campagnes de 1794 et 1795. Paris 1829 — avec un atlas des cartes et plans („Saint-Cyr" oder „Mem. v. Saint-Cyr").
13. Victoires et conquêtes des Français depuis 1792 jusqu' à 1814. Paris 1817.
14. Moniteur Universel Nr. 302 p. 1235 et 1236. — Berichte der Volksrepräsentanten Goujon und Pentz, so wie des Obergenerals der Rheinarmee Michaud an den Wohlfahrtsausschuß zu Paris vom 15. Juli 1794.

II. Bisher unbekannte Quellen.

15. Mündliche und schriftliche Ueberlieferungen der Familie des Obersten Lufft, der bei der Erstürmung des Schänzel die 186. französische Halbbrigade befehligte.
16. Aufzeichnungen, die ein preußischer Officier, welcher den Gefechten am Schänzel — wahrscheinlich in der nächsten Umgebung des Generals v. Pfau — beiwohnte, im Jahr 1828 in die Hände eines Pfarrers der bayerischen Pfalz niederlegte („Aufzeichnungen").

17. Erzählung eines Bürgers von Burrweiler in der baperischen Pfalz, Namens Berié, der als französischer Karabinier bei der Eroberung des Schänzel mitfocht, zu Papier gebracht am 7. August 1830 von dem dortigen Revierförster Demuth („Erzählung von Berié" oder „Berié").

NB. Außerdem wurden die mündlichen Volkstraditionen, so weit dieselben vor sorgfältiger Prüfung und Sichtung Stich hielten, als Adminicula in Betracht gezogen.

III. Besondere Quellen für den Anhang — außer jenen unter I und II oben.

1. Karl Friedrich Becker's „Geschichte der neueren Zeit". XII Band. Berlin 1841.
2. Ludwig Häuser's „Deutsche Geschichte vom Tod Friedrich's des Großen bis zur Gründung des deutschen Bundes". I. Band.
3. August Becker's „Die Pfalz und die Pfälzer". Leipzig 1858.
4. Conversations-Lexikon.

IV. Quellen für die 5 Pläne.

1. Die betreffenden Karten des topographischen Bureau in München.
2. Die einschlägige Karte der topographischen Abtheilung des Großh. badischen General-stabes.
3. Eine Specialkarte der baperischen Pfalz.
4. Eine Karte des „Kriegstheaters der deutschen und französischen Gränzlanden zwischen dem Rhein und der Mosel im Jahr 1794. Erstes Blatt".
5. Der Plan bei dem preußischen Militair-Wochenblatt von 1825.
6. Der Specialplan Nr. VI bei den Memoiren von Gouvion Saint-Cyr.
7. Die genaue Besichtigung der Orte, woselbst die 13 Gebirgsposten waren, durch den Verfasser.

NB. Es wurde nach Möglichkeit darauf Bedacht genommen, in die Pläne nur die im Jahr 1794 bestandenen Straßen, Wege und Pfade einzuzeichnen.

Einleitung.

Der Feldzug (1794) war in den Niederlanden von den Alliirten mit den schönsten Erfolgen eröffnet worden. Die französischen Armeen fanden sich, nach dem unglücklichen Ausgang des Angriffs vom 26. April, von allen Seiten bedroht und außer Stand, die Belagerung von Landrecies zu verhindern, so daß sich dieser Platz schon am 30. April ergeben mußte. Alle diese Erfolge wurden jedoch dadurch zu nichte gemacht, daß die Franzosen nicht allein am 28. April in Westflandern einbrangen und Menin sowohl, wie Courtray nahmen, sondern auch an der Sambre eine ununterbrochene Reihe von Gefechten lieferten, deren Folge die Einnahme von Charleroi und der Rückzug der Alliirten war.

Es ließ sich nun voraussehen, daß der Feldzug mit der gänzlichen Räumung der Niederlande endigen müsse, in sofern nicht zahlreiche Unterstützungen von der Rheinarmee nach dem Norden würden gesendet werden. Da aber mittlerweile die fernere Theilnahme Preußens am Krieg durch die Ratifikation des am 19. April 1794 mit England und Holland abgeschlossenen Subsidien-Vertrages gesichert worden war, so stellten die beiden Seemächte, indem sie behaupteten, vermöge dieses Vertrages auf die Verwendung des preußischen Heeres einen bestimmenden Einfluß ausüben zu können, jetzt das Verlangen, daß dasselbe nach den Niederlanden marschiren solle. Feldmarschall v. Möllendorf lehnte jedoch, wahrscheinlich mit Ermächtigung des Königs, dieses Begehren aus Gründen vorerst ab, die vom politisch militärischen Standpunkt aus alle Beachtung verdienten, weil ihm nur auf Unkosten der Vertheidigung der Rheinlinie hätte Folge geleistet werden können. Zwar war preußischer Seits der Vorschlag gemacht worden, die östreichische Waffenlinie bis Neustadt a. H. auszudehnen und das dortige Thal, zur Erhaltung der Verbindung mit dem F.-M. v. Möllendorf bei Kaiserslautern, mit einem Corps von 12,000 Mann zu besetzen, um dadurch zu ermöglichen, das bei Pfeddersheim lagernde Corps des Erbprinzen v. Hohenlohe-Ingelfingen gegen Trier verwendbar zu machen; allein der östreichische Feldherr, Herzog Albert v. Sachsen-Teschen, ging darauf nicht ein, weil ihm vorzugsweise die Deckung des rechten Rheinufers anzuliegen schien. Ebenso verwarf derselbe, wohl aus einem ähnlichen Grunde, den angeblich vom Oberst v. Massenbach zu solchen Operationen auf dem linken Rheinufer entworfenen Plan, welche das Vorrücken der Alliirten und die Einschließung von Landau, unter Umgebung der starken Queichlinie zunächst bezwecken, zugleich aber nicht blos für die Sache

1

der Alliirten im Allgemeinen, sondern auch für die Lage der Armee des Herzogs v. Coburg im Besonderen, eine günstige Wendung herbeiführen sollten.
An die Stelle dieses Entwurfes trat dann jener, angeblich im Hauptquartier
zu Mainz verfertigte, Vorschlag, welcher auf eine Operation gegen Saarlouis
und Metz abzielte und dem F.-M. v. Möllendorf um so besser zusagte,
als er seine Abneigung gegen einen Marsch nach den Niederlanden mit dem
Eingehen auf diesen Vorschlag zu bemänteln vermochte. Der Feldmarschall
arbeitete denn auch, nachdem freilich eine köstliche Zeit in Unthätigkeit verstrichen
war, einen Feldzugsplan aus, von dem man einen guten Erfolg um so sicherer
erwartete, als die von Kaiserslautern bis Longwy (feste Stadt an der Chiers,
3½ Meilen westsüdwestlich von Luxemburg) zerstreute, 40,000 Mann starke
französische Mosel-Armee, durch Detachirung zu einer, unter dem Befehl des
Generals Jourdan nach Belgien bestimmten, Truppen-Verstärkung, um
mehr als die Hälfte vermindert worden war. [1]

---

[1] Wie sich Professor Dr. Häusser in seiner „Deutschen Geschichte" über die damalige Lage äußert, ist im Anhang. §. 1, ersichtlich.

Kapitel I.

Erfolgreiche Eröffnung des Feldzugs am Rhein durch die Alliirten im Mai 1794.

Plan Nr. I.

§. 1.

a 1

Der von F.=M. v. Möllendorf (Anhang §. 6, *X. x.*) entworfene Feldzugsplan wurde von den Oestreichern gutgeheißen und so kam es endlich, indem die Alliirten jetzt wirklich zur Ausführung schritten, [1] aus der Region der diplomatischen Manöver in die der militärischen Operationen. Der erwähnte Plan hatte zunächst den Zweck, durch einen combinirten Angriff auf das bei Kaiserslautern [2] stehende, 6,000 Mann (3 Bataillone und 6 Escadronen) starke französische Corps unter General Ambert, die Vertheidigungslinie der Franzosen zu sprengen und diese in ihre Gränzen zurückzuwerfen. Die Dispositionen zum Vollzug des Plans waren complicirter, als F.=M. v. Möllendorf die seinigen zu treffen gewöhnt war, und sollen im Hauptquartier verfaßt und vom Gedanken eingegeben worden sein, das den äußersten, ganz isolirten linken Flügel der Franzosen bildende Ambert'sche Corps ohne viel Blutvergießen mit Mann und Roß einzufangen.

Wie dem aber auch sein möge, F.=M. v. Möllendorf setzte am 21. Mai die unter seinen unmittelbaren Befehlen befindlichen 52³⁄₄ Bataillone und

---

[1] General v. Valentini behauptet, es sei der Feldzug auf unmittelbaren kategorischen Befehl des Königs von Preußen, der, wie es schien, von seinem früheren, dem Lord Malmesbury mitgetheilten Vorhaben, an der Offensive von den Niederlanden aus Theil nehmen zu wollen, zurückgekommen wäre, eröffnet worden; denn es hätte bei der Gewißheit, daß man nach Jourdan's Abmarsch nur einen ganz geringen Feind bei Kaiserslautern und an der Speyerbach vor sich habe, diesem Befehl auch nicht einmal eine Scheinvorstellung entgegengesetzt werden können.

[2] Die Position von Kaiserslautern ist strategisch äußerst wichtig, weil eine Armee, die von Saarbrücken der über Blieskastel, Zweibrücken und Homburg auf Mainz und Mannheim zu operirt, über die genannte Stadt muß, diese aber einen Straßenknotenpunkt bildet. Indeß ist die dortige Stellung nur gegen Westen, also gegen einen von Saarbrücken kommenden Feind, nicht aber auch gegen den von Norden, Nordosten oder Osten, sohin von Meisenheim, Mainz, Mannheim anrückenden Feind, als eine starke zu betrachten. In der Nähe von Kaiserslautern sollen 7 römische Straßen ihren Vereinigungspunkt gehabt haben, ohne daß jedoch letzterer bisher durch Ausfindigmachung von Denkmalen hätte ermittelt werden können.

48 Escadrons, jenen Dispositionen gemäß, in 4 Colonnen gegen die franzöſiſche Stellung bei Kaiſerslautern in Bewegung. Die erſte Colonne unter General v. Kalkreuth (11 Bat., 18 Esc. nach Abzug der gegen St. Wendel und Brücken bei Birkenfeld detachirten 4 Bat. und 7 Esc. unter General v. Köhler) marſchirte von Cuſel über Ramſtein nach der Vogelweh (1 Stunde von Kaiſerslautern), die zweite unter General v. Romberg (9 Bat., 7 Esc.) von Meiſenheim über Schallobenbach nach Katzweiler (2 St. von K.=L.), die dritte und zwar die Hauptcolonne unter General v. Knobelsdorf (19 Bat., 13 Esc.), zu der noch einige Escabronen des v. Romberg'ſchen Corps ſtießen, von Kirchheimbolanden über Winnweiler nach Moorlautern (1½ St. von K.=L.), die vierte unter General v. Rüchel (7¾ Bat., 10 Esc.) mit einer Reſerve (6 Bat.) unter den Generalen v. Kleiſt und v. Courbière, von Güllheim über Alſenborn (2 St. v. K.=L.) direkt auf Kaiſerslautern zu. Bei dem v. Knobelsdorf'ſchen Corps, deſſen Cavallerie der Prinz von Würtemberg befehligte, befand ſich der Feldmarſchall ſelbſt. Das v. Kalkreuth'ſche Corps hatte hauptſächlich die Beſtimmung, den Franzoſen den Rückzug nach Homburg und Pirmaſens abzuſchneiden und es ſollte zu dem nämlichen Zweck das v. Romberg'ſche Corps die Vereinigung mit jenem Corps ſuchen und von Katzweiler aus gleichfalls die Richtung nach der Vogelweh nehmen. Außerdem hatte ein 4 Bataillone und 5 Escabrone ſtarkes Detachement von dem Corps des Prinzen v. Hohenlohe-Ingelfingen unter Oberſt v. Blücher, von Grünſtatt aus über den Schorleberg unweit Alſenborn nach dem Hochſpeierbachthal vorzubringen, um die Verbindung zwiſchen Kaiſerslautern und Neuſtadt a. H. zu unterbrechen.

Sämmtliche Dispoſitionen wurden hiebei ſo genau eingehalten, daß die 5 bezeichneten Corps oder Kolonnen am 23. Mai, als dem zum allgemeinen Angriff beſtimmten Tag, Morgens zwiſchen 8 und 9 Uhr die ihnen angewieſenen Punkte mit gewohnter Präciſion erreicht hatten.

Den nämlichen Dispoſitionen zu Folge waren aber auch, zur mittelbaren Unterſtützung des Angriffes auf das Ambert'ſche Corps, ſchon am 22. Mai das preußiſche Corps des Erbprinzen v. Hohenlohe-Ingelfingen (16 Bat. und 35 Esc. nach Abzug des v. Blücher'ſchen Detachements) von Pfeddersheim gegen Neuſtadt a. H. marſchirt und das öſtreichiſche Corps des Fürſten v. Hohenlohe-Kirchberg (12 Bat. und 22 Esc.) bei Mannheim über den Rhein gegangen und bis an den Rehbach vorgerückt.

General Ambert, plötzlich von Nordweſt, Norden, Nordoſten und Oſten angefallen und bedrängt, vermochte zwar noch ſeine in einzelnen Detachements von der Vogelweh über Erfenbach, Otterbach, Moorlautern und Eſelsfürth zerſtreuten Truppen raſch zu ſammeln und auf dem linken Ufer der Lauter beim Galgenberg unweit Kaiſerslautern Poſto zu faſſen; allein er ſah ſich nach kurzem Widerſtand genöthigt, vor der großen Uebermacht des Feindes, der nicht blos ſeiner Front ſcharf zuſetzte (v. Knobelsdorf), ſondern auch ſeine rechte Flanke (v. Rüchel), ſowie ſeine linke Flanke (v. Kalkreuth und v. Romberg) bedenklich bedrohte, den Rückzug anzutreten. Konnte der franz. General auch ſelbſt dieſen nur unter beträchtlichen Verluſten bewerkſtelligen, ſo gelang es ihm doch, trotz der lebhaften Verfolgung durch die preußiſchen Huſaren, mit dem Ueberreſt ſeines Corps nach Pirmaſens zu entkommen.

Oberſt von Blücher hatte ſeine Aufgabe gleichfalls gelöst, indem er bei Frankenſtein zwei Bataillone Franzoſen unter General Siscé auseinandersprengte und ein drittes Bataillon, welches von Reibenfels her denselben zu Hilfe kommen wollte, bei Weidenthal festhielt.

Der Gesammtverlust der Franzosen an diesem Tage betrug blos an Ge= fangenen, einschließlich der abgeschnittenen Besatzung der Verschanzung auf dem Galgenberg, 2000 Mann; auch fielen 17 Geschütze in die Hände der Sieger [1]).

Das östreichische Corps unter dem Fürsten v. Hohenlohe=Kirchberg schritt am 23. Mai ebenfalls zum Angriff, fand jedoch bei dem Rehbach von Seite der französischen Division Desaix den hartnäckigsten Widerstand und sah sich, als diese Division selbst zum Angriff überging, sogar gezwungen, eine rückgängige Bewegung machen zu müssen, so zwar, daß dasselbe erst wieder zwischen Mundenheim und Oggersheim Stellung zu nehmen im Stande war.

Das preußische Corps des Prinzen v. Hohenlohe=Ingelfingen setzte, um sich am Kampf rechtzeitig betheiligen zu können, am 23. Mai seinen Vormarsch bis zum Marlachgraben [2]) bei Deidesheim fort, von wo aus dasselbe, in der Erwartung der Fortschritte der Oestreicher, eine lebhafte Kanonade gegen die französische Division Ferino unterhielt. Auf die Nachricht von dem Zurückweichen der Oestreicher zog sich jedoch das preußische Corps bei ein= brechender Nacht bis Ungstein (¹⁄₂ St. von Dürkheim) zurück. Die dem rechten Flügel der Oestreicher zu Hilfe gesendeten 25 Escadronen hatten diesen bereits auf dem Rückzug getroffen.

Die Kunde von dem durch F.=M. v. Möllendorf über den General Ambert erfochtenen Sieg veranlaßte nun aber die Franzosen, schon am 24. Mai ihre Stellung am Rehbach und beim Marlachgraben zu räumen und sich auf die zwei Linien vor der Queich von Frankweiler bis Lingenfeld und hinter der Queich von Annweiler bis Germersheim zurückzuziehen.

Wohl machte General Desaix am 28. Mai den Versuch, von Neustadt wieder Besitz zu nehmen, indem er mit zwei Colonnen vorrückte, wovon die eine den Weg über Großfischlingen und die andere den über Edesheim nahm; es wurden jedoch diese beiden Kolonnen, die erste bei dem Debouchiren aus Kirrweiler und dann auf ihrem Rückzug nach Großfischlingen, die zweite auf ihrem freiwilligen Zurückgehen nach Edesheim, durch den Obersten v. Blücher mit 4 Escadrons seiner Husaren, denen sich einige Escadrons v. Wolffradt= Husaren und ein Detachement Dragoner v. Schmettau anschlossen, so unge= stüm angegriffen, daß es denselben erst nach dem Verlust von vieler Mann= schaft an Todten und an Gefangenen — deren Zahl allein 20 Officiere und 300 Gemeine betrug — sowie von 6 achtpfündigen Kanonen gelang, in ihre früheren Stellungen vor der Queich zurückzukehren.

---

[1]) General v. Balentini äußert die Meinung, daß das vollständige Gelingen des Plans, ungeachtet seiner meisterhaften Combination, doch hauptsächlich dem Umstande zuzu= schreiben sei, daß General v. Rüchel in frischer Initiative schon vor der bestimmten Stunde losgeschlagen habe, indem er beifügt, daß dem General Ambert der Rückzug nach Pirmasens nur deßhalb habe glücken können, weil der über Schallodenbach anrückende General (v. Romberg) ein Mann nach der Uhr gewesen sei, und, ohne Rücksicht auf den Kanonendonner auf der Seite des v. Rüchel'schen Corps, die in den Dispositionen vorgeschriebene Minute eingehalten habe.

[2]) Der Marlachgraben beginnt gleich hinter Deidesheim und läuft rechts von Rup= pertsberg in der Richtung von Meckenheim und Hochdorf weiter.

Kapitel II.

Unthätigkeit der Alliirten und Thätigkeit der Franzosen

im Juni 1794.

§. 2.

A. Obgleich die Alliirten durch die Erfolge eines einzigen Tages — des 23. Mai — das französische Heer von dem Haardtgebirg abgedrängt und auf die Vogesen zurückgeworfen, Kaiserslautern und dessen Umgebung gewonnen und fast dieselben Stellungen wieder erobert hatten, welche von den Preußen im Jahr 1793 vor den Unfällen von Weißenburg besetzt waren, so verfolgten sie dennoch nicht die errungenen Vortheile, sondern begnügten sich damit, in geduldiger Erwartung der etwaigen Unternehmungen der Franzosen, die, beiläufig 15 bis 20 deutsche Meilen lange, von Speyer über Edenkoben, Trippstadt, Kaiserslautern, Kübelberg (zwischen Homburg und Ensel) und Wadern (2 Meilen von Merzig an der Saar) bis in die Gegend von Trier hinziehende, Linie zu besetzen und diesen Cordon während der nächsten 4 bis 5 Wochen in einen einigermaßen haltbaren Zustand und Zusammenhang zu bringen. Insbesondere war F.-M. v. Möllendorf bedacht, das preuß. Hauptcorps bei Kaiserslautern über das Gebirge hinweg mit den preußisch-östreichischen Corps im Rheinthal durch Postirungen und Verschanzungen zu verbinden. Der östr. Feldherr, Herzog Albert v. Sachsen-Teschen aber, nahm seinerseits von den Vorgängen am 23. und 28. Mai doch mindestens dazu Veranlassung, das östr. Corps unter dem Fürsten v. Hohenlohe-Kirchberg mit 19 Bataillonen und 21 Escadrons zu verstärken und sein eigenes Hauptquartier von Schwetzingen nach Speyer zu verlegen.

Wenn F.-M. v. Möllendorf deßhalb zu tadeln ist, daß er, einmal im Besitz des Straßenknotenpunktes von Kaiserslautern, dennoch versäumte, dem General Ambert wenigstens bis in die Nähe von Pirmasens nachzurücken und dann durch das Annweilerer Thal bis an die Queich zurückgegangene franz. Rheinarmee in der linken Flanke oder im Rücken zu fassen und so von ihrem Stützpunkt Landau zu verdrängen, so trifft die beiden Alliirten mit vollem Recht der gemeinsame Vorwurf, daß sie unterließen, mit vereinten Kräften sowohl von der Front im Rheinthal, als auch vom Gebirge her über jene Armee herzufallen, während ein kleines Truppencorps genügt hätte, den schwachen Rest der ehemaligen Moselarmee zwischen der Blies und der Saar im Schach zu halten.

Allerdings ist bei der Beurtheilung der Unthätigkeit der Alliirten leider dem Umstand Rechnung zu tragen, daß bereits Mißtrauen und Uneinigkeit genug in ihrem Lager herrschte [1]), um es nicht zu energischen Entschlüssen und einem entsprechenden Zusammenwirken bei der Ausführung kommen zu lassen.

---

[1]) Bei dieser mehr wie unfreundlichen Stimmung war es z. B. möglich, daß ein später regierender deutscher Fürst, der als Major in preußischen Diensten stand, unter der Thür des Speisesaales eines eleganten Gasthofes in Luxemburg, als er durchnäßt und hungrig sich erquicken wollte, mit den Worten abgewiesen wurde: „hier sei für die Herrn Kaiserlichen der Tisch gedeckt."

Es verblieb vielmehr bei unfruchtbaren schriftlichen Erörterungen und erfolglosen Unterhandlungen über die allenfalsigen eigenen Operationen.

Professor Dr. Häusser sagt hierüber in seiner „Deutschen Geschichte": „daß der Erfolg nicht besser benützt ward, vielmehr eine Pause von Monaten „eintrat, war nicht die Schuld des Heeres und seines Führers, sondern der „diplomatischen Gewebe, von welchen alle kriegerischen Operationen jener Zeit „auf's unheilvollste umflochten waren".... „So war also das Haager Abkommen thatsächlich aufgehoben; England zahlte die versprochenen Subsidien nicht, Preußen ließ seine Truppen nicht dahin marschiren, „„wo es den Interessen der Seemächte am meisten zu entsprechen schien."" [1]

B. Dagegen hatten die Franzosen, indem sie sich darauf beschränkten, die Queichlinie besetzt zu halten, die sechswöchentliche Unthätigkeit der Alliirten dazu benützt, die neue Armee-Organisation immer mehr durchzuführen, ihre Truppen möglichst einzuüben und auszubilden, für Verstärkungen zu sorgen und, durch die Fortschritte ihrer Armeen in den Niederlanden immer mehr angefeuert, zur Ergreifung der Offensive und Auswetzung der Scharten vom Mai die nöthigen Vorbereitungen zu treffen. Insbesondere war es ihnen gelungen, die Moselarmee auf eine solche Höhe zu bringen, daß sie 3 Lager bei Blieskastel, Hornbach und Pirmasens zu errichten vermochte. Dieselben waren denn auch jetzt darauf bedacht, die Alliirten zu hindern, Verstärkungen nach den Niederlanden zu senden und glaubten, diesen Zweck am sichersten dadurch erreichen zu können, daß sie die Moselarmee und die Rheinarmee gemeinsam operiren und mit einem allgemeinen Angriff auf die Alliirten zur Offensive übergehen ließen. In diesem Sinne erfolgten denn auch von Seite des Kriegsministeriums zu Paris die gemessensten Befehle, die noch dadurch den erforderlichen Nachdruck erhielten, daß der Wohlfahrtsausschuß den energischen Volksrepräsentanten Heutz nebst einigen Kollegen mit außerordentlichen Vollmachten in das Lager der Rheinarmee sendete.

Kapitel III.

Beschreibung des Kriegsschauplatzes im Allgemeinen.

Plan Nr. I.

§. 3.

Der Schauplatz der Kämpfe im Mai und Juli 1794 war das Gebiet der jetzigen „bayerischen Pfalz", welches damals in eine Unzahl von Herrschaften zerstückelt war, von der französischen Republik aber mit höchst sum-

---

[1] Die sechswöchentliche Unthätigkeit nach einem bedeutenden Sieg erregte in ganz Europa Erstaunen und Mißfallen. Im brittischen Parlament machte sogar ein Mitglied den originellen Vorschlag: den Verbündeten auf dem Festlande die Subsidien nur nach der gethanen Arbeit zu bezahlen, nämlich für eine Schlacht, ein Treffen, ein Scharmützel, eine Belagerung u. s. w. jedesmal so und so viel.

marischem Verfahren in ein Ganzes zusammen geworfen wurde, das unter dem französischen Kaiserreich als „Departement von Donnersberg" eine feste Gestaltung erhielt und, nach dem Sturz des Imperators, sammt dem Landstrich bis zur Wieslauter an die Krone Bayern kam.

Der Plan Nr. I. hat die Bestimmung, mit dem Terrain im Allgemeinen bekannt zu machen, worauf sich jene Kämpfe bewegten. Wem derselbe nicht genügen sollte, der kann aus einer besseren Karte der bayerischen Pfalz oder noch genauer und deutlicher aus den Karten des topographischen Bureau in München das Nähere und Besondere entnehmen.

Verfolgt man auf dem Plan die Stellungen der Alliirten und die der Franzosen, wie sie aus den §§. 16, 17, 18, 19 ersichtlich sind und bis zum 13. Juli im Wesentlichen unverändert blieben, so findet man, daß im Rhein=thal die Alliirten auf der Strecke ihres Cordons von Speyer bis Ebenkoben, (§. 2) mit dem linken Flügel — Oestreicher — und dem Centrum — Preußen — vor der Speyerbach in ihrem Lauf von Neustadt a. H. bis Speyer, die Franzosen aber mit dem rechten Flügel und dem Centrum der Rheinarmee vor der Queich in ihrem Lauf von Landau bis Germesheim aufgestellt waren. Man erfährt damit zugleich, was unter der Speyerbachlinie und was unter der Queichlinie zu verstehen sei und welche Bedeutung diese beiden Linien in strategischer Beziehung hatten.

Eine umständlichere Darstellung des Terrains zwischen den eben genannten beiden Linien unterbleibt deßhalb, weil der Plan Nr. I. zu einem Ueberblick um so mehr auszureichen vermag, als die dort gelieferten, an und für sich unbedeutenderen Gefechte, dem Hauptzweck gegenwärtiger Schrift gegenüber, ohnehin nur in zweiter Linie stehen.

Dagegen ist die ausführlichere Beschreibung jener Strecke des Cordons der Alliirten, welche sich von Ebenkoben weg bis Kaiserslautern weiter zog, insoweit darauf die zur Verbindung ihres Centrums mit ihrem rechten Flügel bestimmten Gebirgsposten der Preußen etablirt waren, aus dem Grunde uner-läßlich, weil die Schilderung der Ueberwältigung dieser Gebirgsposten am 13. Juli 1794 und damit die der Sprengung des Cordons der Alliirten oder der Trennung ihres Centrums — des Corps des Erbprinzen von Hohenlohe-Ingelfingen (bei Ebenkoben) — von dem rechten Flügel — dem Haupt=corps des Feldmarschalls v. Möllendorf (bei Kaiserslautern) — die Haupt-aufgabe dieser Schrift ist.[1]

Verlängert man die Speyerbachlinie von Neustadt a. H. aufwärts bis zum Ursprung der Speyerbach bei Speyerbrunn und die Queichlinie gleichfalls auf-wärts bis zur Quelle der Queich unweit Willgartswiesen, so zeigt es sich, daß der Cordon der Alliirten auf der Strecke von Kaiserslautern bis Ebenkoben zwischen den beiden verlängerten Linien hindurchzog und solchergestalt nicht blos die Speyerbachlinie von Speyerbrunn bis Neustadt, sondern auch die Verbindung zwischen Kaiserslautern und Neustadt, wie sie durch das Hoch-speyerbach= und das Speyerbachthal vermittelt wird, gegen den, aus der Queich-linie von Willgartswiesen bis Landau, anrückenden Feind zu decken bestimmt war

---

[1] Eine nähere Beschreibung der Haardt- und Vogesen-Gebirge, namentlich des Eschenkopf, steht im Anhang, §. 5, A. Da, wo die Höhe eines Berges im Text oder im Anhang sich angegeben findet, ist dieselbe stets nach dem „bayerischen Fuß" bemessen.

Zwischen den nämlichen zwei Linien liegt nun Hofstätten oder jenes kleine Dörfchen [1]), welchem gerade der zweite Landauer Operationsplan (§. 24) da= durch in strategischer Hinsicht Bedeutung verlieh, daß sich dort die 3 diversen Bataillone der Rheinarmee mit den 3 Bataillonen der Brigade der Linken unter General Glaub für ihre weitere Bestimmung zu vereinigen hatten (Art. 9 und 10 mit Modifikation b). In der That befindet sich Hofstätten, wenn man Kaiserslautern, Neustadt, Landau und Pirmasens als die vier Winkel eines unregelmäßigen Vierecks betrachtet, nahezu in der Mitte dieses Vierecks. Denn es sind von Hofstätten in gerader Linie nach Kaiserslautern, Landau und Pirmasens je $5\frac{1}{2}$ Stunden, nach Neustadt $5\frac{3}{4}$ Stunden. Ebenso ist das Dörfchen von Trippstadt und Elmstein, wenn man den Weg über den Eschenkopf nimmt, fast gleich weit entfernt. Dieser Lage hatte Hofstätten denn auch zu verdanken, daß früher die direkten Wege aus der Linie Pirmasens= Landau nach der Linie Kaiserslautern=Neustadt über das Dörfchen gingen.

Von Wilgartswiesen, das so ziemlich in der Mitte der Linie Pirmasens= Landau liegt, führt der Weg nach Hofstätten entweder über Rinnthal, das Wellbachthal aufwärts und beim sogenannten Häuschen am Eingang in das Flachsthal durch die Schlucht hinauf, in 3 Stunden, oder über den Hermers= berger Hof und den Jud am Hortenkopf in $2\frac{5}{8}$ Stunden. Der letztere Weg ist demnach wohl etwas näher, allein auch beschwerlicher. Von Hofstätten führt der Weg nach der Hochstraße über den Flachsbach in der Nähe des Häuschens und von da den Berg hinauf in den Sattel, Trogteich genannt, der, etwa in gleicher Höhe mit dem Dörfchen, den eigentlichen Saukopf von dessen beiden Ausläufern Pfälzerteich und Aron scheidet. Aus dem Trogteich zieht sich der Weg um den nördlichen Hang des Saukopf herum, in den Sattel zwischen dem Badischen Köpfchen am Mosisberg (Langer Kopf) hinauf, um von da, an der Kapitänshütte vorbei und um die östliche Seite des Eschenkopf herumgehend, beim Schnapphahnenpfad in die Hochstraße einzulaufen. Eine kleine Strecke vor dem Sattel trifft der frühere Weg von Leimen nach Johanneskreuz [2]) mit dem Hofstättener Weg zusammen. Von Hofstätten bis zum Trogteich kann man $\frac{3}{4}$ Stunden und von letzterem zum Sattel $\frac{1}{2}$ Stunde rechnen. Ein beschwer= licherer Weg oder vielmehr Pfad geht das Flachsbachthal hinauf bis zum Felsenbrunnen und von da durch das Felsenthal zwischen dem Saukopf und dem Löffelbrett direkt, aber steil nach dem Sattel hinauf [3])

Ueber einen großen Theil der Cordonsstrecke von Edenkoben nach Kaisers= lautern führt die älteste aller Gebirgsstraßen, nämlich die aus der Römerzeit herrührende sogenannte Hochstraße [4]). Ursprünglich zog diese Straße aus Nord=

---

[1]) Näheres über Hofstätten in Anhang. §. 5, B.

[2]) Von Leimen führt jetzt eine Landstraße, über den Breiten Sand, rechts vom Ba= dischen Köpfchen und rechts vom Eschenkopf sich hinziehend, dann beim Pferdsbrunnend die Hochstraße kreuzend, nach Johanneskreuz.

[3]) Heute geht noch ein dritter bequemerer Weg von Hofstätten nach dem Trogteich, der das Flachsbachthal hinauf zum Felsenbrunnen, von da eine kleine Strecke im Felsenthal aufwärts und dann längs dem südlichen Hang des Saukopf allmählig dorthin führt.

[4]) Zwar will von einer Seite die Erbauung dieser Straße, die oberhalb des Lauber= hofes bei Trippstadt endete, in das Mittelalter verlegt werden, allein wohl mit Unrecht; denn die Römer pflegten ihre Straßen nicht durch Defilés, wie die in den Thälern zwischen Kaiserslautern und Neustadt, sondern über die Höhen zu führen und scheuten dabei keine Schwierigkeiten.

osten von Neustadt a.H. kommend, links an der Kalmit[1]) vorbei über den
Plattberg in den Sattel zwischen diesem und dem Triefenberg nach Westen
hinunter auf die Hochebene, welche vom Triefenberg an durch die Hain-
geralbe und die obere Frankweide bis zum Eschenkopf läuft, um unweit
dieser Bergkuppe — während beim Pferdsbrunneneck ein Weg sich rechts nach
Johanneskreuz abzweigte und von dort namentlich über Mölschbach nach Kaiserslautern führte — links um die Quelle der Burgalbe herum nach dem Lauberhof
im Moosalbethal hinunter und von da als Thalweg nach Trippstadt weiter
zu gehen. Die Hochstraße ist dermalen von Neustadt bis in den erwähnten
Sattel außer Gebrauch und verfallen, von da an aber vernachläßigt und nur
theilweise fahrbar, indeß für Fußgänger, trotz vielfacher Ueberwucherung mit
Gras, noch immer tauglich. Dieselbe hält sich, sobald sie die Hochebene erreicht,
dem Haardtzug zunächst folgend, stets noch auf einer Höhe von 1440 bis
gegen 1700 Fuß[2]).

Um sich jedoch ein besto klareres Bild von der Cordonsstrecke oder der
Gebirgspostenlinie zwischen Edenkoben und Kaiserslautern machen zu können,
ist es nöthig:

a. der Hochstraße den Weg von Edenkoben bis in den Sattel zwischen
dem Plattberg und dem Triefenberg, dann den Weg von Johanneskreuz bis
Trippstadt anzufügen;

b. die sämmtlichen Gebirgsposten von Edenkoben aus der Reihe nach zu
verfolgen.

Diese Gebirgsposten befanden sich an nachbenannten Punkten:

1) auf dem Schänzel, einschließlich der zwei Außenposten bei der Modenbacher Schloßruine und am Satzerstein,
2) unten am Erlenkopf,
3) auf dem Steineck,
4) beim Jud unten am Hortenkopf,
5) beim Breiten Sand,
6) auf dem Saukopf und am Mosisberg (Langer Kopf),
7) an der Kapitänshütte,
8) beim Schnapphahnenpfad unten am Eschenkopf,
9) beim Pferdsbrunneneck unweit des Eschenkopf,
10) am Johanneskreuz,
11) zu Trippstadt[3]).

Was die Entfernungen anbelangt[4]), so kommt man von Edenkoben auch
auf dem alten Weg[5]) durch das Triefenbachthal in 1³/, Stunden in den
Sattel und daselbst in die Hochstraße, von da aus aber in ¹/, St. auf jene

---

[1]) Die 2334 b. Fuß hohe Kalmit ist nach dem Donnersberg der höchste Berg in
der bayerischen Pfalz.

[2]) Dem jetzt pensionirten Herrn Forstmeister **Michael Becker** zu Elmstein gebührt
das Verdienst, daß die Hochstraße vom Schänzel bis zum Eschenkopf heute mit Wegweisern
versehen ist.

[3]) Trippstadt ist mit zu den Gebirgsposten gezählt, obwohl dort nicht sowohl ein
eigentlicher Posten, als vielmehr eine Corpsposition war.

[4]) Die Entfernung von einem Ort zum anderen ist nach der Stundenzeit bemessen,
die ein gewöhnlicher Fußgänger braucht, um den Weg zurückzulegen, wobei jedoch bemerkt
wird, daß eine marschirende Truppe Infanterie eine längere Zeit dazu nöthig zu haben
pflegt, auch wenn sie keine Geschütze und keine Bagage mit sich führt.

[5]) Der neue Weg geht gleichfalls in den Sattel.

Kuppe des Triefenberg, die vorzugsweise „Schänzel" heißt[1]). Vom Sattel gelangt man in 1 St. 5 Min., vom Schänzel in 50 Minuten zum Satzerstein, von hier in 1 St. 10 Min. zum Erlenkopf und von da in $\frac{1}{2}$ St. zum Steineck, von diesem in $1\frac{7}{8}$ St. zum Schnappbahnenpfad, von da in $\frac{3}{8}$ St. zum Pferdsbrunneneck und von hier in $\frac{5}{8}$ St. nach Johanneskreuz. Vom Johanneskreuz braucht man über den Neu- oder Rothhof $\frac{3}{4}$ St. nach Trippstadt[2]) und von da $2\frac{1}{4}$ St. nach Kaiserslautern. Es beträgt also auf obiger direkten Route die ganze Entfernung zwischen Edenkoben und Kaiserslautern $9\frac{5}{8}$ St. und ist innerhalb derselben das Schänzel vom Steineck $3\frac{1}{2}$ St., vom Johanneskreuz $5\frac{3}{8}$ St. und von Trippstadt $6\frac{5}{8}$ St., das Steineck aber von Johanneskreuz $2\frac{7}{8}$ St. entfernt. Mit jener Entfernung von $6\frac{5}{8}$ St. hat man indeß noch keineswegs die ganze Länge der Gebirgsposten-Linie. Um dieselbe zu erhalten, muß man vielmehr auch die Posten am Jud, beim Breiten Sand, auf dem Saukopf und am Mosisberg (Langer Kopf), dann an der Kapitänshütte in die Linie aufnehmen. Es ergibt sich dann folgendes Resultat: Von Steineck kommt man über Hofstätten — wohin man $1\frac{3}{8}$ St. braucht — in 2 St. zum Jud, von hier in $\frac{3}{4}$ St. zum Breiten Sand, von da in $\frac{3}{4}$ St. zum Saukopf, von diesem in $\frac{1}{2}$ St zum Mosisberg (Langer Kopf) und von letzterem in $\frac{1}{8}$ St. zur Kapitänshütte, von der man noch $\frac{1}{2}$ St zum Schnappbahnenpfad hat. Vom Steineck zum Schnappbahnenpfad über Hofstätten braucht man also, anstatt der $1\frac{7}{8}$ St. auf der direkten Route, $4\frac{5}{8}$ St., oder $2\frac{3}{4}$ St. mehr. Hiernach erreicht denn auch die Gebirgspostenlinie, wenn man sie vom Schänzel nach Trippstadt über Hofstätten zieht, eine Länge von $9\frac{3}{8}$ Stunden.

Kapitel IV.

Beschreibung der einzelnen Gebirgsposten.

Plan Nr. I.[3])

Hier ist die Bemerkung vorauszuschicken, daß diese Beschreibung nicht in der Reihenfolge des §. 3, sondern nothwendiger Weise in der nämlichen Ordnung zu geschehen hat, in welcher, der sachgemäßen Klarheit und Uebersichtlichkeit halber, mit Rücksicht auf den Gang und den Zusammenhang der Operationen, jene Kämpfe zu erzählen sind, welche die Sprengung der Gebirgspostenlinie zum Ziel hatten. Der Plan Nr. I gilt für sämmtliche Gebirgsposten. Außerdem gibt es einen Specialplan Nr. II für Trippstadt und Johanneskreuz, sowie 3 Specialpläne Nr. III, IV und V für das Schänzel.

---

[1]) Der Posten bei der Modenbacher Schloßruine kommt nicht in Betracht, weil er 1 St. seitwärts liegt.

[2]) Es führt von Johanneskreuz auch ein Weg über den Antonihof in $1\frac{1}{2}$ Stunden nach Trippstadt.

[3]) Zwar sind sämmtliche Gebirgsposten in den Plan aufgenommen und durch Einzeichnung von Schanzen u. s. w. kenntlich gemacht; allein es konnte diese Einzeichnung selbst, wegen Mangels an Raum, weder ganz genau, noch vollständig bewirkt werden.

§. 4.
1. Trippſtabt. (Plan Nr. II.)

Die dortige Poſition war auf der Cordonsſtrecke der Alliirten von Kaiſers=
lautern bis Ebenkoben das Mittelglied zwiſchen dem Gebirgspoſten am Johannes=
kreuz und dem Hauptquartier des F.=M. v. Möllendorf zu Kaiſerslautern.
Die Lage des, auf einer Hochebene 1578 b. Fuß über dem Meer befind=
lichen, Dorfes Trippſtadt, iſt mit ihrem hügeligen und durchſchnittenen, nach
Südoſten, Süden und Südweſten in das Neuhofer= und das Moosalbe=Thal
mehr oder weniger ſteil abfallenden Terrain, zur wirkſamen Vertheidigung
gegen einen von Pirmaſens, namentlich über Schmalenberg, alſo von Süd=
weſten gegen die dortige Front anrückenden Feind vorzüglich geeignet. Die
Hochebene bildet eigentlich ein Dreieck, deſſen Hypotenuſe ſich in der Richtung
von Nordweſten nach Nordoſten, vom Rabenberg beim Langenſohler Hof bis
zum Thalberg oberhalb des Neuhof erſtreckt und deſſen abgeſtumpfter Winkel ſüd=
weſtlich nach der oberen Hammerſchmiede im Moosalbethal zu in zwei Kanten,
rechts und links von einer dazwiſchen gelegenen Mulde, ausläuft, während der
linke Schenkel, von Südweſten nach Nordoſten ziehend, in das breitere Neu=
hofer Thal und der rechte Schenkel, von Südweſten nach Nordweſten ſich wen=
dend, in das ganz ſchmale und enge, als Karlsthal bekannte obere Moosalbe=
thal ſich hinabſenkt. Der Haſenberg nimmt etwa das erſte Drittheil des linken
Schenkels, von der Kante links an gerechnet, mit einer geraden Front von
nahezu ¼ Stunde Länge ein und ſtürzt nach Südoſten in das gegen 3 bis
400 Fuß tiefer gelegene Neuhoferthal ſteil genug ab, um zu ſeiner Verthei=
digung der Verſchanzungen nicht zu bedürfen. Auf dieſer Strecke ſtand das
Centrum der Preußen in einer Linie längs der Bergſchneide, die mit dem
rückwärts auf der Hochebene von Südweſten nach Nordoſten ſich erſtreckenden
Dorf ziemlich parallel lief. Hinter dem Centrum war zwiſchen ihm und dem
Dorfe die preußiſche Hauptreſerve aufgeſtellt. Dieſe, wie jenes, beſtand blos
aus Infanterie. Wo die gerade Front des Haſenberg zu ihrer Linken endigt[1],
biegt ſich der Berg rückwärts nach der Mitte des Dorfes zurück und bildet mit
einem Ausläufer der Hochebene eine Schlucht, die in das Thal hinunter zieht.
Jenſeits des Ausläufers befindet ſich wieder eine Schlucht in der Richtung
nach dem nordöſtlichen Ende des Dorfes, die gleichfalls in das Thal hinab=
ſteigt. Der Ausläufer ſelbſt bildet ein ſpitzwinkeliges Dreieck, der beim Winkel
mit einer ſchmalen Kante nach Südoſten in das Neuhoferthal auch ziemlich
ſteil Hinabfällt, deſſen Hypotenuſe aber in einer Länge von einer ½ Viertel=
ſtunde ſich als der mittlere Theil oder das zweite Drittheil des linken Schenkels
betrachten läßt. Auf der anderen Seite der zweiten Schlucht liegt der Thalberg
und ſetzt die ziemlich gerade Linie, welche durch den Haſenberg und die Hypo=
tenuſe des Ausläufers markirt wird, als drittes Drittheil des linken Schenkels
in einer Länge von etwa ¼ Stunde bis oberhalb des Neuhof fort, indem er
nach Nordoſten ebenfalls ziemlich ſteil in das Neuhoferthal abfällt und zu
ſeiner Linken eine tiefe Schlucht als natürliche Deckung und Schutzwehr hat.
Der linke Flügel der Preußen war rückwärts vom Ausläufer und auf dem

---

[1] An dieſer Stelle ſoll ſich eine preußiſche Schanze befunden haben, was deßhalb
glaublich iſt, weil ſich von ihr aus der mittlere Theil des Neuhoferthales nebſt den Zu=
gängen zu den weiter unten zu erwähnenden zwei Schluchten, beſtreichen ließ.

Thalberg postirt. Er bestand aus etwas Infanterie und aus Cavalerie, da diese bei der dortigen Beschaffenheit der Hochebene ganz gut verwendbar war.

Wo die gerade Front des Hasenberg zu ihrer Rechten endigt, da bildet der Berg, gegenüber der Stelle, wo der Neuhoferbach oberhalb der oberen Hammerschmiede sich in die Moosalbe ergießt, wo also das Neuhoferthal mit dem Moosalbethal sich vereinigt, die eine der erwähnten beiden Kanten, die zuerst gegen Süden scharf hervorspringend, dann nach Norden zurückbiegt, um jetzt in der anderen Kante gegen Südwesten nach dem Moosalbe= oder Karls=thal zu auszulaufen. Diese beiden Kanten sind es nun auch, zwischen denen sich die Mulde befindet, deren ebenfalls bereits oben gedacht und, ihrer Lage wegen, noch weiter zu erwähnen ist. Dieselbe zieht sich von der Straße zwischen dem Berg und dem Thal aufwärts, indem sie gegen die Mitte Raum für mehrere Häuschen [1]) hat, weiter oben aber nach dem Dorfe zu sich immer mehr in den Berghang verläuft. Links von der Mulde bildet die dahin abfallende linke Kante der Hochebene einige Absätze, die etwa 70 bis 80 Fuß über der Thalsohle neben und über einander liegen. Da, wo die Mulde die Straße erreicht, steht, einige Schritte weiter links auf der anderen Seite der Straße im Thal, eine kleine Strecke unterhalb der Stelle, wo die Neuhoferbach in die Moosalbe einströmt und ganz nahe beim Anfang des Karlsthales, hart an der Moosalbe, jene obere Hammerschmiede, die am 13. Juli 1794 der Schau=platz hartnäckiger, blutiger Kämpfe war. Die Straße selbst [2]) zog sich, aus dem unteren Karlsthal kommend und bei der Hammerschmiede die Thalwege vom Lauberhof und vom Neuhof her in sich aufnehmend, an der Hammerschmiede vorbei nach der rechten Kante der Hochebene und, dieselbe umbiegend, auf deren Westseite nach dem Dorfe aufwärts. Wo die Straße die Biegung macht, war an der Kante eine Schanze in gleicher Höhe mit den gedachten Absätzen er=richtet, von der aus die Straße bis zur Hammerschmiede, der untere Theil der Mulde und die nächste Umgebung der Hammerschmiede bestrichen werden konnte. Auch ist trotz der Umwandlung zu Ackerfeld die betreffende Stelle noch immer erkennbar. Auf den Absätzen selbst befanden sich ebenfalls Schanzen, die eine rechts, die zwei anderen links ganz nahe dabei und über einander. Noch heute sind Ueberreste dieser drei Schanzen, die gerade über der oberen Hammer=schmiede lagen, vorhanden [3]). Diese Schanzen konnten nicht blos das nämliche Terrain, wie die Schanzen an der Kante, sondern auch den gegenüberliegenden unteren Abhang des von Schmalenberg nach dem Karlsthal sich herunter=ziehenden Berges beschießen. Eine kurze Strecke unterhalb der oberen Hammer=schmiede, etwa der Stelle gegenüber, wo die Straße um die rechte Kante biegt, beginnt das Karlsthal, das bis zur mittleren Hammerschmiede auf einer Länge von ¼ Stunde kaum für die Moosalbe Raum hat und von Felsen und steilen Wänden eingeschlossen ist, von dieser Schmiede an jedoch breiter wird, während die steilen Abhänge sich auf beiden Seiten fortsetzen. Der rechte Schenkel der Trippstadter Hochebene ist es nun, der von der nach Westen sanfter abfallenden

---

[1]) Das „Bartelshäuschen" dort existirte schon 1794.

[2]) Die seither erbaute neue Straße, welche bei der oberen Hammerschmiede unten sich trennt, um westlich nach Kaiserslautern und östlich nach Johanneskreuz zu führen, geht in der nämlichen Richtung aufwärts.

[3]) Es waren Flieschen mit der Spitze nach der oberen Hammerschmiede und mit je zwei Facen von 7 bis 8 Schritten Länge. Der Abhang ersetzte den Graben und es wurde die Brustwehr durch „Einschneiden" angeschüttet.

rechten Kante der Hochebene an, auf dem Karlsthal bis zur mittleren Hammer=
schmiede aufsitzt und durch die von da nach der Willensteiner Schloßruine
hinaufziehende enge und steile Schlucht Abschluß und Deckung findet, inzwischen
das Karlsthal selbst für seine ganze Front eine sehr starke natürliche Schutz=
wehr gewährt.

Die Vertheidigung des Winkels der Trippstadter Hochebene[1]) oder des
Zwischenraums zwischen den beiden Kanten[2]), der in gerader Linie 5—6 Mi=
nuten breit sein mag, sowie jene der Strecke von der rechten Kante bis zur
Willensteiner Schlucht, war dem rechten Flügel der Preußen anvertraut, welcher
aus Infanterie und Cavalerie bestand. Letztere war auf den Flächen rechts
vom Dorfe oberhalb der eben erwähnten Strecke placirt, da das Terrain dort
ihre Verwendung gegen einen aus dem Thal heraufgestiegenen Feind zuließ.

Der ganzen Fronte der preußischen Stellung entlang, waren die Wege
oder sonstigen Zugänge abgegraben und durch Verhaue versperrt, die außerdem
überall da angebracht wurden, wo es zur Sicherung gegen Angriff nöthig oder
räthlich erschien. Geschütze in Batterien an besonders dazu geeigneten Punkten
ergänzten die Leistungen der Schanzen, obwohl die Wirksamkeit der Artillerie
durch die unebene, abschüssige und durchschnittene Beschaffenheit des Terrains
erheblich geschmälert wurde.

Immerhin war die Position zu Trippstadt als eine solche zu betrachten,
welche, schon durch die Natur fest, durch menschliche Zuthat aus der Sphäre
der Kriegswissenschaft noch stärker wurde.

§. 5.

2. Johanneskreuz. (Plan Nr. II.)

Johanneskreuz[3]) liegt 1602 F. hoch und ist der Knotenpunkt einer Hoch=
ebene, die nach mehreren Richtungen ihre Aeste erstreckt, wie insbesondere süd=
lich nach dem Eschenkopf, südwestlich nach der Schlangenbalde und dem Hah=
nenberg, westlich nach dem Lauberberg und dem Großen Rothen Berg, nördlich
nach dem Schwanenberg und von da nordöstlich nach dem Stütterberg, dann
östlich nach der Schmalen Ebenung. Johanneskreuz wird mit dieser Lage
zugleich zur Wasserscheide zwischen der Saar und Mosel einerseits und dem
Rhein andererseits. In seiner Umgebung entspringen denn auch nachgenannte,
in verschiedenen Richtungen abfließenden Bäche, nämlich:

1) der Erlenbach, 2) die Speyerbach, 3) die Burgalbe oder Schwarz=
bach, 4) die Moosalbe, 5) die Wieslauter, 6) die Miedersbach= und die Geisbach,
7) die Wellbach.

Johanneskreuz war aber auch schon damals der Knotenpunkt von Wegen;

---

[1]) Oben auf der rechten Kante unweit der ersten Häuser des Dorfes da, wo östlich
von ihr ein Pfad aus der Mulde heraufzieht und in der Nähe westlich die Straße herauf=
führt, soll ebenfalls eine Schanze gewesen sein, was den Umstand für sich hat, daß von
dieser Schanze aus nicht bloß das Terrain zwischen Pfad und Straße, sondern auch jenes
zwischen dem Dorf und dem Karlsthal bis zur Willensteiner Schloßruine bestrichen werden
konnte.

[2]) Vor dem Zwischenraum lagen die Schanzen unten, die demgemäß auch der rechte
Flügel zu besetzen und vertheidigen hatte.

[3]) Näheres über Johanneskreuz insbesondere auch über die Bäche, wodurch dasselbe
zur Wasserscheide wird, im Anhang, §. 5, c.

denn wie der bei dem Schnapphahnenpfad mit der Hochstraße vereinigte und beim Pferdsbrunnened die letztere wieder verlassende Weg von Hofstätten und Leimen dorthin führte, so ging von da aus

a. ein Weg über Heltersberg und Waldfischbach nach Pirmasens,
b. ein Weg über Speyerbrunn und Elmstein nach St. Lambrecht,
c. der Weg über den Neuhof nach Trippstadt,
d. der Weg nach dem $3\frac{1}{2}$ Stunden entfernten Kaiserslautern, aus dem sich $\frac{1}{2}$ Stunden von Johanneskreuz der Weg über den Antoni Hof nach Trippstadt, und da, wo er sich, $\frac{5}{4}$ Stunden davon unweit des Stütterhofes, nach Mölschbach links wendet, ein Weg rechts abzweigt, der bald darauf sich theilt, um rechts über Walbleiuingen nach Frankenstein und Weidenthal, links nach dem Harterkopf zu führen, wo er sich wieder theilt, um links nach Kaiserslautern und rechts nach Hochspeyer zu ziehen.

Außerdem konnte man vom Lauberhof aus auf einem Pfad das Moosalbethal hinauf nach Johanneskreuz kommen.[1]) Dagegen ist die Landstraße, welche von Johanneskreuz längs den Bergabhängen auf der linken Seite des Moosalbethals nach Trippstadt geht, ein Werk der neueren Zeit.

Im Jahr 1794 war die ganze Umgebung von Johanneskreuz, also auch das Terrain, was jetzt Gebände trägt oder Garten und Feld ist, mit Wald bedeckt; nur das kleine Hänschen bei f. auf dem Plan Nr. II. war schon vorhanden. Die Wege gingen durch Hohlen und durchschnitten insbesondere das Köpfchen, worauf sich dermalen das Forsthaus sammt Garten befindet.

Aus obiger Schilderung ergibt sich die Wichtigkeit des Gebirgspostens am Johanneskreuz schon von selbst; denn es versperrte derselbe dem vom Schnapphahnenpfad (Süden) also vom Steineck, oder von Hofstätten oder von Leimen, oder aber von Heltersberg (Südwesten) her kommenden Feind, den Weitermarsch nach Trippstadt, Kaiserslautern, Hochspeyer, Frankenstein, Weidenthal, Elmstein. Johanneskreuz war deßhalb auch durch Schanzen und Verhaue zu einer guten und haltbaren Stellung gemacht, mit 7 Geschützen bewehrt und ursprünglich von 3 Bat. des $7\frac{1}{2}$ Bat. starken v. Kleist'schen Corps besetzt.[2]) General v. Kleist commandirte selbst zu Johanneskreuz und hatte den General v. Kunitzki zur Seite.

Als die Preußen Johanneskreuz verschanzten, trieben sie den Wald umher ab oder machten Verhaue daraus, wie es namentlich längs der Strecke c—d zwischen den Hochstätten-Leimener und den Heltersberger Weg der Fall war. Doch blieben dort unmittelbar vor, ja sogar in den Verhauen die älteren und stärkeren Bäume stehen — ein Umstand, der, wie sich später zeigen wird, von den Franzosen bestens benützt wurde.

Von den Verschanzungen sind noch die gut erhaltenen Ueberreste der Schanze a vorhanden, welche auf dem, nördlich vom Johanneskreuz zwischen dem Weg nach Kaiserslautern und dem Weg nach dem Neuhof gelegenen, Ausläufer des Kleinen Rothen Berges errichtet wurde. Diese Schanze ist eine Lünette, war für 3 Geschütze bestimmt und offenbar die Hauptschanze. Der äußere Graben ist 76, die Brustwehrkrone 60, der innere Graben 32 Schritte

---

[1]) Dieser Pfad ist besonders zu beachten, da er am 13. Juli eine Rolle spielte.
[2]) Von den übrigen $4\frac{1}{2}$ Bat. befand sich 1 Bat. auf dem Steineck und am Erlenkopf, und waren $3\frac{1}{2}$ Bat. auf den Posten am Breiten Sand, Saukopf, Mosisberg, Schnapphahnenpfad und Pferdsbrunnened vertheilt (Anmerkung zu §. 17. II.).

lang, die Spitze ist gegen Süden, der Winkel links gegen Südwesten, der Winkel rechts gegen Südosten gerichtet. Rechts hinter dem inneren Graben befindet sich noch ein 18 Schritte langer Graben in Form eines stumpfen Winkels, aus dem die Erde wahrscheinlich auch zum Anschütten der Brustwehr verwendet wurde. Die Schanze liegt etwa 25 bis 30 Fuß höher als das Köpfchen unten und beherrschte damit letzteres sowohl, als auch, wenigstens bis zu den Punkten e und c, die Zugänge von Süden (Schnapphahnenpfad) und von Südwesten (Heltersberg) her. Nach der Aussage eines Sohnes des Mannes, welcher das erwähnte Häuschen damals bewohnte, befanden sich noch zwei Schanzen beim Johanneskreuz, die eine auf dem Köpfchen b ba, wo jetzt der Garten des Forsthauses angelegt ist, in der Richtung gegen den Hochstätten-Leimener Weg d—c, die andere etwas weiter unten in der Richtung gegen den Heltersberger Weg c. In der That verdient diese Aussage um so mehr Glauben, als die beiden Schanzen höher lagen, als die betreffenden Punkte d und c [1]), somit nicht blos die correspondirenden zwei Wege, sondern auch die Verhaue zwischen d und c mit Kartätschen- und Flintenfeuer bestreichen konnten, während sie selbst durch das Geschützfeuer aus Schanze a Unterstützung und Deckung fanden. Ohnehin ist auch daraus, daß die Schanze a nur für 3 Geschütze Raum hatte, während doch deren 7 auf Johanneskreuz waren und dort auch von den Franzosen genommen wurden, die Folgerung zu ziehen, daß noch andere Schanzen vorhanden waren.

§. 6.

3. Jud beim Hortenkopf.

Dieser unterhalb des 2073 Fuß hohen Hortenkopf gelegene Posten war nur ein Communikationsposten des 3/4 Stunden entfernten Gebirgspostens beim Breiten Sand. Dort befindet sich 164 Schritte nach dem Hermersberger Hof zu ein von einer niedrigen Steineinfassung umgebenes Rondell [2]), dann 7 Schritte davon gegen Merzalben und Leimen zu ein zweites, dem anderen ganz ähnliches Rondell, dieses mit einem Umfang von 41, jenes mit einem solchen von 52 Schritten. Nach eben denselben 3 Richtungen waren auch Verhaue angelegt [3])

Der Posten sollte zweifelsohne den Weg von Wilzartswiesen über den Hermersberger Hof, dann die Wege von Leimen und Merzalben nach dem Breiten Sand und Hofstätten bewachen. Dagegen war auf dem, von Hofstätten über den Fahrenberg und den Blosenberg nach dem Jud führenden, Weg keine militärische Vorkehrung getroffen, weil, wie es scheint, von dieser Seite kein Feind erwartet wurde. Mit dem Weg nach dem Breiten Sand trifft 10 Minuten vom Jud ein zweiter Weg vom Hermersberger Hof her zusammen, der zwischen dem (großen) Hortenkopf und den Hortenköpfen hin-

---

[1]) Punkt G (Garten) ist 45 bis 50 Fuß höher, als Punkt c.
[2]) Da noch öfters solche Rondelle vorkommen, nur mit dem Unterschied, daß die Einfassung bald von Steinen, bald nur von Erde ist, so sei hier im Allgemeinen bemerkt, daß dieselben zur Aufnahme von Zelten oder Baraden, vorzugsweise der Officiere, bestimmt gewesen zu sein scheinen.
[3]) Alle diese Verhaue, so wie jene, von welchen später die Rede sein wird, waren keine künstlichen oder geschleppten, sondern ganz natürliche.

burch geht. Da an biefem Punkt von militärifcher Vorrichtung keine Spur zu finden ift, fo läßt fich vermuthen, baß jener Weg im Jahr 1794 noch nicht exiftirte.

§. 7.

4. Breiter Sanb.

So heißt zunächft ber Punkt, wo auf ber von Leimen in norböftl. Richtung nach bem Efchenkopf ziehenben 16 bis 1700 b. Fuß hohen Hochebene, ber Weg von Leimen nach bem Schnapphahnenpfab mit bem Weg zufammentrifft, ber vom Jub herkommt; allein es wird ber Name „Breiter Sanb" gewöhnlich ber ganzen Strecke von jener Stelle bis zu bem Punkt beigelegt, wo bas Babifche Köpfchen nach Süden auf ber Hochebene auffißt und jeßt ein fogenanntes Walbhäuschen erbaut ift. Von Leimen rechnet man ⅚ Stunde zum Breiten Sanb, von ba ¼ Stunde zum Walbhäuschen und von biefem ¼ Stunde zum Sattel zwifchen bem Mofieberg und bem Babifchen Köpfchen. Von ber erwähnten Stelle an fteigt ber Weg etwa 150 Schritte weit in geraber Richtung aufwärts bis zu bem burch die Ueberrefte einer Bruftwehr kenntlich gemachten Gebirgspoften am Breiten Sanb. Diefe Bruftwehr nahm, auf einem kleinen Abfaße errichtet, bie ganze bortige Breite ber Hochebene von etwa 130 Schritten ein und fchloß biefelbe bamit nach unten gleichfam ab. Da ber Weg auf ber rechten Seite ber Hochebene hinaufführte[1]) fo bilbete bie Bruftwehr links von ihm in einer Länge von 118 Schritten die Hauptfront. Diefe befchrieb 100 Schritte lang von ber Rechten zur Linken eine nach außen, alfo nach bem Punkt „Breiter Sanb" gewenbete fchwache Bogenlinie, kehrte fich bann in einem ausfpringenben Winkel einige Schritte zurück, fo baß baburch ein Flankenfeuer auf und über ben Weg ermöglicht wurde und feßte fich bann vermittelft eines einfpringenben Winkels 18 Schritte lang bis zum Weg gerabeaus fort. Die Bruftwehr überfchritt nun bie Straße, bog aber nach einigen Schritten in einem ausfpringenben Winkel zurück und lief nun zwifchen bem Weg und bem Ranb bes ziemlich fteilen Abhanges bes Löffelbrett 107 Schritte weit aufwärts. Noch etwas mehr gegen bas Babifche Köpfchen zu, ba, wo bas Babifche Loch in ber Nähe bes Walbhäuschens an bas Löffelbrett anftößt, war wieberum eine Bruftwehr von 70 Schritten Länge errichtet, bie am Ranbe bes nach ber Flachsbachquelle hinunterfallenben Abhanges bes Babifchen Loches fich hinzog. Auf ber rechten Seite lehnte fich bie Bruftwehr, inbem fie fich in einem ausfpringenben Winkel auf einige Schritte rückwärts wenbete, an ben Ranb bes bort ganz gelinde abfallenben Hanges bes Kirchthaler Ecks an. Einige Schritte hinter ber Hauptfronte lief, ihrer ganzen Länge nach, in geraber Linie ein Graben hin. Der Zugang zur Bruftwehr wurde burch Verhaue erfchwert. Der Gebirgspoften beim Breiten Sanbwar bazu beftimmt, bie bort vereinigten Wege von Leimen und vom Jub nach bem Schnapphahnenpfab zu verfperren und hatte zu bem Enbe eine Befaßung von 1½ Bat. und 1 Füfilier-Compagnie, aus ber ein Detachement zum Communicationspoften am Jub zu ftellen war.

---

[1]) Die neue Landftraße, welche jeßt von Leimen nach Johanneskreuz führt, hält bis zum Walbhäuschen fo ziemlich ben alten Weg ein.

§. 8.
5. Saukopf und Mosisberg (Langer Kopf).

Der Saukopf ist ein zwischen 1600 und 1700 b. Fuß hoher, von Nord-westen nach Südosten ziehender Bergrücken oder Bergklotz, der nach Nordosten und Südwesten in Thäler und Einsattelungen steil abfällt, nach Südosten aber in den Trogteich mit einer schmalen Kante in Absätzen oder Terrassen hinab-stürzt. Im Nordwesten sitzt der „Langer Kopf" — die etwas über 2000 b. Fuß hohe oberste Kuppe des Mosisberg — gegen Westen das bellänng 50 bis 100 b. Fuß niedrigere „Badische Köpfchen" auf ihm auf. Mit dem eigentlichen Saukopf hängen durch den Sattel Trogteich noch die bereits im §. 3, Seite 9 erwähnten zwei Ausläufer zusammen, wovon der eine, Pfälzerteich, rechts nach Süden steil in das Flachsbachthal, der andere, Aron, links nach Osten steil in das Wellbachthal hinunterskeigt.

Die gedachte schmale Kante des Saukopf hat vier über einander liegende Absätze oder Terrassen. Der unterste Absatz liegt etwa 80 Fuß höher, als der Trogteich und fällt steil in denselben hinab; auf ihm sind die Ueberreste einer Brustwehr wahrzunehmen, welche in einer Ausdehnung von 40 bis 45 Schritten die ganze Breite der Kante einnahm. Von diesem Absatz gelangt man bei einer gelinden Steigung mit 110 Schritten zur zweiten Terrasse, die zwar etwas schmäler ist, allein eine zur Lagerstätte einer Truppenabtheilung ganz geeignete Fläche hat, auf der sich indeß etwas sonst Bemerkenswerthes nicht vorfindet. Der dritte Absatz, auf den man mit 50 Schritten kommt, liegt steil über dem zweiten und hat die nämliche Breite. Derselbe trägt die durch eine niedrige Steineinfassung deutlich bezeichneten Reste eines Rondells mit einem Umfang von 66 Schritten. Der vierte Absatz wird bei einer allmähligen Steigung mit 70 Schritten erreicht. Da der Berg von da an etwas breiter wird, so bietet dieser Absatz eine verhältnißmäßig größere Fläche dar. Gerade auf ihr, dann 60 Schritte weiter nordwestlich, befinden sich die Ueberreste zweier Rondelle, wovon das erste einen Umfang von 57 und das zweite einen solchen von 48 Schritten hat. Die vier Absätze haben, wie schon bemerkt, zu ihren beiden Seiten, also gegen Nordosten und Südwesten mehr oder minder steile Abhänge, so daß die Kante sowohl nach ihren zwei Flanken hin, als auch nach der Front oder gegen Südosten, eine sehr starke, schwer zugängliche Position darbietet. [1]) Wahrscheinlich war auf den verschiedenen Absätzen die Mannschaft vertheilt, welche die Besatzung des eigentlichen Saukopf bildete. Die Stellung war deßhalb sehr gut gewählt, weil sie den Weg, der von Hofstätten über den Trogteich in den Sattel zwischen dem Mosisberg und dem Badischen Köpfchen führte, völlig absperrte und außerdem gestattete, das Wellbach- und das Flachsbachthal überwachen zu können. Ihre natürliche Festigkeit wurde noch dadurch bedeutend verstärkt, daß man den Saukopf nach allen Richtungen mit Verhauen umgürtete, so zwar, daß der ohnehin schon beschwerlichere, weil viel jähere Weg oder Pfad durch das Felsenthal hinauf, für einen Angriff gar nicht mehr in Anschlag zu bringen war (§. 3).

Für die Deckung des Punktes, wo beim erwähnten Sattel die Wege von

---

[1]) Von der sonderbaren Figur der schmalen Kante mit ihren vier Absätzen, im Zu-sammenhang mit dem Bergklotz oberhalb dieser Absätze, kommt vielleicht der Name „Sau-kopf" her.

Leimen und Hofstätten zusammentreffen, um mit einander nach der Kapitäns=
hütte und von da nach dem Schnapphahnenpfad weiter zu ziehen, zugleich aber
zum Rückhalt nicht blos für den Posten am Saukopf, sondern auch für den
am Breiten Sand, hatten die Preußen dadurch gesorgt, daß sie, wie die Ueber=
reste nachweisen, 30 Schritte etwa von jenem Punkt entfernt, auf der Stirn
des nordwestlichen Abhanges des Mosisberg (Langer Kopf), dem Badischen
Köpfchen gegenüber, eine halbmondförmige Brustwehr errichteten, die eine Länge
von 68 Schritten hatte und dadurch eine besondere Stärke erhielt, daß sie sich
rechts und links an unersteigliche Felsengruppen anlehnte, nördlich und nord=
westlich aber steile Abhänge hatte. Inmitten dieser Brustwehr, welche den Weg
gänzlich beherrschte, liegt eine isolirte Felsenplatte, auf der mit großen Buch=
staben, unten und oben nach Osten und nach Westen, das Wort „PREUSEN“,
so wie nach Westen das Zeichen ⌁ eingehauen sind. Wieder 30 Schritte
hinter dieser Felsplatte befinden sich die auch noch innerhalb der Felsengruppen
gelegenen Reste eines Rondells mit einem Umfang von 54 Schritten.

Wie es scheint, wurde die Stelle am „Langer Kopf“, woselbst die Ver=
schanzung angelegt war, als zu dem Saukopf, auf dem der „Langer Kopf“
ohnedies aufsitzt, gehörend betrachtet; denn nirgends ist dieser Verschanzung
oder überhaupt eines Postens am Langer Kopf besonders erwähnt. Die Ver=
haue am Saukopf erstreckten sich über diesen Punkt hinaus bis zur Kapitäns=
hütte. Der Saukopf war, einschließlich des Mosisberg (Langer Kopf) und
der Kapitänshütte mit 1 Bat. und 1 Compagnie Jäger besetzt.

§. 9.

6. Kapitänshütte.

Dieser ½ Stunde von der Brustwehr am Mosisberg entfernte und am
Weg nach dem Schnapphahnenpfad gelegene Posten war eigentlich nur ein
Communicationsposten des Gebirgsposten auf dem Saukopf. Dort finden sich
die Ueberbleibsel einer mit der Front gegen den Weg gerichteten Brustwehr
von 30 Schritten Länge, dann zweier Rondelle 20 Schritte nördlich von letzterer
mit einem Zwischenraum von 6 Schritten und je einem Umfang von 30 Schritten.
Allem Vermuthen nach war der Posten dazu bestimmt, den allenfalsigen Rück=
zug der Besatzungen des Saukopf und des Breiten Sand durch ein dem vor=
dringenden Feind in den Weg gelegtes neues Hinderniß zu decken und auch
den Weg oder den Pfad zu überwachen, welcher von den ehemaligen, jetzt ver=
fallenen Badischen Jagdhaus auf der Westseite des Badischen Köpfchen her,
bei der Kapitänshütte [1]) in den Hochstätten-Leimener Weg einlief. An Ver=
hauen fehlte es hier gleichfalls nicht; dieselben zogen sich vielmehr bis zu
und längst dem Eschenkopf fort.[2])

---

[1]) Diese Benennung rührt daher, daß ein preußischer Kapitän längere Zeit daselbst
mit einem Detachement postirt war. Auch giebt die Sage, daß derselbe seine Frau bei sich
gehabt und sich mit ihr am 13. Juli durch einen verwegenen Ritt, den Berg hinunter,
gerettet habe, als die Franzosen über den Posten herfielen.

[2]) An dem Nachwuchs der Bäume läßt sich noch an vielen Stellen erkennen, wo Ver=
haue angelegt waren.

2*

§. 10.

7. Schnapphahnenpfad.

Schnapphahnenpfad wird nach einem angränzenden Waldbistrikt gleichen Namens jene Stelle an der Hochstraße genannt, wo unterhalb des dort mit seiner Nordseite auf der Hochebene aufsitzenden, 2097 b. Fuß hohen Eschen=kopf, der Weg von Hofstätten und Leimen in die Hochstraße ein= und der Weg nach dem gegen Nordost gelegenen, 2 Stunden entfernten Elmstein aus ihr wegzieht. Von der nämlichen Stelle führt dann die mit dem Hofstätten=Lei=mener Weg vereinigte Hochstraße zunächst bis zum Pferdsbrunneneck weiter. Der Schnapphahnenpfad ist hiernach eigentlich ein Straßen=Knotenpunkt, an dem jetzt auch ein Wegweiser steht. Dem Weg nach Elmstein zur Rechten, 60 Schritte von diesem Punkt, aber kaum einige Fuß höher, finden sich die Ueberbleibsel einer Brustwehr vor, die eine etwas nach außen gebogene, etwa dem Neumond ähnliche Front hat, deren Mitte gegen den Knotenpunkt gerichtet, während die rechte Flanke nach Westen und die linke nach Osten gewendet ist. Von dieser Brustwehr, deren äußerer Umfang im Ganzen 135 Schritte beträgt, ist jedoch nur die mittlere Strecke oder die Front in einer Länge von 45 Schritten deutlich erkennbar. Dagegen scheint die Brustwehr mit keinem äußeren Graben versehen gewesen zu sein. Da sich die Verhaue vom Saukopf und Mosisberg bis zu und längst dem Eschenkopf fortzogen, so wird es auch beim Schnapp=hahnenpfad, trotz der wenig erhöhten Lage der Brustwehr, nicht daran gefehlt haben. Wahrscheinlich hatte der Posten die Bestimmung, den vom Steineck oder von der Kapitänshütte her sich nähernden Feind, sei es beim Vorbringen nach Elmstein oder beim Vorrücken gegen Johanneskreuz wenigstens einige Zeit lang aufzuhalten. Der Posten war mit 1½ Compagnien besetzt.

§. 11.

8. Pferdsbrunneneck. [1]

Diesen Namen führt ein Waldbistrikt zwischen dem Schnapphahnenpfad und Johanneskreuz. An einer Ecke dieses Distrikts (§. 3) trennt sich der Weg nach Johanneskreuz von der nach Trippstadt ziehenden Hochstraße. Letztere steigt bis zu diesem Punkt auf einer Strecke von etwa 150 Schritten ganz gerade, aber ziemlich scharf aufwärts. Links oben, einige Schritte von der Straße, aber noch vor der Ecke, entdeckt man die gut erhaltenen Reste einer Flesche, welche die Spitze nach unten dahin kehrt, wo die Steigung der Straße beginnt, Façen von 17 Schritten Länge und einem äußeren Graben hatte. Obwohl Verhaue den Zugang erschwerten und die Schanze die erwähnte Straßenstrecke beherrschte, so konnte diese Vorkehrung doch nur dazu dienen, das Vorrücken des Feindes eine kurze Zeit aufzuhalten. Der Posten hatte die Hälfte jener Compagnie zur Besatzung, von der die andere Hälfte beim Schnapp=hahnenpfad postirt war.

---

[1] Dieser Posten ist hie und da auch als Posten am Eichenkopf bezeichnet, obwohl jener am Schnapphahnenpfad diese Bezeichnung noch eher verdient.

§. 12.
9. Steineck.

Das Steineck bildet die äußerste östliche Ecke oder Spitze des Bergrückens „Schmale Ebenung", der sich zuerst in südwestlicher, dann in nordwestlicher Richtung beiläufig ³⁄₄ Stunden lang gegen das Wellbachthal hinzieht. Der Bergrücken mag zwischen 1600 und 1700 b. Fuß hoch sein, so daß das Steineck etwas höher liegt, wie die Brustwehr am Erlenkopf. Da, wo die Hochstraße das Steineck berührt, wendet sich dieselbe aus ihrer südwestlichen Richtung scharf nach Nordwesten und nimmt den vom Armbrunnenkopf her in nordöstlicher Richtung bergan ziehenden Eußerthaler Weg in sich auf. Das Steineck bildet dergestalt einen Winkel, der nach Nordosten die Hochstraße zu dem einen und nach Südwesten den Eußerthaler Weg zu dem anderen Schenkel hat. Dasselbe fällt gegen den Eußerthaler Weg steil ab, liegt selbst da, wo der letztere in die Hochstraße eintritt, noch etwa 15 bis 20 Fuß höher und flacht sich dann längs der Hochstraße bis auf einige Fuß ab. Jenseits der Hochstraße senkt sich das Steineck nach Nordosten ziemlich steil in das Dachsloch-bachthal, jenseits des Eußerthaler Weges gegen Südosten etwas weniger jäh nach dem Armbrunnenthal zu hinab. Unterhalb des Steineck nach dem ebenfalls südöstlich gelegenen Armbrunnenkopf hin, schließen sich in einer Biegung die Abhänge der Schmalen Ebenung an jene des Hahnenkopf an, die auf deffen Nordwestseite in das Dachslochthal abfallen, und es hat die Hochebene, auf der die Hochstraße hinzieht, dort zwischen den beiden —Thälern und unmittelbar vor dem Steineck eine Breite von höchstens 30—35 Schritten. Das Steineck stellte sich vermöge seiner ganzen natürlichen Lage, wonach man von ihm aus nicht blos den hier in die Hochstraße einmündenden Eußerthaler Weg, sondern auch die Hochstraße selbst in ihrem Fortzug nach dem Eschenkopf, sowie die, etwa 20 Minuten weiter (bei dem jetzigen Landauer Forsthaus Taubensuhl ¹) aus ihr rechts nach Elmstein (3 St.) und links nach Hofstätten (1³⁄₈ St.) sich abzweigenden, Wege versperren konnte, als ein nicht unwichtiger strategischer Punkt dar. Die Preußen errichteten daher hierselbst einen Posten und sorgten für die bessere Haltbarkeit der Position durch Verschanzungen und Verhaue. Zwischen den beiden Schenkeln des Steineck, 110 Schritte von der Spitze aufwärts nach Westen liegt ein durch eine niedrige Steineinfassung kenntlich gemachtes Rondell mit einem Umfang von 55 bis 60 Schritten, das um sich herum eine Fläche hat, auf der sich füglich einige Compagnien lagern konnten. Da, wo sich das Steineck nach der Hochstraße abflacht, ziehen sich von ihr zur besseren Deckung dieser schwächeren Seite drei ziemlich parallel laufende Gräben von 100 bis 150 Schritten Länge rechts vom Rondell den Hang hinan. Den Zwischenraum zwischen der Hochstraße und dem Eußerthaler Weg unmittelbar vor ihrer Vereinigung, füllte eine 12 Schritte lange Brustwehr aus, die gegen die vom Erlenkopf kommende Hochstraße und einen vom Rücken des Hahnenkopf aus Nordosten herabziehenden Waldweg, der einige Schritte vor der Vereinigung des Eußerthaler Weges mit der Hochstraße in jenen einmündet, Front machte. Wendet man sich von der Brustwehr nach Nordosten, so ist 48 Schritte davon entfernt rechts

---

¹) Näheres über Taubensuhl im Anhang, §. 5. D.

neben dem Waldweg ein zweites Rondell, das eine Einfassung von Erde und 42 Schritte im Umfang hat. Von diesem Rondell 85 Schritte weiter aufwärts befindet sich am südöstlichen Abhang des Hahnenkopf, eine gegen das oberste Armbrunnenthal gerichtete Schanze in runder Form mit einer entsprechenden Erhöhung im Innern, die ein Graben von der inneren Böschung der Brustwehr trennte; der äußere Umfang der Schanze betrug 48 Schritte. Am nämlichen Abhang 48 Schritte höher hinauf war abermals eine Schanze und zwar eine Flesche errichtet, welche die Spitze dem Thal zuwendete und Façen von je 8 Schritten Länge hatte. Beide Schanzen, deren Lage am Abhang Gräber überflüssig machte, sind noch ziemlich gut erhalten. Vom zweiten Rondell abwärts zieht sich nach Südwesten links am Waldweg und bis zu dem Punkte hin, wo er in den Eußerthaler Weg einläuft, eine 65 Schritte lange Brustwehr neben dem dortigen Abhange fort, wovon der untere Theil von etwa 25 Schritten Länge noch deutlich zu unterscheiden ist. Verhaue befanden sich längs dem Eußerthaler Weg und unterhalb der Schanzen.

Die Besatzung bestand aus 3 Füsilier-Compagnien und 1 Jäger Compagnie unter Major v. Sobbe und stellte ein Detachement von 1 Compagnie Füsiliere und 10 Jägern zum Zwischenposten am Erlenkopf (M. W.-Bl. v. 1825).

§. 13.

10. Erlenkopf.

Der 1889 b. Fuß hohe Erlenkopf erhebt sich rechts von der aus Osten nach Westen ziehenden Hochstraße 3 bis 400 Fuß über dieselbe. Da, wo derselbe nach Südosten auf der Hochstraße aufsitzt, befand sich ein zum Gebirgsposten am Steineck gehörender und von dort mit einem Detachement besetzter Communikationsposten,[1]) welcher zweifelsohne die Aufgabe hatte, jene zwei Wege zu bewachen, auf denen man von Eußerthal aus daselbst auf die Hochstraße gelangen konnte. Der eine Weg führt nämlich von dem genannten südlich gelegenen Dorfe in 2 Stunden durch das Birkenthal am Dornbach herauf in die Hochstraße; der andere, Heuweg genannt, zweigt sich unten am Armbrunnenkopf auf dessen Westseite vom Eußerthaler Weg nach dem Steineck ab und zieht in 5/8 Stunden um die Südostseite des Hahnenkopf herum in die genannte Straße. Noch jetzt sind die Ueberbleibsel einer Brustwehr wahrzunehmen, welche sich an der linken, Südost zugekehrten Seite der Hochstraße in einer Länge von 55 bis 60 Schritten hinzog und so die beiden erwähnten, nur wenige Schritte von einander entfernten Zugänge absperrte. Auf der rechten Seite der Hochstraße, so ziemlich gegen die Mitte der Brustwehr hin, befindet sich ein von einem Erdaufwurf eingefaßtes Rondell mit einem Umfang von 30 Schritten und einem Durchmesser von 4 Schritten im Innern. Eine Vertiefung hinter dem Rondell diente vielleicht zum Kochen. Die Brustwehr selbst war an den beiden Enden mit einem Winkel rückwärts über die Straße geführt und hatte keinen Graben; sie lag nämlich ganz nahe am Bergabhang. Vom Erlenkopf zieht die Hochstraße, sich von Westen nach

---

[1]) Dieses Detachement bestand aus 1 Füsilier-Compagnie und 10 Jägern (§. 12).

Südwesten wendend, an der Nordseite des Hahnenkopf vorbei nach dem Steineck ($^1/_2$ St.)

§. 14.

11. 12. und 13. Der Schäuzel nebst den zwei Außenposten bei der Mobenbacher Schloßruine und dem Satzerstein.

Der Gebirgsposten auf dem Schäuzel war bei weitem der stärkste und wichtigste. Seine Erstürmung nimmt deßhalb auch unter den Kämpfen, welche der Sprengung der Cordonslinie der Alliirten zwischen Edenkoben und Kaiserslautern galten, um so mehr die erste Stelle ein, als sie eine ebenso hervorragende, als folgenreiche Waffenthat war. In dieser Erwägung wurde denn auch die Schilderung dieser Waffenthat einem eigenen Kapitel vorbehalten, in welchem zugleich die damit in Zusammenhang stehende Vertreibung der Posten auf dem Steineck und am Erlenkopf, sowie jene der zwei Außenposten bei der Mobenbacher Schloßruine und am Satzerstein zu erzählen ist. Hiernach erschien es aber angemessen, die Beschreibung des Schäuzel und seine beiden Außenposten gleichfalls in das nämliche Kapital zu verweisen.

Kapitel V.

Allgemeine Bemerkungen über die Gebirgspostenlinie.

Plan Nr. I.

§. 15.

Prüft man die Gebirgspostenlinie, wie sie sich nach Maaßgabe der Kapitel III. und IV. (§§. 3—14) darstellt, so gewinnt man als Ergebniß die Ueberzeugung, daß die ohnehin nur durch wenig oder gar nicht unterhaltene oder ganz schlechte Wege verbundenen Gebirgsposten, wenn auch dazu mit strategischem Blicke meist solche Punkte gewählt wurden, von wo aus sich Straßen- und Thälerzüge beherrschen ließen, dennoch

1) zu weit entfernt waren:
a. von den Hauptcorps, um rechtzeitig von diesen Hilfe zu erhalten,
b. unter einander, um sich rechtzeitig gegenseitig unterstützen oder um wenigstens für die Communication hinreichend oder möglichst gut sorgen zu können;
2) sich im Allgemeinen zu schwach besetzt, zum Theil nicht einmal genügend befestigt und bewehrt fanden [1] wie dies z. B. beim Breiten Sand der

---

[1] Das „W.-Bl. v. 1525" bemerkt über die Posten am Breiten Sand, Saulopf, Schnappbahneupfad, daß sie, wiewohl ungünstig im Walde versteckt und ohne freie Umsicht, durch Verhaue in einen vertheidigungsfähigen Stand gesetzt worden seien.

Fall war, deffen Befaßung auch nicht ein einziges Geschüß zur Verfügung hatte, obwohl das Terrain zur Wirksamkeit von Artillerie ganz geeignet war;

3) wenigstens zum Theil der Gefahr ausgeseßt waren, ohne viel Zeitverlust umgangen werden zu können.

Wirft man dabei noch einen Blick auf den Plan Nr. 1, so muß es einleuchten, daß

4) die Gebirgsposten am Steineck, Saukopf und Breiten Sand nebst ihren Communicationsposten nicht allein eine bedenkliche Zersplitterung der Kräfte verursachten, sondern auch, genau besehen, am Ende in der Hauptsache doch nur zwecklos und überflüssig waren, weil dieselben blos Wege zu verlegen hatten, die ja insgesammt am Schnapphahnenpfad unterhalb des Eschenkopf zusammentrafen, während sie z. B. den Marsch des Feindes von Außerthal aus direkt nach Elmstein in der Richtung von Geißkopf nicht einmal zu verhindern vermochten, daß dagegen

4) die zwei Schanzen am Schnapphahnenpfad und am Pferdebrunneneck, wovon besonders die leßtere zu einer starken Position leicht herzustellen war, wohl ganz richtig die ³⁄₈ St. lange Strecke bezeichneten, auf der die Wege vom Steineck, Saukopf und Breiten Sand nach Johanneskreuz und Elmstein am ehesten und sichersten versperrt werden konnten, und daß daher gerade die nämliche Linie es gewesen wäre, die, tüchtig verschanzt[1], um so vertheidigungsfähiger hätte werden müssen, als sie wenigstens durch die 3½ Bat. zählenden Besaßungen der genannten 3 Gebirgsposten hätte beseßt werden können, zugleich aber die Besaßung des nur ⁵⁄₈, beziehungsweise 1 St. entfernten Johanneskreuz zum Rückhalt gehabt haben würde. Die Communication zwischen der Besaßung des Schänzel und jener der erwähnten Strecke hätte sich füglich durch Cavalerie-Patrouillen herstellen lassen, die auch gegen Hofstätten und Leimen zu verwendbar gewesen wären. Ueberhaupt muß es auffallen, daß die Preußen, troß ihrer zahlreichen und trefflichen, erfahrnsgemäß auch zu tüchtigen Leistungen in den Gebirgen befähigten Cavalerie, für einen gehörigen Streifwachendienst dort gar nicht oder doch nur höchst mangelhaft sorgten.

Mit der zu weit ausgedehnten und zu schwach beseßten Cordonslinie zwischen Ebenkoben und Kaiserslautern waren nun aber solche Nachtheile verbunden und solche Blößen gegeben, die dem aufmerksamen und kriegskundigen Beobachter unmöglich entgehen konnten. Wurde nämlich auch nur ein einziger der isolirten und dergestalt exponirten Posten genommen, so fand sich damit die Cordonsstellung selbst durchbrochen und ein jeder der benachbarten Posten bedroht oder in Gefahr[2]; wurden jedoch alle oder auch nur die meisten gleichzeitig angegriffen und mehr oder weniger rasch überwältigt, so waren dadurch die beiden preußischen Hauptcorps zu Ebenkoben und Kaiserslautern völlig von

[1] Sicherlich hätte diese Linie in der Zeit, welche die Anlegung der Verschanzungen und Verhaue bei jenen drei Gebirgsposten und ihren Communicationsposten in Anspruch nahm, auf das Sorgfältigste befestigt werden können.

[2] Wie geringe Vorsorge für die Communication unter den einzelnen Posten überhaupt getroffen war, mag ein Beispiel darthun. Der Major v. Sobbe, welcher auf dem Steineck befehligte, hatte seine Vertreibung nur nach Johanneskreuz, nicht auch nach dem Schänzel zu melden, von dem ein vorgeschobener Posten am Saßerstein (1 St. 10 Min. vom Erlenkopf) stand. Die Besaßung des Schänzel gehörte eben zu einem anderen Corps, dem des Erbprinzen v. Hohenlohe-Ingelfingen.

einander getrennt, in ihren Flanken, ja sogar im Rücken bedroht und so nicht blos in ihren Operationen gelähmt und gefährdet, sondern auch zu rückgän= gigen Bewegungen, an denen sich, bei dem damaligen Stand der Dinge, die Oestreicher betheiligt hätten, geradezu genöthigt.

Die Franzosen hatten denn auch, wie der zweite Landauer Operationsplan nachweist (Kapitel XI, §. 24), jene Mängel der Stellung der Alliirten endlich erkannt und sahen so die Möglichkeit sich nahegelegt, durch gleichzeitige Angriffe mit zureichend erachteten Kräften und unter geschickter Benützung des bergigen und durchschnittenen Terrains, sämmtliche Gebirgsposten vertreiben und damit die Verblindungslinie der Alliirten durchbrechen zu können, ehe und bevor die erforderliche Verstärkung von Seiten der entfernten, ohnehin über die eigent= lichen Angriffspunkte im Ungewissen gebliebenen und zudem durch Demonstra= tionen und Scheinangriffe selbst beschäftigten und irre geführten Hauptcorps, einzutreffen im Stande wäre.

Auch ist hiebei noch der beachtenswerthen Erscheinung zu gedenken, daß die Preußen an die Möglichkeit, von einem rührigen, aufgeweckten, kecken und durch eine Idee begeisterten Feind vermittelst forcirter Märsche über Berg und Thal umgangen und dadurch zur Räumung ihrer Stellungen in den Gebirgen gezwungen werden zu können, nicht einmal gedacht, sich vielmehr darauf verlassen haben dürften, daß ihre Gegner nach allen Regeln einer veralteten Kriegskunst nur direkt gegen ihre Fronten, auch wenn sie noch so natürlich stark und noch so gut befestigt seien, anrennen und ihre Angriffe richten würden [1]). Soviel ist wenigstens gewiß, daß die Preußen gerade diesem Festsitzen im Schlendrian nicht wenige und oft folgenschwere Unfälle zu verdanken hatten.

Daß indeß die Franzosen das Gebirgsland und damit wesentliche Ge= brechen der Gebirgspostenlinie nicht genau genug kannten und daher bei dem Entwurf des zweiten Operationsplans erhebliche Fehler begingen, erhellt z. B. daraus, daß sie zwar in dem Plan auf Elmstein besonderes Gewicht legten, allein doch nicht wußten, daß man mit Vermeidung des Postens beim Schnapp= hahnenpfad, beziehungsweise der Posten Johanneskreuz zur Linken und Schänzel zur Rechten, blos unter Vertreibung des leicht zu überwältigenden Postens am Steineck oder am Erlenkopf, ganz gut und schnell dorthin kommen könne. Denn sonst würden dieselben höchstens 2 Bat. der IV. Division der Rheinarmee zu Demonstrationen gegen das Schänzel verwendet und etwa 1 Bat. zur Be= obachtung der Posten am Breiten Sand und am Saukopf in Hofstätten ge= lassen, die übrigen 9 Bat. der IV. Division und die 3 Bat. der Brigade der Linken aber von Enßerthal aus, sei es über das Steineck oder über den Erlen= kopf (§§. 12 und 13), direkt nach Elmstein, wohin sie von Enßerthal 5 Stun= den Weges hatten, dirigirt haben, um von da aus in 3 St. in das Neustadter Thal bei St. Lambrecht zu gelangen, so aber nicht allein die Verbindung zwi= schen Kaiserslautern und Neustadt abzuschneiden, sondern auch von hier aus insbesondere das Prinz v. Hohenlohe'sche Corps im Rücken zu bedrohen und zum Rückzug zu zwingen.

---

[1]) Dies erinnert an den alten östreichischen Hofkriegsrath, der die Siege der fran= zösischen Republikaner nicht als solche gelten lassen wollte, weil sie gegen alle Regeln der amtlichen k. k. Kriegskunst gewonnen worden seien.

Kapitel VI.

Stellungen der Alliirten am 1. Juli, Stärke ihrer Heere und Corps.

Plan Nr. 1.

§. 16.

A. Oestreicher.

Das Fürst Hohenlohe-Kirchberg'sche Corps bildete den linken Flügel der Alliirten und dehnte sich von Heiligenstein und Harthausen bei Speyer über Schwegenheim und Freisbach bis gegen Böbingen aus, indem es auf den Höhen von Schwegenheim und Freisbach Verschanzungen anlegte und seine Vorposten bis in die Nähe von Weingarten, Ober= und Nieder=Lustadt und Westheim vorschob. Das Corps selbst zählte nach der Verstärkung von 12 auf 31 Bat. und von 22 auf 43 Esc. 24,841 M. Infanterie und 7145 M. Cavalerie. Der übrige Theil des öftr. Heeres cantonirte in der Stärke von 38,814 M., wozu noch 14,800 M. Reichscontingente und Condé'sche Truppen kamen, auf dem rechten Rheinufer von Mannheim bis Basel. Außerdem stand zwischen Trier und Luxemburg ein 9000 M. starkes öftr. Corps unter dem Befehl des F.=M.=L. v. Blankenstein. Im Ganzen war also das öftr. Heer, mit Einschluß der Reichs= und der Condé'schen Truppen, aber ohne das v. Blankenstein'sche Corps, 85,600 M. stark.

§. 17.

B. Preußen.

I. Das Corps des Erbprinzen v. Hohenlohe=Ingelfingen (Anh., §. 6, E. a) hielt das Centrum der Alliirten (oder den linken Flügel des preußischen Heeres).

a. Seine Stärke betrug im Ganzen:

1) 11,200 M. Infanterie in 20 Bataillonen oder in den 5 Grenadier= und den 10 Musketier=Bat. der 5 Regimenter: v. Hohenlohe, v. Knnitzki, v. Manstein, v. Romberg und v. Schladen, in den 4 Füsilier=Bat. v. Bila, v. Martini, v. Müffling und v. Renouard, dann in den 4 Jäger=Compagnien: Leibcompagnie (v. Uttenhofen), v. Chargot, v. Spitznas und v. Tümpling (die zusammen die Stärke eines Bat. aus= machten) [1]);

2) 5200 M. Cavalerie in 40 Esc. oder in 6 Regimentern: Leib=Cara= binier=Regiment, Cuirassier=Regiment Herzog v. Weimar, Dragoner=Regi= ment v. Katte, Dragoner=Regiment v. Schmettau, Husaren=Regiment v.

---

[1]) Hier ist im Allgemeinen zu bemerken, daß bei der Berechnung der Stärke der preußischen Corps am 1. Juli für die Compagnie Infanterie ein Stand von 140 M. und für die Escadron Cavalerie ein solcher von 130 M. angenommen wurde (Anhang, §. 2, A. b). Die Abgänge konnten während der, nur von wenigen ganz unbedeutenden Vorpostengefechten unterbrochenen, Waffenruhe vom 29. Mai bis 1. Juli, insbesondere bei der Infanterie aus den Ersatz=Bataillonen, leicht ergänzt werden.

Blücher (vormals v. Golß) und Husaren-Regiment v. Wolffradt, wovon die 2 Husarenregimenter je 10 Esc., die übrigen 4 Regimenter je 5 Esc. zählten;

3) außer den Bataillons- oder Regimentskanonen 4 Batterien Artillerie: Hahn (eine zwölfpfündige), Beruck, Fiebig und v. Potoßki, dann eine Batterie reitende Artillerie v. Lehmann, bei der die Lieutenants v. Ebel und v. Gause befehligten.

b. Am 25. Juni früh 3 Uhr verließ das Corps des Prinzen v. Hohen-lohe seine bisherigen Cantonirungen und nahm Stellung zwischen St. Martin, Edenkoben und Venningen, den rechten Flügel gedeckt durch das Schänzel, in folgender Weise:

1) die 8 Musketier-Bat. der Regimenter v. Kunißki, v. Manstein, v. Romberg und v. Schlaben in Lachen, Speyerdorf, Kirrweiler und Duttweiler;

2) die 2 Musketier-Bat. des Regiments v. Hohenlohe nebst den 6 Regimentsgeschützen in St. Martin;

3) die Grenadier-Bat. der Regimenter v. Kunißki, v. Romberg und v. Schlaben nebst ihren 6 Kanonen auf dem Schänzel;

4) das Grenadier-Bat. des Regiments v. Manstein auf dem Kiefer-berg rechts von Edenkoben;

5) das Grenadier-Bat. des Regiments v. Hohenlohe in dem Kasta-nienwäldchen hinter Edenkoben (Heidelberg);

6) das Füsilier-Bat. v. Bila in den Dörfern vor Edenkoben;

7) das Füsilier-Bat. v. Martini in Altdorf, Böbingen und Venningen;

8) das Füsilier-Bat. v. Müffling mit 2 Comp. und 1 Kanone auf dem Schänzel[1]) und mit 2 Comp. in Edenkoben;

9) das Füsilier-Bat. v. Renouard in Edenkoben;

10) die Jäger-Leibcompagnie in Böbingen;

11) die Jäger-Comp. v. Chargot am Saßerstein beim Schänzel;

12) die Jäger-Comp. v. Spißnas in Altdorf;

13) die Jäger-Comp. v. Tümpling in dem Edenkobener Thal mit einem Posten am Krautgarten;

14) das Husaren-Regiment v. Blücher mit dem 1. Bat. in Edenkoben und dem 2. in Maikammer;

15) das Husaren-Regiment v. Wolffradt mit dem 1. Bat. in Ven-ningen, mit dem 2. in Altdorf und Böbingen;

16) die 4 anderen Cavalerie-Regimenter in rückwärts gelegenen Orten;

17) die Batterie Hahn auf dem Kieferberg;

18) die Batterie Beruck in Duttweiler;

19) die Batterie Fiebig in Kirrweiler;

20) ½ Batt. v. Potoßki in Lachen, ½ in dem Kastanienwäldchen;

21) ½ Batt. v. Lehmann bei dem Husaren-Regiment v. Blücher und die andere ½ Batt. bei dem Husaren-Regiment v. Wolffradt.

In dieser Stellung verblieb das v. Hohenlohe'sche Corps bis zum Abend des 2. Juli, wo die Aenderung eintrat, daß die 8 Musketier-Bat. v. Kunißki, v. Manstein, v. Romberg und v. Schlaben ein Lager auf dem Trappenberg hinter Venningen bezogen.

---

[1]) Da sich auf dem Schänzel 3 Füsilier-Compagnien befanden, so wird die dritte zum Bat. v. Bila oder v. Renouard gehört haben.

II. Auf dem rechten Flügel der Alliirten (oder dem Centrum des preuß. Heeres) stand unter dem F.-M. v. Möllendorf in und bei Kaiserslautern, woselbst auch das Hauptquartier war, das preuß. Hauptcorps mit 26 Bat. Infanterie und 15 Esc. Cavalerie. General v. Rüchel (Anh., §. 6, E. a) hielt mit 8 Bat., 3 Jäger-Comp. und 10 Esc. den wichtigen Posten von Trippstadt besetzt und hatte Posten bis Heltersberg, Geiselberg und Schmalenberg vorgeschoben. Dem General v. Kleist (Anh., §. 6, E. a) war mit 7¹⸗, Bat. und 5 Esc. die Bewachung sämmtlicher Gebirgsposten zwischen Trippstadt und Ebenloben, das Schänzel ausgenommen, anvertraut ¹). Der äußerste rechte Flügel der Alliirten (oder der rechte Flügel des preußischen Heeres) wurde durch das Corps des Generals v. Kalkreuth (Anh., §. 6, E. a) mit 15 Bat. und 25 Esc. gebildet und stand bei Kübelberg. Ueberdies sicherte ein besonderes Corps von 4 Bat. und 10 Esc. unter General v. Köhler bei Wadern die Communication mit dem östr. Corps des F.-M.-L. v. Blankenstein. Das Centrum und der rechte Flügel der Preußen zählten mithin, ohne das v. Köhler'sche Corps, zusammen 57¹⸗₄ Bat. Infanterie mit 32,060 M. und 55 Esc. Cavalerie mit 7150 M. und führten eine zahlreiche Artillerie mit sich. Bei dem preuß. Hauptcorps befand sich zudem noch das 5000 M. starke sächsische Contingent. Ohne letzteres war also das ganze, das Centrum und den rechten Flügel der Alliirten bildende Heer, das v. Köhler'sche Corps nicht gerechnet, 77¹⸗₄ Bat. Inf. mit 43,260 M. und 95 Esc. Cav. mit 12,350 M. oder in Allem 55,610 M. stark, zu welcher Zahl jedoch noch die Mannschaft der Artillerie und der technischen Truppen hinzuzuzählen ist.

Kapitel VII.

Stellungen der Franzosen am 1. Juli, Stärke ihrer Armeen und Corps.

Plan Nr. I.

§. 18.

A. Rheinarmee.

Auf dem rechten Flügel standen längs und vor der Queich von Lingenfeld über Westheim, Weingarten, Ober- und Nieder-Lustadt bis Ober- und

---

¹⸗) Rechnet man die anfängliche Besatzung des Schänzel mit 4 Bat. zu dem v. Kleist'schen Corps mit 7¹⸗; Bat. Inf., so ergeben sich 11¹⸗₂ Bat., welche nach deutschen Geschichtswerken die sämmtlichen Gebirgsposten (Trippstadt nicht mitgerechnet) zu vertheidigen hatten. Damit stimmt das „Mil. W.-Bl. v. 1825" in so weit nicht überein, als nach ihm der Hauptposten am Johanneskreuz mit 3 Bat. (und der Batterie v. Buch), die Posten am Eschenkopf (Pferdsbrunnen), Schnappbahnenpfad, Saukopf und Breiten Sand aber zusammen mit 3 Bat., 2 Füsilier-Comp. und 1 Jäger-Comp. besetzt waren, so daß sich mit Hinzurechnung der 3 Füsilier-Comp. und der 1 Jäger-Comp. auf dem Steineck und am Erlenkopf, für das v. Kleist'sche Corps eine Stärke von 7³⸗₄ Bat. ergibt. Gleichwohl soll es bei den 7¹⸗₂ Bat. verbleiben, indem anstatt jener 2 Comp. Füsiliere nur 1 Comp. angenommen wird, die mit den 3 Füsilier-Comp. auf dem Steineck und am Erlenkopf denn auch gerade 1 Bat. ausmachen.

Nieder=Hochstadt die I. Division Desaix (Anh., §. 6, E. b) und die III. Division Vachot (Anh., §. 6, E. b) den Oestreichern, im Centrum von Eßingen über Walsheim bis Ruhdorf und Böchingen die II. Division Gouvion Saint=Cyr (Anh., §. 6, E. b) dem v. Hohenlohe'schen Corps gegen= über. Die den linken Flügel bildende IV. Division, welche nach der Entsetzung des Divisionsgenerals Delmas durch die Volksrepräsentanten vorerst die „Annweilerer" genannt und von den 3 Brigadegeneralen Desgranges, Ssbcé und Sibaud commandirt wurde, lagerte im Annweilerer Thal von Albersweiler bis Willgartswiesen und galt als Gegner der Gebirgsposten vom Schänzel bis Johanneskreuz. Eine sogenannte Brigade der Linken schloß sich der IV. Division an und stand zur Vermittlung der Verbindung mit der Mosel= armee zu und bei Hinterweidenthal zwischen Willgartswiesen und Pirmasens.

Da die Stärke der Rheinarmee durch einen Standesausweis vom 12. Juli für diesen Tag festgesetzt ist, so ist, da sich in der Zwischenzeit nur die Ver= änderung durch die Verluste am 2. Juli ergab, die nämliche Stärke auch für den 1. Juli anzunehmen, indem der Stand am 12. Juli lediglich um 600 M., als dem beiläufigen Betrag jener Verluste, erhöht wird.

Die Rheinarmee hatte, dem erwähnten Ausweis zufolge, am 12. Juli, ohne den Park, das Hauptquartier und die technischen Truppen mit zusammen 3037 M., eine Gesammtstärke von 36,936 M. oder von 31,503 M. Infan= terie in 45 Bat., von 5051 M. Cavalerie in 43 Esc. und von 382 M. Artillerie in 5 Comp.

Hiervon kamen:

1) auf die I. Division 12 Bat. Inf. mit 6476 M., 23 Esc. Cav. mit 2955 M. und 2 Comp. Art. mit 148 M.;

2) auf die II. Division 12 Bat. Inf. mit 9261 M.[1], 14 Esc. Cav. in 4 Regimentern mit 1576 M. unter dem Befehl des Generals Laboissière und 2 Comp. Art. mit 152 M. und 15 Geschützen unter dem Commando des Obersten Ferveur;

3) auf die III. Division 6 Bat. Inf. mit 4713 M., 3 Esc. und 1 De= tachement Cav. mit 348 M. und 1 Comp. Art. mit 82 M.;

4) auf die IV. Division 12 Bat. Inf. mit 8953 M. und 172 Husaren des 2. Regiments, aber keine Artillerie;

5) auf die sogenannte Brigade der Linken 3 Bat. Inf. mit ungefähr 2100 M.

Mit Hinzurechnung der Verluste am 2. Juli (von 600 M., wovon 2/3 der I. Division und 1/3 der III. Division, dann je die Hälfte der Inf. und der Cav. zuzutheilen sind), hatte demnach die franzöf. Rheinarmee am 1. Juli im Ganzen eine Stärke von 37,536 M., nämlich 31,803 M. Inf., 5351 M. Cav. und 382 M. Art. — die 3037 M. Park u. s. w. nicht gerechnet —.

§. 19.

B. Moselarmee.

Dieselbe hatte ebenfalls 4 Divisionen, wovon die Division Desbureaux von Saarlouis bis Longwy zur Beobachtung der Oestreicher, namentlich des

---

[1] Die Infanterie bestand aus den 2 Brigaden Girard=dit=vieux und Lam= bert mit je 6 Bat.

v. Blankenstein'schen Corps aufgestellt war, die Division Reneaulb zu Blieskastel, die Division Ambert (Anh. §. 6, E. b) zu Hornbach und die Division Taponnier (Anh., §. 6, E. b) zu Pirmasens lagerte. Die Mosel= armee wurde als Gegner des rechten Flügels der Alliirten betrachtet.

Die Moselarmee zählte laut einem Standesausweis vom 17. Juli 1794 an diesem Tage, ohne den Park, das Hauptquartier, die Artillerie und die technischen Truppen mit 2500 M., in 41 Bat. 33,420 M. Inf. und in 14 Esc. nebst 2 Divisionen Gendarmerie 2181 M. Cav.; allein es sind, um den Stand am 1. Juli zu erheben, die Verluste am 2. und 3. Juli, dann am 13. Juli hinzuzurechnen, so daß sich, diese Verluste, die blos die Infanterie trafen, im Ganzen zu 2100 M. angenommen, für den 1. Juli eine Stärke der Moselarmee von 35,520 M. Inf. und 2181 M. Cav. ergibt. Theilt man den Verlust am 2. und 3. Juli von beiläufig 600 M. der Division Taponn= nier allein und jenen am 13. Juli von ungefähr 1500 M. verhältnißmäßig dieser Division mit ⁴⁄₅ oder 1200 M. und der zur Division Ambert ge= hörenden Colonne unter General Peyrimond mit ¹⁄₅ oder 300 M. zu, so hatten die 4 Divisionen der Moselarmee am 1. Juli folgende Stärke:

1) die Division Desbureaux 7 Bat. Inf. mit 6575 M., 1 Division Gendarmerie mit 444 M. und 2 Esc. Cav. mit 163 M.;

2) die Division Reneaulb 10 Bat. Inf. mit 8082 M. und 1 Division Gendarmerie mit 423 M.;

3) die Division Ambert [1]) 9 Bat. Inf. mit 6895 M. und 4 Esc. Cav. mit 649 M.;

4) die Division Taponnier 15 Bat. Inf. mit 13,968 M. und 8 Esc. Cav. mit 502 M.

————

Kapitel VIII.

Vergleichung der Stärke der Alliirten mit jener der Franzosen.

§. 20.

Läßt man wegen gänzlicher Nichtbetheiligung an den Kämpfen des 2. und 3., dann des 12. und 13. Juli, von den alliirten Heeren die auf dem rechten Rheinufer cantonirenden östreichischen und dazu gehörenden übrigen Truppen mit 53,614 M. (§. 16), dann auf dem linken Rheinufer das östr. v. Blankenstein'sche Corps mit 9000 M., sowie das preuß. v. Köhler'sche Corps mit 2240 M. Inf. und 1300 M. Cav. weg, schreibt man dagegen von der franz. Moselarmee die Division Desbureaux mit 6,575 M. Inf. und 607 M. Cav. ab, so standen, sich am 1. Juli folgende Truppenmassen ein= ander gegenüber:

A. dem linken Flügel der Alliirten oder dem östr. Corps von 31 Bat. Inf. mit 24,841 M. und 43 Esc. Cav. mit 7145 M.: die I. und III. Di=

————

[1]) Diese Division wurde am 2., 3. und 12. Juli von General Taintrailles commandirt, weil General Ambert den unwohl gewordenen General Moreaur zu ersetzen hatte.

vifion der franz. Rheinarmee mit 11,489 M. Inf. in 18 Bat. und 3603 M. Cav. in 26 Esc. und 1 Detachement;

B. dem Centrum der Alliirten oder dem preuß. v. Hohenlohe'schen Corps, das, ohne die Besatzung des Schänzel, noch 8960 M. Inf. in 16 Bat. und 5200 M. Cav. in 40 Esc. stark war: die II. Division der Rheinarmee mit 9261 M. Inf. in 12 Bat. und 1576 M. Cav. in 14 Esc.;

C. den Besatzungen der Gebirgsposten, einschließlich des Schänzel, im Ganzen von 6440 M. Inf. in 11½ Bat. und 650 M. Cav. in 5 Esc.: die IV. Division der Rheinarmee mit 8953 M. Inf. in 12 Bat. und 172 M. Cav., dann die Brigade der Linken mit 2100 M. Inf. in 3 Bat.;

D. dem preuß. Hauptcorps, das nach Abzug des v. Kleist'schen Corps mit 4200 M. Inf. in 7½ Bat. und 650 M. Cav. in 5 Esc., noch 27,860 M. Inf. in 49¾ Bat. und 6500 M. Cav. in 50 Esc. stark war: die 3 Divisionen Reneauld, Ambert und Taponnier der franz. Moselarmee mit 28,945 M. Inf. in 34 Bat. und 1574 M. Cav. in 12 Esc. und 1 Division Gendarmen.

Aus obiger Gegenüberstellung ist also ersichtlich, daß der linke Flügel der Alliirten dem rechten Flügel der franz. Rheinarmee mehr, als um das Doppelte, das Centrum der Alliirten dem Centrum der franz. Rheinarmee um einige 1000 M. und der rechte Flügel der Alliirten den 3 Divisionen der franz. Moselarmee ebenfalls um mehrere 1000 M. überlegen war, daß dagegen die Gesammtbesatzung der Gebirgsposten an Infanterie bis zum 12. Juli nur eine Stärke von ⁶/₇ der Infanterie des linken Flügels der franz. Rheinarmee, einschließlich der Brigade der Linken, erreichte [1]).

Kapitel IX.

Ein erster französischer Kriegsrath und sein Beschluß.

Plan Nr. I.

§. 21.

Nach der Ankunft der Volksrepräsentanten wurde am 17. Juni zu Landau in ihrer Gegenwart ein Kriegsrath abgehalten, dem der Oberbefehlshaber der Rheinarmee, General Michaud, der Oberbefehlshaber der Moselarmee, General Moreaux [2]) und die ersten Generale beider Armeen anwohnten. Hiebei machte General Desaix den Vorschlag, daß der Feind auf seinem linken Flügel mit der I. und III. Division der Rheinarmee in der Rheinebene ange-

---

[1]) Sachdienliches über die Organisation, die Verpflegung und die Kriegstüchtigkeit der alliirten Heere sowohl, als auch der franz. Armeen, dann über die Umstände, welche auf den Charakter der Kriegführung Einfluß ausübten, ist aus dem Anhang, §§. 2, 3, 4 und 5 zu entnehmen.

[2]) Nicht zu verwechseln mit dem berühmten General Moreau (ohne r).

griffen und daß dieser Hauptangriff von den anderen Divisionen der beiden
Armeen auf ihrer ganzen Linie lediglich durch Demonstrationen und Schein-
attaquen unterstützt werden solle. Dieser Vorschlag wird dann erklärlich, wenn
man annimmt, einestheils, daß Desaix aus dem Verlaufe des Treffens am
23. Mai, den Oestreichern gegenüber, eine große Zuversicht geschöpft und insbesondere seiner Cavalerie in Folge einiger glücklichen Vorpostengefechte eine
tüchtige Leistungsfähigkeit zugetraut habe, anderentheils, daß die Verstärkung
des östreichischen Corps auf 31 Bat. Infanterie und 43 Esc. Cavalerie erst
nach dem 17. Juni erfolgt oder, falls sie schon zuvor stattgehabt hatte, ihm
unbekannt geblieben sei.

General Gouvion Saint-Cyr bekämpfte die Ansicht von Desaix
und äußerte seine Meinung dahin, daß die Hauptentscheidung in die Gebirge
zu verlegen sei und daß nicht größere, sondern untergeordnete Treffen es wären,
wodurch die französischen Truppen Vortheile erlangen könnten.

General Desaix setzte jedoch bei den Volksrepräsentanten und den beiden
Obergeneralen, denen er als der erfahrenere Anführer galt, seinen Vorschlag
durch, und so wurde der Angriff der Alliirten in der Weise beschlossen, daß
die Hauptanstrengungen und Hauptschläge des Tages auf die Oestreicher fallen
sollten, die preußischen Corps aber durch Demonstrationen und verstellte Angriffe in ihren Stellungen festzuhalten und so zu beschäftigen seien, daß sie
nicht daran denken würden, den Oestreichern Hilfe zu bringen. Zugleich traf
der Kriegsrath in der Erwägung, daß die erst im Anmarsch begriffene Moselarmee sich nicht früher bei dem Angriffe betheiligen könne, die weitere Bestimmung, daß die Operationen erst am 2. Juli zu beginnen hätten. Am 1. Juli,
als dem Tage vor dem beschlossenen Angriff, waren denn auch die Truppen
sowohl der Rhein- als auch der Mosel-Armee in Kampfbereitschaft.

Kapitel X.

Offensive der Franzosen am 2. Juli in Ausführung des ersten Landauer Kriegsraths-Beschlusses.

Plan Nr. I.

§. 22.

A. Rheinarmee.

1) Die I. und die III. Division, welche, dem Operationsplan vom 17. Juni
zufolge, unter dem Commando des Generals Desaix gegen das östreichische
Corps auf dem linken Flügel der Alliirten den Hauptschlag führen sollten,
begannen am 2. Juli in aller Frühe ihre Bewegungen. Das Hauptcorps der
Oestreicher stand zwischen Harthausen und Heiligenstein, die Reserve war bei
Dudenhofen und Speyer aufgestellt, eine Abtheilung befand sich zwischen Freisbach und Germersheim, um die Verbindung mit den Preußen zu sichern; die

Avantgarde, bestehend aus 3 leichten Bat., 4 Esc. und einigen Feldstücken, hatte links von Schwegenheim auf dem Brünbelsberg zwischen der Straße von Landau nach Speyer und jener von Germersheim ebendahin, Stellung genommen.

General Bachot rückte von Lingenfeld und Westheim her mit 6 Bat. gegen Schwegenheim vor, während 20 Esc. Dragoner und Chasseurs unter den Generalen Werneck, Frimond und Rivaub rechts dirigirt wurden, um zwischen Schwegenheim und dem Rhein die linke Flanke der Oestreicher zu umgehen, General Marchair aber von Niederlustadt aus mit 6 Bat. und einer Abtheilung Cavalerie unter dem Generaladjutanten Picard die Richtung links nach Schwegenheim zu nahm, um die rechte Flanke der Oestreicher zu umfassen.

General Beyhac endlich brang von Weingarten her mit 6 Bat. gegen Freisbach und Böbingen vor, um die Verbindung zwischen den Oestreichern und dem Prinz v. Hohenlohe'schen Corps abzuschneiden. [1]

General Bachot überraschte die östr. Avantgarde, vertrieb sie und nahm ihr die Geschütze ab. Als General Desaix diesen ersten Erfolg wahrnahm, ließ er die 20 Esc. Cavalerie rasch vorrücken, um dem Gefecht besto günstigere Wendung zu geben und die glückliche Lösung seiner Aufgabe einzuleiten; allein er wurde im Vertrauen zu seiner Cavalerie sofort gründlich enttäuscht. Denn die 20 Esc. ließen sich, anstatt die dem Operationsplan von Desaix entsprechenden Manöver auszuführen, dazu hinreißen, die östr. Cavalerie bei ihrer rückgängigen Bewegung hitzig zu verfolgen und geriethen dabei, in Folge ihrer höchst mangelhaften Einübung, in die vollständigste Verwirrung und Auflösung. Als nun die östr. Cavalerie, welche, Angesichts dieses für sie so günstigen Vorganges, ihren Rückzug absichtlich fortgesetzt hatte, um den verfolgenden Feind weiter zu verlocken und mittlerweile Verstärkungen an sich zu ziehen, plötzlich Kehrt machte und über die zerstreute franz. Cavalerie in einem ungestümen Angriff herfiel, so genügte dieser Stoß, um die 20 Esc., welche sich nicht einmal mehr zu sammeln vermochten, gänzlich über den Haufen zu werfen und bis Germersheim in die Flucht zu jagen.

Als sich die Kolonnen des General Bachot durch die Niederlage der Cavalerie in ihrer rechten Flanke gänzlich bloß gestellt und selbst in ihrem Rücken von einem Angriff der siegreichen östr. Cavalerie bedroht sah, so blieb derselben nichts anders übrig, als sich zurückzuziehen, wobei sie von den Oestreichern, welche sich wieder in den Besitz des Brünbelsberg und der dort verlornen Geschütze gesetzt hatten, aus diesen lebhaft beschossen wurde.

General Marchair war inzwischen mit seiner Colonne bis auf die Höhe von Schwegenheim gelangt und traf dort alsbald Anstalt, sich des Dorfes zu bemächtigen; er wurde jedoch von den in einer Stärke von 9 Bat. und

---

[1] Da nach dem Standesausweis vom 12. Juli 1794 die I. Division 12 und die III. Division nur 6 Bat. Infanterie zählte, so bestand die Stärke der beiden Divisionen am 2. Juli, weil in der Zwischenzeit keine Aenderung eintrat, nicht aus 24 Bat. in 3 Colonnen zu je 8 Bat. — wie deutsche Berichte behaupten — sondern nur aus 18 Bat. in 3 Colonnen zu je 6 Bat. Ohnehin entsprachen nur Colonnen zu 6, nicht auch Colonnen zu 8 Bat. der franz. Armeeorganisation mit ihren 6 Bat. starken Brigaden. Desair hätte 3 Colonnen zu je 8 Bat. nur dann bilden können, wenn, was jedoch nicht der Fall war, die II. und die IV. Division ihm zum Angriff am 2. Juli einige Bataillone abgegeben hätten. Uebrigens widerspricht der Inhalt der Anmerkung Seite 35 einer solchen Angabe auf das Bestimmteste.

10 Esc. herbeigeeilten Oestreichern so kräftig empfangen, daß auch er für gerathen hielt, vom Angriff abzulassen und sich zurückzuziehen.

Dem General Beyßac ging es nicht viel besser. Derselbe war zwar, ohne erheblichen Widerstand zu finden, indem die Oestreicher Freisbach gleich räumten, bis Gommersheim und, nachdem er den dortigen Wald besetzt hatte, rechts gegen Böbingen und Altdorf, links gegen Freimersheim vorgedrungen; allein hier wurde er nicht allein vom äußersten linken Flügel der Preußen, darunter die Brigade des Prinzen Ludwig Ferdinand von Preußen, aufgehalten, sondern auch genöthigt, sich bis auf die Höhe des Klosters Haimbach[1] bei Niederhochstadt zurückzuziehen. Mittlerweile waren auch die Oestreicher wieder vorgedrungen und hatten den Gommersheimer Wald occupirt. Da sie jedoch nicht bis Freisbach zu gelangen vermochten, so entschlossen sich die Preußen, ihnen Hilfe zu leisten und so wurden die Franzosen durch einen combinirten Angriff noch Vormittags gezwungen, Freisbach und die dahinter gelegenen Höhen zu verlassen. Doch behauptete sich General Beyßac, während die Alliirten ihre Vortheile nicht verfolgten, sondern sich begnügten[2], die früheren Positionen wieder einzunehmen, in der Nähe des Dorfes bis Nachmittags 4 Uhr, wo er dann auf Befehl von Desair gleichfalls den Rückzug antrat. Als nämlich Desair die Ueberzeugung gewonnen hatte, daß er auf seine Cavalerie durchaus nicht mehr rechnen könne und daß seine Stellung überhaupt durch die ungünstige Wendung, die der Angriff so rasch genommen, bedenklich erschüttert sei, erkannte er auch sofort, daß er mit seiner Infanterie allein den Kampf nicht fortsetzen dürfe, ihm vielmehr die Klugheit gebiete, den ganzen Angriffsplan aufzugeben. Er ließ daher das Gefecht überall rollends abbrechen und seine Truppen in die früheren Stellungen nach Weingarten, Ober- und Niederlustadt, Weßheim und Lingenfeld zurückgehen.

2) Die II. Division der Rheinarmee unter General Gouvion Saint-Cyr, griff, um das Prinz von Hohenlohe'sche Corps so zu beschäftigen, daß es den Oestreichern zu seiner Linken keine Unterstützung leisten könne, die preuß. Vortruppen, welche unter dem Commando des, zu Anfang Juni, verdienter Maßen, zum Generalmajor-beförderten, G.-L. v. Blücher in einer Linie von Weyher über Rhodt und Edesheim bis nach Großfischlingen aufgestellt waren, lebhaft an und drängte dieselben, indem sie mit ihren bei Edesheim aufgefahrenen Geschützen ein heftiges Feuer unterhielt, trotz einem kräftigen Widerstand bis gegen die Hauptstellung bei Edenkoben und Venningen zurück; es gelang den Franzosen jedoch nicht, die Preußen aus Edenkoben selbst zu vertreiben, obwohl die Geschütze bis in die Stadt hinein Granaten warfen; vielmehr wurden sie durch mehrere lebhafte Angriffe, die General v. Blücher mit seinen Husaren und seiner reitenden Artillerie machte, wieder über die vorherige preußische Linie zurückgeworfen.

Nachdem inzwischen Saint-Cyr das Mißlingen des Angriffes von Desair in Erfahrung gebracht hatte und er zudem wahrnehmen konnte, daß die Preußen, von denen auch das am Vormittag verlassene Dorf Großfischlingen wieder besetzt worden war, sich anschickten, noch entschiedener zur

---

[1] Von diesem Kloster ist keine Spur mehr vorhanden. Dasselbe war eine Johanniter-Comthurei.

[2] Zu dieser „Genüge" gab der Herzog Albert v. Sachsen-Teschen die Initiative.

Offensive überzugehen, so hielt er es für rathsam, jeden weiteren ernstlichen Zusammenstoß zu vermeiden und sich in seine frühere Position bei und in der Umgegend von Walsheim zurückzuziehen. [1]

3) Die IV. Division der Rheinarmee — die Annweilerer — beschränkte sich darauf, den ihr zunächst gelegenen Gebirgsposten auf dem Schänzel zu alarmiren und insbesondere gegen den Satzerstein, den Krautgarten und den Kesselberg Demonstrationen zu machen, die jedoch von den dortigen Abtheilungen der von General v. Voß befehligten Besatzung des Schänzel gebührend zurückgewiesen wurden.

§. 23.

B. Moselarmee.

1) Die zu Bliesskastel, Hornbach und Pirmasens gelagerten 3 Divisionen setzten sich unter dem Commando des an die Stelle des erkrankten Generals Moreau getretenen Generals Ambert am 1. Juli in Marsch, indem die beiden ersten Divisionen — Reneaulb und Ambert (Taintrailles) — die Richtung nach Käshofen nahmen, während die dritte Division — Taponnier — den Weg nach Trippstadt einschlug.

Auf die Nachricht von dieser Bewegung ließ F.-M. v. Möllendorf den Posten von Trippstadt durch 9 Bat. des Hauptcorps unter General v. Courbière (Anh. §. 6, E. a.) besetzen und dagegen den General v. Rüchel von Trippstadt nach Marinshöhe und Käshofen, den General v. Kalkreuth aber von Rübelberg nach Ottweiler vorrücken. Als nun die vereinigten zwei franz. Divisionen am 2. Juli die preuß. Vorposten vertrieben und sich der Stellung des Generals v. Rüchel bei Käshofen näherten, marschirte General v. Kalkreuth nach Homburg, um gemeinschaftlich mit General v. Rüchel selbst zum Angriff überzugehen. Es sollte jedoch dieses Vorhaben nicht zur Ausführung kommen, weil auf Befehl des F.-M. v. Möllendorf der größte Theil der Truppen der beiden Generale zum Ersatz des nach Trippstadt gesendeten Corps des Generals v. Courbière, in die Gegend von Kaiserslautern zurückmarschiren mußte. F.-M. v. Möllendorf hielt nämlich beharrlich an der Idee fest, daß es bei dieser Stadt noch einmal zu einer Schlacht kommen müsse, einmal, weil er dies bei seiner dortigen günstigen Stellung ganz besonders selbst zu wünschen veranlaßt war, dann, weil er meinte, daß der Operationsplan der Franzosen sie immer wieder und um so mehr nach Kaiserslautern führen werde, als sie noch für die am 28., 29. und 30. November 1793, dann am 23. Mai 1794 empfangenen Schläge Revanche zu nehmen hätten. Obgleich jetzt nur noch 3 Bat. und 5 Esc. Preußen den beiden französischen Divisionen gegenüberstanden, so ließen die letzteren einen für sie so günstigen Umstand dennoch ganz unbenützt, und rückten, auf die Kunde von dem Mißglücken des Desaix'schen Angriffes, am

---

[1] General Michaud gab, im Widerspruch mit dem Operationsplan, aus seinem Hauptquartier Offenbach am 1. Juli dem General Saint-Cyr den schriftlichen Befehl, das Erbprinz v. Hohenlohe'sche Corps am 2. Juli bei Tagesanbruch oder auch noch früher anzugreifen und in die Linie des Speyerbach zurückzuwerfen. Als jedoch Saint-Cyr gegen diesen Befehl Bedenken erhob, änderte Michaud ihn dahin ab, daß Saint-Cyr suchen solle, jenes Ziel wo möglich und besonders dann zu erreichen, wenn Desaix Angriff erfolgt hätte.

4. Juli wieder in ihre Lager zurück. Ob die franzöf. Generale von jenem Umstand nicht die gehörige Kenntniß hatten, oder ob sie glaubten, vor Allem Nachricht von der Rheinarmee oder auch von der Division Taponnier ab= warten zu sollen, mag dahin gestellt bleiben.

2) Der Division Taponnier war es vorbehalten, erustere Kämpfe zu bestehen. Nachdem dieselbe am 2. Juli schon bei Zeiten die Vortruppen des Generals v. Courbière zurückgedrängt hatte, griff sie dessen Stellung bei Trippstadt selbst mit dem größten Nachdruck an; sie wurde jedoch so lange aufgehalten, bis Verstärkungen vom Hauptcorps zu Kaiserslautern eintrafen, die nach und nach auf 11 Bat. und 10 Esc. anwuchsen, so daß den 15 franz. Bat. Infanterie jetzt 20 preuß. Bat. gegenüberstanden. Gleichwohl setzten die Franzosen, welche das durchschnittene und waldige Terrain sehr gut zu benützen und besonders ihre Tirailleurs in den bortigen Thalschluchten und dichten Ge= hölzen trefflich zu verwenden verstanden, das Gefecht den Tag über mit Hart= näckigkeit fort. Zwar wurden dieselben, so oft sie einen Angriff in Masse auf die Stellung der Preußen versuchten, jedesmal zurückgeschlagen; allein sie ließen sich dadurch nicht zurückschrecken, ihre Gegner immer wieder von Neuem zu bedrohen und anzufallen, zumal sie gerade durch die Beschaffenheit des Terrains, welches nicht einmal eine wirksame Verfolgung, viel weniger einen entscheidenden Gegenstoß in der Fronte gestattete, vor weiteren Nachtheilen ge= sichert waren.

Eine franzöf. Abtheilung zeigte sich auch vor dem Posten von Johannes= kreuz, wurde jedoch sofort vom General v. Kleist angegriffen und verjagt.

Am 3. Juli erneuerte die Division Tapouuier ihre Angriffe auf die Trippstadter Stellung mit gleicher Heftigkeit, wie am Tage zuvor; allein sie fand den nämlichen tapfern Widerstand und sah sich, als General v. Kleist von Johanneskreuz aus ein geschicktes Manöver in ihre rechte Flanke ausführte und bis nach Helterberg vordrang, wobei er zwei Kanonen eroberte [1]), zum Rückzug genöthigt, den sie auch, auf die ohnehin mittlerweile eingetroffene Bot= schaft von dem Fehlschlagen des Desaix'schen Angriffes, bis in ihr Lager bei Pirmasens bewerkstelligen konnte, ohne daß sie von dem Feinde weiters be= lästigt worden wäre.

Kapitel XI.

Ein zweiter französischer Kriegsrath und sein Beschluß.

Plan Nr. I.

§. 24.

Der am 2. Juli verunglückte Operationsplan vom 17. Juni hatte die Wirkung, daß von Paris aus, woselbst der ebenso umsichtige und geschickte,

---

[1]) Das 61. Bat. der Nationalfreiwilligen der Rhône et Loire, das noch keiner Halb= brigade zugetheilt war, verlor diese beiden Kanonen.

als energische und rastlose Carnot das Kriegsministerium leitete, die bestimm=
testen Befehle eintrafen, den Angriff auf die Alliirten mit aller Kraft zu er=
neuern. Da Carnot mit seinem Scharfblick erkannt hatte, daß bei der unge=
mein ausgedehnten Cordonlinie der Alliirten ein günstiger Erfolg für die
Franzosen dann in Aussicht stehe, wenn sie den Feind gleichzeitig auf der
ganzen Linie angreifen, dabei aber einzelne, dazu ausersehene Punkte durch
dahingeworfene Uebermacht forciren und so, vermittelst der Ueberflügelung der
durch die Sprengung der Linie bloßgestellten Flanken, den Rückzug der Haupt=
corps selbst erzwingen würden; so ertheilte er in diesem Sinne seine Instruk=
tionen, indem er zugleich Verstärkungen sowohl mit entbehrlich gewordenen
Truppen der Alpenarmee, als auch mit im Innern neuformirten Bataillonen
zusicherte. Aber es gab außerdem der über das Fehlschlagen des Angriffes am
2. Juli höchlich erbitterte Wohlfahrtsausschuß in seiner Weise den entschieden=
sten Willen kund, daß die Alliirten um jeden Preis anzugreifen und zu
schlagen seien.

Das Verhalten der Alliirten war ganz geeignet, den Plänen der Fran=
zosen den besten Vorschub zu leisten; denn dieselben verharrten auch nach den
Gefechten am 2. und 3. Juli, die doch wenigstens in so weit für sie günstig
ausgefallen waren, als sie den Rückzug der beiden französischen Armeen in
ihre früheren Stellungen zur Folge hatten, in der bisherigen Unthätigkeit und
ließen es sich, während höchstens die Federn in den Hauptquartieren operirten,
nicht in den Sinn kommen, daß die Franzosen, denen sie ohnehin Zeit genug
gönnten, Verstärkungen heranzuziehen, die Schwächen und Blößen ihrer welt=
läufigen und durch die hohen Gebirgszüge der Haardt und der Vogesen ge=
trennten Aufstellung benützen könnten.

In Folge des kategorischen Imperativs aus Paris wurde nun am 9
oder 10. Juli zu Landau abermals ein Kriegsrath abgehalten, dem die Volks=
repräsentanten Hentz und Goujon, die beiden Obergenerale der Rhein= und
der Moselarmee, Michaud (Anh., §. 6, E. b) und Moreaux (Anh., §. 6,
E. b), dann einige andere Generale, namentlich Desaix, Gouvion Saint=
Cyr und Ambert beiwohnten. Der am 17. Juni von Saint-Cyr bean=
tragte, aber damals verworfene Operationsplan wurde hiebei wieder aufge=
nommen und, da er ohnehin mit den Direktiven des Kriegsministers Carnot
im Wesentlichen übereinstimmte, auf den Antrag von Desaix selbst, unter Fest=
stellung der Grundzüge, einstimmig genehmigt. Die Volksrepräsentanten, welche,
auf die außerordentlichen Vollmachten pochend, womit sie der Wohlfahrtsaus=
schuß versehen hatte, unter dem damaligen Schreckenssystem den unbedingten
Gehorsam sogar der Generale beanspruchten [1]), setzten es hiebei durch, daß,
ohne die für den 14. oder 15. Juli angesagte Verstärkung von 10 Bat. der
Alpenarmee abzuwarten, am 12. Juli die Ausführung des Operationsplanes
zu beginnen und am 13. Juli der allgemeine Angriff stattzufinden habe. Ja!
es wäre schon der 12. Juli zu diesem Angriff bestimmt worden, wenn nicht

---

[1]) Von einer Seite wird berichtet, daß der Kriegsrath zu Landau bei offenen Fen=
stern, Angesichts der unten auf dem Platz aufgestellten Guillotine, abgehalten worden sey.
Es mag dahin gestellt bleiben, ob und was an diesem Berichte wahr oder falsch sein
dürfte. Doch ist es leicht möglich, daß sich zur nämlichen Zeit mindestens eine Guillotine
auf dem Platz in Landau befand, wenn auch nicht gerade als direkte Drohung gegen die
Generale im Kriegsrath, doch als ein Argument für die damalige Schreckenszeit überhaupt.

der für die Cooperation mit der Rheinarmee nöthige Vormarsch der Moselarmee den Aufschub von einem Tag unbedingt erfordert hätte.

Die Grundzüge des Operationsplanes waren folgende:

I. Plan für den 12. Juli.

1) An diesem Tag rückt die Division Reneauld von Blieskastel in
2 Colonnen ab, um sich auf die Höhe von Martinshöhe zu begeben; die zur
Linken wendet sich dahin über Homburg und Käshofen; die zur Rechten nimmt
ihren Weg über Zweibrücken. Diese Division muß Alles aufbieten, um den
Feind von der anderen Seite des Weihers von „Scheidenburger“ [1]) zu vertreiben, alle Verbindungen abschneiden und sie bewachen.

2) Die Division Ambert (Lalutraillès) (Anh., §. 6, E.b) marschirt
an demselben Tag von Hornbach in 2 Colonnen ab; die zur Linken hat sich
auf die Höhen von Hermersberg zu begeben, indem sie ihre Rechte an das
Dorf stützt; die zur Rechten wird auf die Höhen von Geiselberg rücken, die
Rechte an den Bach, Erbach (Schwarzbach) genannt, anlehnend.

3) Die Division Taponnier rückt am nämlichen Tag von Pirmasens
ab, um sich auf die Höhen von Schmalenberg zu begeben; drei Bataillone
dieser Division müssen nach Leimen marschiren.

4) Am gleichen Tage haben sich die 3 Bat. der Linken der Rheinarmee
nach Hofstätten zu verfügen.

5) Der Rest der Armee [2]) muß eine Bewegung machen, um den Feind
zu beunruhigen, ihn im Schach zu halten und ihm die Punkte zu verbergen,
wo man ihn mit Macht angreifen will, besonders aber ihn wo möglich zu
nöthigen, seine Hauptmacht nach den Punkten zu ziehen, wo man in der Defensive zu bleiben vorhat.

II. Plan für den 13. Juli.

6) An diesem Tag muß der Angriff auf der ganzen Linie ein allgemeiner
sein und mit dem größten Nachdruck auf die Wiedereinnahme der wichtigsten
Punkte gerichtet werden, wozu der von Trippstadt für die Moselarmee, der
von St. Lambrecht für die Rheinarmee und die äußere Seite der Vogesen [3])
gehören.

7) Die Division Reneauld rückt von Martinshöhe nach Landstuhl, indem
sie stets auf ihrer Linken die Verbindungen mit Rübelberg, Wiesau u. s. w. erhält.

8) Die Brigade oder Colonne der Linken der von Hornbach abmarschirten
und zu Hermersberg gelagerten Division hat sich der Thalschluchten von Schopp
und Höneck (Hobenecken) zu bemächtigen, während die Colonne der Rechten
dieser Division sich mit jener von Pirmasens vereinigt, um in Gemeinschaft
mit den von Leimen abmarschirten 3 Bataillonen Trippstadt anzugreifen.

Einmal Herr dieses Postens, müssen von da hinreichende Kräfte nach
Hochspeyer, Frankenstein und Weidenthal abgesendet werden, um durch den
Besitz dieses Thales die Verbindung zwischen Kaiserslautern und Neustadt ab-
zuschneiden.

---

[1]) Dieser Name ist weder auf der Karte, noch in der Geographie zu finden. Es wird
etwa „Schwarzenbach“ oder „Schwarzenacker“ bei Einöd zwischen Homburg und Zweibrücken heißen sollen.

[2]) Damit ist die Rheinarmee gemeint.

[3]) Der Satz ist undeutlich. Wahrscheinlich ist darunter zu verstehen, daß die II. Division das Erbprinz v. Hohenlohe'sche Corps hinter den Speyerbach zurückwerfen
solle. Im Uebrigen erhält der Art. 6 erst durch den Art. 8 das rechte Verständniß.

9) Von der Brigade der Linken der Rheinarmee bleibt 1 Bataillon zu Hofstätten und marschiren die 2 andern nach Elmstein.

10) Die Annweilerer Division der Rheinarmee läßt 3 Bataillone durch das Thal von Eisthal (Enßerthal) auf Elmstein zu marschiren, um sich mit den 2 andern von Hofstätten abgerückten Bataillonen zu vereinigen[1]).

11) Der übrige Theil der Division von Annweiler, verstärkt durch einige Bataillone aus dem Lager von Insheim, hat mit der größten Kraftanstrengung das feindliche Lager auf dem Blödersberg anzugreifen. Nach Maßgabe der Kräfte, die ihr zugetheilt sind, ist die höchste Wahrscheinlichkeit vorhanden, daß der Feind auf diesem Punkt geschlagen werde; man läßt alsdann 1 Bataillon zu Elmstein, 1 anderes zu Appenthal, und der Rest der Division begibt sich sogleich auf die Höhen von Spanberg (Spangenberg), um sich zum Herrn der Thalschlucht von St. Lambrecht zu machen oder den Feind in seinem Rücken durch die Thalschlucht von St. Martin für den Fall zu bedrohen, daß die II. Division der Rheinarmee nicht im Stande sein sollte, ihn aus seiner Stellung zu vertreiben, für den entgegengesetzten Fall aber nach St. Lambrecht zu rücken.

12) Die II. Division der Rheinarmee hat einen kräftigen Angriff auf die am Fuße der Vogesen (der Haardt) gelagerten Preußen zu machen und alle möglichen Anstrengungen aufzubieten, um dieselben über den Speyerbach hinüber zu werfen, während die I. Division deren rechte Flanke deckt und das östreichische Corps beschäftigt.

13) Ist die Rheinarmee einmal Herr der Stellung am Speyerbach und durch die Thalschlucht von Neustadt mit der Moselarmee in Verbindung, so wird man neue Verfügung treffen in der begründeten Hoffnung, die Stellung von Kaiserslautern über Dürkheim, Alsenborn u. s. w. zu umgehen.

Vorstehender Operationsplan wurde den beiden Obergeneralen übergeben und von diesen den betreffenden Divisionsgeneralen, für die Annweilerer Division den 3 Brigadegeneralen mitgetheilt. Die III. Division Vachot war darin deßhalb nicht erwähnt, weil man dem Obergeneral der Rheinarmee vorbehalten wollte, über sie zu verfügen und sie dahin leiten zu können, wo die größten Hindernisse sich zeigen würden.

Das eigentliche Hauptziel des Operationsplanes ging — wie auch Saint-Cyr ausführt — deutlich genug dahin: a. die Verbindung von Kaiserslautern mit Neustadt a. H. auf einem der Punkte Hochspeyer, Frankenstein, Weidenthal oder St. Lambrecht abzuschneiden, zu dem Ende aber die von Kaiserslautern durch und über die Gebirge bis nach Edenkoben etablirte Postenlinie zu sprengen und so den rechten Flügel der Alliirten, nämlich das preuß. Hauptcorps bei Kaiserslautern unter F.-M. v. Möllendorf, von dem Centrum oder dem Erbprinzen v. Hohenlohe'schen Corps und damit zugleich von dem linken Flügel oder dem östr. Corps unter Herzog Albert v. Sachsen-Teschen zu trennen; b) durch dieses Manöver zu ermöglichen, zunächst den in seiner rechten Flanke bedrohten Erbprinzen v. Hohenlohe, schlagen oder doch wenigstens auf den Herzog Albert zurückdrängen, so aber beide Feldherren zwingen zu können, sich mit einander über den Rhein zurückzuziehen.

---

[1]) Wie es scheint, trachten sich die Franzosen den Weg nach St. Lambrecht (Artikel 6) doch zuerst über Elmstein. Die 3 Bat. waren die noch keiner Halbbrigade zugetheilten „Diversen".

Saint=Cyr gibt noch die weitere Erläuterung, daß man französischer Seits gehofft habe: es werde v. Möllendorf durch die beschlossenen Schein= manöver — wie sie namentlich von den Divisionen Renegauld und Am= bert auszuführen waren — sich veranlaßt sehen, in abermaliger Erwartung des Hauptangriffes bei Kaiserslautern, seine Truppen dort zu concentriren [1]) und deßhalb die Punkte im Gebirge, auf die es von den Franzosen haupt= sächlich abgesehen war, nämlich das wichtige Johanneskreuz und das noch wichtigere „sehr schwer zu ersteigende Schänzel" entweder zu schwächen oder doch wenigstens für den eintretenden Fall nicht zu unterstützen.

Obgleich diese beiden Hauptgebirgsposten in der That auch den Schwer= punkt des Angriffes am 13. Juli bildeten, so ist im Operationsplan ihrer doch mit keiner Silbe, sondern nur der Punkte Trippstadt und Blödersberg gedacht.

Allem Vermuthen nach war es kluge Vorsorge gegen denkbaren Verrath des Planes, welche eine solche Auslassung gebot; denn wie gut die Alliirten mit Kundschaftern bedient waren, erhellt z. B. daraus, daß der Fürst v. Hohenlohe=Kirchberg schon am 10. Juli davon erhielt, daß ein all= gemeiner Angriff der Franzosen bevorstehe, so zwar, daß wenigstens der linke Flügel und das Centrum der Alliirten am Morgen des 11. Juli unter Waffen treten mußten, um des Angriffes der Franzosen gewärtig zu sein [2]).

Offenbar entbehrt der Operationsplan vom 9.′10. Juli der hinreichenden Kenntniß der Landschaft, sowie der rechten Klarheit und Bestimmtheit in man= chen seiner Grundzüge. So scheinen die Franzosen z. B. bei der Abfassung der Artikel 9 und 10 von den Hindernissen, welche die Gebirgsposten dem Marsch über den Schnapphahnenpfad resp. Johanneskreuz nach Elmstein in den Weg legen mußten, entweder sehr wenig gewußt, oder sie doch bedenklich unterschätzt zu haben, und ebenso wenig ist abzusehen, weßhalb ein Bataillon in Hofstätten zurückbleiben sollte. So leidet ferner der Artikel 11 an der gewagten Voraus= setzung, daß der Feind auf dem Blödersberg [3]) höchst wahrscheinlich werde ge= schlagen werden. Im Bewußtsein dessen, daß, wenn auch über das Hauptziel des Operationsplanes und dessen wesentlichste Anordnungen irgend ein Zweifel nicht aufkommen könne, doch einzelne Grundzüge mangelhaft oder unausführbar sein dürften, blieb denn auch vom Kriegsrath den beiden Obergeneralen an=

---

[1]) In dieser Hoffnung täuschten sich die Franzosen auch wirklich nicht, wie schon §. 23, Nr. 1, angedeutet ist.

[2]) Auch v. Blücher sagt: „Meine Muthmaßungen in Betreff der feindlichen Ab= sichten waren nicht ohne Grund; denn bald brachten uns sichere Kundschafter die Nachricht, daß die französische Armee vom Nationalconvent Ordre erhalten habe, uns anzugreifen und zu schlagen, es koste, was es wolle."

[3]) Welcher Berg damit gemeint sei, ist ungewiß. Auf dem Plan bei Saint=Cyr kommen zwei „Blödersberg" vor, wovon der eine der „Blättersberg" bei Weyher, der andere der „Drenselberg" ist, auf dessen südlichem Ausläufer die Modenbacher Schloßruine liegt. In den Memoiren von Saint=Cyr ist dagegen zwischen „Blödersberg" und „Schänzel" ausdrücklich unterschieden, unter diesem das eigentliche Schänzel, unter jenem aber der „Drenselberg" mit seinem erwähnten Ausläufer verstanden, unterhalb dem sich zwei, mit einem zur Besatzung des „Schänzel" gehörenden Detachement besetzte Schanzen nebst einem Lagerplatz befanden. War nun mit der Bezeichnung „Blödersberg" im Ope= rationsplan (Art. 11) dennoch nichts Anderes gemeint, als das Schänzel (der Triesenberg), so läßt sich diese Unrichtigkeit nur durch einen wirklichen Irrthum aus ungenügender Be= kanntschaft mit der Gegend, oder aus der Absicht erklären, für alle möglichen Fälle über den im Sinne gehabten Angriffspunkt vorsorglich im Dunkel zu lassen.

heimgestellt, die zur Erreichung des Hauptzieles erforderlichen Mobilsilationen je nach den Umständen unmittelbar oder mittelbar durch die ihnen untergebenen und mit der bezüglichen Ermächtigung versehenen Brigadegenerale eintreten zu laffen.

Es hatten denn auch u. A. folgende Abänderungen statt:

a. Die Colonne der Linken der Division A m b e r t bekam, anstatt der Richtung nach Schopp und Hoheneck en (Art. 8), jene nach Bann bei Landstuhl.

b. General S i b a u d hatte die 3 Bat. der sogenannten Linken der Rheinarmee und die 3 Bat. der IV. Division zu Hofstätten zu vereinigen und mit denselben, ohne ein Bataillon dort zu laffen (Art. 9), vor Allen die auf dem Weg von Hofstätten nach Elmstein und Johanneskreuz gelegenen preuß. Gebirgsposten zu vertreiben und dann nicht direkt nach Elmstein (Art. 9 u. 10), sondern zunächst nach Johanneskreuz zu rücken, um auch diesen wichtigen Posten zu nehmen und damit die Verbindung zwischen der Rhein= und der Moselarmee herzustellen.

c. Es wurde in die Aufgabe der Brigaden D e s g r a n g e s und E i s c é (Art. 11) auch die Vertreibung des Gebirgspostens auf dem Steineck und deffen Communicationspostens am Erlenkopf eingeschoben und zugleich bestimmt, daß die beiden Brigaden nach erzieltem Erfolg nicht mehr die Wahl zwischen dem Marsch nach St. Martin und jenem nach St. Lambrecht haben, sondern sich nur nach letzterem Ort wenden sollten (Art. 11).

d. Da S a i n t = C y r sich schon am 12. Juli überzeugt hatte, daß er zu schwach sei, um das Prinz v. H o h e n l o h e'sche Corps über den Speyerbach hinüberzuwerfen, so wurde sein ernstlicher Angriff zur Erreichung dieses Zieles von dem vorgängigen Erfolg der Brigaden D e s g r a n g e s und E i s c é, d. h. von der Eroberung des Schänzel abhängig gemacht (Art. 12).

Der zweite Landauer Operationsplan verdiente nicht blos deßhalb den Vorzug vor dem ersten, weil er den Hauptstoß gerade in die Schwächen und Blößen zwischen dem rechten Flügel und dem Centrum der Alliirten richtete, sondern auch darum, weil er, indem er den entscheidenden Kampf aus der Ebene in die Gebirge verlegte, der ganzen Eigenthümlichkeit der französischen Infanterie angepaßt war und zugleich den Franzosen den Vortheil gewährte, bei diesem Kampfe, namentlich vor der Ueberlegenheit der feindlichen Cavalerie, sicher gestellt zu sein.

Einige Urtheile über den Operationsplan mögen, als wohl von Intereffe, hier Platz finden.

1) Das Magazin sagt:

„Wiffend, daß die preuß. Manöver in dem gebirgigen Terrain nicht an=
„gewendet werden könnten, entschloß sich der Feind zu einem allgemeinen An=
„griff auf Johanneskreuz und Schänzel. Der hiezu entworfene Plan ist ein
„Muster einer richtigen Anwendung der natürlichen Grundsätze der Kriegskunst
„auf die Verschiedenheit der beiderseitigen Kräfte und Vortheile. Kühn und
„verwegen scheint sich dieser Plan ganz von dem gewöhnlichen Weg der Ope-
„rationen zu entfernen, aber seine Kühnheit stützt sich auf die richtigen Grund-
„sätze der Kriegskunst, und nur die Seltenheit ihrer Anwendung hat sie dem
„gewöhnlichen Krieger aus dem Gedächtniß gerufen und verbürgt ihm jetzt um
„so mehr den Erfolg. Derselbe war, in so weit die Ausführung auf den Ent=
„wurf schließen läßt, folgender: die Hauptarmee der Preußen zu alarmiren
„und sie an einen ernsthaften Angriff glauben zu machen, zugleich sämmtliche
„kleinere Corps zu beschäftigen und wirklich anzugreifen, während dem aber

„die Gebirgsposten des Johanneskreuz und des Schänzel, welche die Com=
„munication zwischen den beiden preuß. Hauptcorps unter dem F.=M. v.
„Möllendorf und dem Prinzen v. Hohenlohe vermittelten, mit aller
„Macht anzufallen."

Dieses Urtheil gewinnt noch dadurch an Werth, daß es abgegeben ward,
ehe und bevor der Inhalt des Operationsplans selbst mit dem Werk von
Saint=Cyr in die Oeffentlichkeit trat.

2) Jomini stellt folgende kritische Betrachtung an:

„Die beiden Generale en chef, Michaud und Moreaux, handelten
„diesmal weiser, als am 2. Juli in Folge des Kriegsrathes vom 17. Juni,
„indem sie beschlossen oder vielmehr im zweiten Kriegsrath sich dafür entschie=
„den, der beherrschenden Höhen der Vogesen sich zu bemächtigen und die feind=
„lichen Armeen zu isoliren, welche gegen alle Principien der Kriegskunst auf
„zwei durch jene Gebirgskette getrennten Linken operirten. Der neue Plan [1]
„verdiente um so mehr den Vorzug vor dem des zweiten Juli, als in Folge
„dieses ersten Angriffes der Herzog Albert v. Sachsen=Teschen sein
„Hauptquartier von Schwetzlingen nach Speyer verlegt und die östr. Truppen
„auf dem linken Rheinufer verstärkt hatte [2]. Die Brigaden Desgranges,
„Sisee und Sibaud überwältigten alle preußischen Posten auf den beiden
„Wasserscheiden (versans) der Vogesen und überflügelten durch dieses Manöver
„die beiden Theile der durchbrochenen Linie des Feindes. Die Brigaden Des=
„granges und Sisee, zur Linken von Saint=Cyr, bedurften größerer
„Anstrengungen, um den Posten des Schänzel zu nehmen. Es gab zwei
„Mittel, ihn fallen zu machen: das erste, indem man den Prinzen v. Hohen=
„lohe vom Fuß der Vogesen bis Neustadt verjagte; das zweite: indem man
„den Posten selbst von den Gebirgen aus überfiel und erstürmte. Das Eine
„hätte große Resultate geliefert, aber eine Schlacht in der Ebene erfordert [3].
„Das Letzte, obgleich schwieriger wegen der Oertlichkeiten, schien einen weniger
„zweifelhaften Erfolg in Aussicht zu stellen, weil das Resultat von der Nieder=
„lage einiger Bataillone abhing, und so wurde es um so mehr vorgezogen,
„als auf dem durchschnittenen Terrain die überlegene Gewandtheit der fran=
„zösischen Infanterie die besten Erfolge in diesem Kriege voller Chikanen
„versprach."

3) Saint=Cyr äußert seine Meinung und zwar, in so weit der zweite
Operationsplan ihm zu verdanken ist, über sein eigenes Werk also:

„Man sieht, daß der von Saint=Cyr entworfene Plan den rechten
„Principien gemäß war, daß die Rhein= und die Moselarmee gemeinsam han=
„deln sollten, als seyen sie eine Armee, daß die Wahl des Terrains der
„Eigenthümlichkeit der Franzosen im Allgemeinen und besonders in dieser
„Epoche angemessen war, weil man der franzöf. Infanterie, deren Bravour
„die am 13. und 14. Juli erzielten Erfolge ganz und gar zu verdanken sind,
„Schlachtfelder gegeben habe, die ihrem Charakter, ihrer natürlichen Behendig=

---

[1] Jomini bemerkt hiezu, daß nach den Einen Carnot, nach den Andern Saint=
Cyr die Ehre davon gebühre (§. 24).

[2] Hier irrt Jomini, da Beides im Anlaß der Vorgänge am 23. und 26. Mai,
schon im Juni erfolgt war.

[3] Die 3 Divisionen der Rheinarmee in der Ebene waren, den dortigen östr. und
preuß. Corps gegenüber, besonders an Cavalerie, viel zu schwach, um eine Hauptschlacht
wagen zu können (§§. 16, 17 und 18).

„feit und ihrem praktischen Verstand entsprachen, während ihre Fertigkeit zur „Ausführung solcher übereinstimmenden Manöver, welche den Erfolg in einem „offenen Land sicher zu stellen pflegen, im Vergleich zu der der Alliirten nur „eine geringe war. Ueberdies hatte man auf dem Terrain, woselbst zu schlagen „war, den Vortheil, die Flanken gut gestützt ·und die gute feindliche Cavalerie „paralysirt zu haben. Konnte man auch nicht auf so große Vortheile rechnen, „wie von einer gewonnenen Schlacht, so vermochten doch die Vortheile in „einigen kräftigen Gefechten die nämliche Wirkung hervorzubringen."

Kapitel XII.

Abermalige Offensive der Franzosen im Vollzug des zweiten Landauer Kriegsrathsbeschlusses.

§. 25.

I. Stellungen der Alliirten am 12. und 13. Juli 1794, Stärke ihrer Heere und Corps.

Plan Nr. I.

A. Die Gefechte am 2. und 3. Juli hatten in den Stellungen der Alliirten bloß die Veränderung zur Folge gehabt, daß General v. Kalkreuth bei Martinshöhe ein Lager bezog, General v. Rüchel dagegen in der ihm angewiesenen Stellung bei Kaiserslautern verblieb, bis er am 13. Juli den Befehl erhielt, nach Trippstadt zu marschiren, um das Corps des Generals v. Courbière, welcher den dortigen Posten zu vertheidigen hatte, zu verstärken (§. 23).

B. Die Stärke der Heere und Corps erlitt folgende Aenderungen:

1) vom österreichischen Corps im Gesammtbetrag von 31,986 M. (§. 4) geht der Verlust am 2. Juli mit 7 Officieren und 483 Unterofficieren und Gemeinen ab;

2) vom preußischen Corps des Erbprinzen v. Hohenlohe (§. 17, I) wurde am 12. Juli Nachmittags eine Verstärkung von 1¹⁄₂ Bat. und in der Nacht vom 12. auf den 13. Juli eine solche von 2 Comp., dann am 13. Juli Nachmittags eine weitere von 2 Bat. nach dem Schänzel abgesendet, so daß jenes Corps bei Ebenkoben am 12. Juli Nachmittags nur noch 14¹⁄₂ Bat. mit 8120 M. und am 13. Juli Nachmittags nur noch 12 Bat. mit 6720 M. stark war, wobei jedoch zu bemerken ist, daß der Abgang an diesem Nachmittag erst dann Platz griff, als eine öftr. Verstärkung von 2 Bat. des Regiments v. Wallis mit 1603 M. bereits eingetroffen war, die den Stand der Infanterie von 6720 M. auf 8323 M. erhöhte;

3) beim preußischen Hauptcorps zusammen von 39,210 M. (§. 17, II) — ohne das v. Köhler'sche Corps — ist der Verlust am 2. und 3. Juli mit 11. Officieren und 333 Unterofficieren und Gemeinen abzuziehen.

44

§. 26.

II. Stellungen der Franzosen am 12. und 13. Juli 1794, Stärke ihrer Armeen und Corps.

Plan Nr. I.

A. Die Franzosen hatten, bevor sie sich am 12. Juli in Bewegung setzten, die nämlichen Stellungen inne, wie am 1. Juli (§§. 18 und 19). B. Die Verluste der französischen Rheinarmee am 2. Juli kommen deßhalb nicht in Anschlag, weil die Annahme ihrer Stärke für den 12. und 13. Juli auf einem Standesausweis vom 12. Juli beruht (§. 18). Nur ist zu bemerken, daß durch die am Nachmittag des 13. Juli erfolgte Detachirung von 2 Bat. der 11. leichten Halbbrigade nach dem Blöbersberg (Blätters-berg) die Infanterie der II. Division sich um 1465 M., also auf 7796 M., dem Erbprinz v. Hohenlohe'schen Corps gegenüber, verminderte. Dagegen ist bei der französischen Moselarmee von 30,519 M. — ohne die Division Desbureaux — der Verlust am 2. und 3. Juli mit 600 M. in Abzug zu bringen (§. 19).

Eine weitere Veränderung fand nicht statt.

§. 27.

III. Drängen der Volksrepräsentanten.

Da die zur Rheinarmee gehörenden Truppen schon am 12. Juli in Kampfbereitschaft waren, während die Moselarmee an diesem Tag erst in die Schlachtlinie einzurücken hatte, so forderten die Volksrepräsentanten auf dem Grund des in den Operationsplan hineingebrachten Art. 5, daß die Rheinarmee den Feind schon an diesem Tage wenigstens beunruhigen solle, obwohl doch, der für den 13. Juli zu gewärtigenden Strapatzen halber, den Truppen am Tage zuvor die Ruhe nicht blos zu gönnen, sondern in der That nothwendig war; allein es konnte bei den damaligen Zuständen weder Widerspruch, noch Ablehnung gewagt werden. Vielleicht läßt sich das kategorische Drängen der Volksrepräsentanten gleichfalls aus der, nach §. 24, Seite 40, allerdings nicht unbegründeten Besorgniß erklären, daß der Operationsplan, bei etwaiger Vollzugsverzögerung, leicht den Alliirten verrathen werden könne.

Saint-Cyr klagt indeß bitter darüber, daß der fanatische Eifer der Volksrepräsentanten verhindert habe, den Angriff bis zum Eintreffen der Bataillone der Alpenarmee zu verschieben, weil diese Verstärkung die Möglichkeit gewährt haben würde, die Uebermacht des Feindes dießseits der Vogesen wenigstens zu paralysiren[1] und so die ganze Gestalt der Dinge durch Herbeiführung eines desto sichereren und günstigeren Resultates zu verändern. Allerdings hätte die Verstärkung des französischen Centrums unter Saint-

---

[1] Im Widerspruch damit ist in deutschen Geschichtswerken immer nur von der großen Uebermacht der durch Bataillone der Alpenarmee verstärkten Franzosen bei den Gefechten am 12. und 13. Juli die Rede; allein Saint-Cyr hat Recht, wie in §. 20 und §. 24, S. 37, dargethan ist.

Cyr mit 10 Bat. kriegsgeübter Infanterie einen erfolgreichen Angriff auf das v. Hohenlohe'sche Corps in gute Aussicht stellen können.

§. 28.

IV. Operationen der französischen Moselarmee[1]).

A. Im Allgemeinen.

Plan Nr. I. und Plan Nr. II.

Die 3 Divisionen der Moselarmee setzten sich am 12. Juli in Bewegung. Die Division Reneauld (8,505 M.) marschirte von Blieskastel weg auf Martinshöhe zu und begann Nachmittags mit den Vortruppen des seit 7. Juli dort aufgestellten Corps des Generals v. Kalkreuth (11,650 M.) ein unbedeutendes Gefecht. Als dieser General sich am 13. Juli Vormittags, auf Befehl des F.-M. v. Möllendorf, zunächst nach Landstuhl und dann von da, ehe er noch durch die nach Baun dirigirte Colonne der Division Ambert in der Flanke und im Rücken bedroht war, bis nach Kaiserslautern zurückzog, folgte die Division Reneauld, ohne etwas Ernstliches zu unternehmen, nur bis Martinshöhe nach und nahm dort Stellung.

Die Division Ambert schlug von Hornbach aus mit der grösseren Colonne (4,544 M.) die Richtung auf die Höhen von Bann unweit Landstuhl ein, woselbst sie am Vormittag des 13. Juli ankam, während General v. Kalkreuth schon im Rückzug bis Kaiserslautern begriffen war. Die schwächere Colonne dieser nämlichen Division (3000 M.) unter General Peyrimond vollzog den Auftrag, zunächst alle Truppen des Feindes, welche sich zwischen der Division Ambert und der nach Trippstadt rückenden Division Taponnier befinden sollten, zu verjagen und dann sich der letzteren cooperirend anzuschließen.

Die Division Taponnier (Anh. §. 6, E. b.) — 13,870 M. — endlich marschirte von Pirmasens zuvörderst nach Hermersberg, traf auf den dortigen Höhen ein preußisches Corps von 4 Bat. unter General v. Thabben in ihrer linken Flanke, setzte, nachdem dasselbe durch die 139 te Halbbrigade unter ihrem Chef Robert vertrieben worden war, ihren Marsch bis Geiselberg und Schmalenberg fort und bivouacquirte auf den Höhen dieser beiden Dörfer in der Nacht vom 12. auf den 13. Juli.

Das preußische Corps kam bei jenem Zusammenstoß so in's Gedränge, daß es ihm nur durch die Entschlossenheit seines genannten Generals gelang, sich durchzuschlagen. Die Rechte der Division Taponnier wurde von der zu ihr gehörenden, jedoch nur 3 Bat. starken Brigade unter General Argout gedeckt, welche deßhalb nach Leimen mit der vorläufigen Weisung detachirt worden war, von da aus, unter Umgehung der Gebirgsposten am Breiten Sand, Saukopf und Johanneskreuz, direkt nach Trippstadt zu marschiren, um sich dort wieder mit ihrer Division zu vereinigen und der weiteren Befehle gewärtig zu sein. Argout nahm von Leimen aus, jene Gebirgsposten zu seiner Rechten lassend, seinen Marsch die Falkensteige hinunter, über die

---

[1]) Es entspricht dem Plan der Schrift, die Operationen der Moselarmee vor jenen der Rheinarmee setzt zu erzählen.

Schwarzbach am Hasenkopf vorbei, über den Maiserwald in das Maiserthal und aus diesem beim Plickenweiher in das Moosalberthal. Der Weg von Leimen bis dahin ließ sich in $2^1{}_2$ Stunden zurücklegen, so daß die Brigade am 13. Juli schon bei Zeiten eintraf. Vom Plickenweiher aus konnte Argout in $^3{}_8$ Stunden thalabwärts nach dem Moosalberhof und damit vor die preußische Front auf den Höhen von Trippstadt, namentlich vor das Centrum auf dem Haseuberg gelangen. Der Plickenweiher ist von dem thalaufwärts gelegenen Lauberhof $^5{}_{16}$ St. und dieser von Johanneskreuz $^5{}_8$ Stunden entfernt.

B. Angriff auf die preußische Stellung bei Trippstadt am 13. Juli.

Plan Nr. II.

General Moreau übernahm, von seinem Unwohlsein genesen, am 13. Juli wieder das Commando der Moselarmee und traf unverweilt seine Dispositionen zum Angriff der preußischen Stellung bei Trippstadt, die von dem Corps des Generals v. Courbière (5040 M. Inf. in 9 Bat.) und dem vom F.-M. v. Möllendorf auf die Meldung vom Anrücken der Division Taponnier am Morgen des 13. Juli als Verstärkung abgeschickten Corps des Generals v. Rüchel (4900 M. Inf. in $8^3{}_4$ Bat. und 1300 M. Cavalerie in 10 Esc.) zu vertheidigen war [1]). Beide Corps waren mit einer zahlreichen Artillerie versehen.

Den Dispositionen des franz. Obergenerals gemäß, hatte die Brigade Argout als rechter Flügel die Richtung nach dem Neuhof in die äußerste linke Flanke der Preußen zu nehmen und wurden aus den anderen 12 Bat. der Division Taponnier und den 3000 M. der Division Ambert unter General Peyrimond, nicht blos der linke Flügel unter General Malye (Anhang §. 6 E. b), als das Gros, zum Angriff des preuß. rechten Flügels, sondern auch eine verhältnißmäßig starke Reserve unter dem Generaladjutanten Molitor mit der Bestimmung formirt, zwischen den beiden französischen Flügeln die Mitte zu halten und außerdem, je nach dem Bedürfniß, Verwendung zu finden. Da sich bei den Angriffen am 2. und 3. Juli gezeigt hatte, daß in der wilden Gebirgsgegend Artillerie nur äußerst mühsam fortzubringen sei, dagegen die nöthigen raschen Bewegungen hemme und sich am Ende doch nicht mit Erfolg gebrauchen lasse, so führten die Franzosen diesmal keine Geschütze mit sich.

General Moreau hatte nach Ausweis seiner Dispositionen die Ueberzeugung gewonnen, daß nur der, oberhalb der oberen Hammerschmiede befindliche, Raum zwischen den beiden Kanten der Trippstadter Hochebene als diejenige Stelle längs der Front der preußischen Stellung zu betrachten sei, auf welche, trotz der dort angelegten Schanzen, der Hauptangriff in größeren Massen mit Aussicht auf das Gelingen am ehesten gerichtet werden könne (§. 4). Demselben war es aber auch nicht entgangen, daß es, um das Gelingen des Angriffes desto eher zu ermöglichen, unumgänglich nöthig wäre, die ganze Front der Preußen, wenigstens von der Willensteiner Schlucht an bis zur Schlucht

---

[1]) Hiezu kamen die 5 Esc. des Corps des Generals v. Kleist (650 M.) als am Johanneskreuz bei der dortigen Terrainbeschaffenheit nicht verwendbar, so daß die Gesammtstärke der Preußen bei Trippstadt nunmehr 9.940 M. Inf. in $17^1{}_4$ Bat. und 1950 Mann Cavalerie in 15 Esc. betrug.

bei der linken Ecke des Hasenberg, durch eine zweckmäßige Verwendung seiner zahlreichen, ebenso kecken als gewandten Tirailleure zu b██tigen und in Athem und Alarm zu halten.

So setzten sich denn die beiden Colonnen unter dem General Malye und dem Generaladjutanten Molitor (Anhang II. E. b.) am Vormittag des 13. Juli von Schmalenberg aus gegen die preußische Stellung in Bewegung, indem sich das Gros direkt nach der oberen Hammerschmiede und dem Karlsthal, die Reserve nach dem Moosalberhof wendete. Der Abhang des 1514 b. Fuß hohen Bergrückens, auf dem das Dorf Schmalenberg 1 Stunde von Tripp-stadt in südwestlicher Richtung, den beiden Kanten der dortigen Hochebene gegenüber, liegt, fällt nach der oberen Hammerschmiede und dem oberen Karls-thal, so wie nach dem Moosalberhof zu, mäßig schroff ab. Schwärme von Tirailleurs zogen den zwei Kolonnen voraus und drangen, unter beharrlicher Ueberwältigung aller Hindernisse des Terrains, bald auf Wegen und Pfaden, die für Truppen sonst als unzugänglich gegolten hätten, bald mitten durch weg- und pfadloses Dickicht, so wie durch Defileen und Schluchten hindurch, deren Besetzung den Preußen schwerlich auch nur in den Sinn gekommen war, nicht allein bis zum Fuß der Verschanzungen und Verhaue auf dem rechten Flügel der Preußen, sondern auch gegen deren Centrum auf dem Hasenberg vor.

Die Colonne des Generals Malye folgte ihren Tirailleurs auf dem Fuße nach, indem sie sich weder durch die in der Nähe der preußischen Stellung ab-gegrabenen Wege und mit Verhauen versperrten sonstigen Zugänge, noch durch das ununterbrochene Geschütz- und Kleingewehrfeuer der Preußen auf- und ab-halten ließ und gelangte so, eine über alles Lob erhabene Bravour an den Tag legend, bis zu der Mulde zwischen den beiden Kanten der Hochebene und dergestalt unter die Kanonen der drei Schanzen, welche oberhalb der oberen Hammerschmiede den rechten Flügel der Preußen zu decken hatten. Jetzt ver-suchte die Colonne, diese Schanzen selbst mit Sturm zu nehmen; allein die Preußen hatten mittlerweile Zeit gewonnen, ihren rechten Flügel mit einem Theil ihrer Reserve — der verfügbar war, weil sich das Centrum durch die Plänkeleien und Anläufe der französischen Tirailleure doch nicht ernstlich be-droht oder gar in Gefahr sah — zu verstärken, und griffen nunmehr die stür-menden Franzosen, während dieselben in ihrer linken Flanke aus der Schanze an der rechten Kante mit einem Hagel von Kartätschen überschüttet wurden[1]), besonders vom westlichen Abhang des Hasenberg bei der linken Kante her, so kräftig in Front und rechter Flanke an, daß die Colonne schwere Verluste erlitt und, trotz der glänzendsten Tapferkeit, nicht weiter vordringen konnte, sondern diesen ihren Versuch aufgeben und sich zurückziehen mußte. Durch solchen Unfall jedoch nichts weniger, als entmuthigt, zogen die Franzosen ihre Reserve an sich und setzten — unterdessen die Tirailleure in geschickter Benützung aller der Vor-theile, die das durchschnittene und dicht bewaldete Terrain besonders längs dem Karlsthal auch ihnen darbot, durch unaufhörliche Anfälle die Preußen auf der ganzen Linie ihrer Stellung dazu zwangen, fortwährend auf ihrer Hut sein und

---

[1]) Ein preußischer Offizier, der bei Trippstadt mitfocht, rühmt die musterhafte Schlau-heit, Kühnheit und Entschlossenheit des Feindes, der, 32 Kartätschensalven ungeachtet, Stand gehalten und mit vieler Besonnenheit und seltener Geistesgegenwart die Zwischenräume zwischen den Salven benützt habe, um auf dem Bauch unter den Verhauen durchzukriechen und vorzurücken (Quelle I, 10).

Abwehr leisten zu müssen — ihre Angriffe bald in größeren Massen, bald in kleineren Abtheilungen und zerstreuten Haufen mit der größten Hartnäckigkeit und einer wahren Todesverachtung so fort, daß auch die Preußen keine weiteren Vortheile erlangen konnten, die Kämpfe vielmehr ohne jeden entscheidenden materiellen Erfolg blieben. Dagegen hatten diese ermüdenden und blutigen Gefechte für die preußischen Truppen, obgleich sie mit gewohnter Tapferkeit fochten, dennoch den moralischen Nachtheil, daß ihr Muth und ihre Zuversicht durch das wirklich heldenmäßige Benehmen der französischen Truppen allmählig um so mehr erschüttert wurde, als gerade die Beschaffenheit des Terrains, wie sie einestheils ihnen, weil sie sich nicht stark genug fühlten, um etwas riskiren zu können, um so weniger gestattete, einen errungenen Vortheil durch nachdrückliche Verfolgung zu benützen, so anderentheils die Franzosen dadurch begünstigte, daß dieselben bei einem erlittenen Nachtheil sich ungestört zurückziehen und zu neuem Angriffe formiren konnten.

F.-M. v. Möllendorf, der, wie es scheint, aus dem ihm gemeldeten Anmarsch der französischen Divisionen Reneauld und Ambert zu Gunsten seiner vorgefaßten Meinung neuerdings die Folgerung ableitete, daß es bei Kaiserslautern abermals zu einer Hauptschlacht kommen werde, und deßhalb den General v. Kalkreuth an sich gezogen hatte, beschränkte sich denn auch auf die erwähnte Verstärkung des v. Courbière'schen Corps durch das v. Rüchel'sche und verharrte im Uebrigen den ganzen 13. Juli mit seinem Hauptcorps in so gänzlicher Unthätigkeit, daß die Corps bei Trippstadt sowohl, wie am Johanneskreuz, sich selbst völlig überlassen blieben. Derselbe beging aber damit einen um so größeren Fehler, als er dann, wenn er, zumal bei dem Umstande, daß schon das v. Kalkreuth'sche Corps genügt hätte, jedem allenfallsigen Vordringen der Divisionen Reneauld und Ambert ein Ziel zu setzen, wenigstens mit einem Theil des Hauptcorps den Corps zu Trippstadt rechtzeitig zu Hilfe geeilt wäre, sich wohl in der Lage befunden haben würde, schon den ersten Erfolg der preußischen Truppen Vormittags bei der oberen Hammerschmiede zu einer energischen Offensive benützen und so dem Schicksal des Tages eine andere und glücklichere Wendung geben zu können. Denn hiezu war blos nöthig, sich zu dem Entschluß aufzuraffen, mit einem Theil der ihm zu Gebot gestandenen 40 Bat., während der andere Theil die Division Taponnier nach Pirmasens abzudrängen oder doch festzuhalten hatte, eine Diversion nach Johanneskreuz zu machen, unterwegs die Brigade Argout zu verjagen, auf dem Weg nach Heltersberg die Division Tapounier, falls sie Stand gehalten hätte, in ihrer rechten Flanke zu bedrohen, zugleich aber, verstärkt durch die Besatzung von Johanneskreuz, nach dem Schnappbahnenpfad vorzurücken, um von dort aus, je nach dem Stand der Dinge im Allgemeinen sowohl, wie am Breiten Saub und am Saukopf im Besonderen, seine Operationen so fortzusetzen, daß sie in sichere Aussicht stellen konnten und mußten, den französischen Operationsplan zu durchkreuzen und zu vereiteln.

Als nun der Feldmarschall Nachmittags von dem mißlichen Stand der Dinge bei Trippstadt unterrichtet wurde und auch von der Ueberrumpelung des Postens am Johanneskreuz und seiner, trotz der Wiedereinnahme, durch den Verlust der Geschütze höchst bedenklich gewordenen Situation, Kunde erhielt, so gab er, dem Vermuthen nach in der Absicht, seine ganze Macht bei Kaiserslautern zu concentriren, um dann, je nach den Umständen, seine weitern Entschlüsse zu fassen, den Generalen v. Courbière und v. Rüchel den Befehl, die Stellung bei Trippstadt zu räumen und sich dem Hauptcorps bei Kaiserslautern anzuschließen, dem General v. Kleist aber eventuell die Weisung, sich nach Hochspeyer zurückzuziehen [1]).

Die Räumung der Trippstadter Position ging, unter dem Lärm und Getöse einer anhaltenden Kanonade der preußischen Artillerie, noch am Spätabend des 13. Juli in solcher Eile vor sich, daß die Preußen, nach den Einen 8, nach den Anderen sogar 16 Geschütze, in den Schanzen zurückließen [2]), die Franzosen aber am 14. Juli bei Tagesanbruch, indem sie nur noch etwas leichte Artillerie und einige Cavalerie fortziehen sahen, von Trippstadt Besitz nehmen konnten.

C. Momentane Einnahme von Johanneskreuz.

Plan Nr. II.

General Argout (A und B oben) konnte sich durch eine Recognoscirung der preußischen Stellung im Zentrum und auf dem linken Flügel, leicht die Ueberzeugung verschaffen, daß ein jeder Versuch, den er mit seinen 3 Bat. selbst vom Neuhof aus [3]) gegen den, durch die Beschaffenheit des Terrains geschützten und nicht blos durch Infanterie, sondern auch durch ein auf der Hochebene befindliches Cavalerie-Corps hinreichend gedeckten, linken Flügel der Preußen machen werde, voraussichtlich erfolglos bleiben müsse, dagegen dazu dienen könne, den Posten am Johanneskreuz vorzeitig zu alarmiren und zur Wachsamkeit nach dieser Seite hin zur veranlassen. Argout, der die Wichtigkeit des genannten Postens kannte und auch wußte, daß es der zur IV. Division der Rheinarmee gehörenden Brigade Sibaud zur Hauptaufgabe gemacht sei, ihn zu nehmen, hatte von einem Förster, Namens Wendel, in Erfahrung gebracht, daß der Posten am Johanneskreuz leicht zu überraschen sei, wenn man einen Waldweg oder vielmehr Pfad, der aus dem Thale, an der Quelle der Moosalbe vorbei, hinaufführe, einschlagen werde. Der französische General faßte nun auf diese Kunde hin, rasch den Entschluß, einen Handstreich gegen den Posten zu versuchen. Allerdings ist es möglich, daß in der Instruktion des Generals Argout wenigstens die Cooperation mit General Sibaud zur Wegnahme von Johanneskreuz eventuell vorgesehen war, so daß nur ungewiß bleibt, ob Argout zu seinem Unternehmen die Genehmigung des Obergenerals zuvor eingeholt oder ob in beliebiger Ausdehnung der eventuellen Ermächtigung gehandelt habe. Doch ist es ebenso denkbar, daß Ar-

---

[1]) Deutsche Geschichtschreiber wollen wissen, daß die um 7 Uhr Abends erhaltene Nachricht von dem Verlust der Posten am Schänzel und am Johanneskreuz mitgewirkt habe, den F.-M. v. Möllendorf zu bestimmen, den Befehl zur Räumung der Trippstadter Stellung zu ertheilen; allein es irren dieselben, da ja das Schänzel erst gegen 7 Uhr Abends erobert und Johanneskreuz erst um 7 Uhr definitiv verlassen wurde.

[2]) General Michaud selbst gibt in einem Schreiben an Saint-Cyr vom 15. Juli nur eine Zahl von 8 Geschützen, worunter 2 Mörser, an.

[3]) Es ist zwar in einigen Geschichtsbüchern zu lesen, daß Argout den Neuhof nach geringem Widerstande genommen und besetzt habe; allein es ist diese Nachricht offenbar ganz unrichtig; denn erstlich befand sich der ganz hinten im Thal gelegene Neuhof außerhalb der Linie des auf den Höhen postirten preuß. linken Flügels, und zweitens hätte Argout, war er einmal im Besitz des Neuhof, von da in einer Stunde nach Johanneskreuz kommen und den dortigen Posten im Rücken fassen und nehmen können, ohne daß er also nöthig gehabt hätte, vom Neuhof in das Moosalberthal zurückzumarschiren und von hier aus Johanneskreuz, wie geschehen, anzugreifen.

4

gout den Coup ganz auf eigene Fauſt beſchloß und ausführte. In der Hauptſache iſt es immerhin einerlei, ob das Eine oder das Andere der Fall war.

Um ſein Vorhaben ins Werk zu ſetzen, begab ſich General Argout mit ſeinen im Moosalberthal bei den dortigen Höfen gelagerten 3 Bat., unter Führung des genannten Förſters, alsbald auf den Marſch nach Johanneskreuz. Controverſe iſt es nur hierbei, ob Argout davon, daß General v. Kleiſt mit dem größten Theil der Beſatzung von Johanneskreuz dem Poſten beim Breiten Sand zu Hilfe gezogen ſei, bereits (§. 29 D. b.) Kenntniß hatte oder nicht. Erwägt man indeß, daß ein Handſtreich mit blos 3 Bat. gegen den, von der ganzen Beſatzung vertheidigten und ſehr gut bewehrten, Poſten doch allzu gewagt geweſen wäre, daß aber bei der geringen, nur ⅝ St. betragenden Entfernung der Höfe, namentlich des Lauberhofes von Johanneskreuz, leicht auszukundſchaften war, was auf dem, die Nähe des Feindes und deſſen Anſchlag nicht einmal ahnenden, Poſten vorging: ſo dürfte eher die erſte Alternative anzunehmen ſein.

Argout gelangte, ohne bemerkt zu werden, bis zum Rande der Hoch= ebene oder zum Fuß des Köpfchens b, wurde aber, jetzt entdeckt, mit einem ſo lebhaften Gewehr= und Geſchützfeuer empfangen, daß er ſich genöthigt ſah, aus den Schußlinien zurückzuweichen und für räthlich fand, die Einnahme des Po= ſtens in einer zwar weniger raſchen, aber ſichereren Weiſe zu bewirken. Er hatte nämlich, vielleicht auch vom Förſter Wendel, den Wink erhalten, daß der Poſten umgangen und von hinten gefaßt zu werden vermöge, wenn man vom Moosalberthal aus, beim Amönenhof die Ebehalde hinauf, den Großen Rothen Berg erſteigen würde, um oben zuerſt in einen von Trippſtadt nach Johannes= kreuz führenden Pfad, dann aus dieſem in den Neuhofer Weg und auf letzte= rem in etwa 10 Minuten zur Kehle der Fleſche oder Hauptſchanze a zu kom= men, ſo aber den Poſten ganz und gar von ſeiner Rückſeite her anfallen und überwältigen zu können. Freilich iſt nicht völlig ſichergeſtellt, ob Argout erſt nach dem mißlungenen erſten Angriff den erwähnten Wink empfangen habe, oder ob dieſer ihm ſchon zuvor zu Theil geworden, die Benützung jedoch, wegen der damit verbundenen Verzögerung, im Vertrauen auf das Gelingen der Ueberraſchung unterblieben ſei; allein der Erfolg bleibt derſelbe, er möge ſo oder anders herbeigeführt worden ſein.

General Argout, der ein Mann von Entſchloſſenheit und Energie war, ließ nun ein Bataillon ſeiner Brigade ſchleunigſt den Umgehungsmarſch an= treten, die beiden anderen Bataillone aber den Angriff mit einer ſolchen Leb= haftigkeit erneuern, daß die Preußen nur daran denken konnten, ihn abzuweh= ren und alſo ihre Aufmerkſamkeit ausſchließlich auf die Angriffsſeite richteten. Die Franzoſen benützten hiebei ſehr geſchickt das Terrain, indem ſie ſich rechts und links vom Pfad, dann über die kleine Fläche zwiſchen dieſem und dem Hel= tersberger Weg, ſowie über die Strecke von letzterem bis zum Hofſtätten=Lei= mener Weg ausdehnten und jetzt zunächſt die Verſchanzungen auf und bei dem Köpfchen a, von Weſten, Südweſten und Süden aus angegriffen. Dieſelben verfuhren dabei zugleich mit großer Einſicht und Gewandtheit, indem ſie ſich der Verhaue als Schutzwehr bedienten, auf dem Bauch liegend vorwärts krochen, die ſtehen gebliebenen Bäume benützend (§. 5), von Stamm zu Stamm ſprangen, aus dieſen Verſtecken ihren Gegnern unnützes Feuer ablockten und nicht wenige Offiziere und Kanoniere, die ſie hauptſächlich auf das Korn nah= men, außer Gefecht ſetzten, ohne ſelbſt von dem Feuer der Geſchütze wegen der Unebenheiten des Bodens beſonders zu leiden.

Während das Gefecht hier denn auch mit einer dergestalten Heftigkeit seinen Fortgang nahm, daß alle nur irgend verfügbare Mannschaft zur Abwehr des Angriffes auf die beiden unteren Schanzen verwendet werden mußte, hatte das detachirte Bataillon auf dem beschriebenen Weg den Umgehungsmarsch, zu dem es beiläufig eine gute Stunde brauchte, vollendet und fiel nun dasselbe vom Neuhofer Weg aus über die, seit dem Angriff der unteren Schanzen ohnedin auf sich selbst beschränkte, Besatzung der Hauptschanze so unvermuthet und ungestümm her, daß an Widerstand gar nicht zu denken, sondern nur in der schnellsten Räumung der Flesche Rettung zu hoffen war. Doch gelang es, wie es scheint, der Besatzung, auf ihrem Rückzug, der nur in der Richtung nach Kaiserslautern oder Elmstein sich bewerkstelligen ließ, in der Nähe von Johanneskreuz eine solche Stellung zu nehmen, wodurch es ihr möglich wurde, nicht allein die Truppen, welche die unteren Schanzen zu vertheidigen, nach dem Verlust der Hauptschanze aber, weil sie jetzt auch durch den von dort heranstürmenden Feind bedenklichst bedroht waren, ihr Heil gleichfalls in einer schleunigen Retirade zu suchen hatten, an sich ziehen, sondern auch bis zu der, jeden Augenblick zu gewärtigenden Rückkehr, des Generals v. Kleist sich halten zu können.

Kaum war General Argout Meister des Postens und etwa 1¼ St. in dessen Besitz, so kam General v. Kleist auch wirklich von seiner Expedition nach dem Breiten Sand zurück und griff nun seiner Seits die Franzosen unverweilt so kräftig an [1]), daß dieselben sich genöthigt sahen, Johanneskreuz wieder aufzugeben und zu verlassen. Doch hatten die Franzosen, von der bevorstehenden Rückkunft des preuß. Generals jedenfalls unterrichtet, die kurze Zeit des Besitzes in kluger und vorsorglicher Weise dazu benützt, die vorgefundenen 7 Geschütze [2]) theils wegzuführen, theils in die Thäler — wahrscheinlich in die am nächsten gelegene, nach dem Moosalberthal hinabführende Schlucht hinunter zu stürzen — und damit für sie selbst unschädlich zu machen.

General Argout zog sich in der Richtung von Heltersberg zurück und sicherte sich dadurch die Möglichkeit, sowohl den Posten am Johanneskreuz im Auge behalten, als auch mit General Sibaud, sobald dessen stündlich bevorstehende Ankunft erfolgt sein werde, sich in Verbindung setzen und über einen gemeinschaftlichen Angriff des Postens verständigen zu können (§. 29. D b).

Die baldige Rückkehr des Generals v. Kleist anbelangend, so dürfte es keinem Zweifel unterliegen, daß derselbe, als er den Kanonendonner vom Johanneskreuz her hörte und daraus auf den Angriff des ihm anvertrauten und wohl doch zu unüberlegt exponirten Postens [3]) schließen mußte, für sich keine andere Wahl haben konnte, als dahin zurückzueilen und den Posten am Brei-

---

[1]) Das „M.-W.-Bl. v. 1825" weiß gar nichts von dem eigentlichen Hergang und beschränkt sich auf den unverständlichen Satz: „schon hatte der Feind sich in den Besitz des Postens gesetzt, als der General v. Kleist ihm nochmals mit einem Bajonetangriff entgegenging, und sich von Neuem auf demselben behauptete." Von wo aus und unter welchen Umständen geschah denn dieses „Entgegengehen"?

[2]) Bei der Eile der Retirade mußten diese Geschütze, 3 in der Hauptschanze, 4 in den 2 unteren Schanzen, begreiflicherweise im Stich gelassen werden.

[3]) Allerdings war der Posten am Breiten Sand deßhalb wichtiger, weil sein Fall auch jenen des Postens auf dem Saukopf nach sich ziehen mußte; allein es lag in dem Umstand, daß der bei Trippstadt begonnene Kampf zu Johanneskreuz vernehmbar war, jedenfalls für General v. Kleist die dringendste Aufforderung, seinen Posten nicht zu entblößen, sondern vor Allem für dessen Sicherheit zu sorgen.

4*

ten Sand seinem Schicksal zu überlassen. Nimmt man an, daß General
v. Kleist zum Rückmarsch bei aller Beschleunigung doch 2 Stunden nöthig
hatte und daß vielleicht ½ oder doch ¼ St. verflossen war, ehe er, nach sei=
ner Ankunft am Breiten Sand, veranlaßt wurde, ihn anzutreten, so ergibt
sich die Folgerung, daß General Argout zur Einnahme von Johanneskreuz
beiläufig 2¼ bis 2¼ St. frei hatte[1]). Berichten Geschichtschreiber, daß Ge=
neral v. Kleist bei seiner Rückkehr die im Besitz von Johanneskreuz befind=
lichen Franzosen von hinten angegriffen habe, so läßt sich dies vernünftiger
Weise nicht anders verstehen, als daß die Franzosen beim Angriff der Front=
seite der Schanze jener Richtung (dem Süden) den Rücken zukehrten, aus
welcher General v. Kleist herbeieilte. Denn General Argout hatte jetzt
ganz gewiß Kenntniß von der Excursion nach dem Breiten Sand, falls er
nicht schon zuvor davon verständigt war. Folgerichtig ist aber anzunehmen, daß
derselbe die vertriebene Besatzung sicherlich nur von einem Theil seiner Brigade
verfolgen oder beobachten ließ, dagegen den anderen Theil, wenn auch die durch
den Kampf gestörte Ordnung noch nicht völlig hergestellt und ein Theil der
Mannschaft mit dem Wegbringen der Geschütze beschäftigt war, doch gegen den
zurückkehrenden General v. Kleist so verwenden konnte, daß er einen wirk=
lichen Angriff im Rücken nicht zu bestehen hatte. Indeß ist selbst jene Ver=
folgung oder Beobachtung auf ein sehr bescheidenes Maaß deßhalb zurückzu=
führen, weil zwischen der Besitznahme und der Wiedervertreibung nur ¼
Stunde lag.

Ueberhaupt leiden die verschiedenen kriegsgeschichtlichen Werke an einer
erstaunenswerthen Unbekanntschaft mit den betreffenden Oertlichkeiten und ma=
chen sich in dieser Weise der gröbsten Verstöße schuldig. So ist dies z. B. auch
mit der Angabe der Fall, als sei der erste Angriff auf Johanneskreuz vom
Neuhof aus geschehen, der Ueberfall von hinten her aber von der „alten Hun=
nenstraße" aus bewirkt worden[2]); denn diese Angabe ist gänzlich unrichtig,
weil der Neuhof ja im Rücken der preußischen Stellung bei Johanneskreuz
lag, während die „alte Hunnenstraße", worunter der von Pirmasens über
Waldfischbach und Helterberg nach Johanneskreuz ziehende Weg zu verstehen
ist, eben so gut gegen die Front der Verschanzungen führte, wie der Hofstätter=
Leimener Weg, ein Ueberfall von da oder dorther also gar nicht denkbar war[3]).
Daß dagegen der Hergang gerade so und nicht anders war, als er vom Ver=

---

¹) Da General v. Kleist bei dem Breiten Sand das Gefecht wenigstens zum Ste=
hen brachte (§. 29 IVb), so mußte er dort bereits angekommen sein, als der erste Angriff
auf Johanneskreuz vor sich ging.

²) Das „Mil.=W.=Bl. von 1825" läßt, in Uebereinstimmung mit seinem Plan, die
Brigade Sibaud von Schmalenberg her mit Artillerie auf den von ihm als „Hunnen=
straße" bezeichneten Pelterberger Weg, gegen die rechte Flanke der Stellung beim Johan=
neskreuz anmarschiren: allein es liegt hier eine Verwechselung von Argout mit Sibaud vor
und zweitens paßt die Angabe des „W.=Bl." auch nicht einmal auf Argout, sondern ist
in ihrer gänzlichen Unrichtigkeit unter C oben sattsam nachgewiesen. Daß die Division
Tapounier der Moselarmee keine Kanonen mit sich führte, ist schon oben unter D
Seite 46 gesagt. Ohnehin war für die Brigade Argout bei den Wegen, die sie über
Berg und Thal zurückzulegen hatte, ebenso wenig die Möglichkeit gegeben, Artillerie mit=
zunehmen, wie dies unter den nämlichen Verhältnissen auch für die Brigade Sibaud der
Fall war.

³) Sollte unter der „alten Hunnenstraße" der Hofstätten-Leimener Weg in seiner
Fortsetzung nach Kaiserslautern verstanden sein, so bleibt sich die Sache doch ganz gleich.

faffer dargestellt ist, dies wird zum Ueberfluß auch noch dadurch bestätigt, daß auf dem Pfad aus dem Moosalberthal nach Johanneskreuz da, wo er die Höhe erreicht [1], dann auf dem Terrain zwischen diesem Pfad und dem Helteröberger sowohl, als auch zwischen letzterem und dem Hofstätter-Leimener Weg, außer einer Menge von Flintenkugeln viele Kartätschen- und Kanonenkugeln [2] gefunden wurden, von denen manche in den Stämmen dortiger Bäume stacken und erst nach der Fällung bei dem Durchsägen zum Vorschein kamen.

(Die Schilderung der definitiven Einnahme von Johanneskreuz folgt unten im §. 29 D. b).

§. 29.

V. Operation der französischen Rheinarmee.

A. Erste Division Desaix.

Plan Nr. I.

Dem zweiten Landauer Operationsplan gemäß, hatte die unter dem Befehl des Generals Desaix stehende I. Division der französischen Rheinarmee die rechte Flanke der II. Division zu decken und zu dem Ende das östreichische Corps, welches den linken Flügel der Alliirten bildete, zu beschäftigen und festzuhalten. General Desaix, der den Auftrag der Volksrepräsentanten, den Feind schon am 12. Juli zu beunruhigen, entweder nicht auf sich bezog oder, weil ihm die Volksrepräsentanten nicht nahe genug auf dem Nacken saßen, zu umgehen wußte, ließ zwar diesen Tag ohne jegliche Demonstration gegen die Oestreicher vorübergehen, machte jedoch am 13. Juli im Sinne des Operationsplanes einige Scheinbewegungen, die von einer heftigen Beschießung der östr. Avantgarde unter Feldmarschall-Lieutenant Karaczay von Westheim, Weingarten und Lustadt aus, begleitet waren. Karaczay hielt sich jedoch in seiner Stellung bei Schwegenheim und Freisbach, wenn auch mit aller Anstrengung, so wacker, daß er, während das östreichische Hauptcorps in voller Unthätigkeit verharrte, nicht allein keinen Boden verlor, sondern selbst einige Vortheile errang, die zunächst zur Folge hatten, daß die Franzosen Freimersheim, woraus sie die preußischen Vorposten vertrieben hatten, wieder räumen mußten, ja! sogar den Herzog Albert von Sachsen-Teschen zu bestimmen vermochten, schon gegen Mittag 2 Bataillone des Regiments v. Wallis zur Unterstützung des mit der französischen II. Division lebhaft engagirten Erbprinz v. Hohenlohe'schen Corps, nach dem linken Flügel der Preußen bei Venningen marschiren zu lassen und außerdem von diesen die Posten von Böblingen und Altdorf zu übernehmen, um sie dadurch in den Stand zu setzen, ihren rechten Flügel bei Ebenkoben verstärken zu können.

Als Desaix seiner Seits den Zweck, die Oestreicher zu paralysiren, genügend erreicht zu haben glaubte, zog er sich, zumal bei der Ungewißheit be-

---

[1] Die Kanonenkugeln kamen wohl nur aus der Hauptschanze.
[2] Verfasser selbst ist im Besitz einer Flintenkugel, die man 1868 bei jenem Pfad in einem Schädel fand, sowie einer Flintenkugel, die er im Juli 1869 auf dem nämlichen Pfad oben entdeckte.

54

züglich der Vorgänge in den Gebirgen, gegen Abend in seine frühere Stellung zurück [1]).

B. Zweite Division Gouvion Saint-Cyr.

Plan Nr. I.

Diese Division sollte, der kategorischen Forderung der in ihrer unmittelbaren Nähe befindlichen Volksrepräsentanten zufolge, schon am 12. Juli den Feind beunruhigen. Wie ihr Befehlshaber, General Gouvion St.-Cyr, dieser Zumuthung nachkam, ergibt sich aus folgendem, noch am Abend des nämlichen Tages aus Rußdorf an den Obergeneral Michaud erstatteten Bericht:

„Deinem Befehle gemäß habe ich heute die Preußen in der zwischen uns verabredeten Weise, nämlich nur zu dem Endzweck angegriffen, sie im Schach zu halten, und es wurde dieser Zweck auch erreicht, da alle preußischen Truppen zu den Waffen griffen [2]). Allein ich erfah dabei mit Leidweisen, daß ihre Zahl jene weit übersteigt, auf die wir rechneten, besonders an Cavalerie."

In der That geschah der Angriff auch nur in einer Weise, die mehr auf eine bloße Recognoscirung hinauslief, so daß es nur zu Plänkeleien und nicht zu einem ernsthaften Gefecht kam.

Für den 13. Juli hatte die franz. II. Division, der im §. 24 erwähnten Mobilisation d. des Art. 12 des Operationsplanes entsprechend, jetzt die Bestimmung, das Corps des Prinzen v. Hohenlohe bis zur Eroberung des Schänzel, bei Edenkoben festzuhalten und gleichzeitig an der Verstärkung dieses wichtigen Gebirgspostens zu hindern, um dasselbe sodann, während die Brigaden Desgranges und Sisée der IV. Division nach der Eroberung des Schänzel ihm über St. Lambrecht in den Rücken fallen würden, nachdrücklichst in der Front anzugreifen und so in die bedenklichste Lage zu bringen [3]).

---

[1]) Den Herzog Albert trifft mit Recht der schwere Vorwurf, daß er, obgleich er mit 31,986 M. den 9,431 M. der Division Desais oder, wenn man sogar die III. Division Bachot mit 5,061 M. hinzurechnen will, den 14,492 M. der beiden Divisionen gegenüber stand, dennoch mit seinem Hauptcorps die Hände in den Schooß legte, anstatt über den Feind mit aller Macht herzufallen und dadurch ein Resultat herbeizuführen, welches der ganzen Lage eine entschiedene Wendung zu Gunsten der Alliirten um so eher hätte geben können, als selbst nur durch einen mäßigen Erfolg die II. Division, weil wenigstens in der Flanke bedroht, genöthigt worden wäre, sich wohl bis hinter Landau zurückzuziehen! War es dem Herzog aber wirklich darum zu thun, den Preußen eine ergiebige Hilfe zu leisten, so durfte dies nicht mit 2, sondern es mußte mit mindestens 6 bis 10 Bat. geschehen. Die Preußen erfüllten am 2. Juli besser ihre Pflicht bei Alliirten (§.22, S. 34).

[2]) General v. Blücher sagt in seinem Tagbuch, daß er selber schon am 12. Juli viele Bewegungen beim Feinde bemerkt und den 13. Juli unausbleiblich für den zum allgemeinen Angriff bestimmten Tag gehalten habe.

[3]) War auch die II. Division dem v. Hohenlohe'schen Corps am 12. Juli um beiläufig 300 M. Infanterie und am 13. Juli Vormittags um etwas über 1000 M. Inf. überlegen, so blieb die größere Macht dennoch auf Seite der Preußen, weil der franz. Cavalerie von 1,576 M. die preuß. mit 5,200 M. und der franz. Artillerie mit 15 Geschützen — wovon sogar für den Nachmittag des 13. Juli die bei Edesheim verlorenen 3 in Wegfall kommen — 3 preuß. Batterien mit 24 Geschützen, ohne die Regiments- und Bat.-Kanonen, entgegenstanden. Dagegen änderte sich das Verhältniß für den nämlichen Nachmittag zu Gunsten der Preußen insoweit noch mehr, als von der franz. II. Division die 2 detachirten Bat. abgingen, die vom Erbprinz v. Hohenlohe'schen Corps

Allerdings war hiebei, weil man die Eroberung des Schänzel schon bis Mittag erwartete, die Rechnung ohne den Wirth gemacht.

Die Lage von Edenkoben und der Umgegend (Edesheim, Rhodt, Weyher,
Hainfeld ꝛc.) läßt sich im Allgemeinen aus dem Plan Nr. I ersehen. Nur
bleibt zu bemerken:

a. daß General v. Blücher (Anhang, §. 2, E. a.), der die preuß. Vorpostenkette, welche von Weyher über Hainfeld und Edesheim bis Großfischlingen lief, befehligte[1]), in Folge der am 2. Juli gemachten Erfahrung zu
besserer Sicherung seiner Position, auf der rechts nach dem Schneckenberg auslaufenden kleinen Anhöhe vor Edenkoben, zwischen dem Weg nach Edesheim und
jenem nach Rhodt, nicht allein eine Fleche für eine dreipfündige Bataillons-
kanone und 50 Mann, sondern auch rechts und links davon auf den Fußstei-
gen in den dortigen Weinbergen 3 kleine Brustwehren für je 3 Mann auf-
werfen ließ;

b. daß damals die Straße durch Edesheim viel enger war, als sie jetzt
ist und über den Modenbach nur eine einzige Brücke beim Ausgang des Dorfes nach Edenkoben zu führte (die Johannesbrücke).

Am 13. Juli Morgens zwischen 5 und 6 Uhr debouchirte die französische II. Division aus Walsheim; eine Colonne Cavalerie unter
General Laboissière, die an der Spitze marschirte, setzte unter dem Schutz
des Feuers der rechts von Roschbach aufgefahrenen Artillerie über den dort
vorbeifließenden Kaltenbach und zog gegen Edesheim; eine zweite Colonne
Cavalerie rückte von Eßingen aus über Knöringen gleichfalls gegen Edesheim
vor, während die Brigade Girard-bit-vieux durch Roschbach marschirte und
auf dem rückwärts von Hainfeld gelegenen Plateau sich aufstellte. General Laboissière warf mit seiner Cavalerie die vor Edesheim befindlichen preuß. Vorposten zurück; Edesheim selbst aber wurde nach kurzem Widerstand von den
franz. Tirailleuren genommen, die dann links von der Straße durch die Wein- .
berge gegen Rhodt und Edenkoben vorgingen.

Die preuß. Infanterie, welche nebst Edesheim auch Hainfeld geräumt
hatte, setzte sich hierauf in den Weinbergen bei Rhodt fest; das v. Blücher'sche
Husaren=Regiment aber stellte sich über die Neustadter-Straße .(à cheval)
zwischen Edesheim und Edenkoben auf.

Da es im Sinne der Modification des Art. 12 des Operationsplanes
lag, zuvörderst die Vortruppen des v. Hohenlohe'schen Corps zurückzuwerfen, so ließ General Saint-Cyr seine Artillerie rechts neben Edesheim
— etwas oberhalb des jetzigen Bahnhofes — auffahren, die inzwischen heran-
gekommene Brigade Lambert, mit Ausnahme einiger Abtheilungen, bei das
Dorf besetzten die, bereits mit den preuß. Infanterie in den Weinbergen
bei Rhodt engagirten, Tirailleure der Brigade Girard-bit-vieux zu unter-

---

detachirten 2 Bat. aber, durch 2 österreichische Bat. mehr als ersetzt wurden (§§. 16, 17.
18, 25, 26).

[1]) Das Commando des Generals v. Blücher bestand in seinem 10 Esc. starken
Husaren=Regiment mit der ½ reitenden Batterie v. Lehmann und in der Infanterie-
Brigade des Prinzen Georg v. Hohenlohe, die durch das Grenadier-Bataillon
v. Manstein, das Füsilier=Bataillon v. Bila unter Oberstlieutenant v. Bila, 2
Compagnien des Füsilier-Bat. v. Müffling — wovon die 2 anderen Compagnien auf
dem Schänzel waren — unter dem Oberstlieutenant v. Müffling, der Jäger-Compagnie v. Tümpling und der von Böbingen herbeigezogenen Jäger-Leib-Compagnie
(v. Uttenhofen), dann der ½ Batterie v. Potosky, gebildet wurden.

stützen suchten, hinter der Artillerie längs dem Wege nach Groß= und Klein=
fischlingen Aufstellung nehmen, die Cavalerie aber zum Theil etwas weiter
rückwärts, zum Theil hinter Edesheim aufmarschiren.

Die Franzosen begannen hierauf, während ihre Artillerie die preußischen
Husaren und die bei denselben placirte ½ reitende Batterie v. Ebel heftig
beschoß, mit dem Schlagen von 4 Brücken über den sumpfigen Modenbach rechts
von Edesheim, um, sobald die Nachricht von der Eroberung des Schänzel
eingetroffen sei, über diesen Bach zum Angriff vorzugehen, weil es zu gewagt
zu sein schien, die einzige und enge Passage durch das Dorf und über
die Brücke, Angesichts der preuß. Cavalerie, zum Vordücken benützen zu wollen.

Nachdem die Brigade Girard=dit=vieux die Preußen auch aus
Weyher und Rhodt vertrieben hatte, suchte sie ihre Linie bis zu den Hügeln
unterhalb der Rippburg, also bis dahin, wo jetzt die königliche Villa steht,
anzubehnen, um dann längs dem Fuß des Gebirges vorzurücken und so die
Stellung des v. Hohenlohe'schen Corps in der rechten Flanke wenigstens zu
bedrohen[1], damit aber zugleich für den eintretenden Fall dem, ohnehin durch
die zahlreiche feindliche Cavalerie erschwerten Angriff, der Brigade Lambert
Vorschub zu leisten; allein dieselbe traf auf den hartnäckigsten Widerstand von
Seiten des Füsilier=Bat. v. Martini und der 2 Compagnien des Füsilier=
Bat. v. Müffling und hatte zudem durch die Batterie v. Hahn unter dem
Major v. Sautz, welcher ihre linke Flanke vom Kiefernberg aus beschoß,
zu leiden. Als hierauf ein Theil der nämlichen Brigade den von den vorge=
schobenen Abtheilungen der Brigade Lambert unterstützten Versuch machte,
durch die Weinberge gegen Edenkoben vorzubringen, fand sie auch hier den
zähesten, durch ein wirksames Kartätschenfeuer aus der Flesche vor Edenkoben
verstärkten Widerstand des Grenadierbataillons v. Manstein und des Füsi=
lier=Bataillons v. Bila.

Während das Treffen zwischen der beiderseitigen Infanterie doch im All=
gemeinen unentschieden blieb, sah sich General v. Blücher durch das Feuer
der franz. Artillerie veranlaßt, die ½ reitende Batterie v. Ebel zurückzuzie=
hen und mit seinem Husaren=Regiment, das bereits 60 Pferde verloren hatte,
bis hinter den Hügel unweit des dermaligen Edenkober Bahnhofes zurückzuge=
ben. Da derselbe zugleich wahrgenommen hatte, daß der Feind, bei seiner
Fechtweise in zerstreuten Haufen[2], durch das hügelige, meist aus Weinbergen
bestehende Terrain gegen seine Infanterie jedenfalls im Vortheil sei, so zog er
auch die Linie der letzteren etwas zurück. General v. Blücher hoffte dabei,
daß die Franzosen durch die rückgängige Bewegung würden verleitet werden,
ihre gedeckte Stellung zu verlassen und in das mehr ebene Land nachzurücken.
Seine Hoffnung wurde denn auch nicht getäuscht. Denn kaum hatte der Com=
mandant der franz. Artillerie, Oberst Ferveur[3] das Zurückweichen der
Preußen bemerkt, so gedachte er, stolz auf den ersten Erfolg seiner Geschütze
gegen die Husaren und von ungemessenem Ehrgeiz getrieben, sich in den Augen

---

[1] Diese Bewegung konnte auch noch bezwecken, die Absendung einer Verstärkung nach
dem Schänzel durch das Triefenbach=(Edenkobener=)Thal zu verhindern.

[2] Gerade diese Fechtweise war es, welche die Zahl der Franzosen häufig viel größer
erscheinen ließ, da sie wirklich war, so daß aus Compagnien nicht selten ganze Bataillone
gemacht und Ablösungen über Ablösungen supponirt wurden.

[3] Seine Liebhaberei für Kartätschenfeuer zog ihm den Beinamen „mitrailleur"
(Kartätscher) zu.

des anwesenden Volksrepräsentanten **Rongemont** noch weiter hervorzuthun
und dadurch zu höherer, wenn auch sonst nicht verdienter Beförderung, zu em-
pfehlen. Derselbe gab demgemäß der Artillerie den Befehl, durch **Ebesheim**
vorzurücken, eilte selbst an der Spitze der Compagnie **la Fournerie**, ohne
Rücksicht auf die Vorstellungen und Warnungen des Kapitains und anderer
Officiere, durch das Dorf voran und ließ die Geschütze der Compagnie jenseits
der Brücke über den Leißelgraben[1]), an der Neustadter Straße in Batterie
auffahren, obwohl keine weitere Bedeckung vorhanden war, als ein Detachement Chasseurs und die Escorte des Generals **Laboissière**, der, vorgeritten,
um den Feind zu beobachten, sich dem Obersten anschloß, weil er, nichts Gutes ahnend, die Artillerie nicht im Stiche lassen wollte. Zwei Regimenter
Cavalerie, die **Ferveur** aufgefordert hatte, die Artillerie zu begleiten, leisteten seinem Verlangen keine Folge.

Ungelesen General v. **Blücher**, der wachsam auf der Lauer lag, erkannte rasch,
wie unbesonnen der franz. Artillerie-Commandant in die Falle gegangen war.
Sofort ließ er die franz. Flanqueurs, die ihm bis auf den Hügel nachgefolgt
waren, durch einige Züge Husaren zurückwerfen und jagte er selbst mit seinem
Regimente hinter auf die Geschütze, die kaum Zeit hatten, einige Kartät-
schenschüsse abzufeuern und deren Bedeckung los, nahm den General **Laboissière**, den Obersten **Ferveur** und 80 Mann gefangen und eroberte 3 von
den Geschützen (2 achtpfündige Kanonen und 1 Haubitze), indem es dem franz.
Capitän gelang, die 3 anderen Geschütze zu retten. General v. **Blücher**
begnügte sich nicht mit diesem Erfolg, sondern drängte den stehenden Franzosen
durch **Ebesheim** nach und bedrohte jetzt nicht blos den Rest der franz. Artillerie mit ihrem Verlust, sondern auch die ganze Stellung der franz. Division
mit Verwirrung. Zum guten Glück traf jedoch **Saint-Cyr**, der sich gerade bei seinem äußersten rechten Flügel befunden hatte, noch rechtzeitig genug
ein, um die übrigen 9 Geschütze, die dem Befehle des Obersten **Ferveur**
gemäß, bereits im Begriffe waren, der Compagnie **la Fournerie** nachzu-
folgen, zurückhalten, die Ordnung wieder herstellen und die Husaren zum
Rückzug nöthigen zu können, indem er durch die herbeigeeilte Infanterie der
Brigade **Lambert** rechts und links von der Straße her, sowie von den
Weinbergen aus, ein heftiges Flankenfeuer auf sie geben ließ. War es auch
dergestalt den guten Anordnungen von **Saint-Cyr** zu verdanken, daß die
Preußen um die Vortheile kamen, welche sie sonst aus der den Franzosen bei-
gebrachten Schlappe hätte ziehen können, so hatte die letztere doch zur Folge,
daß die Brigade **Girard-dit-vieur**, welche, trotz dem gefundenen kräftigen Widerstand, allmählig etwas Terrain gewonnen hatte, sich in die Lage
versetzt sah, eine rückgängige Bewegung machen zu müssen[2]).

---

[1]) Der Leißelgraben kommt von einem östlichen Ausläufer des Blättersberg zwischen
Weyher und der Villa „Ludwigshöhe" herunter, fließt durch Rhodt und, jetzt sumpfig
werdend, rechts an Ebesheim vorbei, um sich dann bei Großfischlingen in anderes Gewässer
zu verlaufen.

[2]) Den Erbprinzen v. Hohenlohe dürfte mit Recht der Vorwurf treffen, daß er versäumte, die den Franzosen beigebrachte Schlappe zu einer energischen Offensive zu benützen.
Wohl ließ er sich durch das Brückenschlagen der Franzosen auf ihrem rechten Flügel irre
führen und dadurch abhalten, die Hauptstärke seiner Infanterie auf seinen rechten Flügel
zu ziehen, um zunächst die Franzosen vom Gebirge abzudrängen, während sein linker Flügel in der Ebene füglich durch seine zahlreiche und treffliche Cavalerie gebildet werden konnte. Zu einiger Entschuldigung jener Versäumniß mag indeß etwa der Mangel

Gleichwohl dauerten die Gefechte auf der Linie zwischen Rhodt und Edes-heim, wenn gleich ohne irgend eine Entscheidung, lebhaft fort, da die I. Divi-sion, nachdem Saint-Cyr den Stand vor dem Vorgang bei Edesheim wieder hergestellt hatte, ihre Aufgabe, das v. Hohenlohe'sche Corps zu beschäftigen und festzuhalten, beharrlich im Auge behielt, dabei jedoch vermied, eine Offensive zu ergreifen, die mit einem Risiko hätte verbunden sein können. Dagegen wurde nicht versäumt, die 4 Brücken über den Modenbach ihrer Vollendung mittlerweile entgegenzuführen.

So war der Stand der Dinge etwa um 2 Uhr Nachmittags. Der wei-tere Verlauf wird von Saint-Cyr selbst folgendermaßen erzählt:

„Mittlerweile war es 2 Uhr Nachmittags geworden und noch keine Nach-richt oder sonst eine sichere Wahrnehmung dafür da, daß der Angriff auf das Schänzel, von dessen Eroberung Alles abhing, geglückt wäre. Saint-Cyr, der sich nicht stark genug hielt, das Corps des Erbprinzen v. Hohen-lohe für sich allein zu schlagen[1]) und daher einen ernsthaften Angriff noch immer verschob, hatte gehofft, daß die Recognoscirung, welche am Tage zuvor so in der Nähe des Schänzel stattgehabt hatte, daß der Feind sie für einen Angriff halten mußte, die Stelle ermittelt habe, an der das Schänzel, ohne Hinderniffen zu begegnen, zu forciren sei. Er wurde jedoch jetzt mit der Be-sorgniß erfüllt, es möchte das ganze Unternehmen gegen das Schänzel, das doch dem größten und wichtigsten Theil der Bewegung der Rheinarmee an diesem Tag zu Grunde lag, fehlgeschlagen sein. Zwar waren im Verlauf des Tages einige sehr lebhafte Angriffe vom Schän-zel her zu vernehmen; allein sie schienen ohne Erfolg geblieben zu sein, weil die Preußen, dem Kanonendonner nach zu schließen, noch im Besitz ihrer Stellung waren. An jene Besorgniß reihte sich noch die weitere Befürchtung, daß der Erbprinz v. Hohenlohe eine Verstärkung nach dem Schänzel geschickt haben möge, die auf einem Umweg[2]) der sie den Blicken der Franzosen ent-zogen habe, dorthin gelangt sein könne. Ja! es ließ sich an einer solchen Ab-sendung um so weniger mehr zweifeln, seitdem deutlich zu ersehen war, daß die Oestreicher sich an die Linke der Preußen anschlossen, indem sie Böbingen und Altdorf besetzten und ein Regiment Infanterie[3]) zu den Truppen des Erbprinzen v. Hohenlohe bei Benningen stoßen ließen. Saint-Cyr hatte um die nämliche Zeit auch durch zwei Briefe[4]) des Obergenerals Mi-chaud und des Brigadegenerals Desgrauges erfahren, daß die bisherigen Anstrengungen gegen das Schänzel erfolglos geblieben seien, daß jedoch neue gemacht würden und er daher das Mögliche aufbieten solle, um den Erbprin-zen v. Hohenlohe festzuhalten. Derselbe entschloß sich daher, zur Eroberung des Schänzel jetzt dadurch mitzuwirken, daß er die Besatzung desselben im

---

an Einverständniß mit dem östr. Feldherrn und hiernach an Vertrauen zu ergiebiger und rechtzeitiger Hilfe von dieser Seite dienen.

[1]) Zufolge eines Briefes an Michaud aus Rußdorf vom 12. Juli lehnte Saint-Cyr nicht blos die Anmuthung ab, von der ihm zugesagten Verstärkung von 4 Bat. 2 davon nach Annweiler zu schicken, sondern er verlangte zu den am 11. Juli erhaltenen 2 Bat., sogar noch weitere 4, als ihm für den 13. Juli schlechterdings nothwendig. Viel-leicht bezog sich die Zusicherung von Michaud auf die erwarteten Bat. der Alpenarmee.

[2]) Die Verstärkung konnte bestens den kleinen Umweg über St. Martin nehmen und macht ihn auch über dieses Dorf.

[3]) Es waren dies die 2 Bat. des Regimentes v. Wallis.

[4]) Die 2 Briefe folgen im §. 46 D.

Rücken zu fassen suche. Es war jedoch unbedingt nöthig, diese Bewegung zu maskiren. Saint-Cyr traf daher seine Dispositionen so, als wolle er die Rechte der feindlichen Linie in einer schiefen Schlachtordnung, seine Linke vor und die rechte zurück, angreifen und die Stellung zwischen Edenkoben und dem Gebirge bedrohen [1]). Sein Angriff wäre in gleicher Weise erfolgt, hätte er, ohne die Mitwirkung von Desgranges und Sisco, die dazu nöthige Stärke gehabt. Nachdem er den Obergeneral von seinem Vorhaben hatte in Kenntniß setzen lassen [2]), ließ er nicht allein den größten Theil der Brigade Lambert längs dem Modenbach unterhalb Edesheim, Angesichts der bereits fertigen 4 Brücken, eine solche Aufstellung nehmen, als wolle derselbe den Bach überschreiten, sondern auch die Cavalerie dort aufmarschiren; zugleich gab er der Brigade Girard-dit-vieux den Befehl, sich des Plateau's von Rhodt zu bemächtigen, was ihr auch nach einem lebhaften Kleingewehrfeuer mit der leichten Infanterie des Feindes gelang. Herr dieser Stellung detachirte Saint-Cyr 2 Bat. der 11. Halbbrigade leichte Infanterie unter dem Brigadechef Gazan, um den Blödersberg (Blättersberg) auf dem, sich dem Blick darbietenden, geratensten Weg zu ersteigen [3]), von da in den Rücken der Besatzung zu fallen und dieselbe sogleich anzugreifen.

So weit Saint-Cyr. Die Meldung, welche derselbe an den Obergeneral Michaud ergehen ließ, lautet:

„Edesheim, den 25. Meß. I. (13. Juli 1794).

„Guyot, die Function eines Adjutanten von Saint-Cyr verrichtend, an General Michaud.

„Die Linke des Generals Saint-Cyr lehnt sich an die Berge, Rhodt gegenüber; die Tiralleure, in die Weinberge geworfen und darin ausgebreitet, greifen jene des Feindes bis nach Edenkoben an. Dieser Feind behauptet noch immer das Plateau [4]) auf der äußersten Seite des Berges zwischen Rhodt und Edenkoben. Um ihn zu beunruhigen und seine Vertreibung von da zu versuchen, läßt Saint-Cyr zwei von Gazan befehligte Bataillone marschiren, welche ihn umgehen und in dieser vortheilhaften Stellung belästigen sollen. Je nach dem Erfolg dieser Unternehmung wird er den Feind sehr lebhaft verfolgen und ihm keine Ruhe gönnen. Von jenem Plateau aus, dessen ich erwähnt habe, belästigen sie sehr die vom General Girard-dit-vieux commandirten Truppen, der indeß, trotz einem glücklicher Weise keinen großen Verlust zufügenden Hagel von Haubitzgranaten und Kanonenkugeln, seine Stellung sehr gut behauptet. Die Rechte des Generals Saint-Cyr steht am Bache vor Venningen und erstreckt sich bis auf die Anhöhen zwischen Freimersheim und Großfischlingen.

---

[1]) Die Brigade Girard-dit-vieux operirte ja schon am Vormittag in einer Weise, die auf die nämlichen oder ganz ähnliche Dispositionen schließen läßt.
[2]) Der Bericht, den der Adjutant Guyot im Auftrage von Saint-Cyr an Michaud erstattet, folgt unten.
[3]) Es war dies der Weg auf der Südseite des Berges.
[4]) Mit diesem Plateau ist der Kiefernberg gemeint, auf dem die Geschütze der Brigade Baden, nämlich die zwölfpfündige Batterie Dahn und die 6 Geschütze des Regiments v. Hohenlohe, welches die dortige Stellung, einschließlich des Hochberges, zu vertheidigen hatte, aufgepflanzt waren. Die Artillerie auf dem Kiefernberg beherrschte das Terrain von Weyher bis Rhodt und Edenkoben, ja sogar bis gegen Hainfeld hin.

Obige Meldung wird durch nachstehenden Bericht des Generals selbst bestätigt oder ergänzt:

„Nußdorf den 25. Meßibor II. (13. Juli 1794)."

„Gouvion Saint-Cyr an General Michaub."

„Unser Tag, Bürger-General, hatte vollkommen gut begonnen, indem
„Alles uns die glücklichsten Erfolge versprach, als ein Ehrgeiziger, der seine
„Talente in den Augen des Volksrepräsentanten Rougemont leuchten lassen
„wollte, die reitende Artillerie gegen den Rath seiner untergebenen Officiere,
„die größte Ungeschicklichkeit begehen ließ, die je begangen wurde; glücklicher
„Weise befand ich mich bei der Batterie zur Rechten im Augenblick, wo er
„dem ganzen Rest der Artillerie der Division befohlen hatte, sich dahin zu be-
„geben, wo seine Stücke genommen wurden; ich hielt diese Bewegung noch
„rechtzeitig genug auf, widrigenfalls die Unordnung in der Division ihren
„Gipfel erreicht hätte. Ich hoffe, daß wir dieses Unglück morgen gut machen
„werden. Sobald die Truppen der Thalschluchten vorgerückt sind, werden wir
„die Wegnahme des Plateau's leichter bewirken, von dem aus der Feind heute
„mehr als 3000 Kartätschenladungen auf uns abgefeuert hat [1]; der Feind
„hat uns große Streitkräfte entgegengesetzt und den hartnäckigsten Widerstand
„geleistet; dreimal selbst von uns angegriffen, schritt er seinerseits zum Angriff,
„allein der Muth, den unsere Infanterie zeigte, ist über alles Lob erhaben.
„Der Kampf dauerte von 3 Uhr Morgens bis 7 Uhr Abends mit der größten
„Erbitterung."

· „P. Sa. Der Verlust des Feindes ist ungeheuer; wir haben ungefähr
„300 M. außer Gefecht und den braven Laboissière verloren, der das
„Opfer der Unklugheit des Ferveur wurde; hoffentlich rächen wir morgen
„seinen Verlust."

Indem einstweilen auf den erheblichen Widerspruch aufmerksam gemacht
wird, der bezüglich des Zweckes der Detachirung der 2 Bat. unter Gazan,
zwischen der Erzählung im Werk von Saint-Cyr und zwischen den oben
eingerückten zwei Schreiben liegt, bleibt vorbehalten, auf denselben später zurückzukommen (§. 56).

An die neuen Dispositionen von Saint-Cyr knüpften sich folgende
Vorgänge:

Nachdem General Girard-dit-vieux, dessen Brigade durch die Absendung der 2 Bat. der 11. leichten Halbbrigade auf 4 Bat. reducirt wurde,
sich des Plateau's von Rhodt bemächtigt hatte, suchte derselbe abermals längs
dem Fuß des Gebirges, also wohl von Weyher zunächst dorthin, wo die Villa

---

[1] Dies ist wieder das nämliche Plateau, dessen Guyot in seiner Meldung an
Michaud erwähnt, und unter dem Truppen der Thalschluchten können nur die 2 Bat.
unter Gazan verstanden sein. Gibt Saint-Cyr in seiner Relation an, daß Girard-
dit-vieux aus seiner neuen Stellung, d. h. aus der Stellung, die er nach der Besitznahme vom Rhodter Plateau zwischen Rhodt und dem Gebirge,. beziehungsweise von
Weyher bis dahin, wo jetzt die Villa „Ludwigshöhe" steht, einnahm, Tirailleure
in das obere Eberlkoberer Thal geschickt habe, so geschah dies offenbar zu dem Endzweck,
um Fühlung mit den 2 Bat. unter Gazan zu bekommen, welche die Bestimmung hatten,
Die Batterien auf dem Kiefernberg zu umgeben. Auch scheinen die Preußen eine Umgebung
über den Hochberg besorgt oder für möglich gehalten zu haben, da auf diesem Berg 2
Grenadier-Comp. v. Hohenlohe Posto fassen mußten. — Was noch die 3000 Kartätschenladungen betrifft, so ist lediglich zu bemerken, daß sich auf dem Kieferberg 14 Geschütze befanden, die den ganzen Tag hindurch mehr oder weniger in Thätigkeit waren.

„Ludwigshöhe" sich dermalen befindet, vorzubringen, als wolle er oberhalb von Edenkoben in der Richtung von St. Martin durchbrechen; allein er traf wiederum auf den lebhaftesten Widerstand von Seite des äußersten rechten Flügels der Preußen unter dem Oberstlieutenant v. Müffling, dem die Batterien auf dem mehr erwähnten Plateau die kräftigste Unterstützung leisteten [1]). Als hierauf der franz. General mit einem Theil seiner Truppen den am Vormittag gescheiterten Versuch wiederholte, rechts von Rhodt durch die Weinberge nach Edenkoben vorzurücken, begegnete er auch hier auf's Neue einem sehr energischen Widerstand, bei dem die Kanone in der Flesche vor Edenkoben nochmals die besten Dienste leistete. Einer Abtheilung Tirailleure der Brigade Lambert, die sich von Edesheim aus gegen Edenkoben vorgeschoben hatte, ging es, als sie näher kam, um den Bataillonen der Brigade Girard-bit-vieur beizustehen, nicht besser.

So war das Treffen etwa um 4 Uhr Nachmittags herum allerwärts zum Stehen gekommen. Während die Brigade Girard-bit-vieur jetzt sogar nur noch darauf bedacht war, ihre Stellung bei Rhodt zu behaupten, begann sich bei den preuß. Truppen in Folge der, von den Franzosen mit der größten Ausdauer den Tag über fortgesetzten, Anfälle eine solche Erschöpfung einzustellen, daß selbst General v. Blücher daran zweifelte, ob, zumal bei dem im Verlaufe des Tages erlittenen Verluste [2]), ein neuer Angriff des Feindes mit Erfolg zurückgewiesen werden könne. In dieser Krisis trat nun plötzlich ein Ereigniß ein, welches der ganzen Sachlage eine andere Wendung gab. Prinz Ludwig Ferdinand von Preußen (Anh., §. 2, K. a.) führte nämlich um 4 Uhr Nachmittags dem rechten Flügel 2 Bat. des Regiments v. Romberg, die nach dem Eintreffen der östr. 2 Bat. v. Wallis auf dem linken Flügel dort entbehrlich erachtet wurden, als Verstärkung zu. Sei es nun, daß die Schwächung der Brigade Girard-bit-vieur durch die Detachirung der 2 Bat. unter Gazan den Preußen nicht entgangen, oder daß im Nachgang der gescheiterten Angriffe auch auf Seite der Franzosen eine schwankende Haltung bemerkbar war; jedenfalls schien mit der Verstärkung ein, für die Ergreifung einer kräftigen Offensive so günstiger, Moment gekommen zu sein, daß zwei so entschlossene Anführer, wie der General v. Blücher und der genannte Prinz, sich sofort darüber verständigten, diesen Moment rasch zu benützen und deßhalb auf der ganzen Linie zum Angriff überzugehen. Demgemäß wurde denn auch der eine Hauptstoß vom Prinzen Ludwig Ferdinand gegen die Brigade Girard-bit-vieur und der andere vom General v. Blücher gegen jene Abtheilungen der Brigade Lambert gerichtet, die theils gegen Rhodt und Edenkoben zu aufgestellt waren, theils Edesheim besetzt hielten. Beide Angriffe gelangen; der Prinz warf die Brigade Girard-bit-vieur bis in ihre frühere Stellung hinter Hainfeld zurück, und General v. Blücher vertrieb die gedachten Abtheilungen der Brigade Lambert aus ihren Stellungen und verfolgte sie bis über Edesheim hinaus.

---

[1]) Dem „M. B.-Bl. v. 1825" zufolge wurde das Vorhaben der Franzosen, bei Weyher Batterien aufzuführen, auch durch die preuß. Batterie auf dem Kiesernberg vereitelt.

[2]) Im Bericht der Volksrepräsentanten an den Wohlfahrtsausschuß vom 15. Juli ist dieser Verlust, wohl etwas übertrieben, auf 300 Todte und 600 Verwundete geschätzt. Dagegen geben deutsche Berichte den Verlust viel zu gering an. Ueber den französischen Verlust, der sicherlich auch nicht unbedeutend war, schweigt die Geschichte.

Bei diesem Rückzug der Franzosen nun war es, daß Edesheim von letz=
teren in Brand gesteckt wurde und zum Theil in Flammen aufging. Die
meisten Nachrichten stimmen darin überein, daß die Franzosen zu dieser bar=
barischen That dadurch gereizt worden seien, daß Einwohner von Edesheim sich
in verletzender und herausfordernder Weise gegen sie benommen [1]) und sogar
aus den Häusern auf sie geschossen hätten. Diese Nachrichten erhalten dadurch
Bestätigung, daß General v. Blücher in den Dörfern der Gegend und
namentlich in Edesheim sehr gut bekannt war und beim Landvolk für seine
geheimen Unternehmungen und Ueberfälle häufig gute Hilfe und sonst auch
alle mögliche Unterstützung fand. Es ist also denkbar, daß Leute aus Edesheim,
dessen Einwohner ohnehin auf die französische Revolution sehr bös zu sprechen
waren, in ihrer Anhänglichkeit an die Sache der Alliirten und in der Auf=
regung durch die preußischen Erfolge gerade bei Edesheim, sich unkluge Hand=
lungen zu Schulden kommen ließen. Nur eine Nachricht geht dahin, daß die
Franzosen das Dorf angezündet hätten, um ihren Rückzug zu decken. Allein
es dürfte dieser, zudem isolirt stehenden, Nachricht schon deßhalb kein Glauben
zu schenken sein, weil das dortige Gefecht an und für sich zu unbedeutend und
zu rasch vorübergehend war, um darauf schließen zu können, daß eine so ge=
waltthätige Maßregel zur Deckung der Retirade kleiner Truppenabtheilungen
hätte für nöthig gehalten werden können.

Saint=Cyr geht über die vom Prinzen Ludwig Ferdinand und
vom General v. Blücher Nachmittags errungenen Vortheile mit Stillschweigen
hinweg und glaubt den Rückzug seiner Truppen mit dem nichtigen Vorgeben
beschönigen zu können, als habe der Erbprinz v. Hohenlohe, um den Rück=
zug der Besaßung des Schänzel zu beschützen, die Brigade des Generals
Girard=dit=vieur angreifen lassen, letzterer aber vorgezogen, anstatt sich
bei Anbruch der Nacht in ein neues Gefecht einzulassen, die von ihm in das
obere Edenkobener Thal geschickten Tirailleure [2]) zurückzurufen und auf das
Plateau hinter jenem zurückzukehren, welches von ihm einige Stunden lang zu
dem Endzweck besetzt worden sei, den Marsch von Gazan nach dem Blödersz=
berg zu maskiren und dessen Angriff zu decken. Die ganze Ausrede von
Saint=Cyr zerfällt indeß schon vor der Erwägung in nichts, daß er in
seinem Berichte selbst zugibt, daß das Gefecht mit dem Corps des Erbprinzen
v. Hohenlohe erst um 7 Uhr Abends geendigt habe; denn die Eroberung
des Schänzel war ja erst um diese Zeit bewirkt, so daß der Erbprinz v. Hohen=
lohe, weil er zur besagten Stunde von dem Verlust des Schänzel noch keine
Kenntniß, ja schwerlich eine Ahnung hatte, auch nicht in den Fall kommen
konnte, den Rückzug der Besaßung des Schänzel durch einen Angriff auf

---

[1]) Im Bericht der Volksrepräsentanten an den Wohlfahrtsausschuß vom 15. Juli
heißt es: „. . . brûlaient le village d'Edesheim, dont les habitans s'étaient mis en
tirailleurs contre nous, en fesant des manoeuvres qui travaillaient les esclaves dans le
bon genre.“

[2]) Saint=Cyr läßt diese Tirailleure durch ihr Erscheinen im Rücken des Schänzel
zu dessen Eroberung beitragen und außerdem das Grenadierbataillon v. Schladen auf
seiner Flucht von den Höhen aus beschießen; allein die ganze Sache ist erfunden; denn
Girard=dit=vieur wurde schon bald nach 4 Uhr vom Prinzen Ludwig Ferdi=
nand von Preußen angegriffen und zurückgedrängt und war schon vor 7 Uhr — also
auch mit seinen Tirailleuren — in seine frühere Stellung hinter Hainfeld zurückgekehrt,
während jenes Bataillon vor 7½ Uhr gar nicht in das obere Edenkobener Thal gelangt
sein konnte. (Anmerkung S. 60 und Text S. 59 ff.)

Saint-Cyr beschützen zu wollen. Vielmehr geht daraus, daß Saint-Cyr in dem Berichte, den er am 13. Juli Abends von Nußdorf aus an Michaud erstattete, der Erstürmung des Schänzel mit keiner Silbe erwähnte, sattsam hervor, daß er zu jener Stunde hiervon ebenso wenig wußte.

Die französische II. Division bivouacquirte in der Nacht vom 13. auf den 14. Juli auf dem rechten Ufer des Modenbach, um, wie Saint-Cyr angibt, in der Lage zu sein, am andern Morgen den Angriff auf das v. Hohen= lohe'sche Corps erneuern zu können. Dieselbe konnte mit dem Verlauf des 13. Juli, trotz der empfangenen zwei Schlappen, dennoch in so weit zufrieden sein, als es ihr gelungen war, das feindliche Corps festzuhalten und so zu be= schäftigen, daß der Erbprinz v. Hohenlohe erst nach dem Eintreffen der östr. 2 Bat. v. Wallis sich entschließen konnte, die Besatzung des Schänzel mit den 2 Bat. v. Schlaben weiters zu verstärken.

Aber auch die Preußen hatten Ursache zur Zufriedenheit mit dem 13. Juli; denn sie hatten alle Angriffe der II. franz. Division abgeschlagen und sogar, zuerst am Vormittag und dann am Nachmittag Vortheile über sie errungen. General v. Blücher, der mit seinem Corps in der Nacht vom 13. auf den 14. Juli gleichfalls unter freiem Himmel lagerte, schrieb in sein Tagebuch: „So endigte sich dieser blutige, für uns siegreiche Tag. Meine Truppen waren „der Ruhe bedürftig, und ob zwar wir alle unter freiem Himmel lagern, so „that sie uns doch wohl, weil wir sie mit dem Bewußtsein genoßen, das Un= „serige gethan zu haben.

C. Dritte Division Bachot.

Plan Nr. I.

Dieser Division war durch den Landauer Operationsplan eine bestimmte Rolle nicht zugetheilt, sondern es blieb dem Obergeneral überlassen, sie je nach den Umständen zu verwenden. Michaud, der ruhig in seinem Hauptquartier zu Annweiler verweilte, anstatt da zu sein, wo es galt, machte jedoch von der ihm ertheilten Befugniß keinen Gebrauch. So wäre es bei der gänzlichen Un= thätigkeit des östr. Hauptcorps unstreitig weit beßer gewesen, die III. Division, anstatt sie auch Gewehr bei Fuß stehen zu laßen, zur Unterstützung der II. Division rechtzeitig herbeizuziehen und zu verwenden, letztere aber dadurch möglicher oder selbst wahrscheinlicher Weise in den Stand zu setzen, das v. Hohenlohe'sche Corps zurückdrängen zu können.

D. Vierte Division, vormals Delmas, jetzt die „Annweilerer" genannt, unter den Brigadegeneralen Desgranges, Sisce und Sibaud.

a. Im Allgemeinen.

Der zweite Landauer Kriegsrath vertraute dieser Division diejenige Auf= gabe an, von deren glücklichen Lösung die Erreichung seines oben in §. 24, S. 39, dargelegten Hauptzieles abhing. Selbstverständlich war eine solche Auf= gabe bei weitem die wichtigste, wie es denn auch im Berichte des Generals Michaud an den Wohlfahrtsausschuß vom 15. Juli ausdrücklich heißt, daß die IV. Division der Rheinarmee es gewesen sei, welche die größten, aber auch die schwierigsten Schläge zu führen hatte. Da nun in jener Aufgabe, wie

schon in §. 14 gesagt ist, die Erstürmung des Schänzel durch die Brigaden Desgranges und Siscé unbestreitbar die erste Stelle einnimmt und die Schilderung dieser Waffenthat sowohl, wie auch alles dessen, was damit im nächsten
Zusammenhang steht, sammt der Beschreibung des genannten Gebirgspostens
und seiner zwei Außenposten einem eigenen Kapitel vorbehalten wurde; so sind
hier blos diejenigen Operationen darzustellen, welche von der Brigade Sibaud
gegen die Gebirgsposten auf dem Saukopf, beim Breiten Sand und am Johanneskreuz, dann die vorgeschobenen oder untergeordneten Posten am Jud
beim Hortenkopf, am Schnapphahnenpfad und am Pferdsbrunneneck ausgeführt
wurden.

b. Brigade Sibaud.

Plan Nr. I. mit Plan Nr. II.

Dem Operationsplan (Art. 4 und Art. 9 mit Modification b in §. 24)
gemäß, brachen die 3 Bat. der sogenannten Linken der Rheinarmee aus ihren
Standquartieren zwischen Annweiler und Pirmasens am 12. Juli auf und
marschirten, zu Wilgartswiesen vereinigt, direkt nach Hofstätten, indem sie nicht
den Weg über den Hermersberger Hof und den Jud unterhalb des Hortenkopf, woselbst sich ein preußisches Detachement befand, sondern jenen durch das
Wellbachthal einschlugen. Zu Hofstätten angekommen, wurde der Rest des
Tages zu Recognoscirungen der preußischen Stellung auf dem Saukopf benützt, wobei die französischen Tirailleure mit den preußischen Vorposten Flintenschüsse wechselten. Die 3 Bat. der IV. Division der Rheinarmee setzten sich,
gleichfalls in Vollzug des Operationsplans (Art. 10 mit Modification b in
§. 24), aber anstatt erst am 13. Juli, schon am Abend des 12. Juli aus
dem Annweilerer Thal in Bewegung und zogen durch Gußerthal hindurch und
die Gußerthaler Steige hinauf bis zum Armbrunnenkopf, woselbst sie sich links
wendeten, um auf dem Hirschpfad, den unteren Hängen der Schmalen Ebenung
entlang, weiter marschirend, dort, wo sich jetzt die „Staatsschleife" befindet,
in das Wellbachthal hinabzusteigen und aus diesem aufwärts nach Hofstätten
zu gelangen. Diese 3 Bat. hatten von Gußerthal bis Hofstätten noch einen
Weg von 2½ Stunden zurückzulegen. Bei der Gußerthaler Steige waren sie
um Mitternacht mit der 186. Halbbrigade der Brigade Siscé zusammenge-
troffen (§. 12 u. 44), welche vor Allem den Gebirgsposten auf dem Steineck sammt dem
Communicationsposten am Erlenkopf zu vertreiben hatte (Operationsplan in
§. 24, Modification c). Am frühen Morgen des 13. Juli waren nach Obi-
gem die 6 Bat. der Brigade Sibaud bei Hofstätten vereinigt. Da die Recognoscirungen am 12. Juli gezeigt hatten, daß es bei der Festigkeit der
Stellung auf dem Saukopf zu gewagt sei, einen ernstlichen Angriff auf diesen
Gebirgsposten, sei es gegen die Kante oder Front, sei es gegen die eine oder
andere Flanke, zu unternehmen und dabei eine kostbare Zeit zu verlieren, so
beschloß General Sibaud (Anh., §. 6, E. b), sich auf Demonstrationen gegen
den Saukopf zu beschränken und unverweilt auf den Gebirgsposten beim
Breiten Sand, zumal in der Erwartung loszugehen, daß nach dessen Ueberwältigung der Posten auf dem Saukopf im Rücken bedroht und dadurch genöthigt sein werde, seine Position von selbst zu verlassen. Sibaud marschirte
daher mit den 3 Bat. der Linken alsbald nach dem Breiten Sand, indem er
die 3 Bat. der IV. Division, welche noch einiger Erholung von den Strapazen
des Nachtmarsches bedurften, zu Hofstätten mit der Weisung zurückließ, daß zwei

Bataillone ihm halbmöglichst nachzurücken hätten, das dritte aber zurückbleiben solle, um die preußische Besatzung auf dem Saukopf durch Hin- und Hermärsche, verstellte Angriffsbewegungen und Plänkeleien in Schach zu halten. Da der Weg die Brigade der Linken über den Jud führte, so vertrieb sie den dortigen Posten, was um so leichter fiel, als bei ihm, wie schon bemerkt (§. 6), ein Angriff von Hofstätten aus nicht vorgesehen war. Vor dem Posten beim Breiten Sand angekommen, bedrängte Sibaud die Besatzung so ungestüm, daß sie nahe daran war, zu erliegen, als der zu Hilfe gerufene General v. Kleist mit dem größten Theil der Besatzung des (etwa über 2 St. entfernten) Gebirgspostens am Johanneskreuz (§. 28 C. S. 50 ff.) herbeilte und das Gefecht wieder herstellte [1]. In diese nämliche Zeit fiel jedoch der unvermuthete Angriff des Generals Argout auf Johanneskreuz selber (§. 28 C. S. 49 ff.). General v. Kleist, dem der Kanonendonner die Kunde hievon zuführte, sah sich daher gezwungen, schleunigst nach Johanneskreuz zurückzukehren. Das Schicksal des Postens beim Breiten Sand war aber jetzt auch rasch entschieden. Denn als General Sibaud, zu dem die von Hofstätten erwarteten 2 Bat. inzwischen gestoßen waren, mit der größten Heftigkeit seinen Angriff erneuerte, sah sich die Besatzung des Postens genöthigt, ihn zu räumen. Aller Wahrscheinlichkeit nach gelang der Angriff durch die von der Seite des Kirchthaler Eckes aus bewirkte Umgehung der rechten Flanke der Hauptfront der Brustwehr (§. 7). Die Besatzung zog sich, lebhaft verfolgt, zunächst nach der Brustwehr am Mosißberg zurück, wohin auch das Detachement, welches den Saukopf besetzt hielt, eilig retirirte, sobald dasselbe den schlimmen Stand der Dinge beim Breiten Sand erfahren und damit vollen Grund zur Besorgniß hatte, nach der Ueberwältigung jenes Postens im Rücken gefaßt und abgeschnitten zu werden (§. 8).

Die Vereinigung der Besatzung des Breiten Sand mit dem Detachement vom Saukopf dort, wo beim Sattel zwischen dem Mosißberg und dem Babischen Köpfchen der Hofstättener Weg mit dem Lelmener zusammentrifft, gelang erst nach einem hitzigen Gefecht, und es kam dann bei der Brustwehr am Mosißberg (Langer Kopf) noch zu einem sehr erbitterten Kampf, welchem jedoch dadurch bald ein Ende gemacht wurde, daß die Franzosen auch auf der Nordwestseite des Babischen Köpfchens, von dem vormaligen Babischen Jagdhaus her, nach der Kapitänshütte (§. 9) zu vordrangen und so die Preußen in Gefahr brachten, umgangen und vom Weg nach dem Schnapphahnenpfad abgeschnitten zu werden. Der Rückzug bis dahin fand bei der eifrigen Verfolgung durch die Franzosen unter fortwährenden Gefechten statt, so daß die Preußen Mühe hatten, sich in und bei der Brustwehr am Schnapphahnenpfad festzusetzen und die Franzosen so lange aufzuhalten, bis sie im Stande waren, den Rückzug nach Johanneskreuz in ziemlicher Ordnung antreten zu können. Da,

---

[1] Nach einigen Nachrichten vertrieb General v. Kleist die bereits in den Besitz des Postens gekommenen Franzosen wieder daraus, nach Anderen zog derselbe blos zu Hilfe, indem sie unbestimmt lassen, mit welchem Erfolg solches geschehen sei. Das Richtige mag daher sein, daß sich die Hilfeleistung auf die vorläufige Behauptung des Postens beschränkt habe. Dem „M. W.-Bl. v. 1825" zufolge hätte der Feind den Posten Vormittags um 9 Uhr angegriffen und sei nach 2 Stunden von den Angriffsversuchen wieder abgestanden. Diese Angabe erhält nur dadurch einen richtigen Sinn, daß die Angriffsversuche eingestellt wurden a. in Folge der durch General v. Kleist gebrachten Hilfe, b. in Erwartung der beiden Bataillone von Hofstätten her.

wie es scheint, bei der Schanze am Pferdsbrunneneck wenig oder gar kein
Widerstand von Seite der retirirenden Preußen geleistet wurde, so konnte die
Brigade schon Nachmittags zwischen 3 und 4 Uhr beim Johanneskreuz eintreffen. General Sibaud nahm nun Angesichts dieses Postens eine solche
Stellung ein, daß derselbe sich von Augenblick zu Augenblick mit einem Angriff bedroht sehen mußte; allein er verweilte gleichwohl in dieser Stellung
beiläufig zwei Stunden, ohne etwas Ernstliches zu unternehmen, indem er
lediglich seinen Tirailleuren überließ, die Besatzung zu beunruhigen. Dieses
Zuwarten hatte jedoch den doppelten Zweck, nicht allein den Truppen vor dem
bevorstehenden Kampf bei der großen Tageshitze und nach den bereits ausge-
standenen Strapatzen einige Erholung zu verschaffen; sondern auch, um sich
zu vergewissern, wie es mit der Brigade Argout, von der man wußte oder
wenigstens vermuthen konnte, daß sie noch in der Nähe sei, sich verhalte und
ob mit ihr zu einem gemeinsamen Angriff auf Johanneskreuz geschritten werden könne. Bei der geringen Entfernung der beiden Brigaden Sibaud und
Argout, wovon jene sicher hoffte, diese zu treffen, und diese auf die Ankunft
jener sehnlich wartete, war durch beiderseits abgeschickte Patrouillen die Communication rasch hergestellt und die nöthige Verabredung ebenso schnell getroffen (§. 8 C. S. 51).
In Folge dessen kam es denn auch schon bald nach 5 Uhr zum gemeinsamen Angriff, der durch die Brigade Sibaud vom Hochstätten-Leimener und
durch die Brigade Argout vom Heltersberger Weg mit einer solchen Heftigkeit und Ausdauer ausgeführt wurde, daß General v. Kleist sich nach der
tapfersten Vertheidigung gegen 7 Uhr Abends gezwungen sah, den Posten zu
räumen und sich auf dem Weg nach Kaiserslautern vorerst bis an den Harterkopf zurückzuziehen, woselbst die Preußen eine Schanze errichtet hatten, weil
hier der Weg nach Kaiserslautern und jener nach Hochspeyer sich trennten, die
Befestigung dieses Punktes also räthlich erschien. Der preuß. General hatte
sich, obgleich die Ueberreste der Posten am Breiten Sand u. s. w. zu ihm gestoßen waren, dennoch in einer um so schwierigeren Lage befunden, als der,
mit der vorübergehenden Besitznahme von Johanneskreuz durch die Brigade
Argout verbunden gewesene, Verlust der 7 Geschütze eine wesentliche Ver-
minderung der Stärke und Vertheidigungsfähigkeit des Postens nach sich ziehen
mußte. Die Schwierigkeit der Lage wurde aber noch dadurch erhöht, daß General v. Kleist von dem Ausgang der Gefechte, in welche die preuß. Corps
bei Trippstadt verwickelt waren, gar nichts wußte, aber doch so viel sich denken
konnte, daß er auf eine Unterstützung von dorther jetzt ebenso wenig mehr
zählen oder hoffen dürfe, als auf eine solche von Seite des Hauptcorps bei
Kaiserslautern, dagegen aus dem Anmarsch der Brigade Sibaud zu folgern
hatte, daß auch die Posten beim Breiten Sand und auf dem Saukopf gefallen seien. General v. Kleist selbst war leicht, der unter ihm commandirende
General v. Kunitzki schwerer verwundet; außerdem hatten die Preußen besonders viele Officiere verloren, da die franz. Tirailleure sie vorzugsweise zur
Zielscheibe ihrer Schüsse machten. General v. Kleist schlug, in Befolgung
eines vom F.-M. v. Möllendorf erhaltenen Befehls, vom Harterkopf aus
den Weg nach Hochspeyer ein und trat in der Nacht vom 15. auf den 16.
Juli mit dem Hauptcorps den Rückzug in die Gegend von Kirchheim-
bolanden an.
Der Hauptgewinn für die Franzosen aus der Wegnahme des wichtigen
Postens am Johanneskreuz bestand darin, daß jetzt nicht allein die Verbindung

zwischen der Rhein= und der Moselarmee völlig hergestellt und gesichert, son=
dern auch ein Punkt in den Besitz derselben gekommen war, von wo aus sie
auf mehreren Wegen in die Thäler zwischen Kaiserslautern und Neustadt a/H.
gelangen konnten (§. 5). General Sibaud erhielt denn auch unterm 15.
Juli von General Michaud den Befehl, sofort von Johanneskreuz nach
Hochspeyer zu marschiren. Allerdings lag es nach Art. 8 des zweiten Landauer
Operationsplanes der Moselarmee ob, borthin zu rücken; allein es erklärt sich
die getroffene Abänderung dadurch, daß der Moselarmee für den Fall des Ge=
lingens des allgemeinen Angriffes am 13. Juli, durch das Kriegsministerium
zu Paris bereits im voraus eine andere Bestimmung zugetheilt war; zu der
sie denn auch an die Saar abrückte, nachdem General Meynier mit der, am
15. Juli neugebildeten, V. Division der Rheinarmee auf Befehl des Generals
Michaud als linker Flügel dieser Armee, bei Kaiserslautern Stellung genom=
men hatte. Jene Bestimmung der Moselarmee ging dahin, von der Saar nach
der Mosel weiter vorzugehen, um Trier zu nehmen und die Verbindung der
Alliirten mit Luxemburg abzuschneiden, ja selbst jene mit der Armee des Her=
zogs von Koburg zu gefährden [1]).

Kapitel XIII.
Operationen der Brigaden Desgranges und Tisc6.

Abschnitt I.
Beschreibung der beiden Außenposten des Schänzel.

§. 30.
11. Posten bei der Mobenbacher Schloßruine.
Plan Nr. III.

Diese Ruine[2]) liegt auf einem Bergkopf, der ein südöstlicher Ausläufer
des von Norden nach Südwesten ziehenden Drenselberg ist. Zwischen dem Berg=
kopf und dem südlich gegenüber gelegenen Mühlberg befindet sich ein Sattel,
von dem aus Wege: a. südwestlich nach Ramberg (20—25 Minuten), b. nord=
westlich über den Drenselberg, links den Walderskopf, rechts den Hermerskopf,
die sogenannte Ramberger Stelge hinunter nach dem Saterstein an der

---

[1]) Trier kam auch wirklich bald darauf in den Besitz der Franzosen, so daß dadurch
die Verbindung der Armee des K.=M. v. Möllendorf mit Luxemburg verloren ging
und selbst die mit der Armee des Herzogs von Coburg, der inzwischen auf das
rechte Ufer der Maas zurückgegangen war, sehr gefährdet wurde.

[2]) Das Schloß hieß „Meistersccle“, war eine Reichsburg und eine Appertinenz der
mächtigen Reichsfeste Trifels, wurde später einer adeligen Familie verliehen, die deren
Namen annahm, aber 1277 ausstarb, kam dann durch König Rudolf I. an die Familie
v. Ochsenbein, von dieser theils an Kurpfalz, theils an den Bischof von Speyer und
endlich käuflich an die Familie von der Leyen.

Hochstraße zwischen dem Schänzel und dem Erlenkopf (1 Stunde), c. süd-östlich über die Schloßruine Scharfeneck (30—35 Minuten) nach Frank-weiler und Gleisweiler, d. östlich in das Modenbacher Thal hinab und ¼ St. vom Modenbacher Hof in den Modenbacher Thalweg und auf diesem nach Burrweiler, Gleisweiler, Weyher, Hainfeld u. s. w. führen. Außerdem geht ein Fußpfad nach dem Modenbacher Hof, der östlich gerade unten im Thal liegt, und an dem der Weg nach dem Schänzel in nördlicher Richtung thal-aufwärts vorbeizieht. Auf dem Sattel, der ein Wegknotenpunkt ist, sind noch die Reste zweier Erdaufwürfe in halbmondförmiger Gestalt vorhanden, wovon sich der eine vom Ramberger bis zum Satzersteiner Weg, der andere von diesem bis zum Weg in das Modenbacher Thal erstreckt. Wahrscheinlich umgaben diese Erdaufwürfe, die keine Brustwehren waren, das Lager des Detachements, welches die beiden in der Nähe befindlichen Schanzen zu besetzen hatte und deren Rückhalt bildete. Etwa 400 Schritte von diesem Posten liegen links am Wege nach Ramberg die Ueberbleibsel einer Schanze in der Form einer Sichel, deren äußerer Umfang 90 Schritte betrug. Die Front war gegen Ramberg ge-richtet und bestrich den Weg dahin, der unweit davon in das Thal hinabzu-steigen beginnt. Rechts von der Schanze zieht sich, in gleicher Höhe mit ihr, auf eine Länge von 600 Schritten ein schmaler Hügelrücken, der Eybühl, in das Thal gegen Ramberg hinunter, auf dessen äußerster, südwestlicher Spitze gleichfalls die gut erhaltenen Reste einer Schanze in der Form eines Halb-zirkels [1]) sich befinden, der einen Umfang von 50—55 Schritten hatte. Von dieser Schanze aus konnte nicht blos der Weg nach Ramberg links von ihr bis zu dem Dorfe hin, sondern auch das Dernbachthal längs der Strecke, auf welcher sich dasselbe von Nordwesten nach Süden, um den dem Eybühl gegen-überliegenden Ramberg (Schloßberg) herumbiegt, so wie das, rechts vom Eybühl zwischen ihm und dem Drenselberg eingepferchte, Hölzerthälchen bestrichen werden. Der Posten scheint lediglich mit einer Compagnie Füsiliere besetzt gewesen zu sein.

§. 31.
12. Posten am Satzerstein[2]).
Plan Nr. III und Nr. IV.

Satzerstein heißt ein freier Platz an der Hochstraße, 35 Minuten vom Punkt B., 25 M. vom Kiefelecker Bild (Schlotterthal) und 1 St. 10 M. vom Erlenkopf entfernt. Vom Satzerstein führt der bereits in §. 30 beschriebene Weg nach dem Sattel bei der Modenbacher Schloßruine (1 St.) und nach Ramberg (⅗ St.). Oberhalb des Platzes, etwa 400 Schritte gegen Ramberg zu, ist ein Köpfchen, von wo aus man nach Osten das Schänzel, nach Westen den Erlenkopf und das Steineck erblickt. Es sind indeß weder auf dem Platze selbst, noch auf dem Köpfchen Spuren einer Verschanzung oder eines Lager-platzes zu entdecken. Dagegen befinden sich ganz nahe bei einem Weg, der von

---

[1]) Die bogenförmige Gestalt der beiden Schanzen läßt sich vielleicht daraus erklären, daß sie nicht für Geschütze eingerichtet und eigentlich bloße Brustwehren waren.

[2]) Dieser Posten ist in der „Ausführlichen Beschreibung der Schlacht bei Pirmasens den 14. September 1793" von Oberst J. A. R. Grawert (Potsdam 1796) auch unter den Gebirgsposten auf der Linie von Pirmasens über Leimen nach Edenkoben aufgezählt.

der Salzgrube herauf unweit des Köpfchens in die Ramberger Steige führt und 5 Minuten oder 250 Schritte vom Federbrunnen, in gerader Richtung über diesem, die Ueberreste eines Erdaufwurfes, der mit jenem im Sattel bei der Modenbacher Schloßruine Aehnlichkeit hat und aller Wahrscheinlichkeit nach dem Posten am Satzerstein als Lagerstätte diente, weil er von da aus die beiden erwähnten, in seiner Nähe zusammentreffenden Wege gegen den, von Ramberg oder vom Sattel her anrückenden, Feind am besten bewachen und decken konnte. Von dem Erdaufwurfe aus, der 60 Schritte lang, 3 Fuß hoch ist und an jedem der beiden Enden eine im rechten Winkel angesetzte Flanke von 15 Schritten Länge hat, kann man in das Modenbacher Thal und nach der Westseite des Schänzel mit den Schanzen Nr. I und Nr. II sehen.

Der Posten war anfänglich mit der Jägercompagnie v. Chargot besetzt, wurde aber, vermuthlich noch am Nachmittag oder Abend des 12. Juli, durch die von dem Posten bei der Modenbacher Schloßruine vertriebene Füsilier-Compagnie verstärkt[1]).

Abschnitt II.

13. Beschreibung des Gebirgspostens auf dem Schänzel.

Plan Nr. III, Nr. IV und Nr. V[2]).

§. 32.

I. Oertliche Lage.

A. Berge.

a. Der Triefenberg erhebt sich zwischen dem aus Norden nach Süden heruntersteigenden Küchenteichthälchen und dem aus Nordwesten nach Südosten herabziehenden Modenbacher Thal, von der Stelle aus, wo jenes in dieses einmündet und dem in einer Schlucht unterhalb des Hermerskopf — dem Hermersthälchen — entspringenden Modenbach sein Wässerchen zuführt, zu einem beiläufig 1800 F. hohen Bergrücken, der, die äußerste Spitze nach Süden gekehrt, gegen Osten in das Küchenteichthälchen und gegen Westen in das Modenbacher Thal steil abfällt. Der Rücken selbst, auf seinem Grat fast durchgängig blos 25 bis 30 Schritte und nur gegen sein Ende, wo sich auch die beiden Kanten, besonders jene nach Westen, mehr abflachen, 40 bis 50 Schritte breit, hält zuerst, von der Spitze an, 650 Schritte lang eine nordwestliche und dann in ungefähr gleicher Länge eine nordöstliche Richtung ein, um jetzt, etwa 70 bis 80 F. höher, als bei der Spitze, zu einem Bergkloß sich auszudehnen. Der Bergrücken, welcher bis zu diesem Punkt II, den er im Ganzen bei gelinder, auf der letzten Strecke kaum merklicher Steigung erreicht, „Küchenkopf"[3])

---

[1]) Es ist der Satzerstein weder in den Memoiren von Saint-Cyr erwähnt, noch der Lagerplatz in dessen Specialplan aufgenommen.

[2]) Die Buchstaben im Text beziehen sich stets auf den Plan Nr. V, insofern nicht ein anderer Plan (Nr. III oder Nr. IV) ausdrücklich angeführt ist.

[3]) Der Küchenkopf ist auf dem Plan Nr. V wegen Mangels an Raum nur verkürzt, dagegen auf den Plänen Nr. III und Nr. IV ganz eingezeichnet.

heißt, hat 440 Schritte von dem nämlichen Punkt einen ersten Absatz von etwa 20 F. Höhe, 80 Schritte näher einen beiläufig 7 bis 8 F. niedrigeren zweiten Absatz und wieder 160 Schritte näher einen 6 bis 8 F. hohen drit=ten Absatz, so daß letzterer von dem Punkt II noch 200 Schritte entfernt ist. Der Bergklotz, mit dem der eigentliche Triefenberg beginnt, steigt vom Ende des Küchenkopf an, woselbst er eine Höhe von etwa 1880 F. hat, sich nach Norden und Osten ausbreitend, zuerst schärfer, dann allmähliger noch um 230 F. höher bis zu seinem höchsten Gipfel hinauf, der Steigerkopf genannt wird und eine Höhe von 2110 F. hat.

Der Triefenberg, welcher bei II eine Ecke nach Südwesten vorschiebt, bildet:

1) auf seinem Zuge nach Osten bei III gegen Süden eine zweite Ecke und bei E zwischen seinem südöstlichen Abhang (vom Steigerkopf her) und dem nordwestlichen des Kesselberg einen Sattel,

2) auf seinem Zuge nach Norden bei I gegen Nordwesten eine dritte Ecke[1]) und, indem er von da in östlicher Richtung allgemach aufwärts rückt und in seine nordöstliche Abdachung (vom Steigerkopf her) übergeht, bei D zwischen dieser und dem südwestlichen Abhang des Plattberg gleichfalls einen Sattel.

Zum besseren Verständniß ist es jedoch dienlich, zwischen dem eigentlichen Bergklotz des Triefenberg und seiner Kuppe dadurch zu unterscheiden, daß man, indem man von dem Sattel E bis zur Südwestecke II eine erste Linie, von dieser Ecke bis zur Nordwestecke I eine zweite, von da über den Punkt O an der Hochstraße bis zum Sattel D eine dritte und von letzterem über die Punkte r—rr bis zum Sattel E eine vierte Linie zieht, alles Terrain, was unterhalb dieser 4 Linien liegt, zum Bergklotz und alles Terrain, was oberhalb derselben liegt, zur Kuppe rechnet.

Der größeren Deutlichkeit wegen sei noch die erste Linie die Südseite, die zweite die Westseite, die dritte die Nordseite und die vierte die Ostseite genannt.

aa. Bergklotz.

Die Südseite stürzt in den Küchenteich und in eine Mulde, die sich aus letzterem zwischen ihr und dem Riethen nach dem Sattel E zu aufwärts zieht, tief und sehr steil hinab. Die Westseite, einschließlich der beiden Ecken II und I, fällt nach dem oberen Mobenbacher Thalweg oder der Steige und nach dem Punkt B auf der dort 1440 F. hohen Hochebene, etwa 440 F. tief steil hin=unter, nur daß dieselbe auf der Strecke, welche die zwischen der Südwestecke (II) und der Nordwestecke (I) befindliche und von dem Mobenbacher Thal=weg — der Steige — an, nach dem Zwischenraum zwischen diesen beiden Ecken aufwärts ziehende weite Schlucht, Schöntel genannt, einnimmt, längs den Abhängen an Steilheit etwas verliert. Bezüglich der Nordwestecke ist aber noch besonders zu bemerken, daß sie zwischen dem Verhau F und der Schanze Nr. I zwei Absätze O—O hat, wovon der untere beim ersten $\frac{1}{3}$, der obere beim zweiten $\frac{1}{3}$ des Abhanges sich über die Ecke hinzieht. Die Nordseite steigt nach der Hochstraße auf der Strecke zwischen den Punkten S und O steil hinab. Die Ostseite endlich senkt sich vom Steigerkopf östlich in der Mitte der Linie D—r—rr—E zuerst sanfter, dann aber nach dem Sauhaag und dem obersten Triefenbachthal jäh hinunter.

---

[1]) Die Ziffern I. II. III. auf dem Plan Nr. V. gelten ebensowohl für die 3 Ecken als auch für die 3 Schanzen Nr. I. II. und III. die sich auf diesen Ecken befinden.

bb. **Kuppe.**

Die **Südseite** zieht sich auf dem ersten ¹/₃ ihrer Linie von 11 aus, 230 F. hoch mäßig steil gegen den Steigerkopf hinauf und wird auf den anderen ³/₃ um so niedriger, je näher sie der Kante zwischen der Süd- und der Ostseite oder dem südöstlichen Abhang und damit der südlichen Ecke III, sowie dem Sattel E kommt.

Auf der **Westseite** steigt die Kuppe ebenfalls im Ganzen mäßig steil nach dem Steigerkopf aufwärts, indem sie von der Südwestecke II 170 F. hoch oder 350 Schritte weit nordöstlich nach der Linie n—nn, von der Nordwestecke I aber ebenfalls 170 F. hoch, jedoch 455 Schritte weit, östlich nach der nämlichen Linie n—nn hinaufzieht. Die Linie I bis n—nn geht die ersten 170 Schritte bis b—bb etwas jäher aufwärts, hat hier eine Art Terrasse und hält dann auf der weiteren Strecke von 285 Schritten von b—bb bis n—nn eine so gelinde Steigung ein, daß sich darauf die gegen 70 Schritte lange und ebenso breite Fläche J bildet, welche, besonders bei Mitbenützung der angrenzenden, weniger abschüssigen Kanten der südlichen und nördlichen Abhänge der Kuppe, zu einem Lagerplatz für eine Anzahl Compagnien verwendet werden konnte. Von der Linie n—nn an steigt die Kuppe etwa 200 Schritte weit stets in östlicher Richtung noch ungefähr 60 F. hoch allmählig bis zum Steigerkopf aufwärts, so daß jetzt dessen ganze Höhe von 2110 F. erreicht ist. Das Terrain L zwischen der Linie n—nn und dem Steigerkopf ist so beschaffen, daß dasselbe eine noch etwas größere Fläche darbietet, wie die untere J und demgemäß ganz dazu geeignet war, gleichfalls als Lager- oder Aufstellungsplatz benützt zu werden.

Die **Nordseite** zieht auf der Linie I—O südöstlich und beiläufig auf der ersten Hälfte der Linie O—D in südlicher Richtung steil gegen den Steigerkopf hinauf, verflacht sich aber auf der zweiten Hälfte dieser Linie in dem Verhältniß immer mehr, je mehr sie sich längs der Hochstraße dem Sattel D nähert und in die nordöstliche Abdachung der Kuppe übergeht.

Die **Ostseite** läuft von D bis r auf der nämlichen Abdachung in südwestlicher Richtung allmählig zu dem Steigerkopf hinauf, wendet sich dann von r südöstlich nach rr und erhebt sich auf dieser Linie gegen Nordwesten, ebenfalls in gelinder Steigung, bis zum Steigerkopf aufwärts.

Die Kuppe des Triefenberg läßt sich also durch die Linien E—II—I—O —D—r—rr (E) bezeichnen, und es stellt die Linie r—D außerdem noch jenen nach Nordosten auslaufenden Rücken des Triefenberg dar, wodurch letzterer vermittelst des Sattels D in Zusammenhang mit den nördlichen und nordöstlichen Gebirgsmassen gebracht wird.

Betrachtet man die Gesammtlage des Triefenberg (Bergklotz und Kuppe), so bildet dieselbe gleichsam eine Schlußwand des Triefenbach- oder Ebenkobener-Thales und erhält sie auch damit ihre strategische Bedeutung.

Die Kuppe des Triefenberg nun ist es, welche das

„**Schänzel**"

heißt. Es hat jedoch im Munde des Volkes nach und nach der Bergklotz, einschließlich der Kuppe, diesen Namen angenommen, so daß davon eigentlich nur der Steigerkopf als der höchste Gipfel und der Küchenkopf als ein Ausläufer des Triefenberg unterschieden wird.

Der Name „Schänzel" entstand dadurch, daß im 30-jährigen Krieg ein Theil der Truppen des Herzogs **Bernhard von Weimar**, nachdem dieser Heerführer, in Folge der Schlacht bei Nördlingen, von den Schweden sich getrennt hatte, auf jener Bergkuppe in dem Vorhaben, nach dem Elsaß weiter zu marschiren, Stellung nahm und gegen das Modenbacher Thal eine Brust-wehr oder Schanze errichtete [1]), welche von den Bewohnern der Umgegend in ihrer Sprechart „Schänzel" genannt wurde: eine Bezeichnung, die sich im Laufe der Zeit auf die oben bemerkte Weise übertrug und, unter dem Einfluß der preußischen Verschanzungen von 1794 uud der daran geknüpften Ereignisse, bis auf den heutigen Tag in der Art fortpflanzte, daß sie völlige Authenticität erlangte. So viel ist jedenfalls gewiß, daß schon die Schweden den Triefen-berg für eine gute strategische Position hielten. Auch ist in dieser Hinsicht noch zu bemerken, daß die Kuppe des Schänzel und die Westseite des Berg-stoßes wenig oder gar nicht beholzt waren, als die Preußen sich im Jahre 1794 dort verschanzten. Die in den geschichtlichen Werken öfters vorkommende Bezeichnung „kahler Berg" deutet gleichfalls dahin.

. Die deutschen Geschichtschreiber gebrauchen durchgängig den Namen „Schän-zel". Im „Mil.-W.-Bl. v. 1825" ist der „Schänzelberg" oder das „Schänzel" als die höchste Kuppe eine Gruppe hoher und steiler, größtentheils unbewaldeter Berge östlich (!!) von Edenkoben, am westlichen Ende derselben bezeichnet. Dagegen unterscheidet das nämliche „M.-W.-Bl. v. 1841" zwischen „Platte" und „Schän-zel", indem es darin heißt „daß am 25. Juni 1794 den höchste Punkt des Gebirges hinter Edenkoben, die sogenannte „Platte", durch die 3 Grenadier-bataillone v. Kunitzli, v. Romberg und v. Schladen, dann 2 Comp. Füsiliere v. Müffling, der „Schänzelberg" aber mit 200 Mann und 2 Kanonen unter einem Major besetzt worden sei. Die Franzosen, welche wohl von „Platte", „Plattberg" etwas hören mochten, machten „Platzberg" daraus und legten diesen Namen dem Schänzel bei. Nur Saint-Cyr gebraucht den Ausdruck „Schänzel", indem er beifügt, es sei ein „schwer zu ersteigender Berg".

Heute heißt „Platte" oder „Plattberg" die auf der Westseite befindliche höchste Kuppe des Morschenberg, deren südöstlicher Abhang mit dem Triefen-berg, beziehungsweise Steigerkopf den Sattel D bildet. Vielleicht wurde der ohnehin durch den Sattel mit dem „Plattberg" oder der „Platte" zusammen-hängende Triefenberg, dessen höchste Kuppe, der Steigerkopf, ohnehin etwas niedriger ist, als die Platte, im Jahr 1794 ebenfalls als „Plattberg" oder „Platte" bezeichnet, zumal er auf diese Bezeichnung schon deßhalb Anspruch hatte, weil über seine Kuppe viele Steinplatten zerstreut sind. Daß das „M.-W.-Bl. v. 1841" unter der „Platte" das Schänzel und keinen anderen Berg verstanden habe, geht indeß daraus mit Gewißheit hervor, daß die nach §. 35 B auf Steinplatten befindlichen Inschriften den Datum „25. Juni 1794" tragen, also den Tag genau angeben, an welchem die genannten 3 Grenadier-Bat. das Schänzel besetzten. Die Unterscheidung zwischen „Platte" und „Schän-zelberg" läßt sich aber dadurch erklären, daß am 25. Juni nur die schwedische Schanze oder Brustwehr weiter unten, sei es bei I oder II vorhanden war, und daß die Preußen, wenn sie auch schon zuvor an dem alten Werk restau-rirten, doch erst mit jenem Tag die Errichtung der eigentlichen Verschanzungen begannen.

---

[1]) Zwischen Bergzabern und Oberottenbach befinden sich links von der Straße nach Weißenburg die Ueberreste einer Verschanzung, die noch heute die „Schwedenschanze" heißt. —

b) Der Keffelberg ist ein etwa ³⁄₄ Stunden langer Bergrücken, der aus dem beiläufig 1800 F. hohen Sattel E gegen Südosten zu einer ersten Kuppe emporsteigt, welche den Steigerkopf um etwas überragt. Zuerst in der nämlichen Richtung fortziehend, macht derselbe im zweiten Viertel seiner Länge eine ziem-lich starke kesselartige Einbiegung ¹) und erhebt sich sodann aus dieser, jetzt mehr nach Osten gerichtet und immer schmäler werdend, allmählig zu seiner zweiten Kuppe oder höchsten Spitze von 2280 F. Von hier aus stürzt der Berg, indem sein Abhang eine immer größere Ausdehnung gewinnt, südöstlich sehr steil in das mittlere und untere Meisenthal hinunter, woselbst dieser Ab-hang mit dem Abhang seiner Südwestseite nahezu südlich in einem spitzen Winkel zusammentrifft. Die Südwestseite des Kessel berg fällt von seiner ersten Kuppe an, mit nahezu einem Viertheil der Bergeslänge auf den Rücken des Riethen, der beiläufig so hoch ist, wie der Sattel E, ¹) dann ganz in der Nähe des Schenkenbrunnen und rechts von diesem bei J, auf den ebenso hohen, dort etwa 25 bis 30 Schritte breiten Rücken eines Ausläufers des Frankenberg, mit den übrigen drei Viertheilen der Bergeslänge aber in ein Seitenthälchen steil hinab, das „Krautgarten" heißt. Da sich der erwähnte Ausläufer da an den Kesselberg anlehnt, wo gerade hinauf dessen Einbiegung sich befindet, so ist von diesem Punkte aus der Rücken des Kesselberg selbst rascher und leichter zu ersteigen. Die Nordostseite des Kesselberg senkt sich auf der Strecke von einem Viertheil der Bergeslänge in den Sauhaag hinunter, dehnt sich dann auf die Weite der 3 anderen Viertheile zu einem Ausläufer, Dächel genannt, aus, der allmählig um einige 100 F. sich abdachend, nach Norden den Kesselberg mit dem Halsberg verbindet und nach Osten in das obere Meisenthal steil hinabstürzt.

Der Kesselberg schließt also durch seine Lage und Beschaffenheit den, mit ihm gegen Nordwesten durch den Sattel E zusammenhängenden, Triefenberg (Schänzel) nach Südosten, Süden und Südwesten, insbesondere auch gegen das Modenbacher Thal unterhalb des Modenbacher Hofes hin, völlig ab und hat demgemäß allerdings für die Position auf dem Schänzel eine strategische Be-deutung.

Die Lagen:

c) des Riethen, d) des Frankenberg, e) des Halsberg oder Halschberg, f) der Salzgrube ergeben sich genugsam aus dem Plane Nr. III.

g) Der Aspenkopf ist eigentlich, wie der Küchenkopf ein südlicher, so ein nördlicher Ausläufer des Triefenberg. Derselbe erhebt sich aus dem Kleyenthal bis zur Höhe der Hochstraße bei Punkt O und fällt nach Westen allmählig bis zur Fläche C, nach Osten aber steil in ein Seitenthälchen u ab, das sich zwischen diesem Abhang und dem „Schaafeck" genannten westlichen Abhang des Plattberg befindet und dem Kleyenbach ein Quellwässerchen zuführt. Zwischen der Schlucht, worin der Kleyenbach entspringt und dem Seitenthäl-chen u zieht sich von unten eine Mulde, „Saulache" genannt, über den Rücken des Aspenkopf bis auf einige 100 Schritte vom Punkt O der Hochstraße hin-auf. Dieser Rücken steigt anfänglich steil, dann etwas gelinder in die Höhe, indem er, je näher er der Hochstraße kommt, desto mehr sich verflacht und

---

¹) Von dieser Einbiegung — Kessel — rührt wohl der Name „Kesselberg" her.
²) Der Buchstabe J auf den Plänen Nr. III und Nr. IV soll zur Bezeichnung sowohl des Punktes, wo der Ausläufer des Frankenberg sich an den Kesselberg anlehnt, als auch des nahen Schenkenbrunnen dienen.

so den Zugang zu letzterer erleichtert. Derselbe war im Jahre 1794 bis oben hinauf, links über den ganzen östlichen Abhang hinunter und rechts bis zu dem schon kahl gewesenen oder erst abgetriebenen Köpfchen G (M im Plan Nr. III und Nr. IV) [1]) dicht bewaldet.

Der Aspenkopf zieht noch eine Strecke in gleicher Höhe mit dem St. Martiner Weg und der Hochstraße aufwärts und wendet sich dann ab, um zwischen seinem östlichen und dem westlichen Abhang des Plattberg (dem Scharfeck) unterhalb des Sattels D, als dem Punkte, wo die nordöstliche Richtung des Schänzel endigt und die mehr nördliche des Plattberg beginnt, das erwähnte Seitenthälchen u zu bilden.

B. Thäler.

Hierher gehören:

a. das Modenbacher Thal zwischen dem Hermerskopf rechts, dem Schänzel und dem Küchenkopf links, auf der weiteren Strecke bis zum Austritt aus dem Thal aber, zwischen dem Drenselberg, dem Roßberg und dem Teufelsberg rechts und zwischen dem Fraukenberg und Blättersberg links;

b. das Küchenteichthälchen zwischen dem Küchenkopf rechts und dem Riethen links;

c. das Meisenthal zwischen dem Kesselberg rechts und dem Blättersberg links, welches da, wo der südöstliche Abhang des Kesselberg mit seinem südwestlichen in einem spitzen Winkel zusammenläuft, das Seitenthälchen „Krautgarten" in sich aufnimmt und etwas weiter unten, mit den „sieben Quellen" bereichert, in das Modenbacher Thal ausmündet;

d. das ebengenannte Seitenthälchen selbst zwischen dem Frankenberg rechts und dem Kesselberg links;

e. das Triefenbacher oder Edenkobener Thal zwischen dem Halsberg, dem Zweiter Berg und dem Haag rechts und zwischen dem Triefenberg, dem Morschenberg und dem Hochberg (Schraußenberg) links;

f. das Kleyenthal zwischen dem Plattberg und Langerkopf rechts und zwischen dem Kleyenkopf und Bösenberg links;

g. das Seitenthälchen u zwischen dem Plattberg (Scharfeck) rechts und dem Aspenkopf links.

Alle diese Thäler bedürfen jedoch keiner näheren Beschreibung, da das Nöthige aus den Plänen Nr. III und Nr. V genügend zu ersehen ist.

C. Straßen, Wege und Pfade.

a. Die Hochstraße, deren Hauptzug bereits im §. 3 beschrieben ist, nimmt von Erlenkopf an in östlicher Richtung bis zum Fuß des Schänzel beim Punkt B folgenden Weg: Vom Erlenkopf kommt man in $\frac{1}{2}$ St. zum Kirschbaum und von da in $\frac{1}{4}$ St. zum Feuerplatz oder Kieselecker Bild unten am Kieseleck, von wo ein Weg rechts, den Katzenbach entlang, durch das Birkenthal nach dem 2 Stunden entfernten Gußerthal und ein Waldweg links in das Schlotterthal hinunterführt. Vom Kieselecker Bild gelangt man in 25 Minuten zum Saxerstein, von da in 5 Minuten zum Kohleck, von diesem in $\frac{1}{4}$ St. zum Federbrunnen [2]) und von hier in $\frac{1}{4}$ St. zum Punkt B, in

---

[1]) Der Buchstabe G (M im Plan Nr. III und Nr. IV), gilt zugleich zur Bezeichnung der dortigen Brustwehr nebst Verhau.

[2]) Der Federbrunnen hat 2 reichliche Quellen mit gutem Trinkwasser, wovon das eine äußerst kalt und deshalb weniger beliebt, das andere aber milder und dadurch zur gefahrlosen Erfrischung im Sommer dienlicher ist.

beffen nächſter Nähe jetzt das Ebenkobener Forſthaus „am Heldenſtein“ ſteht [1]).

Wie die Hochſtraße, welche an der Nordſeite des Schänzel bis zum Sattel D hinaufläuft, etwas über 200 Schritte vom Punkt B die Hochebene verläßt, beginnt ſie bei fortwährender mäßiger Steigung in öſtlicher Richtung aufwärts zu ziehen, indem ſie ſich unten um den Fuß der Nordweſtecke ſcharf herumbiegt und dann in ziemlich gerader Richtung zum Driffenbrunnen (— im „Mil.=W.=Bl. v. 1825“ „trüber Brunnen“ genannt —) führt. Dieſer Brunnen entſpringt rechts von der Hochſtraße, etwa 50 bis 60 F. höher, als dieſe, in dem nördlichen Abhang des Schänzel, iſt an gutem Trinkwaſſer ergiebig und hat ſeinen Abfluß über die Hochſtraße hinüber und den Aſpenkopf hinunter. Von dem Driffenbrunnen gelangt man zum Punkt O, wo der Aſpenkopf ſich mit ſeiner Kuppe an die Hochſtraße anlehnt, und es nimmt die letztere von da weg eine mehr nordöſtliche Richtung an, die ſie auch bis in den Sattel D beibehält. Der ohnehin ſchon ſteile nördliche Abhang des Schänzel fällt längs der Hochſtraße, beſonders aber von der Schanze Nr. IV an bis dahin, wo weiter oben die Kuppe ſich nach dem Sattel zu allmählig abflacht, mit einer 15 bis 30 F. hohen Wand ſo ſchroff nach dieſer Straße ab, daß von der Kuppe oben um ſo weniger wahrgenommen werden kann, was unten auf ihr vorgeht, als der zwiſchen der Wand und der Hochſtraße noch eine Strecke weit ſich hinaufziehende alte Hohlweg ein zweites Hinderniß abgibt.

b. Der Modenbacher Thalweg führt vom Ausgang des Thales an zwiſchen Weyher und Burrweiler, dem Modenbach entlang, in ³/₄ St. zum Modenbacher Hof und von da in 1 guten Stunde zum Punkt B, wo er in die Hochſtraße einmündet. Bis zum Küchenkopf ganz allmählig aufwärts ziehend, klimmt er von jetzt an immer jäher in die Höhe, ſo daß er auf den letzten 20 Minuten ſogar die „Steige“ heißt. Längs dem Küchenkopf und der Schlucht „Schönteich“ bis in die Nähe des Verhaues F, iſt der Weg rechts von einer 15 bis 20 F. hohen ſteilen Wand begränzt, die von den weſtlichen Abhängen des Küchenkopf und der Südweſtecke des Triefenberg (Schänzel) gebildet wird, während er links den ganz ſchmalen Thalgrund faſt auf die nämliche Strecke zur Seite hat. Der Modenbacher Thalweg iſt demgemäß vom Küchenkopf an ein eigentlicher Engpaß.

c. Der Weg, welcher beim Saterſtein von der Hochſtraße ſich nach der Modenbacher Schloßruine und nach Ramberg abzweigt, iſt bereits in den SS. 30 und 31 erwähnt. Es iſt nur beizufügen, daß von der Hochſtraße bei der Salzgrube aus ein Weg, letztere hinauf= und in jenen hineinführt.

d. Der eigentliche Weg nach St. Martin läuft von der kleinen, einen Wegeknotenpunkt bildenden, Fläche C weg, in der Richtung nach der Hochſtraße zu aufwärts und dann eine Strecke lang ziemlich parallel mit letzterer, wendet ſich hierauf in einem Bogen um das Köpfchen G herum und kommt damit wieder in die Nähe der Hochſtraße bei Punkt X, um dieſe abermals bei geringer Entfernung in ziemlich parallelem Laufe, bis dahin zu begleiten, wo er um, das Seitenthälchen u umbiegend, aus ſeiner bisherigen nordöſtlichen Hauptrichtung in die nördliche, unterhalb des Sattels D, übergeht. Von da an zieht der St. Martiner Weg längs dem weſtlichen Abhang des Plattberg an dem Herrgottsbrünnchen vorbei, wendet ſich dann bei dem Lan-

---

[1]) Näheres über dieſes Forſthaus im Anhang unter §. 9, E.

genkopf öftlich nach dem Zang, indem er die über den Plattberg nordöftlich nach Neuftadt führende Hochftraße durchfchneidet, und geht hierauf zwifchen dem Breitenberg links und dem Hochberg rechts nach St. Martin hinunter.

Auf der Strecke, die der St. Martiner Weg bei feinem Bogen um das Köpfchen G herum zurücklegt, hat er zu feiner Rechten, zwifchen fich und· dem Köpfchen, mehrere alte Hohlwege, die hart neben einander her und dann in ihn auslaufen, ehe und bevor er den Punkt X erreicht.

e. Ein Verbindungsweg führt von diefem nämlichen Punkt X in die Hochftraße bei Punkt O, alfo gerade dort, wo die Kuppe des Aspenkopf fich an die letztere anlehnt.

f. Einige 20 Schritte weiter hinauf zweigt fich von der Hochftraße rechts ein Pfad O—1 ab, der längs dem nördlichen Abhang des Schänzel, oberhalb der Quelle des Driffenbrunnen an ihr vorüber, fchräg aufwärts nach der Schanze Nr. 1 führt.

g. Von der Nordweftecke 1 laufen zwei Wege, der eine links, der andere rechts, die beiden Terraffen hinauf über die Kuppe des Schänzel und gehen in Folge der Verfchiedenheit ihrer Richtungen, immer mehr auseinander, fo daß fie bei n—nn 65 Schritte und beim Steigerkopf fchon 160 Schritte von einander entfernt find.

aa. Der Weg links zieht über die Fläche J, bildet fo ziemlich die nörb-liche Gränze der Fläche L, läßt den Steigerkopf 80 Schritte zur Rechten und geht dann, der Richtung des Bergrückens folgend, bei r aus der bisherigen öftlichen, in eine nordöftliche Richtung über, um rechts von' den, 60 Schritte vom Sattel D befindlichen, fogenannten 5 Steinen [1] vorbei, im erwähnten Sattel zur Hochftraße zu gelangen. Diefer Weg trägt den Namen „Rindspfad" [2] und war unftreitig der eigentliche Weg in das preußifche Lager auf der Kuppe des Schänzel.

bb) Der Weg rechts bildet fo ziemlich die füdliche Gränze der beiden Flächen J und L, geht aus feiner öftlichen Richtung bei n in eine füdöftliche über, läßt den Steigerkopf 80 Schritte zur linken und fällt jetzt allmählig bis zu den Steinplatten f und g, hierauf aber immer jäher nach dem Sattel E abwärts.

---

[1] Diefe fünf Steine find in folgender Ordnung aufgeftellt:

Auf dem Stein in der Mitte find eingehauen: I. **B.** S.
G. F. L.
P. E. R.
1789.

Vermuthlich dienten die 4 äußeren Steine als Unterlagen für die Stützpfoften einer Art Kapelle, die dem Gottesdienft gewidmet war und mit der vielleicht die Stelle „Platte" in Zufammenhang ftand. „Platte" heißt nehmlich auch eine Stelle im Sattel, links von der Hochftraße und oberhalb des Punktes, wo der St. Martiner Weg aus der nordöftlichen Richtung in die nördliche umbiegt. Diefe Stelle hat 4—5 Schritte im Durchmeffer und ift mit einer Anzahl Platten bedeckt, die fo liegen, als feien fie von Menfchenhänden fo geordnet worden. Uebrigens finden fich die 3 erften Buchftaben als Infchrift an den Gebäuden der Jefuiten und bedeuten entweder „In hoc Salus" oder „Jesus Hortator Sanctorum."

[2] Siehe die Anmerkung auf S. 80 (§. 33. II. B. b).

h. Der Pfad r—rr verbindet die beiden Wege I. nn. D und I. n. E mit ein=
ander.

i. Vom Sattel E führt der (untere) Pfad p—p, der gleichsam die
Gränze zwischen dem Bergkloß und der Kuppe bildet, nach der Südwest=
ecke II.

k. Von letzterer zieht ein Pfad zur Nordwestecke I, der die nämliche
Gränze bezeichnet.

l) Ein Pfad l—l (der obere) geht aus der Nähe des Sattels E, den
südlichen Abhang der Kuppe entlang, beiläufig in die Mitte des Pfades von
II zu I.

m. Ein Pfad führt von II zum Punkt n auf der Kuppe hinauf.

n. Ein Pfad w—w führt aus dem Modenbacher Thal auf der Südwestseite des Küchenkopf über dessen Rücken nach II aufwärts[1]).

o. Aus der Hochstraße zweigen sich oberhalb des Verhaues F bei s und
t, zwei Wege nach der Fläche C ab, von welcher, außer dem St. Martiner
Weg (d oben), noch folgende Wege auslaufen:

aa. der über den Flachkopf an die Helmbacher Sägemühle und von da
nach Appenthal und Elmstein ·führende Weg,

bb. der Weg, der gleichfalls über den Flachkopf an den Speyerbach bei
der Breitensteiner Schloßruine und von da links nach Elmstein und rechts
nach St. Lambrecht zieht,

cc. der Weg auf den Kleyenkopf,

dd. der Weg durch die Schlucht zwischen dem Kleyenkopf und dem Aß-
penkopf zur Quelle des Kleyenbach und von da in das Kleyenthal hinunter.

p. Ein Weg führt durch das Meisenthal aufwärts in das Thälchen zwischen dem Halsberg links und dem Zweiter Berg rechts und von da in das
Edenkobener Thal[2]).

q. Ein Pfad läuft aus dem unteren Meisenthal durch den Krautgarten
zunächst nach J hinauf und dann von hier in den Sattel E.

r. Ein Pfad zieht vom Fuße des Küchenkopf um den niedrigen südlichen
Ausläufer (Köpfchen) des Frankenberg herum, zu den 7 Quellen im unteren
Meisenthal.

§. 33.

II. Preußische Verschanzungen.

A. Verhaue und Brustwehren.

a. Von dem „Schönteich" bis zur Hochstraße war, dem Fuß der Nordwestecke entlang, ein Verhau F[3]) angelegt. Ein 5—7 F. tiefer und über 400
Schritte langer Graben, dessen Lauf bis zur Hochstraße jetzt 'durch Ackerfeld

---

[1]) Siehe die Anmerkung auf S. 80 (§. 33. II. B. b).
[2]) General v. Blücher konnte blos diesen Berg benützt haben, als er am Nachmittag des 12. Juli zum Jägerposten beim Krautgarten ritt (S. Anmerkung §. 39).
[3]) Ob und in wie weit der Verhau ein natürlicher oder geschleppter war, läßt sich
nicht mehr genau ermitteln. Sollte die Erhöhung zwischen dem Graben und dem Pohl-

unterbrochen iſt, bezeichnet genau die Linie des Verhaues. Hinter dem Graben und in gleicher Linie läuft ein tiefer Hohlweg hin, der, bei dem Punkt s an der Hochſtraße aus der nördlichen Richtung in die öſtliche umbiegend, rechts neben dieſer Straße aufwärts, zwiſchen ihr und der Schanze Nr. IV hindurch und, gegen den Punkt O hin an Tiefe immer mehr verlierend, noch eine Strecke weiter hinan zieht, um etwa in der nämlichen Höhe, wie Punkt u, zu enden. Graben und Hohlweg dienten dazu, die Hinderniſſe zu vermehren, welche der Verhau dem von Weſten über den Punkt B oder auch vom Modenbacher Thal her anrückenden Feind, in den Weg zu legen beſtimmt war. Außerdem konnte der Hohlweg noch dazu dienen, das Aufſteigen nach der Nordweſtecke vom Verbau bis zur Schanze Nr. IV zu erſchweren. Da der Verbau ſich unterhalb des Punktes s an die Hochſtraße anlehnte, ſo waren die beiden Wege von den Punkten s und t nach der Fläche C, durch ihn einigermaßen gedeckt. Seine rechte Flanke war durch mehrere Gräben, die von da, wo der Hohlweg ſich umbiegt, nach dem Hauptgraben gezogen wurden, noch beſonders geſchützt, während die linke Flanke durch den Hang des „Schönteich“ Deckung fand. Kam der Vertheidigung des Verhaues auch zu Statten, daß er etwa 15—20 Fuß höher lag, als der Punkt B, ſo hatte er·doch den Fehler, daß er nicht blos vom Punkt C, ſondern auch vom „Schönteich“ ſelbſt her umgangen werden konnte.

b. Links an der Hochſtraße dort, wo der Driffenbrunnen über dieſelbe hinüberläuft, befinden ſich noch die erhaltenen Ueberreſte einer Bruſtwehr G. Dieſelbe zog ſich, ziemlich parallel mit dem links von ihr abwärts führenden St. Martiner Weg, in nördöſtlicher Richtung über das Köpfchen G bis in den Bogen hinunter, den jener Weg um das Köpfchen beſchreibt. Letzteres war bis zu dieſem Bogen im Jahr 1794 entweder noch an und für ſich kahl oder wurde erſt damals, ſowohl im Intereſſe der Vertheidigung der Bruſtwehr überhaupt, als Behufs der Errichtung eines Verhaues, abgetrieben. Die Bruſt= wehr hatte einen inneren und einen äußeren Graben, im Ganzen eine Länge von 190 Schritten und gleichſam in der Form zweier aneinandergeſetzten Fléſchen mehrere aus= und einſpringende Winkel, die Flankenfeuer ermöglich= ten. Zur Verſtärkung der Bruſtwehr dienten, außer dem Verhau, die zwiſchen ihr und dem 8. Martiner Weg gelegenen, im §. 32 unter I. C. d. S. 76 erwähnten alten Hohlwege [1]).

---

weg als der Ueberreſt einer aus dem Graben angeſchütteten Bruſtwehr angeſehen werden wollen, ſo ſpräche gegen eine ſolche Annahme doch der Umſtand, 1) daß an der Erhöhung keine Spur von innerer Böſchung und von Bankett zu entdecken und zudem nicht abzuſehen iſt, wie es räthlich geweſen wäre, den tiefen Hohlweg hinter der Bruſtwehr zu laſſen, 2) daß der Hohlweg weder durchgängig dem Graben nahe genug, noch, zumal bei ſeiner Tiefe und ſeinen ſteilen Rändern, ſo beſchaffen war, um ihm die Eigenſchaft eines inneren Grabens der Bruſtwehr beilegen zu können.

[1]) Zweifelsohne waren, außer den auf dem Plan bei Saint - Cyr eingezeichneten, noch an verſchiedenen Punkten, z. B. bei II und III, Verhaue errichtet: allein es war dar= über Näheres und Beſtimmtes nicht zu erheben. Nur ſo viel iſt mit einiger Wahrſchein= lichkeit anzunehmen, daß der Verhau bei der Bruſtwehr G ſich um letztere herum nach dem Driffenbrunnen hinaufzog, um auf dieſe Weiſe gegen den Feind, falls er verſuchen ſollte, etwa von C aus längs dem St. Martiner Weg die Bruſtwehr zu umgehen und in die Flanke der Schanze Nr. IV zu gelangen, Deckung zu verſchaffen.

B. Schanzen[1]).

Die Preußen erbauten im Jahr 1794 zur Befestigung des Schänzel vier offene Schanzen, zwei größere und zwei kleinere, die, des besseren Verständnisses wegen, mit den Nummern I, II, III und IV bezeichnet werden sollen (Plan Nr. IV u. Nr. V). Es finden sich noch wohlerhaltene Ueberreste aller dieser 4 Schanzen vor.

a. Die größere Schanze Nr. I[2]) befindet sich auf der Nordwestecke 1 des Schänzel und war eine Lünette. Dieselbe hatte einen äußeren und einen inne= ren Graben, jenen von 160, diesen von 124 Schritte Länge einschließlich der Rampen; die Brustwehrkrone war, die Geschützbänke inbegriffen, 120 Schritte lang. Der innere Graben war 9 Schritte breit und nur einige Fuß tief; die Brustwehrkrone hatte eine etwas geringere Breite und kein Bankett; der äußere Graben war etwas weniger breit, wie der innere, aber einige Fuß tiefer; sein Rand begränzte den Abhang. Die Schanze war für 3 Geschütze eingerichtet und hat demgemäß 3 Geschützbänke von 10—12 Schritten Breite und ange= messener Länge in 3 ausspringenden Winkeln, wovon der linke gegen Westen, der mittlere, der zugleich die Spitze der Lünette bildete, gegen Nordwesten und der rechte gegen Norden gerichtet ist. Die Geschützbänke haben gleiche Höhe mit der Brustwehrkrone, so daß zwar die Geschütze einen desto größeren und freieren Spielraum hatten, die Bedienungsmannschaft jedoch um so ungedeckter war.

Die Rampen nahmen die ganze Breite des inneren Grabens ein. In der Schußlinie lagen gegen Westen und Nordwesten die Schlucht „Schönteich" nebst dem nördlichen Abhang der Südwestecke, die Steige von dem nördlichen Fuß dieser Ecke aufwärts bis zum Punkt B, dieser Punkt selbst und seine nächste Umgebung[3]) — als welche der Raum gelten mag, den heute das Forsthaus und das dazu gehörende, den untersten östlichen Hang der Salzgrube in sich begreifende Dienstland einnehmen — dann der Verhau F, gegen Norden aber die Strecke der Hochstraße von dem Verhau bis gegen das Köpfchen G hin, so daß sich darin auch die kleine Fläche C nebst nächster Umgebung und der St. Martiner Weg bis zu jenem Köpfchen befanden. Indeß ist der Höhe und Steilheit des Bergklotzes halber, an dessen Rand die Schanze errichtet war, die Annahme begründet, daß alles Terrain, was insbesondere gegen Nord= westen und Norden näher, als die Punkte B und C, oder überhaupt, wie na= mentlich der Verhau, am Fuß und auf dem untersten Abhang des Bergklotzes lag, der Wirksamkeit der Geschütze, weil dasselbe von diesen überschossen wurde, nicht mehr ausgesetzt war. Auch verdient noch der Umstand Beachtung, daß der Abhang der Nordwestecke zwischen dem Verhau F und der Schanze Nr. I zwei Absätze hat, den unteren auf dem ersten, den oberen auf dem zweiten Drittheil seiner Höhe, so daß der untere gegen den oberen und dieser gegen die Schanze Deckung gab und man demnach erst nach der Ersteigung des oberen Absatzes, und wohl selbst dann erst ganz in der Nähe der Schanze, in deren Geschütz= feuer gerieth[4]).

---

[1]) Das „Mil.-W.-Bl. v. 1841" erwähnt der 4 Schanzen nur im Allgemeinen. Ebenso spricht das „M.-W.-Bl. v. 1825" blos von 4 offenen Schanzen überhaupt, ohne die Be= schaffenheit und die Lage näher zu beschreiben; doch deutet es die letztere für eine jede ein= zelne Schanze wenigstens einigermaßen an.

[2]) Auch Nr. I im „Mil.-W.-Bl. v. 1825", unter der Bemerkung rechte Flügelschanze", aber Nr. II in jenem v. 1841.

[3]) Dem „Mil.-W.-Bl. v. 1825" zufolge „sah diese Schanze die hohe Straße und den Aufgang aus dem oberen Theile des Modenbacher Thales ein".

[4]) Vom Verhau F bis zur Schanze I gelangt man in gerader Linie mit 550 Schritten in 8 Minuten.

b. Die größere Schanze Nr. II[1]) liegt auf der Südwestecke II des Schänzel und war eine geschulterte Flesche. Dieselbe hatte einen äußeren und einen inneren Graben, jenen von 170 Schritten Länge und eine Tiefe von 6—10 F., diesen von 126 Schritten Länge, die Rampe inbegriffen, und einigen Fuß Tiefe; die Brustwehrkrone war, einschließlich der Geschützbänke, 154 Schritte lang und 8—10 Schritte breit. Das Bankett fehlte und es hatte der innere Graben, durch den anstoßenden Bergabhang an der Ausdehnung gehindert, nur eine Breite von 7—8 Schritten. An den Endpunkt der Seitenwehr zur Linken findet sich noch eine bogenförmige Schulterwehr angesetzt, die 6—7 Fuß tiefer liegt, ohne daß jedoch damit eine Unterbrechung der Brustwehr und der Gräben verbunden war. Die Schanze besitzt 3 Geschützbänke in gleicher Höhe mit der Brustwehrkrone, so daß sie den Vortheil und den Nachtheil, welche sich hieran knüpfen, mit der Schanze Nr. I gemein hat. Von den drei Geschützbänken ist die mittlere, welche zugleich als die Spitze der Flesche zu betrachten ist, gegen Südwesten, die zur Rechten im ausspringenden Winkel gegen Westen und Nordwesten, die zur Linken im ausspringenden Winkel gegen Süden gerichtet. Die mittlere Geschützbank hat eine Breite von 15 Schritten, während die zwei Geschützbänke rechts und links nur 10 Schritte breit sind. Die Rampen haben die nämliche Breite, wie die Geschützbänke, und, weil sie mit dem Rande des Bergabhanges zusammenhiengen, nur eine der Breite des inneren Grabens gleichkommende Länge.

Die Schanze Nr. II konnte wohl 4 Geschütze nöthigenfalls aufnehmen, nämlich zwei auf der mittleren Bank und je eines auf den beiden anderen Bänken.

In der Schußlinie der mittleren Bank lag zunächst der §. 32 S. 69 u. 70 beschriebene Rücken des Küchenkopf[2]). Doch verschaffte schon sein nächster Absatz einige Deckung gegen das Geschützfeuer von dorther, und es erhöhte sich diese Deckung mit dem folgenden und noch mehr mit dem dritten Absatz, hinter dem der unter C. n. S. 77 erwähnte Pfad den Rücken erreicht, so daß zwischen dort heraufgestiegenen Truppen und zwischen der Schanze sich die 3 Absätze befanden. Von der mittleren Bank aus konnte zudem noch der Punkt B nebst seiner Umgebung bestrichen werden. In der Schußlinie der Bank zur Rechten lagen ebenfalls der Punkt B und seine Umgebung, dann der Verhau F und die Südostseite der Nordwestecke, in jener der Bank zur Linken aber der östliche Hang des Küchenkopf bis zu dem Rücken hinauf, der Pfad nach dem Sattel E bis zur südlichen Ecke, so wie der Pfad aus dem Krautgarten nach dem nämlichen Sattel auf der Strecke zwischen dem Schenkenbrunnen und diesem Sattel, so daß der Punkt, wo der Frankenberg sich an den Kesselberg anlehnt, dem Geschützfeuer entzogen war (J. auf dem Plan Nr. III und Nr. IV).

---

[1]) Gleichfalls Nr. II im „Mil.-W.-Bl. v. 1825" unter dem Namen „Centrumsschanze", allein Nr. III in diesem „W.-Bl. v. 1841".

[2]) Nach dem „Mil.-W.-Bl. v. 1825" „deckte die Schanze den Zugang über den Sattel, welcher die Rennpfadsköpfe mit dem Schänzel verbindet". Unter den „Rennpfadsköpfen" können blos die 3 Absätze auf dem Küchenkopf verstanden sein, so daß da, wo das „M.-W.-Bl. v. 1825" von einem Rennpfad spricht, der Pfad über den Küchenkopf und mit dem Sattel der Punkt B gemeint ist, wo jener Kopf an den Berglöß des Triefenberg — das Schänzel — sich anschließt. Dieser „Rennpfad" ist der nämliche Pfad, den das „Mil.-W.-Bl. v. 1841" „Rindpfad" nennt. Es scheint hiernach angenommen werden zu sollen, daß der ganze Pfad oder Weg, der aus dem Modenbacher Thal über den Küchenkopf und die Kuppe des Schänzel nach dem Sattel D zieht, damals Rennpfad oder „Rindpfad" hieß, während jetzt nur die Strecke von I bis D „Rindspfad" genannt wird.

Die Bänke rechts und links hatten den Nachtheil, daß man bei der Höhe und Stellheil des Berges auf den unmittelbar vor ihnen gelegenen Abhängen sofort unter das Geschützfeuer und ohne Gefahr von Seite des letzteren, der Schanze wenigstens ziemlich, vielleicht sogar etwas bedenklich nahe kommen konnte. Die gegen Südwesten, Süden und Südosten gleichmäßig Front machende Schulterwehr zur Linken der Schanze scheint, bei ihrer niedrigeren Lage im Winkel zwischen dem Küchenkopf und dem Bergkloß, denn auch zu dem End- zweck angesetzt worden zu sein, um das Ersteigen des Berges vom Küchenteich, insbesondere von der bis in die Nähe der Schanze heraufziehenden Schlucht aus, durch Kleingewehrfeuer verhindern zu können.

c. Die kleinere Schanze Nr. III[1]) befindet sich, etwa in gleicher Höhe mit der Schanze Nr. II auf der südlichen Ecke III des Schänzel, bei- läufig 250 Schritte in gerader Linie vom Sattel E und 50 Schritte vom Weg I-n-E entfernt. Die Schanze hat die Form eines fast platt gedrückten Bogens oder einer nahezu gerade gebogenen Lünette, so daß die beiden ausspringenden Winkel rechts und links von der flachen „Spitze" stumpfe sind und diese Spitze selbst von der, in gleicher Höhe mit der Brustwehrkrone befindlichen, 16 Schritte breiten Geschützbank, gänzlich eingenommen ist. Die Brustwehr hat eine Länge von 86 Schritten; der äußere, nur mehrere Fuß tiefe und breite Graben ist einige Schritte länger. Der innere Graben ist niedrig und schmal und in einer fast geraden Linie von dem einen Endpunkt des äußeren Grabens zum anderen gezogen. Wie es scheint, wurde er nur zur Anschüttung der Brustwehr ausge- hoben. Die Rampe der Geschützbank reicht bis zum inneren Graben. Auf dieser Bank selbst hatten zwei Geschütze Platz, die bei der freien Lage der Schanze einen entsprechenden Spielraum hatten. In der Schußlinie befanden sich ins- besondere der Sattel E und' der Weg von da bis zum Schenkenbrunnen, dann auf dieser Strecke der untere südwestliche Abhang des Kesselberg und der Rücken des Riethen, endlich der Küchenteich und der östliche Abhang des Küchenkopf[2]).

d. Die kleinere Schanze Nr. IV[3]) liegt zur Linken der Rinne der Driffenbrunnenquelle hart an dem dortigen jähen Abhang und in ihrer ganzen Länge von 60 Schritten etwa 40 Fuß über der Hochstraße. Dieselbe ist eigent- lich nur eine gerade Brustwehr mit einem mehrere Fuß tiefen inneren Graben und zwei einige Schritte langen Flanken, die an den beiden Endpunkten der Brustwehr in einem rechten Winkel angesetzt sind. Die Stelle des äußeren Grabens vertritt der von dem Verhau neben der Hochstraße heraufziehende hier besonders tiefe Hohlweg, indem er links steil nach der Hochstraße abfällt und

---

[1]) Im „Mil.-B.-Bl. v. 1825" hat die Schanze die Nr. III unter der Bezeichnung „linke Flügelschanze", während sie in jenem von 1841 die Nr. IV trägt. Erst im Juli 1869 wurde diese im Gebüsch versteckte Schanze, unter der Anleitung des Verfassers, durch den Waldhüter Gothar auf dem Forsthaus am Pelbenstein aufgefunden. Jetzt führt vom Weg I—n—E ein Pfad dahin.

[2]) Inhaltlich des „Mil.-B.-Bl. v. 1825" „beobachtete diese Schanze ein kleines Thal zur Linken derselben und einen Theil des Modenbacher Thales, aus welchem jenes auf- steigt". Damit kann nur der aus dem Modenbacher Thal ansteigende Küchenteich und die aus letzterem nach dem Sattel E hinaufziehende Mulde gemeint sein; allein es liegt der Küchenteich nicht links, sondern rechts von der Schanze, die Mulde aber auf ihrer obersten Strecke vor derselben.

[3]) Diese Schanze ist im „Mil.-B.-Bl. v. 1825" mit dem Bemerken, daß sie „weiter rückwärts an der Hochstraße bei dem „trüben Brunnen" angelegt gewesen wäre", als Nr. IV bezeichnet, in jenem von 1841 aber als Nr. I aufgeführt. Früher gar nicht gekannt und beachtet, wurde ihre Existenz im Mai 1869 vom Verfasser constatirt.

rechts ebenso steil nach der Brustwehr hinaufsteigt. Die Ecke im Winkel links war der einzige Plag, wo ein leichteres Geschüg aufgestellt werden konnte, in dessen Schußlinie die Hochstraße wenigstens bis zur Krümmung oberhalb des Verhaues und der Punkt C nebst Umgebung bis zum Köpfchen G, dann, falls der Raum der Ecke die Wendung gestattete, auch letzteres selbst und die Brustwehr sich befanden. Eine Geschügbank fehlt, so daß das Geschüg nur in gleicher Höhe mit der Sohle des inneren Grabens ausgestellt werden konnte. Dagegen war die Lage der Schanze oberhalb dem Köpfchen G und der Brustwehr so beschaffen, daß jenes sowohl, wie diese, unter den Schug ihres Kleingewehrfeuers gestellt waren [1]).

C. Nachrichten über die Befestigung des Schänzel.

Im „Französischen Freiheitskrieg“ heißt es: „Die Preußen hatten das „Schänzel mit 16 Kanonen und 2 Haubigen besetzt, fürchterlich verschanzt und „durch Verhaue unzugänglich gemacht.“

In den „Aufzeichnungen eines preuß. Officiers“ ist gesagt: „Bei der „Voraussegung, daß die Franzosen, wie es natürlich schien, vom Thal her den „Angriff unternehmen würden, hatten die Preußen die 3 Seiten des Berges „mit starken Schanzen befestigt und nur nach Norden hin, wo der Bergrücken „fortläuft, den Zugang offen gelassen.“

Andere deutsche Nachrichten sprechen bald von einer starken Batterie am Schänzel, das mit Gruben und Erdwällen umzogen, bald von Fleschen, womit dasselbe versehen gewesen, bald von einer Befestigung mit Wällen, Gräben und Verhauen, wodurch das außerdem durch 16 Kanonen und 2 Haubigen vertheidigte Schänzel unzugänglich gemacht worden sei. Nach dem Werk von Saint-Cyr war das Schänzel mit größter Sorgfalt befestigt. Der Obergeneral Michaud berichtete an den Wohlfahrtsausschuß unterm 15. Juli 1794, daß die auf dem Plagberg, einem der höchsten Punkte des Zweibrücker Landes, in Feldhütten gelagerten Preußen dort durch Verhaue und Verschanzungen gedeckt gewesen wären. Im Bericht der Volksrepräsentanten an den genannten Ausschuß vom nämlichen Tag ist die von den Preußen verschanzte Position auf dem Plagberg als die furchtbarste bezeichnet.

§. 34.
III. Strategische Wichtigkeit des Schänzel.

Die deutschen Geschichtschreiber sind darüber einig, daß die Preußen das Schänzel als einen wichtigen strategischen und vortrefflichen Stügpunkt nicht allein für die Rechte des Erbprinzen v. Hohenlohe [2]), sondern auch für die

---

[1]) In möglichster Uebereinstimmung mit dem „M.-W.-Bl. v. 1825“ soll die Schanze Nr. I als rechter Flügel, die Schanze Nr. IV nebst der Brustwehr G als äußerster rechter Flügel, die Schanze Nr. II als Centrum, die Schanze Nr. III als linker Flügel und der Kesselberg als äußerster linker Flügel betrachtet und behandelt werden. Die 4 Schanzen sind jegt durch Pfähle mit den betreffenden Nummern kenntlich gemacht (Anh., S. 9, D.).
[2]) Das „M.-W.-Bl. v. 1825“ sagt: „Der Posten am Schänzel, welcher durch seine Lage und eigenthümliche Beschaffenheit zu einer vortheilhaften Anlehnung für den rechten Flügel einer Stellung in der Ebene, wie von der Natur selbst vorbereitet war, schien daher auch durch seine schwierige Zugänglichkeit vor einem Gefahr drohenden Angriff des Feindes hinlänglich geschügt.“

Poften von Johanneskreuz, Breiten Sand, Saukopf und Steineck betrachtet und daher mit aller Sorgfalt befeftigt hatten. Insbefondere ift im „Franzö= fifchen Freiheitskrieg" und in der „Oeftreichifchen militärifchen Zeitfchrift" her= vorgehoben, daß von der Erhaltung des äußerft wichtigen Punktes, des Schänzel, welches mit Recht der Schlüffel der Pofition der Allürten genannt worden fei, die Sicherheit diefer Pofition geradezu abgehangen habe. Ebenfo ift in den „Aufzeichnungen" das Schänzel als der Hauptpunkt der preußifchen Stellung bezeichnet. Saint=Cyr erklärt das Schänzel ausdrücklich für den von den Preußen mit großem Scharfblick ausgewählten Schlüffel zu allen ihren Stellungen in den Vogefen, indem er die oben §. 24 d. S. 41 er= wähnte Modification des Artikels 12 des Operationsplanes noch folgender= maßen näher erläutert: „Die von ihm befehligte II. Divifion fei zu fchwach „gewefen, um das Corps des Erbprinzen v. Hohenlohe zu fchlagen; es „hätte daher ihr Angriff jenem des Schänzel untergeordnet werden müffen und „nicht eher mit vollem Ernft erfolgen können, bis das Schänzel genommen „und der Feind dort verjagt gewefen wäre; denn erft nach diefer Wegnahme „hätten die Generale Desgranges und Sifces bei der ihnen gelaffenen „Freiheit, je nach den Umftänden ihre Wahl zu treffen, dem Erbprinzen v. „Hohenlohe entweder über St. Martin in die rechte Flanke oder über St. „Lambert in den Rücken fallen ¹) und fo den Angriff der II. Divifion in der „Fronte mit Ausficht auf Erfolg begünftigen und unterftüßen können."

Jomini nennt das Schänzel ebenfalls den Schlüffel der ganzen Linie der Allürten mit dem Bemerken, daß die Franzofen, einmal im Befiß diefes Poftens, auch die Herren des ganzen Edenkobener Thales von St. Martin bis Kirrweiler ²) geworden wären und fogar bis zum Speyerbach und nach Neuftadt hätten herabfteigen können. Um aber barzuthun, welches Gewicht gerade die Preußen auf das Schänzel legten, fügt Jomini noch bei, daß General v. Pfau barauf vorbereitet gewefen fei, die Franzofen gut zu em= pfangen.

In der That fpricht auch der Umftand, daß ein fo verdienter und erfah= rener Officier, wie General v. Pfau, der feine Carrière im preußifchen Ge= neralftab unter Friedrich II. gemacht hatte, mit dem Commando auf dem Schänzel betraut wurde, daß unter ihm noch ein zweiter General, v. Voß, dort befehligte, daß ein dritter General, v. Schladen, die Verftärkung am 13. Juli hinaufführte und daß die Befaßung felbft anfänglich nur aus Eliten= truppen beftand, für die dem Schänzel von den Preußen beigelegte be= fondere Wichtigkeit.

---

¹) Gemäß der Modification des Operationsplanes war die Freiheit der Wahl befeitigt und nur noch der Marfch nach St. Lambrecht vorgefehen. Auch war nur von hier (oder von Neuftadt felbft — Plan Nr. I —) aus möglich, die Communication zwifchen Kaifers= lautern und Neuftadt feft abzufchneiden, weil bei einer Bedrohung in der rechten Flanke von St. Martin her, der Erbprinz v. Hohenlohe fich noch immer nach Neuftadt zurückziehen und durch die Behauptung feiner dortigen Stellung jene Communication fichern konnte.

²) Jomini begeht hier einen groben geographifchen Schnißer; denn das Edenkobener Thal mündet bei Edenkoben aus und nicht bei St. Martin, welches fein eigenes Thal hat.

6*

§. 35.

IV. Stärke der preußischen Besatzung des Schänzel, Aufstellung und Lager derselben am 12. und 13. Juli 1794.

A. Die Nachrichten über die Stärke der Besatzung stimmen nichts weniger
als überein und schwanken für den 12. Juli bis zu dessen Spätnachmittag
von 3 bis zu 5¹⁄₂ Bat., während sie über die Verstärkung mit 1¹⁄₂ bis 2 Bat.
an diesem Spätnachmittag und mit 2 Bat. am Spätnachmittag des 13. Juli
einig sind. Aus einer Zusammenstellung und Vergleichung der verläßigeren
Berichte, namentlich jener im „Mil.-W.-Bl." von 1825 und 1841", ergibt sich
indeß folgendes, volles Vertrauen verdienende Resultat:

Am 12. Juli Vormittags hatte die Besatzung die schon im §. 5 angegebene
Stärke von 4 Bat. mit 2240 M. in den 3 Grenadier-Bat. v. Kunitzki,
v. Romberg und v. Schlaben, in 3 Füsilier-Comp., worunter 2 v.
Müffling¹), und in der 1 Jäger-Comp. v. Chargot, bestand also
hiernach aus einer Elitentruppe. Am Spätnachmittag des 12. Juli traf eine
erste Verstärkung unter Major v. Schack ein, die nach v. Blücher's Tagebuch 2 Bat. zählte, von anderen Berichten aber bald zu 1¹⁄₂ Bat., bald zu
600 M. angegeben wird. Nach dem „M.-W.-Bl. v. 1825" ist jedoch als das
Richtige anzunehmen, daß zuerst am Spätnachmittag des 12. Juli 6 Mus-
ketier-Compagnien v. Kunitzki mit 3 Kanonen als Verstärkung eintrafen
und dann in der Nacht vom 12. auf den 13. Juli die 2 übrigen Compagnien
nachfolgten. Die Verstärkung dagegen, welche erst am Spätnachmittag des
13. Juli anlangte, bestand in den 2 Musketier-Bat. v. Schlaben unter der
Führung des Generals v. Schlaben. Die ganze Besatzung des Schänzel,
einschließlich des Kesselberg, war also am 12. Juli Abends 3080 M., am
13. Juli Morgens 3360 M. und am nämlichen Tag unmittelbar vor der
Katastrophe am Schluß des Spätnachmittags, 4480 M. stark, wovon am 12.
Juli Abends 840 M. und am 13. Juli Vormittags 560 M. auf den Kesselberg kamen. Das „Mil.-W.-Bl. v. 1825" gibt in Uebereinstimmung damit
an, daß die Stärke der Preußen auf dem Schänzel und den dazu gehörenden
Posten zuletzt 4500 M. betragen habe²).

Die Berichte über die Zahl der Geschütze auf dem Schänzel ermangeln
gleichfalls des Einklanges, indem die einen blos 9 Geschütze, die anderen
16 Kanonen und 2 Haubitzen angeben. Das „Magazin" schreibt, daß die
Preußen 9 Geschütze dort verloren hätten, und bemerkt dazu, daß der Commandeur des Regiments v. Schlaben, Oberst v. Uttenhoven, vergeblich
den Versuch gemacht habe, seine 2 Feldstücke wieder zu nehmen. Saint-Cyr,
der das „Magazin" gerade bezüglich der Eroberung des Schänzel benützte,
läßt außer den 9 Geschützen in den Schanzen noch die beiden Feldstücke des
Regiments v. Schlaben von den Franzosen erobern. Ob diese Auslegung
jener Bemerkung die richtige sei, mag dahingestellt bleiben. Auch Obergeneral

---

¹) Die 3. Füsilier-Compagnie wird zum Bat. v. Billa oder v. Renouard gehört
haben. Beide Bat. lagen in Edenkoben.
²) Ein zuverlässiger Gewährsmann, Oberst Luffi (§. 42), äußerte sich, wenn er zu
einem Gespräch über die Eroberung des Schänzel veranlaßt wurde, stets dahin, daß der
Unterschied zwischen der Stärke der Preußen und jener der Franzosen nicht von besonderer
Erheblichkeit gewesen ei. Durch die Angabe einer Stärke von 4500 M. im „M.-W.-Bl."
wird übrigens die Berechnungsweise in der Anmerkung S. 26 als richtig bestätigt.

Michaub berichtete dem Wohlfahrtsausschuß unterm 15. Juli, daß auf dem Schänzel 9 Kanonen genommen worden seien.

Diesen widersprechenden Nachrichten gegenüber ist es das Beste und Sicherste, die Mittheilung des „Mil.-W.-Bl. v. 1825", wornach 6 Kanonen der 3 Grenadier-Bat. v. Kunitzli. v. Romberg und v. Schlaben, 3 Kanonen des Regiments Kunitzli und 1 Kanone der 2 Füsilier-Compagnien v. Müffling auf dem Schänzel waren[1]), um so mehr für die richtige zu halten, als darin die verschiedenen Truppenkörper genannt sind, denen die Geschütze angehörten[2]) — und zwar ohne Rücksicht darauf, daß das „Mil.-W.-Bl." am Schlusse seines Rapportes nur mehr von 9 verlorenen Kanonen wissen will.

B. Was die Aufstellung und die Lagerung der Besatzung des Schänzel und der dazu gehörenden Posten betrifft, so läßt sich aus dem vorhandenen Material, insbesondere auch aus dem „Mil.-W.-Bl. v. 1825 und 1841" — so weit dasselbe, trotz seiner vielen Widersprüche und Verwechselungen, so wie seiner großen Unkenntniß des Terrains, benützt werden kann — für den Morgen des 12. Juli nachstehendes Resultat als verläßig erheben:

1) Die 3 Grenadier-Bat. v. Romberg, v. Kunitzli und v. Schlaben kampirten auf der Kuppe des Schänzel; das erste sollte die Schanze Nr. I, das zweite die Schanze Nr. II, das dritte die Schanze Nr. III vertheidigen, weßhalb denn auch jedes Bat. seine 2 Kanonen in der betreffenden Schanze hatte[3]).

2) Die Vertheidigung der Schanze Nr. IV war den 2 Füsilier-Comp. v. Müffling mit ihrer Kanone übertragen.

3) Die Jäger-Compagnie v. Chargot stand auf dem vorgeschobenen Posten am Satzerstein.

4) Ein Jäger-Posten der Comp. v. Tümpling unter einem Officier war beim Krautgarten aufgestellt.

5) Ein Detachement, wahrscheinlich die 3. Füsilier-Comp., hatten die beiden Schanzen bei der Mobenbacher Schloßruine zu bewachen.

Die Lagerplätze der Grenadier-Bat. v. Kunitzli und v. Schlaben sind durch besondere Merkmale, nämlich durch Inschriften und Zeichen, welche sich auf mehreren, am Weg von I—n—E gelegenen, Steinplatten von verschiedener Größe und Form eingebauen finden, kenntlich gemacht.

Eine Steinplatte liegt beim Punkt f rechts neben dem Weg und trägt folgende Inschrift:

Hinterwal
von
G. B. Kunitzli.
W. B. anno 1794.
B.

---

[1]) Oberst Lufft sprach stets mit der größten Bestimmtheit von 10 eroberten Kanonen.

[2]) Hiernach wäre auch die Annahme begründet, daß die Schanzen Nr. I und Nr. II nur mit je 2 Kanonen bewehrt waren, die auf den Geschützbänken in der Mitte und zur Rechten standen, so daß die Geschützbank zur Linken leer war.

[3]) Nach dem Specialplan bei Saint-Cyr befand sich eine Abtheilung der Besatzung auf der unteren Fläche J mit der Front gegen die Schanze I und IV, eine andere auf der oberen Fläche L bis zu den Steinplatten bei f und g hin, mit der Front gegen die Schanze II und III.

Diese Stelle ist von den Schanzen Nr. II und III so ziemlich gleich weit entfernt.

Weiter unten sind, beim Punkt g, rechts und links neben dem Weg, fünf Steinplatten mit nachstehenden Inschriften und Zeichen zu treffen:

1)

2)   Gr. Batt.
    v. B. Regt. v. Schlaben
        25. Juni 1794.

3) Königl. preußisches J.-R.
    v. Schlaben.
    Grnd. Comp. v.
    Oppenheim
    den 25. Juni 1794.

4)

Königl. Preuß.

5)

In dem äußeren Graben der Schanze Nr. III ist eine Steinplatte mit folgenden Zeichen:

6)

F.R.P.G.
v.K.

Dagegen sind keine besondere Kennzeichen dafür da, wo das Grenadier=Bat. v. Romberg gelagert war. Doch läßt sich, wenn man die Lagerplätze der Grenadier=Bat. v. Kunitzki und v. Schlaben, gegenüber den Schanzen Nr. I und III in Betracht zieht, füglich annehmen, daß sein Lagerplatz sich auf der unteren Fläche J befunden habe.

Hier ist der Ort, auch noch dessen zu erwähnen, daß sich auf und an dem Weg von Nordwesteckе I nach dem Sattel E in einiger Entfernung von einander auf den Punkten b, c und d drei Rondelle befinden, wovon das untere mit einem Erdaufwurf umgeben ist, das mittlere und das obere aber mit einer Einfassung von Steinen versehen sind. Wie es scheint, waren diese Rondelle zur Aufstellung von Zelten für Generale und Offiziere bestimmt.

In den „Aufzeichnungen eines preuß. Off." ist außerdem eines „Haupt=reserveplatzes" gedacht, zu dem nur die obere Fläche J ausersehen sein konnte, weil sie einer solchen Bestimmung um so besser zu entsprechen vermochte, als sie zwi=

schen ben Lagern ber Grenabier-Bat. befinblich unb bamit von ben Schanzen
Nr. I unb II gleich weit unb von ben Schanzen Nr. III unb IV höchstens um
eine ganz kleine Strecke weiter entfernt war. Auch finbet sich auf ihr ein
mit Steinen eingefaßter Raum e, ber nach seiner inneren Beschaffenheit zur
Küche gebient haben bürfte.

Sonstige Spuren von Lagerplätzen unb bergleichen waren auf bem Schänzel selbst nicht aufzufinben. Inbeß soll, münblicher Ueberlieferung zu Folge,
ein Platz zwischen bem Steigerkopf unb bem Sattel D, rechts vom Rinbspfab,
zur Einstellung ber Pferbe hergerichtet gewesen sein.

Vom Morgen bes 12. Juli bis zum Spätnachmittag bes 13. Juli traten nun
bei ber oben verzeichneten Aufstellung ber preuß. Truppen, besonbers unter bem
Einfluß ber Operationen ber Franzosen unb in Folge ber auf bem Schänzel
eingetroffenen Verstärkungen, mancherlei Veränberungen ein. Das Nähere
hierüber paßt jeboch am Besten in bie Darstellung ber Vorgänge selbst.

§. 36.

V. Stärke ber französischen Brigaben Desgranges unb
Sisco, bann Stellungen berselben am 12. unb 13. Juli 1794.

A. Die beutschen Geschichtswerke, wie z. B. bie „Preußische Kriegschronik", sagen nur im Allgemeinen, baß bas Schänzel von boppelt überlegenen
Kräften erstürmt worben sei [1]. Einige bavon, wie namentlich bie „Geschichte
ber Kriege", lassen ben Kesselberg am 12. Juli von 6 Bat. unter General
Desgranges angreifen unb am nämlichen Tag um bie Mittagszeit 6 Bat.
unter General Sisco bei Ramberg „entbeckt" werben, so baß also für bie
Angriffe am 13. Juli 12 franz. Bat. verfügbar gewesen wären. Dies war
jeboch nichts weniger als ber Fall; es stanben vielmehr, wie leicht nachweislich
ist, für bie Eroberung bes Schänzel nur 9 Bat. zur Verfügung.

Gemäß einem Standesausweis im Werke von Saint=Cyr hatte nämlich bie IV. Division, nach ber Aufhebung bes Lagers in Insheim, unter ben
Generalen Desgranges, Sisco unb Sibaub am 12. Juli 1794 fol-
genbe Stärke:

1) bie 186. Halbbrigabe Linien=Infanterie in 3 Bat.	2428	Mann [2].
2) ein Detachement bes 2. Husaren=Regiments . . .	48	"
3) bie 91. Halbbrigabe Linien=Infanterie in 3 Bat. .	2327	"
4) bie 14. Halbbrigabe leichte Infanterie in 3 Bat. .	2100	"
5) ein Detachement bes 2. Husaren=Regiments . . .	83	"
6) bie 12. Halbbrigabe leichte Infanterie in 1 Bat. . .	638	"
7) bas 2. Bat. von Lot et Garonne	818	"
8) bas 3. Bat. ber Haute Sârne	642	"
9) ein Detachement bes 2. Husaren=Regiments . . .	41	"
	zusammen	9125	"

[1] Glaubt bas „Mil.-W.-Bl. v. 1825" bie Stärke ber beiben Brigaben Desgranges unb Sisco auf 10,000 M. annehmen zu sollen, so liegt hierin eine so hanbgreif-
liche Uebertreibung, baß biese Annahme auf irgenb eine Berücksichtigung keinen Anspruch
haben kann.

[2] Im Standesausweis steht burch einen Druckfehler bie Zahl 4428 M., anstatt ber
Zahl 2428 M.; allein es ist nur biese, nicht jene Zahl in bie Gesammtsumme von

Hievon gehörten, in Uebereinstimmung mit einem Standesausweis vom 5. August 1794 im Werk von Jomini, die Husaren nicht gerechnet:

a. zur Brigade Sifcé die Nr. 1,
b. „ „ Desgranges Nr. 3 und 4,
c. „ „ Sibaub die Nr. 6, 7 und 8, nur daß am 5. August die Nr. 6 (12. Halbbrigade) mit 3 Bat. vollzählig war, während die Nr. 7 und 8 noch immer als „bataillons diverses", wie am 12. Juli, figurirten.

Dieser normalwidrige Stand der IV. Division im Allgemeinen sowohl, wie der 2 Brigaden Sifcé und Sibaub im Besonderen, ist lediglich dem Umstand zuzuschreiben, daß die franz. Armee noch immer in der Reorganisation begriffen war, so zwar, daß nicht allein die Divisions-Brigade- und Halbbrigade-Bestände häufig sehr ungleich und unter der Normalziffer waren, sondern auch nicht selten Wechsel eintraten, welche die genaue Kenntniß jener Bestände sehr erschwerten oder geradezu hinderten.

Die angeblich vom Schänzel ausgemachte Entdeckung von 6 Bat., die unter General Sifcé um die Mittagszeit des 12. Juli bei Ramberg angekommen seien [1]), ist, abgesehen davon, daß sie, der Terrainbeschaffenheit nach, weder vom Schänzel, noch vom Kesselberg aus möglich war, ganz einfach darauf zurückzuführen, daß die Preußen, welche wußten, daß nach der neuen französischen Armee-Organisation eine Division aus 2 Brigaden und eine Brigade aus 2 Halbbrigaden zu je 3 Bat. bestehen sollte, auf die oberflächlichen Rapporte ihrer Kundschafter hin, den Anmarsch der IV. Division in ihrem Vollbestand von 12 Bataillonen in 2 Brigaden annahmen, während doch zu dieser Division damals 3 Brigaden gehörten, wovon aber nur die Brigade Desgranges mit 6 Bat. vollzählig war, die Brigade Sifcé dagegen blos in einer Halbbrigade von 3 Bat. bestand und die Brigade Sibaub mit 3 Bat. durch den Landauer Operationsplan sogar eine ganz andere Bestimmung, nämlich die zum Marsch, zunächst nach Hofstätten, erhalten hatte.

Zunächst stehen den irrigen Angaben über die Stärke der Brigade Sifcé andere deutsche Berichte gegenüber, wonach unter General Sifcé nur „einige" Bat. nach Ramberg kamen. Ebenso kann, wenn das „Mil.-W.-Bl. v. 1841" von „einer Colonne von über 2000 Mann" spricht, die von der Seite von Ramberg her unbemerkt durch den hohen Wald vorgerückt sei, damit nur die Brigade Sifcé, d. h. die 186. Halbbrigade gemeint sein.

Als ganz zweifellos ist demnach zu betrachten, daß die beiden Brigaden Desgranges und Sifcé, denen die Erstürmung des Schänzel zur Aufgabe

---

9125 M. eingerechnet und darin begriffen, so daß der Druckfehler sich eigentlich schon von selbst berichtigt. Die höchste Normalstärke einer Halbbrigade belief sich, einschließlich der Officiere, ohnehin nur auf 2437 Mann.

[1]) Nach dem „Mil.-W.-Bl. v. 1825" soll am 12. Juli eine Menge Lagerfeuer auf den Höhen hinter Ramberg die dortige Anwesenheit einer neuen feindlichen Colonne gezeigt haben; allein es ist dies, abstrahirt von dem Widerspruch mit der Entdeckung schon „um die Mittagszeit" (s. oben), wenigstens in so weit ein Irrthum, als die Brigade Sifcé bei Ramberg im Thale lagerte und Nachts nach 9 Uhr mit Zurücklassung von einigen 100 Mann wieder abmarschirte. Entweder brannten also nach 9 Uhr nur noch die Lagerfeuer dieser Mannschaft oder wurden sämmtliche Feuer zur Maskirung jenes verhängnißvollen Abmarsches forterhalten. Bezüglich dessen aber: ob die Feuer hinter Ramberg auf den Höhen oder im Thale brannten, war eine Täuschung bei der Nacht, besonders unter den dortigen Terrain-Verhältnissen, sehr leicht möglich.

gesetzt war, zusammen eine Stärke von 6855 M. Infanterie in 9 Bat. hatte [1]).

Wenn übrigens deutsche Berichte noch die gegen das Schänzel und Johanneskreuz verwendeten Truppen als die bravsten und geschicktesten der französischen Armee bezeichnen und dabei besonders betonen, daß sich Bataillone der Alpenarmee, die im Gebirgskrieg sehr geübt gewesen seien, darunter befunden und so hauptsächlich die günstige Entscheidung herbeigeführt hätten: so bedarf es zur Widerlegung dieser irrigen Mittheilung lediglich der Erinnerung daran, daß solche Bataillone überhaupt nicht bei den verschiedenen Gefechten am 13. Juli mitwirkten (§. 27)[2]). Auch ist selbst in dem Landauer Operationsplan einer Verstärkung der Rheinarmee durch Bataillone der Alpenarmee mit keiner Silbe erwähnt (§. 24). Enthält aber dieser Plan die Bestimmung, daß die IV. Division 3 Bat. über Eißthal (Eußerthal) nach Elmstein zu dirigiren und mit ihrem, durch einige Bat. aus dem Lager, von Jusheim verstärkten, Rest das feindliche Lager auf dem Blöberberg anzugreifen habe, so wird jedes Mißverständniß dadurch beseitigt, daß gerade diese in 3 diverse Bat. bestandene Verstärkung nicht den Brigaden Desgranges und Sisce, sondern der, in die IV. Division provisorisch eingeschobenen und schon am 15. Juli, bei Bildung der V. Division der Rheinarmee, wieder davon getrennten Brigade Sibaud zugetheilt wurde. Darüber sind endlich alle Berichte einverstanden, daß die Brigaden Desgranges und Sisce keine Geschütze mit sich führten.

B. Die Stellungen der Franzosen am 12. und 13. Juli anbelangend, so läßt sich hier nur so viel darüber sagen, daß sie am 13. Juli dort, wohin sie auf dem Specialplan bei dem Werk von Saint-Eyr verwiesen sind, nicht waren und nicht gewesen sein können, insofern man nur die einzige Position annimmt, welche die Brigade Sisce für den Nachmittag des 13. Juli auf dem nicht einmal namhaft gemachten, nordöstlich hinter dem Flachkopf gelegenen Berg — dem Bösenberg — zugetheilt ist. Dagegen paßt der Plan desto besser für den 12. Juli auf die Brigade Desgranges, während er auch für diesen Tag auf die Brigade Sisce nicht die geringste Anwendung finden kann. Das Weitere wird sich im Verlauf der Erzählung der Vorgänge am 12. und 13. Juli ergeben.

§. 37.

VI. Allgemeine Betrachtungen über das Schänzel.

Wirft man, gleichsam aus der Vogelschau, einen Blick auf das Schänzel, indem man darunter den ganzen Triefenberg begreift und den Kesselberg sammt dem Aspenkopf in dessen Rayon zieht, so sieht man, daß dasselbe nach allen Richtungen mit mehr oder weniger tiefen und steilen Abhängen abschließt, in-

---

[1]) Auch im Bericht der Volksrepräsentanten an den Wohlfahrtsausschuß, vom 15. Juli, heißt es ausdrücklich, daß es 9 Bat. ohne Kanonen gewesen seien, welche die Verschanzungen auf dem Plaßberg genommen hätten.

[2]) Die ersten der erwarteten 10 Bat. der Alpenarmee trafen nicht früher, als am 14. Juli ein und wurden dann am 15. Juli durch den Obergeneral Michaud mit der Brigade Sibaud und einigen Truppen der III. Division zu einer V. Division unter General Meynier vereinigt.

sofern man den schmalen Rücken des Rückenkopf und den Rücken der Kuppe in seinem nordöstlichen Zug nach dem Sattel D ausnimmt. War hiernach die Position auf dem Schänzel schou durch die Natur im Allgemeinen zu einer äußerst festen und starken geschaffen, so blieb es im Besonderen der Kriegswissenschaft vorbehalten, dieselbe zu einer wahrhaft furchtbaren zu erheben. Die Preußen legten denn auch den Punkten, welche sie, wie namentlich die Stelle, wo der Rücken des Rückenkopf sich an den Bergkloß des Schänzel oder die Südwesterde II anlehnt, am schwächsten, oder sonst dazu geeignet hielten, Befestigungen an, die in Schanzen, Brustwehren und Verhauen bestanden.

Konnten auch die Schanzen, der Höhe und Stellheit des Bergkloßes wegen, nur in solcher Weise errichtet werden, daß, abgesehen von der nächsten Nähe, eigentlich blos die entfernteren Zugänge, jene ausgenommen, welche über den Rücken des Rückenkopf nach II oder die Hochstraße hinauf nach dem Driffenbrunnen führten, in der Schußlinie, beziehungsweise im Bestreichungsraum (§. 33. B) lagen, so geschah die Errichtung, abgesehen von der vorgefaßten Meinung, daß der Angriff nur von Südwesten oder Westen her erfolgen werde, doch an so gut ausgewählten Punkten, daß wenigstens diese beschränktere Wirksamkeit ermöglicht und gesichert war. So hatte man vorzüglich darauf Rücksicht genommen, daß die Zugänge zur Westseite des Schänzel, sei es von der oberen Stelge oder von dem Punkt B her, als der Stelle, von wo sich der Feind sowohl von der Hochstraße, als auch von dem Modenbacher Thal aus nähern konnte, in den Schußlinien der Schanzen Nr. I und Nr. II lagen, die Zugänge zur Nordseite aber, insbesondere von dem Punkt C her, wenigstens in der Schußlinie der Schanze Nr. I sich befanden.

Dagegen ließ es sich nicht verhüten, daß es einem entschlossenen Feind endlich doch gelingen mußte, in den schußfreien Zwischenraum zwischen den erwähnten Zugängen und den Schanzen, damit jedoch diesen selbst nahe genug zu kommen, um zunächst wenigstens seine Tirailleure, zumal gegen die Kanoniere, ausgiebig verwenden zu können.

Immerhin ist so viel gewiß, daß die ganze Terrainbeschaffenheit von der Art war, um das Hauptgewicht auf die Vertheidigung der Position durch Infanterie legen zu müssen, und es war sicherlich die nämliche Ansicht, welche dazu veranlaßte, das Schänzel der Obhut von Elitentruppen, wie Grenadiere, Füsiliere und Jäger, anzuvertrauen.

Wollte sich auch einerseits die Meinung aufdrängen, daß die Position, bei ihrer großen Ausdehnung zu einer ausreichenden und nachhaltigen Vertheidigung, besonders einem kühnen, gewandten und unermüdlichen Feind gegenüber, eine ansehnlichere Truppenmasse erfordert hätte, als die war, woraus die Besatzung selbst nach ihr zugegangenen Verstärkungen bestand, so wäre doch anderseits gegen diese Meinung geltend zu machen, daß bei der Stärke der Stellung und bei dem Umstand, daß deren Ausdehnung durch die Unzugänglichkeit an den meisten Stellen eine namhafte Beschränkung erfuhr, die Zahl der Vertheidiger zu jener der Angreifer an und für sich nichts weniger, als im Mißverhältniß stand. Vergleicht man nämlich die beiderseitige Stärke mit einander, so findet man für den 12. Juli und den 13. Juli bis zu dessen Spätnachmittag 4427 Mann französische Infanterie (Brigade Desgranges) in den Thälern und ohne Geschütze, gegen 3080 M. preuß. Infanterie auf den Bergen hinter Verschanzungen mit 9 Geschützen, für den Spätnachmittag des 13. Juli aber 6655 M. franz. Infanterie, gegen 4480 M. preuß. Infanterie, und zwar jene, wie diese unter den nämlichen örtlichen und sonstigen Verhältnissen, wie solche zuvor obwalteten. Ohnehin hatten die Vertheidiger noch den erheblichen Vortheil, daß ihnen die verhältnißmäßig kleine Fläche auf dem Schänzel oben eine ungleich concentrirtere Stellung verschaffte, als den Angreifern der weite Bogen um die Berge herum und durch die Thäler hindurch, so daß sie auch die zum Schutz der am ehesten zugänglichen und daher zunächst bedrohten Punkte nöthigen Kräfte, viel rascher und wirksamer vereinigen konnten, als die Gegner die ihrigen zu Angriffen, die nicht anders, als unter den Augen des Feindes sich vorbereiten ließen. Es ist demnach sehr zu bezweifeln: ob es bei dieser Lage der Dinge, zumal nach der Verstärkung der Besatzung durch die 2 Bat. v. Schladen, selbst der aufopferndsten und ausdauerndsten Bravour der vereinigten 9 Bat. der Brigaden Desgranges und Sicco gelungen wäre, schon am 13. Juli das Schänzel durch Frontangriffe zu nehmen und so die Erreichung des Hauptzieles des Operationsplanes herbeizuführen. Auch scheint das Vertrauen auf die Uneinnehmbarkeit des Schänzel nicht blos im Hauptquartier des Erbprinzen v. H o h e u l o h e [1]), sondern auch bei der Besatzung selbst so groß gewesen zu sein, daß, insonderheit unter dem Einfluß der mit der Unterschätzung des Gegners verbundenen Selbstüberhebung, der Gedanke an die Möglichkeit einer Umgehung des Schänzel, die doch von der Nordseite her ausführbar war, entweder gar nicht aufkam oder wenigstens nicht zur gehörigen Reife gelangte, daß man vielmehr ganz behaglich die Meinung festhielt: es hätten nach regelrechter Kriegsmanier die Franzosen keine andere Wahl, als den Stier bei den Hörnern zu fassen, d. h. gegen die Verschanzungen in ihrer Front anzurennen (S. 50). Allerdings wirkte hiebei auch der Umstand mit, daß die Preußen noch in gar manchen Begriffen und Vorstellungen von Kriegführung befangen waren, die nicht mehr in die neuere Zeit paßten und gerade von ihren Gegnern völlig ignorirt und durch praktischere Ideen ersetzt wurden. Um so begreiflicher ist es aber, daß unter solchen Verhältnissen es sowohl bei der Befestigung des Schänzel, als auch an den Tagen des 12. und 13. Juli an Unterlassungssünden nicht fehlte. Dahin ist vor Allem zu rechnen, daß völlig übersehen wurde, wie schlechterdings nothwendig es sei, auf dem nördlichen Abhang des Aspenkopf eine Verschanzung zu errichten, welche der ganzen Befestigung erst den erforderlichen Schlußstein verliehen hätte, indem durch dieselbe das obere Kleyenthal bis zu den Abhängen des Bösenberg und des Langenkopf hinunter (Plan Nr. IV), sammt dem Seitenthälchen u überwacht und, bei den steilen Hängen abwärts vom St. Martiner Weg zwischen der „Platte" und dem Langenkopf, eine Umgehung unmöglich gemacht worden wäre. Dahin gehört nicht minder, daß am 12. und 13. Juli zur Deckung der rechten Flanke des Schänzel und zum Schutz gegen Umgehung eine nur einigermaßen genügende Vorsorge rechtzeitig nicht getroffen wurde. Die schweren Folgen aller dieser Fehler und Selbsttäuschungen blieben jedoch nicht aus, wie sich weiter unten erweisen wird.

---

[1]) General v. B l ü c h e r theilte nach seinem Tagebuch gleichfalls dieses Vertrauen.

Abschnitt III.

Der 12. Juli 1794.

§. 38.

A. Einleitende Bemerkung [1]).

Der Commandant der IV. Division, General D e l m a s, wurde erst kurz zuvor von den Volksrepräsentanten abgesetzt und war noch nicht ersetzt. Selbstverständlich mußte dieser Umstand bei der Wichtigkeit der Aufgabe, welche gerade die verwaiste IV. Division zu lösen hatte, um so schwerer ins Gewicht fallen, als jetzt eine glückliche Lösung nur dadurch bewirkt werden konnte, daß die drei Brigadegenerale der Division D e s g r a n g e s, S i s c é und S i b a u d, ganz besonders aber die zwei ersten, im vollständigsten Einverständniß handelten. Indeß war ein solches Einverständniß für die 3 Generale nicht blos ein Gebot ihres militärischen Ehr= und Pflichtgefühls, sondern auch eine Forderung berechnender Klugheit, weil sie wußten, daß für den Fall des Scheiterns eines Unternehmens, von dessen Gelingen das Schicksal des ganzen Feldzuges abhängig gemacht war, unter dem herrschenden Schreckens= system und bei der Nähe der Volksrepräsentanten, nicht blos die schwerste Ver= antwortlichkeit sie treffen, sondern sogar ihr Kopf auf dem Spiele stehen werde (§. 24 S. 37).

S a i n t = C y r läßt zwar durchblicken, als habe es wenigstens bis zum Nachmittag des 13. Juli an der Harmonie zwischen D e s g r a n g e s und S i s c é gefehlt, indem jener die Angriffe auf das Schänzel bis dahin ebenso gänzlich nach seinem eigenen Belieben gemacht habe, wie dieser den Zug nach dem Steineck; allein abgesehen davon, daß derselbe es mit der Wahrheit nicht immer genau nimmt, gerne das, was er nur halb oder nicht sicher weiß, mit dieser oder jener Unterschiebung ergänzt und es versteht, auf Unkosten Anderer sich selbst in das vortheilhafteste Licht zu setzen, befand er sich eben nicht in Besitz des Schlüssels zu dem Verhalten der genannten beiden Generale und zu allem Dem, was die Eroberung des Schänzel vorbereitete und herbei= führte.

Liegen nun psychologische Gründe genug dafür vor, daß namentlich die Generale D e s g r a n g e s und S i s c é nicht auf eigene Faust, sondern nach einem übereingekommenen Plan in voller Harmonie handelten, so ist die Thatsache dieses Einverständnisses nicht allein durch den Obergeneral M i c h a u d in seinem Bericht an den Wohlfahrtsausschuß vom 15. Juli dadurch direkt bezeugt, daß er ihren „E i n k l a n g und ihre Raschheit bei dem Angriff auf die wichtige Stellung" des Schänzel ausdrücklich belobt, sondern auch im Be= richt der Volksrepräsentanten an jenen Ausschuß vom nämlichen Tag dadurch indirekt bestätigt, daß sie die „außerordentliche Bravour" dieser beiden Gene=

---

[1]) Es sei hier ein= für allemal bemerkt, daß unter „Vormittag" die Zeit von 8—12 Uhr, unter „Spätnachmittag" die Zeit von 4—7 Uhr und unter „Abend" die Zeit von 7—8 Uhr — im Juli nämlich — verstanden sein soll. In diesem Monat geht am 12. und 13. die Sonne Morgens einige Minuten vor 4 Uhr auf und Abends um 8 Uhr unter.

rale rühmen [1]). Die nämliche Folgerung läßt sich sogar aus den weiter unten (§. 46) eingerückten Briefen ziehen, die Michaud und Desgranges am 13. Juli an Saint=Cyr geschrieben.

Auffallender Weise fügte Michaud seinem Bericht an den Wohlfahrts= ausschuß, wenn auch erst ganz am Schlusse, noch die Bemerkung bei, daß die Generale Desgranges und Sifcé unter dem Commando des Divisionsgenerals Meynier das Schänzel genommen hätten; allein es sollte dieser grobe Verstoß ge= gen die Wahrheit wohl blos dazu dienen, den, durch ihn aus Mangel an festem Charakter und Willenskraft versäumten, rechtzeitigen Ersatz des Generals Delmas im Commando der IV. Division zu bemänteln und zugleich der am nämlichen Tag (15. Juli) von ihm verfügten Ernennung des gedachten Divi= sions-Generals zum Commandanten der neu gebildeten V. Division der Rhein= armee empfehlend das Wort zu reden.

§. 39.

B. Brigade Desgranges.

Die IV. Division der Rheinarmee — die Anweilerer — setzte sich am 12. Juli bei Zeiten aus ihren Cantonirungen im Annweilerer Thal in Marsch. An der Spitze befand sich die Brigade Desgranges, die in jenem Thal am weitesten vorwärts gelagert, vor den Brigaden Sifcé und Sibaud einen Vorsprung hatte. Zu Dernbach bei Ramberg angekommen, verließ die Bri= gade Desgranges den gewöhnlichen Weg, der über Ramberg nach em Mobenbacher Hof und in das Modenbacher Thal geht und wählte, indemsie den zur Deckung dieses Weges errichteten zwei Schanzen auswich (§. 30, S. 68), wahrscheinlich unter der Führung eines der Gegend genau kundigen Mannes, einen Weg, der zwar beschwerlich genug, allein sehr lohnend war, weil er die Brigade links, an der Scharfenecker Schloßruine vorbei, direkt über den Rücken des 2180 F. hohen Roßberg und von diesem links über den Kamm des Mühlberg hinunter, auf der geradesten und kürzesten Linie in die Flanke und in den Rücken der erwähnten Schanzen brachte. Als das, wahrscheinlich aus der dritten Füsilier-Compagnie bestandene, preußische Detachement, welches in diesen Schanzen den Zugang in das Modenbacher Thal, einem, etwa von Ramberg her anrückenden, Feind verwehren sollte, den Anmarsch der französi= schen Colonne wahrnahm und sich mit Umgehung und sogar Gefangenschaft bedroht sah, gab dasselbe jeden Versuch, Widerstand zu leisten, auf und trat eilig, die Steige bei dem Mobenbacher Thal hinunter und das Modenbacher Thal hinauf, den Rückzug nach dem Schänzel an, das sie auch, von den franz. Tirailleuren, bis zur Steige beim Schänzel lebhaft verfolgt [2]), glücklich er= reichte [3]).

---

[1]) General Sifcé war übrigens — wie sich später zeigen wird — weder bei dem Zug nach dem Steineck, noch beim Umgehungsmarsch von da aus, noch beim Sturm auf das Schänzel an der Spitze seiner Brigade, d. h. der 186. Halbbrigade.
[2]) In der „Erzählung" von Berlé geschieht hievon ausdrückliche Erwähnung.
[3]) Jomini gibt zwar an, daß die Schanzen bei der Modenbacher Schloßruine mit 2 preuß. Bat. besetzt gewesen seien; allein er irrt, weil nicht anzunehmen ist, daß General v. Boß, der bis zur Ankunft des Generals v. Pfau auf dem Schänzel commandirte, die Hälfte seiner damaligen Truppen auf jenen Vorwerken, die einen nachhaltigen Wider-

Für ben General Desgranges war es unter ben erwähnten Umständen keine schwierige Aufgabe, „das Plateau des Blödersberg (Drenselberg) vom Feinde zu säubern und ihn in seine Hauptstellung zurückzutreiben", wie er dies in seinem Brief an General Saint-Cyr vom 13. Juli (§. 46) wohlgefällig mittheilt. Dagegen fand berselbe nicht für gut oder vielmehr nicht seinen Plänen angemessen, das preuß. Detachement bis zur Hochstraße verfolgen oder wenigstens den Versuch machen zu lassen: ob und welchem Hinderniß oder Widerstand ein Vorrücken bis dahin begegnen werbe; denn seine Tirailleure stellten — wie gesagt — schon bei der Steige am Schänzel die Verfolgung ein und begnügten sich, dort Vorposten auszustellen [1]. Mit seiner ganzen Brigabe um die Mittagszeit in das Modenbacher Thal hinabgestiegen, glaubte nämlich Desgranges, seine Aufmerksamkeit zunächst auf den Kesselberg, als bem höchsten Punkt in der Umgegend, wenden zu sollen, weil er vermuthete, daß von dort aus das Schänzel mit seinen Verschanzungen und ben Dertlichkeiten ringsum, wenigstens in den allgemeinen Umrissen, am ehesten übersehen und vielleicht am leichtesten mit Erfolg angegriffen werden könne. Der franz. General ließ benn auch einige Bataillone seiner Brigade bem Marsch nach bem Kesselberg mit der Weisung antreten, biesen Berg zu ersteigen und, wo möglich, sich in seinen Besitz zu setzen, in bem Fall aber, baß solches nicht gelingen sollte, wenigstens so viel auszukundschaften, ob und in wie weit obiger Zweck vom Kesselberg aus erreicht werden könne. Jene Bataillone suchten vom Modenbacher Thal aus, ben Bergeinschnitt zwischen bem Riethen und bem Frankenberg benützend, vor Allem die Stelle J zu erreichen, wo ber letztere deutlich von unten wahrnehmbar, an den Kesselberg sich anlehnt [2].

Der mit 2 Compagnien des Grenadier-Bat. v. Schlaben auf bem Kesselberg postirte Major v. Bord [3] hatte jedoch — wie es im „Magazin" heißt — die von der Modenbacher Steige in das Thal beim Modenbacher Hof heruntermarschirenden Franzosen erblickt [4] und betachirte, weil ihre Bataillone

stand, zumal in Ermangelung von Geschützen, boch nicht ermöglichten, habe exponiren wollen. Indeß ist es, nachdem die Schanzen in Folge der Umgebung boch nicht mehr haltbar waren, in der Hauptsache ganz einerlei, ob es ein größeres oder ein kleineres Detachement gewesen sei, das den eiligen Rückzug antreten mußte.

[1] Aus der „Erzählung" von Berié mag bezüglich bieser Vorposten folgender Vorgang (vom 12. auf ben 13. auf ben 13. Juli) hier eine Stelle finden: „ein Sergeant mit einem Commando von 5 Mann habe unterhalb einer Schanze (wahrscheinlich Nr. II) eine hinter einem Felsen im Schlafe aufrecht gestandene und schnarchende preußische Schildwache erschlichen, an den Füßen über den Felsen heruntergezogen und, als sie habe Lärm machen wollen, mit den Bajonetten durchbohrt.

[2] Mit dieser Marschlinie stimmt der Plan bei bem „M.-W.-Bl. v. 1825" überein.

[3] Der Plan bei Saint-Cyr am 13. Juli läßt im Major v. Bord zuerst im oberen Meisenthal stehen und dann von da auf den Kesselberg rücken. Diese Angabe ist aber grundfalsch, indem vielmehr das Gegentheil stattfand, weil v. Bord vom Kesselberg in das Meisenthal retirirte.

[4] Inhaltlich des „Mil.-W.-Bl. v. 1825" saben die preuß. Patrouillen am 12. Juli mehrere Colonnen des Feindes aus dem Annweilerer Thal in den gegen die Hochstraße aufsteigenden Seitenthälern heraufrücken und zeigte sich um 1 Uhr Mittags die Spitze einer dieser Colonnen im Modenbacher Thal, was den Major v. Bord, der für ben Fall eines Angriffes von daher erhaltenen Ordre gemäß, veranlaßte, zur Verstärkung der oben am Krautgarten postirten Wache von 12 Mann unter einem Unteroffizier, mit 2 Comp. seines Grenadier-Bat. die vorderste Kuppe des Kesselberg zu besetzen. Uebrigens bleibt das „M.-W.-Bl." die Auskunft darüber schuldig, welche Seitenthäler benn von ihm gemeint seien. In der Umgebung des Schänzel führt ja nur das Modenbacher Thal zur Hochstraße.

durch den Frankenberg verdeckt waren, in der Ungewißheit darüber: ob die= selben beabsichtigten, sei es, die Ebene zu gewinnen, d. h. das Mobenbacher Thal hinunter zu marschiren, um sich mit der II. Division Saint=Cyr zu vereinigen, sei es, einen Angriff auf die preußische Stellung am Schänzel und am Kesselberg zu machen, einen Officier mit 24 M. gerade nach jener Stelle ab, wo sich der Frankenberg an den Kesselberg anlehnt, weil mittlerweile ein vor= geschobener Posten dort sichtbar geworden war und hieraus geschlossen werden konnte, daß die Franzosen nach der nämlichen Stelle ihre Richtung nähmen. Es gelang dem Officier, dem erhaltenen Befehl gemäß, den französischen Posten zu vertreiben; als derselbe jedoch nach dem Gipfel des Frankenberg vorwärts eilte, um sich zu überzeugen, ob ein feindliches Corps wirklich im Anmarsch sei, traf er schon auf die Spitzen der französischen Bataillone und hatte sofort einen heftigen, unter wildem Geschrei ausgeführten Anfall zu bestehen. Der Officier verlor jedoch seine Fassung nicht und leistete, indem er seine Leute als Tirailleure in den Gebüschen vertheilte, so zweckmäßig und muthvoll Wider= stand, daß ihm der Rückzug zu Major v. Borck gelang. Die Mannschaft hatte bei diesem Gefecht ihre Munition völlig verbraucht und war zum größten Theil verwundet. Major v. Borck gewann indeß durch das tapfere Verhalten des Officiers Zeit genug, um die noch auf dem Schänzel befindlichen 2 an= deren Compagnien seines Bataillons mit Bewilligung des Generals v. Voß an sich ziehen und seine Maßregeln so gut treffen zu können, daß er im Stande war, die Franzosen, welche dem Detachement zuerst mit großer Hitze, dann vom Punkt J aus mit vieler Vorsicht gefolgt waren, den Berg wieder hinunterzuwerfen, als sie in kleineren und zerstreuten Trupps den Rücken des= selben zu erklettern und darauf sich zu sammeln und Stellung zu nehmen ver= suchten. Major v. Borck hatte seinen Erfolg hauptsächlich dadurch erzielt, daß er seine Truppen zweckmäßig vertheilte und durch dieselben den Feind, sobald er in einzelnen Haufen auf dem Rande der Kuppe erschien, mit dem Bajonet kräftig angreifen ließ. Die Franzosen hatten bei diesem Unternehmen den Pfad entdeckt, welcher aus dem Krautgarten über den Punkt J nach dem Sattel E führt (S. 77), und zogen sich auf demselben in das untere Meisenthal zurück, woselbst sie bei den „Sieben Brunnen" gutes Trinkwasser fanden. Ob der dort postirt gewesene preußische Jägerposten erst jetzt den Rückzug durch das Meisenthal in das Edenkobener Thal nahm, oder ob er hiezu schon früher durch eine Abtheilung der gegen den Kesselberg detachirten Bataillone, die nach der Entdeckung des Pfades sofort auf ihm durch den Krautgarten recognosci= rend hinunterrückte, genöthigt worden war, ist nicht genau zu ermitteln [1]. Nur so viel läßt sich als gewiß annehmen, daß die Franzosen, sei es bei der Verfol= gung des Jägerpostens, sei es erst später, bis in das obere Meisenthal re= cognoscirend vordrangen, und daß dieser Umstand mit dazu beitrug, die Be= sorgniß der Besatzung des Schänzel vor einem Angriff oder einer Umgehung in der linken Flanke zu veranlassen oder zu erhöhen [2].

---

[1] Nach dem „M.=W.=Bl. v. 1825" war die franz. Colonne 3—4 Bat. stark. Hatte dieselbe wirklich diese Stärke, so wurde, der höchsten Wahrscheinlichkeit nach, doch nur ein Theil davon zum Ersteigen des Kesselberg verwendet, indem der andere — wohl der klei= nere — Theil bei Punkt J als Reserve stehen blieb und von da aus gegen den Sattel E und, nach der Entdeckung des fraglichen Pfades und der Verjagung des Postens am Krautgarten unten, schon jetzt das Meisenthal hinauf Recognoscirungen vornahm.

[2] Zur besseren Beurtheilung des ersten Versuches gegen den Kesselberg sowohl, als auch der späteren ernsteren Angriffe, ist zu bemerken nöthig, daß ein rüstiger Fußgänger

General Deôgrangeô scheint auô dem stattgehabten Zusammenstoß jedenfalls so viel für sich entnommen zu haben, einestheilô, daß der Besitz deô Kesselberg möglicher Weise der Eroberung deô Schänzel Vorschub leisten könne, und daß der Berg von Punkt J auô am ehesten zugänglich und ersteigbar sei, anderntheilô, daß der Posten nur von einem preuß. Bataillon, wenn auch mit großer Tapferkeit, vertheidigt werde. Hiernach denn auch der Ansicht, daß die Wegnahme deô Kesselberg doch von Belang und auch ausführbar sei, sobald sie mit der nur immer verfügbaren Mannschaft seiner Brigade und mit aller Energie werde versucht werden, beschloß Deôgrangeô am Spätnachmittag, nachdem die Tageshitze etwas nachgelassen und die Zwischenzeit zur Erholung seiner Truppen gedient habe, von dem Punkt J auô einen solchen Versuch zu machen. Derselbe traf demgemäß die bezüglichen Dispositionen mit Berücksich-tigung deô Umstandeô, daß seine Truppen diesmal zum Punkt J durch den Krautgarten herauf zu gelangen hätten.

Saint-Chr meint zwar, daß obiger Entschluß nicht sowohl auf einen förmlichen und ernstlichen Angriff, als vielmehr bloô auf „eine forcirte Re-cognoôcirung in der Nähe" gerichtet gewesen sei, um besser und sicherer, als es bei den ersten Zusammenstoß geschehen, „den Punkt ausfindig zu machen, von wo, ohne auf Hinderniffe zu stoßen oder doch unter den geringsten Schwie-rigkeiten daô Schänzel am andern Tage erstürmt werden könne"; allein eô dürfte derselbe in so weit im Irrthum sein, alô Deôgrangeô, unfehlbar von Ehrgeiz getrieben, damalô noch glaubte und hoffte, daô Verdienst sich er-

vom Punkt J an (§. 32, I. B. b.) biô zu dem gerade hinauf, also am nächsten gelegenen Rande deô Bergrückens 725 Schritte oder 11 Minuten braucht; denn eô folgert sich hier-auô, daß Truppen, die sich zum Ersteigen weniger Zeit lassen oder rascher hinaufeilen, oben um so gewisser erschöpft und athemloô ankommen, alô daô letzte ¹, deô Abhangeô beson-derô steil ist. Demnach irrt daô „M.-W.-Bl. v. 1825", wenn eô sagt, daß der Feind die Höhe deô Bergeô schnell erstiegen habe; denn war eô schon mühsam, um die Mittagôzeit den Frankenberg zu erklimmen, so war eô eine noch ungleich härtere Aufgabe, alsbald auch den Kesselberg selbst zu erklettern. Ebenso ist daô „M.-W.-Bl." im Irrthum, und mit seinem eigenen Plan (Anmerkung 2 S. 94) im Widerspruch, wenn eô angibt, daß der Feind den Kesselberg vom Krautgarten auô erstiegen, sich der Hauptkuppe bemächtigt und ein heftiges kleines Gewehrfeuer gegen den Rücken deô Schänzel eröffnet habe, bevor er vom Major v. Bord zurückgeschlagen worden sei. Denn daô erstemal erstiegen die Franzosen den Kesselberg über den Frankenberg her und nicht vom Krautgarten auô, wie schon darauô hervorgeht, daß der Jägerposten noch am Nachmittag im Krautgarten stand und sich erst zurückzog, alô die Franzosen durch den Krautgarten hinunter anrückten. In dem Besitz der Hauptkuppe aber, die sich zudem nicht nordwestlich nach dem Schänzel zu, sondern, ge-rade entgegengesetzt, südöstlich nach dem Weisenthal zu befindet, kamen die Franzosen noch viel weniger. Diese 2280 g. hohe Kuppe ist nämlich so schmal und so mit großen Felôplatten bedeckt, daß ein einzigeô Bataillon nicht im Stande ist, auch bei der größten Tapferkeit, eine 2- biô 3mal stärkere Anzahl Feinde, die sich dort festgesetzt haben, zu vertreiben. Da-gegen ist eô möglich, daß einzelne Tirailleure biô zur nordwestlichen Kuppe oberhalb deô Sattels E vordrangen und dort ihr Pulver umsonst verpufften. Daß der Jägerposten wirklich noch am Nachmittag unten am Krautgarten stand, bestätigt General v. Blücher in seinem Tagebuch, indem er erzählt: er sei, in der Vorausficht eines bevorstehenden Angriffes (§.29 Anm. 2 S 54) am Nachmittag deô 12. Juli zu diesem Jägerposten geritten und habe dort, wahrscheinlich von dem niedrigen südlichen Ausläufer (Köpfchen) deô Frankenberg auô, (S. 32 S.77 — Plan IV —), eine Colonne feindlicher Infanterie auf den jenseitigen Bergabhän-gen im Marsch nach dem Schänzel entdeckt, so daß er sich veranlaßt gefunden habe, den Grafen v. Golz zum General v. Pfau — der damalô noch nicht auf dem Schänzel war — zu schicken und ihn avifiren zu lassen, daß er am anderen Morgen werde ange-griffen werden. Jene Colonne wird vermuthlich auô Truppen der Brigade Gisée be-standen haben.

werben zu können, durch die Wegnahme des Kesselberg die Eroberung des Schänzel herbeigeführt oder doch wenigstens die Bahn dazu gebrochen zu haben. Jedenfalls spricht hiefür gerade die Art und Weise, wie er seine Dispositionen zu der Operation gegen den Kesselberg traf und wie er diese Operation selbst ausführte.

Jenen Dispositionen zufolge rückten am Spätnachmittag 5 von den 6 Bat. der Brigade Desgranges von den „Sieben Quellen" im unteren Meisenthal nach dem besetzt gebliebenen Punkt J hinauf und kamen daselbst nach 5 Uhr an. Während ein Bat. als Reserve und zur Abwehr einer allenfallsigen Diversion vom Schänzel aus über den Sattel E zurückblieb, erstiegen die anderen 4 Bat. mit Entschlossenheit und Lebhaftigkeit den Kesselberg; allein es trafen dieselben, wie es der immer steiler werdende Abhang mit sich brachte, oben am Kamm keineswegs in geschlossenen Gliedern, sondern in aufgelöster Ordnung und nicht gleichzeitig, wohl aber erschöpft genug an, und wurden nun bei dem Versuche, auf dem Bergrücken festen Fuß zu fassen, von den 6 Compagnien Grenadieren (§. 41 S. 98), unter der Führung des umsichtigen und energischen Majors v. Borck, so muthig empfangen und so ungestüm mit dem Bajonet angegriffen, daß sie, trotz ihrer Ueberzahl, sich nach einem Gefechte von kurzer Dauer genöthigt sahen, den Berg hinunter nach dem Punkt J einen eiligen Rückzug zu nehmen. Zwar machten die franz. Bataillone, nachdem sie sich etwas erholt hatten, um 7 Uhr herum einen abermaligen, gleichfalls mit großem Eifer ausgeführten Versuch, sich auf dem Kesselberg festzusetzen; aber auch diese Anstrengung blieb ohne allen Erfolg und scheiterte gänzlich an dem tapfern Widerstande der preuß. Grenadiere, die alle Bemühungen der Franzosen, sich auf der Kuppe zu sammeln, durch ihre kräftigen Bajonetangriffe vereitelten [1].

Da der Tag sich ohnehin seinem Ende zuneigte, so ließ General Desgranges, dessen sechstes, im Modenbacher Thal zurückgebliebenes Bataillon mittlerweile nach der Süd- und der Westseite des Schänzel, namentlich aber nach dem Rückenkopf und der Schanze Nr. II Recognoscirungen vorgenommen hatte, es bei den mißlungenen Angriffen bewenden und zog seine ermüdeten Truppen in das genannte Thal zurück, woselbst ein Theil der Verwundeten in den Räumen des Modenbacher Hofes untergebracht wurde, während ein anderer — wie Berié erzählt — unter freiem Himmel liegen bleiben mußte, so daß eine Anzahl den folgenden Tag nicht erlebte.

§. 40.
C. Brigade Elscé.

Diese Brigade (§. 36) kam um die Mittagszeit in Ramberg an, woselbst sie alsbald von dem Stand der Dinge Kenntniß erhielt. In Folge einer Rück-

---

[1] Im „M.-W.-Bl. v. 1825" heißt es wohl: „es seien auf den ersten Angriff — am Frühnachmittag — noch zwei andere aus dem Modenbacher Thal gegen die Schanzen Nr. II und Nr. III gefolgt, die aber auch glücklich abgeschlagen worden wären"; allein das „M.-W.-Bl." ist damit im Irrthum. Abgesehen davon, daß die Schanze Nr. III, ihrer Lage nach, vom Modenbacher Thal aus gar nicht angegriffen werden konnte, verwechselt das „M.-W.-Bl." die „zwei anderen Angriffe" mit den 2 Angriffen auf den Kesselberg am Spätnachmittag. Gegen die Schanzen Nr. II und Nr. III fanden am 12. Juli nur Recognoscirungen statt, gegen jene vom Modenbacher Thal über den Rückenkopf hin, gegen diese vom Punkt J nach dem Sattel E zu.

sprache, welche General Desgranges nach dem ersten Versuch gegen den Kesselberg, mit General Sisee pflog, begab sich ein Theil der 186. Halbbrigade, während der andere bei der Modenbacher Schloßruine Posto faßte, noch vor dem Eintritt des Spätnachmittags auf die Höhen diesseits des Modenbacher Thales, um durch Hin= und Hermärsche die Aufmerksamkeit der Besatzung des Schänzel in alarmirender Weise auf sich zu ziehen und so die für den Spätabend beabsichtigte Unternehmung der Brigade Desgranges gegen den Kesselberg mittelbar zu unterstützen, diese Bewegungen zugleich aber dafür zu benützen, die Lage des Schänzel und dessen nächste Umgebung besonders auf der Westseite, einschließlich der Salzgrube und des von einem Detachement Preußen besetzten Postens am Saterstein, so genau als möglich auszukundschaften, um vorsorglich Punkte ausfindig zu machen, gegen welche etwa am folgenden Tag die Angriffe mit mehr oder weniger Aussicht auf Erfolg gerichtet werden könnten. Noch vor Einbruch der Nacht war die 186. Halbbrigade wieder nach Ramberg zurückgekehrt.

§. 41.

D. Besatzung des Schänzel, einschließlich des Kesselberg.

General v. Voß[1]), schon am Vormittag durch den Erbprinzen v. Hohenlohe avertirt, daß er noch an demselben Tage einen Besuch vom Feinde empfangen werde, kann durch die um die Mittagszeit erhaltene Nachricht von der Ankunft der angeblich oder vermeintlich 6 Bataillone starken Brigade Sisee bei Ramberg (§. 36), der Vertreibung des Detachements bei der Modenbacher Schloßruine durch die Brigade Desgranges und deren Anmarsch gegen das Schänzel beunruhigt, verlangte dringend beim Erbprinzen v. Hohenlohe eine Verstärkung, die ihm denn auch durch die Absendung von 6 Musketier-Comp. des Regiments v. Kunitzki mit 2 Kanonen sofort bewilligt wurde.

Diese Verstärkung traf schon in der Hälfte des Spätnachmittags, also noch rechtzeitig genug ein, um den General v. Voß in den Stand zu setzen, den Major v. Borck mit 2 Comp. des Grenadier-Bat. v. Kunitzki[2]) unterstützen zu können, weil die Dispositionen, die bei dem Feind nach dem ersten Zusammenstoß auf dem Kesselberg wahrnehmbar waren, darauf mit Sicherheit schließen ließen, daß derselbe vorhabe, noch am nämlichen Tag einen weiteren Angriff auf den Kesselberg zu machen, um sich, wo möglich, dieses Postens zu bemächtigen. Zwar waren vom Schänzel aus Truppenbewegungen auf den jenseitigen Höhen des Modenbacher Thales (vom Drenselberg bis gegen den Hermeskopf) zu erkennen, welche die volle Aufmerksamkeit der Besatzung in Anspruch nahmen; allein es schien doch von dieser Seite eine nahe Gefahr um so weniger zu drohen, als der Posten am Saterstein bisher noch ganz unbelästigt geblieben war.

Da sich auf dem Schänzel — vielleicht mit durch die Aussagen von Gefangenen[3]) — das Gerücht verbreitet hatte, daß die Franzosen beabsichtigten,

---

[1]) Das „M.-B.-Bl. v. 1825" nennt irrthümlich einen General „Weisse", anstatt des Generals v. Voß.
[2]) Nach dem nämlichen „M.-B.-Bl." wären es 3 Comp. gewesen.
[3]) Die Gefangenen sollen nach dem „M.-B.-Bl. v. 1825" auch ausgesagt haben, daß der französische General den Befehl habe, bei Verlust seines Kopfes das Schänzel zu nehmen.

diese Position durch das Edenkobener Thal im Rücken zu nehmen, und das Gerücht durch die bis in das Meisenthal ausgedehnten Recognoscirungen des Feindes, sowie durch seine Dispositionen gegen den Kesselberg, welcher die linke Flanke des Schänzel deckte, Bestätigung erhielt; so traf der commandirende General v. Voß, dem „M.-W.-Bl. v. 1825" gemäß, folgende Vorkehrungen:

„2 jener 6 Compagnien v. Kunitzki wurden nebst 1 Kanone auf dem „Haßelberg, einer Kuppe neben dem Kesselberg, welcher auf der einen Seite „die Einsicht in den Krautgarten, auf der anderen in das Edenkober Thal „hat, postirt, und 4 Comp. verstärkten die Besatzung des Schänzel; die beiden „Kanonen derselben wurden unter einer Bedeckung beim Edenkober Frohn- „baum aufgestellt, wo sie den Rücken der Stellung decken sollten[1]."

Dieser Bericht ist gänzlich unrichtig, weil er sich auf einen Plan stützt, der mit einer auffallenden Unkenntniß des Terrains ausgearbeitet wurde.

Zufolge dieses Planes beim „M.-W.-Bl." läge nämlich der „Haßelberg" südöstlich vom Kesselberg etwa da, wo dessen höchste Kuppe ist, von der allein man in das Modenbacher und das Edenkobener Thal blicken kann; allein in jener Richtung hat der Kesselberg keinen Berg neben sich, und es gibt überhaupt keinen „Haßelberg", sondern nur einen Halsberg oder „Halschberg", dieser aber liegt nordöstlich vom Kesselberg, hat nur die Einsicht in das Edenkobener und in das Meisenthal, nicht auch in das Modenbacher Thal. Der Edenkobener Frohnbaum befand sich nach dem nämlichen Plan im Sattel D unterhalb dem Plattberg (Plan Nr. III).

General v. Pfau (Anh., §. 6, E. a), dem schon seit dem 25. Juni das Commando auf dem Schänzel übertragen war, kam erst am 12. Juli mit Anbruch der Nacht, also nach bereits erfolgter Zurückweisung der Angriffe auf den Kesselberg, im preuß. Lager am Schänzel an[2]. Derselbe entnahm aus den ihm über die Vorgänge des Tages erstatteten Rapporten, daß er es mit einem rührigen und unternehmenden Feind zu thun habe, und daß jedenfalls für den folgenden Tag schwere Kämpfe zu gewärtigen seien. Er traf daher die von ihm nothwendig erachteten Vorsichts-Maßregeln und ließ seine Truppen die Nacht über unter den Waffen zubringen. Zu jenen Maßregeln gehörte u. A. die noch in der Nacht erfolgte Absendung des Hauptmanns v. Bergen zum Erbprinzen v. Hohenlohe, um diesen zu veranlassen, auch die beiden übrigen Musketier-Comp. des Regiments v. Kunitzki nach dem Schänzel zu beordern.

---

[1] Bei einer Aufzählung der Stärke der Preußen am 12. Juli Abends sagt das „M.-W.-Bl. v. 1825", daß sich jetzt 9 Comp. nebst 3 Geschützen auf dem Kessel- und dem Haßelberg befunden hätten; allein es kann ja auf den Kesselberg nicht ein einziges Geschütz, weil bei der Steilheit des Berges keines hinaufzubringen und ebenso wenig eines oben nöthig war.

[2] Wie es scheint, war seine frühere Anwesenheit dort nicht nöthig erachtet und ihm, als einem Mann in vorgerückten Jahren, gestattet, den Gang der Ereignisse in einem bequemeren Quartier — angeblich zuerst auf der Haardt bei Neustadt, dann in Sommersheim — abzuwarten. Nach dem „M.-W.-Bl. v. 1841" lag General v. Pfau zuletzt zu St. Martin in Quartier.

§. 42.

E. Die Berathung zu Ramberg und ihr Ergebniß.

Plan Nr. 1 mit Nr. IV.

General Desgranges, in der an die Angriffe auf den Kesselberg ge=
knüpften Hoffnung bitter getäuscht, eilte nach Ramberg und veranlaßte dort so=
fort eine Berathung über den Stand der Dinge, welcher, außer General
Siscé, einige Stabsofficiere, darunter der Chef der 186. Halbbrigade,
August Carl Lufft, beiwohnten. Bei dieser mit Berücksichtigung der Wahr=
nehmungen des Generals Desgranges und der sonstigen Ergebnisse der
sorgfältig vorgenommenen Recognoscirungen gepflogenen Berathung war man
rasch darüber einig, daß auf den Kesselberg nicht weiter ein Hauptaugenmerk
zu richten sei, weil seine Erstürmung selbst dann, wenn sie gelingen sollte, vor=
aussichtlich mit viel zu großem Zeitverlust und viel zu großer Anstrengung
verbunden sein würde, als daß ein solches Opfer an eine Besitznahme gesetzt
werden könnte, von der sich nicht einmal im voraus mit Gewißheit bestimmen
lasse, ob sie denn auch die rechtzeitige Eroberung des Schänzel selbst nach sich
ziehen werde, daß aber eine Umgehung des Schänzel in der linken Flanke, sei
es vom Meisenthal oder vom Krautgarten aus — abgesehen von Dem, was
einem solchen Unternehmen an Hindernissen des Terrains und der Vertheidigung
in den Weg treten werde — gar nicht ausführbar sei, so lange sich der Feind
im Besitz des Kesselberg befinde. Ebenso verständigte man sich leicht darüber,
daß der Angriff auf das Schänzel nur vom Rückenkopf aus gegen die dortige
Schanze (Nr. II) und von der Salzgrube her gegen die nordwestliche Schanze
(Nr. I) und den rechten Flügel der preuß. Stellung überhaupt am ehesten ausführbar
erscheine, allein man verhehlte sich dabei nicht, daß sein Gelingen, bei dem
nach der Erfahrung am Kesselberg zu gewärtigenden tapferen Widerstande,
wenigstens für den 13. Juli mehr, wie blos zweifelhaft sei. Es ist begreiflich,
daß unter so bewandten Umständen die Verlegenheit der Generale Desgran=
ges und Siscé um so peinlicher war, als von der rechtzeitigen Lösung der
ihnen in der Eroberung des Schänzel gesetzten Aufgabe der glückliche Erfolg
des ganzen Operationsplanes abhieng. Jetzt war für den Obersten Lufft der
Moment gekommen, einen Vorschlag zu machen, dessen Annahme nach seiner
Meinung die Lage der Dinge zu verändern und die Ueberwältigung des
Schänzel zu bewirken vermöchte: ein Jäger habe sich nämlich bei ihm mit dem
Anerbieten gemeldet, vermittelst seiner genauen Kenntniß aller Wege und Stege
im Gebirge, die Franzosen so führen zu wollen, daß sie in die rechte Flanke
und in den Rücken der preuß. Position auf dem Schänzel kämen, ohne daß die
Besatzung davon etwas merken oder auch nur eine Ahnung haben werde; er
sei nun bereit, mit seiner Halbbrigade unter der Führung des Jägers die
Umgehung des Schänzel zu bewerkstelligen, um in dieser Weise die Eroberung
dieses wichtigen Postens herbeizuführen. Unter dem Druck der auf ihnen haf=
tenden schweren Verantwortlichkeit giengen die Generale Desgranges und
Siscé auf den Vorschlag des Obersten Lufft sofort ein, wobei Siscé auf
die eigene Leitung des Unternehmens einen Anspruch nicht weiter erhob. Ob
dieser General zu solchem Verzicht durch die Rücksicht auf seine, mit großen
Strapazen unverträglichen Leiden an alten Wunden oder durch Motive mehr
persönlicher Natur bestimmt worden sei, soll hier nicht näher erörtert werden.
Nur sei so viel bemerkt, daß General Siscé, er selbst ein höchst mittelmäßiger

Officier, dem ihm in jeder Beziehung überlegenen jungen Obersten [1]) allerdings sehr wenig gewogen war und ihm deßhalb gerne das Risiko des immerhin sehr gewagten Unternehmens überließ, daß er jedoch schon ganz kurze Zeit darauf, nämlich am 23. Juli 1794, jener Leiden wegen, aus der Armee austrat, also wohl 11 Tage vorher seinen körperlichen Zustand zum Vorwand für seinen Verzicht nehmen konnte.

Wie dem Allem aber auch sein möge, immerhin stand die Sache jetzt so, daß das Mißlingen des wichtigen Unternehmens dem Obersten Lufft aufgebürdet, das Gelingen aber lediglich den Generalen Desgranges und Siseé zugeschrieben werden konnte. In der That lehrte denn auch die Erfahrung, daß in den Berichten der Volksrepräsentanten und des Obergenerals Michaud an den Wohlfahrtsausschuß vom 15. Juli 1794, sowie in den französischen Geschichtswerken die Eroberung des Schänzel ausschließlich auf die Rechnung der beiden Generale gesetzt, des Antheils des Obersten Lufft daran jedoch mit keiner Silbe erwähnt wurde [2]).

Ein solches Verfahren entsprach freilich jener bekannten selbstsüchtigen Engherzigkeit und maßlosen Eigenliebe der französischen Nation, wornach von jeher selbst bei der Armee — mit seltenen, aber begreiflichen Ausnahmen — ein Deutscher, wie der Unterelsaßer Oberst Lufft, von den Franzosen da in den Hintergrund geschoben wurde, wo es sich um die Zutheilung von Ehre und Verdienst handelte.

Da es jedoch Pflicht unparteiischer Geschichtschreibung ist, die Wahrheit an das Tageslicht zu ziehen, so soll hiemit constatirt sein und noch weiters constatirt werden, daß die Eroberung des Schänzel hauptsächlich dem Obersten Lufft zu verdanken war [3]).

Nach der Annahme des Oberst Lufft'schen Vorschlages handelte es sich jetzt um eine rasche Ausführung in der Weise, daß die Besatzung des Schänzel von dem Vorhaben der 186. Halbbrigade nichts gewahr, dagegen durch die Operationen der Brigade Desgranges zuerst irre geführt und dann zum festen Glauben gebracht werde, als sei es die feste Absicht der Franzosen, das Schänzel durch direkte Angriffe namentlich auf die beiden größeren Schanzen (Nr. I und Nr. II) zu nehmen. Demgemäß wurde auf die vom Obersten Lufft nach genauer Rücksprache mit dem Jäger — dessen Person er sich vorsorglich versichert hatte — gegebenen näheren Aufschlüsse, so wie in gleichzeitiger Berücksichtigung der durch die Modification des Landauer Operationsplanes (§. 24 c. S. 41) den Generalen Desgranges und Siseé auferlegte Vertreibung der preußischen Posten auf dem Steineck und am Erlenkopf, wenigstens dem Sinne nach, Folgendes verabredet:

1) die 186. Halbbrigade habe noch in der Nacht (vom 12. auf 13. Juli) über Eußerthal nach dem Steineck und Erlenkopf zu marschiren, um vor Allem die dortigen preußischen Posten zu vertreiben und von dieser Seite

---

[1]) Derselbe war damals erst 25 Jahre alt und kaum zwei Monate Oberst.

[2]) Begreiflich ist es denn auch, daß des Obersten Lufft und seines Antheils an der Eroberung des Schänzel in den deutschen Geschichtsbüchern, die nur von den Generalen Desgranges und Siseé hören, ebenso wenig gedacht ist.

[3]) Eine gedrängte Biographie dieses „braven Militärs" folgt im Anhang unter §. 7. Es sind ihr zwei authentische Urkunden einverleibt, welche, grade weil sie von französischer competenter Seite ausgestellt sind, den hervorragenden Antheil des Obersten Lufft an der Eroberung des Schänzel desto nachdrücklicher bestätigen.

die Communication zwischen dem Schänzel und den übrigen Gebirgsposten abzuschneiden, vom Erlenkopf aber aus den eigentlichen Marsch zur Umgehung des Schänzel anzutreten;

2) die Brigade Desgranges habe am 13. Juli:

a. bei Tagesanbruch den Feind durch Demonstrationen gegen seine Stellung von der Steige beim Schänzel bis zum Kesselberg zu alarmiren, zugleich aber ernstere Operationen damit einzuleiten, daß ein Theil der Brigade sich auf dem Rüchenkopf festzusetzen, ein anderer aber vor Allem den Posten am Satzerstein zu vertreiben und dann bei der Salzgrube, der Schanze auf der Nordwestecke (Nr. I) und dem preuß. rechten Flügel gegenüber, Posto zu fassen habe;

b. jene Operationen selbst hauptsächlich gegen die beiden Hauptschanzen (Nr. I und II.) zu richten, um der Besatzung die Meinung beizubringen, daß beabsichtigt sei, das Schänzel in der Front anzugreifen und deßhalb diese zwei Schanzen mit Sturm zu nehmen;

c. dabei mit einer solchen Ausbauer den ganzen Morgen und Vormittag den Feind zu belästigen, daß derselbe nicht allein in seiner Meinung bestärkt werden müsse, sondern auch zu keiner Ruhe kommen könne, zu diesem Endzwecke aber von Zeit zu Zeit, namentlich auf die Schanze an der Südwestecke (Nr. II) in einer so lebhaften Weise vorzugehen, daß wenn auch das Maß von Scheinangriffen nicht überschritten werden solle, der Feind doch veranlaßt sein könne, das Vorgehen für einen wirklichen Sturmanlauf zu halten;

d. in Erwartung der Nachrichten über den Marsch und die etwa um die Mittagszeit zu gewärtigende Annäherung der 186. Halbbrigade die Operationen einzustellen und während der Pause die Vorbereitungen zu der Cooperation mit dieser Halbbrigade zu treffen;

e. auf die Meldung, daß die 186. Halbbrigade auf ihrem Umgehungsmarsch den, von der Hochstraße zwischen dem Federbrunnen und dem Satzerstein aus mit bloßen Augen sichtbaren, nordwestlichen Hang der Kuppe des Bösenberg erreicht habe und von da nach dem Kleyenthal abmarschirt sei, was vor dem Spätnachmittag nicht zu erwarten stehe — die Cooperation in der Richtung gegen das Centrum der Position (Schanze Nr. II) und den rechten Flügel (Schanze Nr. I mit Schanze Nr. IV und Brustwehr G), unter gleichzeitiger Alarmirung und Beschäftigung des linken Flügels, namentlich des Postens auf dem Kesselberg, so ernstlich und energisch eintreten zu lassen, daß die ganze Aufmerksamkeit und Widerstandsthätigkeit der Besatzung dadurch in Anspruch genommen werde;

f. besonderer Rücksprache sei die Fürsorge dafür vorbehalten, daß die unter Buchst. e vorgesehene Meldung frühzeitig genug an die Brigade Desgranges gelange.

Kaum war die Verständigung über obige Punkte erfolgt, so war die 186. Halbbrigade auch schon in Marschbereitschaft, um den ihr anvertrauten entscheidenden Schlag gegen das Schänzel zuzuführen [1]). Bei General Sisce blieben nur einige

---

[1]) Von jetzt an wird anstatt von der Brigade Sisce, die als solche mit dem Verzichte von Sisce, ihre Rolle für diesmal ausgespielt hatte, nur noch von der 186. Halbbrigade die Rede sein, weil sie mit ihrem Obersten es war, der die Lösung der Hauptaufgabe zufiel. Diese Halbbrigade wurde bei der Reorganisation der französischen Armee im Frühjahre 1794 aus dem vormaligen 2. Bataillon der Nationalfreiwilligen des Unterelsasses,

100 M. Infanterie, zu welcher der Oberst, in Anbetracht der bevorstehenden Strapazen, vorsichtshalber die weniger kräftigen und rüstigen Leute eintheilen ließ, sowie 38 von seinen 48 Husaren zurück. Schon zwischen 9 und 10 Uhr trat die jetzt noch gegen 2000 M. starke 186. Halbbrigade den Marsch selber an, der von Ramberg über den Vogelstock nach Eußerthal und durch dieses Dorf in aller Stille und ohne Halt zu machen hindurch ging. Die 10 Husaren, welche eigentlich die ständigen Ordonnanzen des Obersten Lufft waren [1]) machten den Marsch mit, um für alle Eventualitäten geeignet verwendet werden zu können. Von Eußerthal an übernahm der Jäger [2]) die Führung; Niemand von der Mannschaft wußte, wohin der Marsch gerichtet und was eigentlich sein Zweck und Ziel sei. Bei der Eußerthaler Steige um Mitternacht angekommen, traf die 186. Halbbrigade dort die nach Hofstätten bestimmten 3 diversen Bataillone unter General Si baud (§. 29. C. b. S. 64) [3]). Die 6 Bataillone machten nun Halt, um bis zum Sonnenaufgang zu verweilen und auszuruhen, und setzten dann, die Steige hinauf, ihren Marsch noch eine Zeit lang mit einander fort.

---

welches bereits im Dezember 1793 sich bei dem Obergeneral Pichegru die Einreihung in die Linie erbeten hatte und aus 2 Bataillonen von Nationalfreiwilligen gebildet. Das vormalige Bataillon du Bas-Rhin, in dem Oberst Lufft vom Lieutenant (Oktober 1791) bis zum Bataillonschef (September 1793) emporgestiegen war, hatte die bisherigen Feldzüge mitgemacht und meist in den Gebirgsgegenden des Unterelsasses und der jetzigen bayerischen Pfalz gefochten. Pichegru hatte demselben schon in direktem Schreiben an den Bataillonschef vom 21. Dezember 1793, die Erfüllung der erwähnten Bitte in Aussicht gestellt, weil es „durch seinen Diensteifer und den Grad der Ausbildung", den ihm Lufft gegeben, darauf Anspruch habe. Ohnehin wurden die deutschen Elsässer, indem sie ihre deutsche Abkunft nicht verläugneten, von jeher zu den besten Soldaten Frankreichs gerechnet. Leider waren dieselben nur durch das schmachvolle Verschulden des weiland deutschen Reiches und seines „Mehrers zu allen Zeiten" (1645, 1681) unter die französische Herrschaft gekommen und durften sie dann 1815 in ebenso kläglicher Weise der deutschen Nation abdiplomatisirt werden. Von den 2 Bat. Nationalfreiwilligen scheint das eine das 1. Bat. de l'Ain, das andere das 2. Bat. du Jura gewesen zu sein. Wenigstens läßt sich dies aus einer sehr interessanten Ordre aus dem Hauptquartier Annweiler vom 25. Mai 1794 entnehmen, wornach die genannten 3 Bataillone den gemessensten Befehl erhielten, schon um 1 Uhr des Morgens (26. Mai) nach Hinterweidenthal aufzubrechen und dort sich „militärisch zu etabliren." Der weitere Inhalt der Ordre zeigt auf das Bestimmteste, daß nach der Niederlage des Generals Ambert bei Kaiserslautern und des Generals Sisé bei Hochspeyer am 23. Mai 1794, ein sofortiger Angriff der Linie Pirmasens-Annweiler durch die Armee des Feldmarschalls v. Möllendorf besorgt wurde (§. 2 Seite 6). Da es in der Ordre noch heißt, daß der „Commandant des 2. Bat. du Bas-Rhin" bis zur Ankunft des Generals Sisé den Befehl führen solle, so dürfte übrigens hieraus zu folgern sein, daß die 186. Halbbrigade jedenfalls damals noch nicht definitiv zusammengesetzt war. Welche Kriegstüchtigkeit die beiden Bataillone hatten, welche mit dem vormaligen 2. Bat. du Bas-Rhin die 186. Halbbrigade definitiv bildeten, ist nicht ermittelt. Doch läßt sich mindestens so viel als gewiß annehmen, daß diese Halbbrigade, nachdem sie in der, von den Alliirten seit Ende Mai vergönnten, Kriegs-Ferienzeit von ihrem tüchtigen Obersten noch jede erforderliche taktische Ausbildung erhalten hatte, unter seiner Führung am 13. Juli zu den „bravsten und geschicktesten Truppen der französischen Armee" gezählt werden konnte (§. 36 S. 89).

[1]) Oberst Lufft pflegte dieselben — es waren meist Elsässer — als treffliche Reiter und sehr verwegene Leute zu schildern.

[2]) Näheres über diesen Wegweiser im Anhang, §. 8.

[3]) Die Details des Marsches von Ramberg weg, kommen auch in der Erzählung des Berié vor.

Abschnitt IV.

Der 13. Juli 1794 bis zum Spätnachmittag.

§. 43.

A. Brigade Desgranges.

General **Desgranges**, dem überlassen war, die einzelnen Anordnun=
gen zum Vollzug des Ramberger Beschlusses (Ziffer 1. a. b. e.) nach seinem
Gutbefinden zu treffen, ließ seine Bataillone mit Tagesanbruch gegen die preu=
ßische Stellung eine Reihe von Demonstrationen vornehmen, die, wenn sie sich
auch das Meisenthal aufwärts und aus dem Krautgarten hinauf nach dem
Sattel E hin erstreckten und so die linke Flanke der Preußen zu bedrohen schienen,
doch auf bloße Plänkeleien oder Patrouillen=Dienste beschränkt blieben. Nur
jene Bataillone, welche, nachdem die zurückgebliebene Mannschaft der 186. Halb=
brigade unter General S i s c é sich ihnen angeschlossen hatte, das preuß. De=
tachement am Saßerstein verjagten und dann sich bei der Salzgrube festsetzten,
hatten ein unbedeutendes Gefecht zu bestehen [1].

Nachdem diese ersten Bewegungen, welche selbst nach dem „M.=W.=Bl. v.
1825" nur etwa 2 Stunden währten, vorüber waren, begannen die Opera=
tionen der Brigade allmählig einen ernsteren Charakter anzunehmen, indem
im Vollzug der von General **Desgranges** getroffenen Dispositionen ein
Bat. durch den Krautgarten nach dem Punkt J hinauf rückte, um den
Posten auf dem Kesselberg von dort aus im Schach zu halten und zu beschäfti=
gen, 2 Bat. im Modenbacher Thal unten am Fuß des Küchenkopf Posto
faßten [2]) und 3 Bat. die Kuppe der Salzgrube, sowie die an dieser vorbeiziehenden
Hochstraße besetzten. Sobald die Truppen in die ihnen angewiesenen Stellun=
gen eingerückt waren, schritten dieselben, den ihnen ertheilten besonderen In=
struktionen gemäß, zu den Operationen selber. Von den 2 Bat. erstieg der
größere Theil den Rücken des Küchenkopf, um sich auf ihm der Schanze Nr. II
zu nähern, während der kleinere Theil den Modenbacher Thalweg hinauf bis
zum Schönteich vorrückte und nun aus diesem, dem nördlichen Hang der Süd=
westecke entlang, in die Nähe dieser Schanze zu kommen suchte. Die 3 Bat.
dagegen marschirten am nördlichen Abhange der Salzgrube auf, eilten von da
über den Punkt B auf den Verhau F zu und giengen, nachdem sie sich dieses
nur schwach vertheidigten Hindernisses bemächtigt hatten, gegen die Schanze
Nr. I, die Schanze Nr. IV und die Brustwehr G vor. Die Franzosen wen=
deten hiebei die nämliche Fechtart an, wie bei Trippstadt und Johanneskreuz.

---

[1]) Nach dem „M.=W.=Bl. v. 1825" wurde der Hauptmann v. Chargot Morgens um
6 Uhr genöthigt, sich mit seiner Jäger-Comp. und einem Detachement Füsiliere (wahrschein=
lich die am 12. Juli von dem Posten bei der Modenbacher Schloßruine vertriebene und
dann dorthin beorderte 3. Comp. (S. 39) bis auf den Posten der beiden Füsilier-Comp.
unter Major v. Zvernois bei der Schanze Nr. IV. zurückzuziehen.

[2]) In den „Aufzeichnungen" ist gesagt, daß die Franzosen sich auch in einem, dem
Feuer der Schanzen nicht ausgesetzten, Eichenwäldchen zum Angriff formirt hätten. Am
Fuß des Küchenkopf beim Eingang in das Küchenleichbächlein sind noch heute Eichenbestände
zu treffen, auf die Voranstehendes der Lage nach paßt. Der Anmerk. [2]) S. 89 ist beizu=
fügen, daß auch der Weg aus dem Modenbacher Thal auf den Küchenkopf noch heute
„Rindspfad" heißt.

Sie waren nämlich, aus der Beschaffenheit des Terrains mit großem Geschick jeden möglichen Vortheil ziehend, darauf besonders bedacht, unter die Geschütze der Schanzen zu kommen, sich den letzteren alsdann zu nähern und den Vertheidigern das Feuer zu entlocken, wobei ihre in ausgedehnter Linie plänkelnden Tirailleure besonders die Officiere und die Kanoniere auf das Korn zu nehmen trachteten. Kamen die Franzosen aber in dieser Kampfweise den Schanzen oder Bergkanten neben letzteren so nahe, daß die Preußen ihnen mit dem Bajonet zu Leib gingen oder dies zu thun sich anschickten, so zogen sie sich stets rechtzeitig genug wieder zurück, was sie um so leichter bewerkstelligen konnten, als ihre nicht so leicht ausgerüsteten und minder behenden Gegner — zumal bei dem Umstand, daß die Fechtart in zerstreuten Haufen die Anzahl der Angreifer viel größer erscheinen ließ, als sie wirklich war — es nicht wagen mochten, sich bei dem Angriff oder der Verfolgung aus der Nähe der Schanzen zu entfernen.

Indeß giengen die Franzosen auch einigemal aus diesen Plänkeleien zu so lebhaften Anfällen gegen die beiden Hauptschanzen, namentlich die Centrumsschanze (Nr. II) über, daß die Vertheidiger vermeinten, von wirklichen Sturmangriffen bedroht zu sein, obwohl es denselben hätte auffallen müssen, daß ihre Gegner die engagirten Gefechte jedesmal abzubrechen wußten, ehe und bevor sie jenen Höhepunkt erreichten, wodurch sich die eigentlichen Sturmanläufe zu charakterisiren pflegen [1].

Bei ihrem Vorgehen gegen die Schanzen Nr. I und II kamen den Franzosen ganz besonders, dort die 2 Absätze auf dem Abhang der Nordwestecke, hier die 3 Absätze auf dem Rücken des Küchenkopf, zu Statten, indem dieselben gute Deckung gewährten und dadurch die Annäherung an die Schanzen erleichterten (§. 32. I. A. a. und aa.).

Alle diese Scharmützel und Gefechte im Laufe des Morgens und des Vormittags kosteten auf beiden Seiten Pulver und Blei in Menge, während die Verluste selbst, bei der mit durch die Beschaffenheit des Terrains bestimmten Natur der Kämpfe, keineswegs dazu im Verhältniß standen oder erheblicher waren. Wahrscheinlich verloren die Franzosen die meisten Leute theils bei den Scheinangriffen namentlich auf die Schanze Nr. II, die sich in der Hitze des Gefechtes wohl weiter fortreißen ließen, als es geschehen sollte und sie demnach auch nicht vermeiden konnten, mehr oder weniger in das Kartätschenfeuer dieser Schanze zu kommen, theils nährend des Vormarsches von der Salzgrube S aus über den Zwischenraum zwischen ihr und dem Verhau F, da sie sich hiebei dem Geschützfeuer aus der Schanze Nr. I sowohl, als auch jenem aus der Schanze Nr. II auszusetzen hatten [2]. Indeß waren die Franzosen bezüg-

<hr>

[1] Aus obiger Darlegung geht zur Genüge hervor, daß der Specialplan bei Salut-Eye nicht einmal die Stellung der Brigade De sgranges am 13. Juli richtig gibt. Ebenso ungenau ist aber auch der Plan bei dem „M.⸗W.⸗Bl. v. 1825"; denn die drei Angriffslinien darin beziehen sich auf ganz verschiedene Gefechtsmomente. Die erste dieser Linien, welche über den Frankenberg nach dem Kesselberg geht, kann nämlich nur für den Mittag des 12. Juli gelten; die zweite, welche sich über den Küchenkopf hinzieht, paßt ebenso gut für den Vormittag, wie für den Spätnachmittag des 13. Juli; die dritte aber hält nur die Richtung nach dem Saßerstein ein, beschlägt damit nur den Morgen des 13. Juli und läßt unbestimmt ob und wohin sie weiter zu führen hätte.

[2] Hier ist bezüglich der Operationen der Brigade Desgranges am Morgen und Vormittag des 13. Juli sowohl, als auch hinsichtlich des Hauptangriffes dieser Brigade am Spätnachmittag, auf den erheblichen, sehr reelle Beweismittel liefernden Umstand aufmerksam

lich ihres Vorgehens gegen den preuß. rechten Flügel noch durch den Umstand begünstigt, daß die Schanze Nr. I und Nr. II durch die so ziemlich gleichzeitig gegen sie gerichteten Angriffe verhindert wurden, sich gegenseitig gehörig unterstützen zu können. Auch zogen sie aus ihren Operationen immerhin den erheblichen Gewinn, daß sie die Terrain-Verhältnisse, die Bestreichungsräume der Schanzen, die Widerstandskräfte und die schwächsten Punkte zur Benützung für den späteren Hauptangriff kennen lernten.

Es war gegen Ende des Vormittags, als General Desgranges, in Folge einer Depesche, wodurch ihn General Sisée vorläufig benachrichtigte, daß die 186. Halbbrigade, nach Vertreibung der Posten auf dem Steineck und am Erlenkopf, bei dem Kieseleder Bild angekommen sei, seine Truppen allmählig die Operationen abbrechen und sie in ihre zuvor innegehabten Stellungen zurückgehen ließ, woselbst sie, in Erwartung des Weiteren, nicht allein ganz unbelästigte und schattige Lagerplätze Behufs ihrer Erholung, sondern auch bei den Sieben Quellen, den Gewässern des Modenbach und des Küchenteich, dann bei den 2 Quellen des Federbrunnen das nöthige Trinkwasser fanden — Dinge, die bei der Tageshitze der Julisonne selbstverständlich vom größten Belang waren.

§. 44.

B. Die 186. Halbbrigade.

Plan Nr. IV. mit Plan Nr. I.

General Sisée hatte — was auch ein anderer Officier hätte besorgen können — die Vermittlung zwischen den Operationen der Brigade Desgranges und jenen der 186. Halbbrigade nun einmal übernommen, und es soll ihm dies sogar als ein Verdienst gerne angerechnet sein. Demgemäß schloß sich derselbe mit der zurückgebliebenen Mannschaft der 186. Halbbrigade und seinem Husaren-Detachement — wie schon gesagt — jenen Bataillonen der Brigade Desgranges an, welche Morgens das preuß. Detachement am Saßerstein vertrieben. Während sich aber diese Bataillone bei der Salzgrube festsetzten, faßte Sisée auf der Hochstraße in der Nähe des Federbrunnen unweit des Kohleck Posto, um sich mit der 186. Halbbrigade, sobald ihm die Verjagung der preuß. Posten auf dem Steineck und am Erlenkopf gemeldet sein werde, alsbald in Rapport setzen und das Zusammenwirken mit der Brigade Desgranges für den entscheidenden Moment sicher stellen zu können.

---

zu machen, daß noch in den letzten Jahren eine Anzahl Kartätschenkugeln auf dem Terrain zwischen S und F und überhaupt auf demjenigen Distrikt, der jetzt als Forstdienstland zum Forsthaus I gehört, Flintenkugeln genug aber hauptsächlich auf der Strecke von B bis F und von F bis zur Schanze I hinauf, dann auf der Hochstraße zwischen dem Punkt s und der Schanze Nr. IV, sowie im Schönleich T aufgehoben wurden. Es waren leicht zu unterscheidende französische und preußische Kugeln; jene wurden meist weiter oben gegen die Schanzen zu, diese mehr unten aufgelesen. Von den französischen Kugeln war ein Theil durch das Anprallen an Steinplatten und Felsen flachgedrückt. Verfasser selbst fand noch im Juli 1869 nach einem Regen eine Flintenkugel auf der Hochstraße bei Punkt t. Dagegen ließ sich darüber nichts erheben: ob auch auf dem Küchenkopf Kugeln entdeckt worden seien. Dieselben flogen dort vermuthlich über den schmalen Rücken hinweg die Hänge rechts und links hinunter. Verfasser besitzt Kartätschenkugeln sowohl, als auch französische und preußische Flintenkugeln, die an den bezeichneten Stellen aufgelesen wurden.

Die 3 Bat. der Brigade Sibaud und die 3 Bat. der 186. Halbbrigade kamen zwischen 4 und 5 Uhr Morgens in der Nähe des rechts von der oberen Enßerthaler Steige gelegenen, 1877 F. hohen Armbrunenkopf an (§. 12). Hier, etwa 20 Minuten vom Steineck, machten die 6 Bat. Halt, um sich bei der Verschiedenheit ihrer Bestimmungen zu trennen. Die 3 Bat. der Brigade Sibaud, welche wahrscheinlich ihren eigenen Führer hatten, schwenkten näm= lich — wie schon im §. 29 C. b. S. 61 gesagt ist — jetzt links ab, um auf dem am unteren Hang der „schmalen Ebenung" hinziehenden „Hirschpfad" nach Hofstätten weiter zu marschiren. Oberst Lufft aber, der, vermuthlich nach Rücksprache mit dem Jäger, beschlossen hatte, das Steineck durch Umge= hung über den Bergrücken der „Schmalen Ebenung" zu nehmen, bestimmte hiezu 1½ Bat. seiner Halbbrigade und ließ die anderen 1½ Bat. bei der Halt= stelle mit der Weisung Posto fassen, daß auf den ersten Lärm, welcher den Angriff des Postens auf dem Steineck durch die Umgehungs=Colonne signali= siren werde, das Bataillon den Enßerthaler Weg und über den Hang des Hahnen= kopf hinauf nach dem Posten, den dortigen Verschanzungen und der Hochstraße zwischen dem Steineck und dem Erlenkopf rasch vorzurücken, das ½ Bat. da= gegen, auf dem von dem Jäger hiezu im Voraus bezeichneten Heupfad (§. 13) nach dem Erlenkopf eilen und über den dortigen Posten herfallen solle. Es war gegen 5 Uhr Morgen [1], als die zum Umgehungs=Unternehmen befehligten 1½ Bat. gleichfalls den Hirschpfad zur Linken einschlugen [2], nach 25—30 Minuten aber ihn wieder verließen, indem sie sich rechts wendeten und, die dort etwas weniger steil abfallende Halde hinauf, den Rücken der „Schmalen Ebenung" erstiegen. Einmal oben angekommen, hatten die Truppen nur auf diesem von Westen nach Nordosten ziehenden Rücken ½ Stündchen vorwärts zu dringen, um den preuß. Posten auf dem Steineck, als der östlichen Spitze der „Schmalen Ebe= nung", unter Vermeidung der gegen Südosten und Süden errichteten Ver= schanzungen, im Rücken angreifen zu können. Die preuß. Besatzung hatte offenbar keine Ahnung von der Nähe des Feindes, und daher versäumt, solche Vorsichtsmaßregeln zu treffen, wie sie geboten erscheinen, wenn ein feindlicher Angriff droht.

Die Franzosen wurden wenigstens von den preuß. Schildwachen nicht eher entdeckt, bis sie so nahe gekommen waren, daß die überraschte Besatzung kaum noch Zeit hatte, sich einigermaßen zu sammeln und nach einem kurzen Wider= stand genöthigt war, ihr Heil in einem eiligen Rückzug zu suchen, zu dem ihr nur noch der Weg nach Iggelbach und Elmstein zunächst durch das Dachslos= thal offen stand, weil der Oberst seine Dispositionen so getroffen hatte, die preuß. Besatzung nicht blos von der Hochstraße nach dem Erlenkopf und

---

[1] Nach dem „M.=B.=Bl. v. 1825" soll der Posten auf dem Steineck schon am 12. Juli Abends zurückgedrängt worden sein; allein diese Angabe ist durchaus irrig und sogar in Widerspruch mit anderen Nachrichten des „B.=Bl.". Abgesehen davon, daß die Mittags zu Ramberg angekommene 186. Halbbrigade unmöglich gleichzeitig an den Bergbängen, dem Schänzel gegenüber, hin= und hermarschiren und auch nach dem Steineck rücken und dort noch am nämlichen Abend den Posten vertreiben konnte, verstößt das „M.=B.=Bl." gegen das Gewicht feststehender Thatsachen. Hätte diese Vertreibung schon am 12. Juli Abends stattgehabt, so würde das Schänzel sicherlich schon bei Zeiten am 13. Juli seinem Schicksal erlegen sein.

[2] Die Reitpferde des Obersten und der berittenen Officiere mußten nebst den 10 Hu= saren bei der Haltstelle zurückbleiben, da der Weg zur Umgehung des Steineck das Reiten nicht wohl gestattete.

Schänzel, sondern auch von der Hochstraße nach dem Eschenkopf und Johanneskreuz, dann von dem Weg nach Hofstätten abzuschneiden. Zwischen 6 und 7 Uhr Morgens war die ganze Affaire auf dem Steineck vorbei und dieses im Besitz der Franzosen, so daß die Vertreibung des dortigen Postens so ziemlich in die nämliche Zeit fiel, wo der preuß. Posten am Satzerstein von den Bat. der Brigade Desgranges zum Rückzug in die Hauptstellung genöthigt wurde. Die Communication zwischen dieser Brigade und der 186. Halbbrigade war damit vollkommen hergestellt. Als das nach dem Erlenkopf detachirte ¼ Bat. dort ankam, fand dasselbe die preuß. Abtheilung, welche wahrscheinlich durch einen Flüchtling vom Schicksal des Steineckpostens Kunde erhalten hatte, gerade in der Räumung ihres Postens und auf dem Rückzug in der Richtung nach dem nördlich gelegenen, 1612 F. hohen, vom Steineck ¾ St., vom Erlenkopf ½ St. entfernten Gelöskopf begriffen. Oberst Lufft ließ die beiden retirenden Abtheilungen der Preußen bis zu diesem Berge vorsorglich verfolgen, um einer möglichen Diversion derselben nach dem Schänzel hin und damit einer Störung seines Unternehmens rechtzeitig vorzubeugen. Als aber die Ueberzeugung gewonnen war, daß die Retirade zunächst nach Iggelbach vor sich gehe, wurde die Verfolgung sofort eingestellt[1]).

Nach der Rückkehr der mit der Verfolgung beauftragt gewesenen Truppen waren die 3 Bat. der 186. Halbbrigade beim Erlenkopf, in dessen Nähe der Erlenbrunnen Trinkwasser lieferte, wieder vereinigt. Dieselben rasteten daselbst eine Zeitlang, traten dann auf der Hochstraße den Marsch nach dem ¾ St. vom Erlenkopf entfernten sogenannten Kieselecker Bild[2]) unten am Kieseleck an und trafen dort etwa um 10 Uhr Vormittags ein. Hier war nämlich der Punkt, wo nach der Anleitung des Jägers die 186. Halbbrigade die Hochstraße zu verlassen hatte, um das Schänzel zu umgehen.

General Sisco, durch Ordonnanzen von der Vertreibung der preuß. Posten auf dem Steineck und am Erlenkopf, sowie von dem Vorrücken der 186. Halbbrigade nach dem Kieselecker Bild benachrichtigt, fand sich an diesem Punkte alsbald ein und pflog mit dem Obersten Lufft die erforderliche Unterredung, wobei er von Letzterem ganz besonders darauf neuerdings aufmerksam gemacht wurde, daß — wie der Jäger auf das Bestimmteste versichere — die Ankunft der 186. Halbbrigade auf dem nordwestlichen oberen Hang des Bösenberg und ihr Abmarsch von da nach einer kurzen und letzten Rast zur Vollendung der Umgehung, von der Hochstraße zwischen dem Satzerstein und

---

[1]) Gemäß dem Plan beim „M.-W.-Bl. v. 1825" ging der Rückzug des Postens auf dem Steineck rechts und jener des Postens am Erlenkopf links am Gelöskopf vorbei, zuvörderst nach Iggelbach und von da nach dem Ritterhof bei Hochspeyer. Das „M.-W.-Bl." berichtet hiezu, daß der Posten auf dem Steineck (und folglich auch jener am Erlenkopf) den Befehl gehabt habe, sich im Falle eines überlegenen Angriffes, seiner großen Entfernung von dem Hauptposten halber, nach Iggelbach und Elmstein zurückzuziehen. Hätte Oberst Lufft hievon Kenntniß gehabt, so wäre ihm erspart worden, Combinationen zum Abschneiden der Preußen von den Wegen nach dem Schänzel, nach dem Eschenkopf und nach Hofstätten, sowie vorsorgliche Maßregeln zu ihrer Verfolgung zu treffen. Macht übrigens das „M.-W.-Bl. v. 1825" dem Posten auf dem Steineck noch den Vorwurf, daß er sein Zurückdrängen nur nach Johanneskreuz und nicht auch nach dem Schänzel gemeldet habe, so handelt Major v. Sobbe, der unter dem Befehl des Generals v. Kleist stand blos nach Ordre (Anm. Nr. 2 S. 24). Indeß fällt der Vorwurf vor dem Umstand dahin, daß die Vertreibung des Postens erst am 13. Juli Morgens statt hatte und eine Meldung nach dem Schänzel jetzt gar nicht mehr ausführbar war.

[2]) Der Platz führt diesen Namen nach einem Denkstein dort.

Feberbrunnen aus, mit bloßen Augen wahrgenommen, hiernach also, da zur Zurück-
legung des Weges vom Bösenberg bis auf die Hochstraße über den Rücken des
Aspenkopf etwa ³/₄ St. nöthig seyen, für die rechtzeitige Cooperation der Brigade Desgranges sicher gesorgt werden könne.

Zugleich verständigte sich Oberst Lufft mit General Siscé darüber,
daß die 186. Halbbrigade, welche von Ramberg aus bis zum Kieselecker Bild,
die Verfolgung der beiden Posten nicht gerechnet, bereits einen beschwerlichen
Weg von nahezu 6 Stunden zurückgelegt, einen noch ungleich mühseligeren
Marsch von 3¹/₄ Stunden über Berg und Thal vor sich und zum Schluß jedenfalls einen heftigen Kampf in Aussicht habe, über die Mittagszeit, wo die
Julisonne am höchsten stehe, der ihr so nöthigen Ruhe um so mehr pflegen
solle, als schon im Ramberger Beschluß auf eine Pause um die Mittagszeit
Rücksicht genommen worden sei und sich das Bedürfniß der Erholung wohl
auch bei der Brigade Desgranges zur nämlichen Zeit geltend gemacht
werde.

General Siscé begab sich nach dieser Unterredung wieder auf seinen
Posten zurück und machte dem General Desgranges, in Ergänzung der
bereits an ihn abgefertigten Depesche (§. 43 S. 106) die erforderliche nähere
Mittheilung.

Hier ist jetzt der Ort, einen wichtigen Umstand besonders hervorzu-
heben:

Im Plan bei dem „M.-W.-Bl. v. 1825" ist nämlich, während im Plan
bei Saint-Cyr der Marsch der Brigade Siscé von Ramberg aus direkt
über die „Salzgrube" und den „Gnugelkopf" auf den Bösenberg geht, außer
den in der Anmerkung ¹) §. 43 S. 105 aufgezählten 3 Marsch- oder Angriffslinien der Brigaden Desgranges und Siscé, eine 4. Marschlinie dieser beiden Brigaden, die nur auf die 186. Halbbrigade bezogen werden kann,
eingezeichnet. Dieselbe beginnt eine Strecke vor Cußerthal — der Plan geht
nicht weiter — zieht von da über das Steineck und den Erlenkopf fort und endigt bei dem Kieselecker Bild oder wenigstens in der Nähe desselben zwischen
dem Erlenkopf und dem Satzerstein. Hat auch das „M.-W.-Bl. v. 1825"
mit seiner Linie bis zu diesem Endpunkt das Richtige getroffen, so weiß dasselbe den weiteren Weg von da an ebenso wenig, wie Saint-Cyr einen
solchen vom Bösenberg aus kennt, und theilt damit das Schicksal aller
Beschreibungen der Ereignisse vom 13. Juli 1794. Denn ist
das „M.-W.-Bl." genöthigt, mit seiner Marschlinie plötzlich Halt zu machen,
weil ein Thor, dessen Oeffnen ihm versagt ist, die Fortsetzung unbedingt
hindert.

Da der Verfasser den Schlüssel zu diesem Thor besitzt, so soll die
letztere nunmehr erschlossen und klar gezeigt werden, welche Marschlinie die
186. Halbbrigade von jenem Haltpunkt aus einhielt.

Die genannte Halbbrigade brach nämlich, nach ihrer Rast bei dem Kieselecker Bild, beiläufig um 2 Uhr Nachmittags von da auf und marschirte, den
Obersten und die Stabsofficiere, welche den Weg von Steineck bis zu jenem
Bild zu Pferd zurückgelegt hatten, zu Fuß an der Spitze ¹), unter der Führung
des Jägers, in das nahe Schlotterthal hinab, aus diesem bergan in den Sat-

---

¹) Die Reitpferde blieben mit den 10 Husaren zurück, um auf der Hochstraße sich zum
Detachement des Generals Siscé zu begeben.

tel zwischen dem Ersten und dem Zweiten Kopf, von da durch das Langenthal in das Pferdötrappenthal hinunter, woselbst eine kurze Zeit geruht wurde, dann dieses Thal längst dem unteren nordwestlichen Abhang des Flachkopf hinab bis ins sogenannte Wiesel und von hier links vom Birkenkopf, die steile Halde seines südöstlichen Ausläufers „Kühlkopf" hinauf zum nordwestlichen oberen Hang des Bösenberg [1]), woselbst verabredeter Maßen die kleine und letzte Rast statt hatte.

§. 45.

C. Besatzung des Schänzel.

Obgleich die Bewegungen des Feindes am frühen Morgen des 13. Juli gegen die Stellung der Besatzung im Centrum und auf ihrer Linken, besonders auch in der Richtung nach dem Meisenthal und dem Sattel E schon um 6 Uhr beendigt waren — wie das „M.-W.-Bl. v. 1825" ausdrücklich einräumt — so scheinen sie doch hingereicht zu haben, der schon am Abend zuvor, freilich unnöthiger Weise, rege gewordenen Besorgniß (§. 41 S. 98), als hätten die Franzosen die Absicht, die Position des Schänzel von dem Ebenkobener Thal her im Rücken zu nehmen, vorerst neue Nahrung zu geben und Gegenmaßregeln zu veranlassen.

Hierüber ist wenigstens im „M.-W.-Bl. v. 1825" Folgendes gesagt:

„Der Feind erkletterte um 4 Uhr Morgens die Höhe des Platersberg und drang mit einer anderen starken Colonnen durch den Krautgarten vor, indem er mit beiden Colonnen die Richtung gegen das Ebenkober Thal zu nehmen schien. Der General v. Pfau bestimmte sogleich 1 Comp. von Kunitzki zur Verstärkung des Postens am Ebenkober Frohnbaum [2]), der den oberen Ausgang dieses Thales beherrschte. Der Hauptmann v. Bergen, vom Erbprinzen v. Hohenlohe eben zurückgekehrt, wurde hienächst von den Generalen v. Pfau und v. Voß ermächtigt, auf dem Hasselberg und dem Steinkopf, welcher letzter Berg das Ebenkobener Thal von der dem ersteren entgegengesetzten Seite einsieht und östwärts durch einen meist freien und gangbaren Rücken mit der Kuppe des Hochberg zusammenhängt, die nöthigen Anordnungen zur Vertheidigung des gedachten Thales zu treffen, wenn der Feind weiter in dasselbe eindringen sollte, um den Posten vom Schänzel in seiner linken Flanke zu umgehen. Bei seiner Ankunft im Hasselberg trafen hier eben die zur Verstärkung nachgerückten 2 Comp. v. Kunitzki ein, worauf er diese sogleich daselbst Posto fassen und dagegen die bereits hier gestandenen Compagnien nebst der zuletzt vom Schänzel detachirten Compagnie nach dem Steinkopf rücken ließ. Unterdessen war der Feind bereits bis auf den sogenannten Zweiten Berg vorgedrungen und hatte die Jäger-Comp. v. Tümpling

---

[1]) Vom Kieseleder Bild kommt man in 1½ Stunde bis zum Sattel zwischen dem I. und II. Kopf, von da in einer guten Stunde bis ins Wiesel und von hier in einer starken halben Stunde auf dem Bösenberg, was zusammen 2 gute Stunden ausmacht. Rechnet man hiezu die ¾ St. vom Bösenberg zur Hochstraße über den Aspenkopf, so ergibt sich im Ganzen der 3¼ Stunde weiter Weg.

[2]) Von diesem „Frohnbaum" will heute Niemand mehr etwas wissen; er ist indeß, auch nach dem Plan beim „M.-W.-Bl. v. 1825", in den Sattel D dorthin zu verlegen, wo der alte Weg nach Ebenloben die Hochstraße verließ.

zurückgedrängt. Feindliche Tirailleurs waren schon von der Höhe des Zweiten Berges in das Edenkobener Thal hinabgestiegen, als sie hier von den beiden Kanonen der Posten auf dem Hasselberg und Steinkopf beschossen und dadurch vom weiteren Vordringen abgehalten wurden."

Wer die Gegend genauer kennt und zugleich die Stärke der Brigade Desgranges, ihre Position, so wie die uur zweistündige Dauer der „ersten Bewegungen" in Betracht zieht, der sieht sich vor eine Menge von Unrichtigkeiten, Verwechselungen, Widersprüchen und Unmöglichkeiten gestellt. Colonnen der Brigade Desgranges konnten nicht zu gleicher Zeit in der Richtung nach dem Edenkobener Thal die Höhe des Platersberg — mit dem der Blättersberg gemeint ist — sogar bis zum Punkt g des Plans beim „M.-W.-Bl. v. 1825" (Plan Nr. III) ersteigen und durch den Krautgarten vordringen; denn dazu war die Brigade, deren Aufgabe, abgesehen von dem Kesselberg, keine andere als die war, das Schänzel auf der Front von Schanze Nr. IV bis zur Schanze Nr. III anzugreifen, viel zu schwach und die Zeit viel zu kurz. Hiezu kommt, daß man vom Modenbacher Hof her den Weg nach dem Edenkobener Thal nicht über die östliche Kuppe des Blättersberg, sondern durch das Meisenthal nimmt und daß vor. Krautgarten aus wegen der Terrainschwierigkeiten und der Nähe der preuß. Position auf dem Schänzel, insbesondere der Schanze Nr. III, in deren Bestreichungsraum der Pfad vom Schenkenbrunnen bis zum Sattel E lag, gar nicht in das Edenkobener Thal rechtzeitig zu gelangen war. Wie vom Schänzel aus 2 Kanonen auf den Hasselberg und den Steinkopf gekommen sein sollen, das ist ebenso wenig begreiflich, sobald man die Oertlichkeiten und die Entfernungen in Anschlag bringt. Sollte es auch möglich gewesen sein, Kanonen auf den Hasselberg, für den jedenfalls der Halsberg gesetzt werden muß, zu schaffen — etwa über den Sattel E — so war es dagegen eine reine Unmöglichkeit, deren auch in der Geschwindigkeit auf den Steinkopf führen zu können; denn letzterer, der im „M.-W.-Bl." so beschrieben ist, daß das Produkt auf gar keinen Berg in der Nähe des Hochberg paßt, läge nach dem Plan beim „Mil.-W.-Bl." nordwestlich vom Hochberg hinter dem Haselbruchthal und mehr nach dem St. Martiner Thal zu, so daß er von dem Halsberg durch das tiefe Edenkobener Thal getrennt ist. Ueberhaupt herrscht auch bezüglich der Geschütze beim „M.-W.-Bl." ein großer Wirrwar. So heißt es darin zuerst: „1 Kanone auf dem Hasselberg" (S. 99), gleich darauf: „3 Geschütze auf dem Kessel- und Hasselberg" (Anm. [1]) S. 99), dann: „beide Kanonen der Posten auf dem Hasselberg und Steinkopf" (oben Zeile 2 u. 3), hierauf: „2 Kan. am Edenkobener Frohnbaum" (S. 99 u. 112), endlich: „2 Kan. am Steinkopf (S. 112 u. §. 48) und 2 Kan. in der Gegend der 5 Steine" („Mil.-W.-Bl. v. 1841". Anm. [2] S. 112).

Dieser ganze Wirrsal läßt sich denn auch nur dadurch einigermaßen entwirren, daß an die Stelle des „Steinkopf" unbedingt der „Steigerkopf" und selbst an jene des „Hochberg" der „Kesselberg", mit dem der Steigerkopf durch den Sattel E ostwärts zusammenhängt, gesetzt wird. Wenigstens passen die Worte „2 Kanonen am Frohnbaum" und „2 Kanonen auf dem Hasselberg und Steinkopf" um so mehr auf den „Steigerkopf", als diese beiden Kanonen unstreitig mit den „2 Kanonen in der Gegend der 5 Steine" identisch sind, die 5 Steine aber sich unweit des Steigerkopf befinden.

Hatte der Feind die Jäger-Compagnie v. Tümpling, welche nach dem Plan beim M.-W.-Bl. auf dem Blättersberg in der Nähe der Rippburg stand, zurückgedrängt und war er bis zum Zweiter Berg vorgedrungen, von wo seine

Tirailleure schon in das Ebenkobener Thal hinabstiegen, so gehörten diese Truppen nicht zur Brigade Desgrange's, sondern zur Brigade Girard-dit-vieur, und wurden, während diese schon am Vormittag ihre Linie bis zu den Hügeln unterhalb der Rippburg auszudehnen und die Preußen vom Gebirge abzudrängen suchte (§. B. 29 S. 56), augenfällig zu dem Endzweck auf den Blättersberg detachirt, um etwa durch den Einschnitt zwischen dem Haag und dem Zweiter Berg in das Ebenkobener Thal zu gelangen und auf diese Weise die Operation ihrer Brigade zu unterstützen. Auf dem Plan beim M.-W.-Bl. ist denn auch wirklich unter v eine Colonne eingezeichnet, welche zur Division Saint-Cyr gehörte und, aus der Ebene oder vom Vorbergebirge (Hainfeld, Weyher, Burrweiler) kommend, den Blättersberg hinaufrückte[1]. Die Kanonen aber anbelangend, von welchen die Tirailleure der Brigade Girard-dit-vieur am weitern Vorrücken — das Thal hinunter, nicht hinauf — abgehalten wurden, so waren dieselben unverkennbar weder auf dem Haßelberg (Halsberg) noch auf dem Steinkopf (Steigerkopf), sondern auf dem Kiefernberg (h im Plan Nr. III) aufgestellt.

Wenn endlich das „M.-W.-Bl. v. 1841" seinerseits die Jäger-Comp. v. Tümpling in den Krautgarten verlegt und dieselbe, weil von überlegenen Streitkräften angegriffen, sich „unter dem Schutz der am Fuße des Hochberg (d. h. auf dem Kiefernberg) placirten Geschütze" in das Ebenkobener Thal zurückziehen läßt, so ist dieser Vorgang jedenfalls auf den Nachmittag des 12. Juli zu beziehen; es liegt jedoch hierin die Bestätigung dafür, daß die Batterie auf dem Kiefernberg — die 12pfd. v. Hahn — es war, wodurch das weitere Vorrücken der Tirailleure am Vormittag des 13. Juli verhindert wurde.

Als an die Stelle der am frühen Morgen begonnenen und nach Verlauf von 2 Stunden eingestellten Bewegungen oder vielmehr Demonstrationen allmählig solche Operationen sich zu entwickeln begannen, wie sie oben im §. 43 A. geschildert sind, so mußte sich dem General v. Pfau die Erkenntniß aufdringen, daß es der Feind nicht mehr zunächst auf den Keſſelberg und noch viel weniger auf den eigentlichen linken Flügel der preußischen Stellung oder gar auf deren Umgehung vom Ebenkobener Thal aus, sondern hauptsächlich und vor Allem auf das Centrum und den rechten Flügel abgesehen habe. Derselbe fand es daher zuvörderst für räthlich, nicht allein die beim Major v. Borck zu Hilfe geschickten 2 Comp. des Grenadier-Bat. v. Kunitzki[2] wieder von dem Keſſelberg weg und in die Hauptposition auf dem Schänzel zurückzuziehen, sondern auch die auf dem Haßelberg (Halsberg) befindlichen 2 Muskettier-Comp. eben dahin zu beordern und sie, unter Zutheilung der bisher beim Ebenkobener Frohnbaum gestandenen 2 Kanonen, als eine Reserve beim Steigerkopf Posto

---

[1] Da hier blos von Vorgängen am Morgen und Vormittag des 13. Juli die Rede ist, so bleibt die Absendung von Tirailleuren der Brigade Girard-dit-vieur in das obere Ebenkobener Thal am Nachmittag des 13. Juli, so wie jene der 2 Bat. leichte Infanterie unter dem Brigadechef Gazan nach dem Blättersberg am nämlichen Nachmittag, hier außer Berücksichtigung. Doch ist es möglich, daß beim „M.-W.-Bl. v. 1825" auch hier eine Verwechselung bezüglich der Tageszeit vorliege, so daß seine Angabe am Ende doch auf jene Tirailleure und diese 2 Bat. zu beziehen wäre (§. 29 B. S. 59 und 62).
[2] Nach dem „M.-W.-Bl. v. 1841" wären sogar nur 6 Comp. auf dem Keſſelberg „drei in die Position auf der Platte" befehligt worden, weil General v. Pfau für die Schanzen Nr. I und Nr. II (d. h. Nr. IV und Nr. I auf den Plänen IV u. V) Besorgniß gehegt habe. Das nämliche „W.-Bl." läßt zugleich 2 Kanonen in der Gegend der 5 Steine placiren.

faffen zu laffen. Wenn das „Magazin" beifügt, daß diese Referve „zur Deckung der Thäler" beſtimmt geweſen ſei, ſo iſt auf eine ſolche allgemeine und unbeſtimmte Ausdrucksweiſe kein anderes Gewicht zu legen, als daß ſie die Aufſtellung jener Referve überhaupt beſtätigt. War General v. Pfau auch der Beſorgniß vor einer Umgehung vom Ebenkobener Thal aus enthoben, ſo trat an deren Stelle nichts weniger, als die Befürchtung, daß eine ſolche Bewegung aus einem anderen, wenn gleich nicht unmittelbar, angrenzenden, Thale her erfolgen könne. Im Gegentheil! Das Verhängniß wollte es nun einmal, daß der Gedanke an eine Umgehung vom Norden her gar nicht Wurzel faßte. Nirgends iſt auch nur die leiſeſte Andeutung dafür zu finden, das gegen eine ſolche Umgehung irgend eine Vorſorge getroffen worden wäre, man müßte denn gerade die Mittheilung in den „Aufzeichnungen eines preuß. Off.", als habe „General v. Pfau, um nicht abgeſchnitten werden zu können, etwa eine gute halbe Stunde im Rücken ſeiner Stellung auf dem Berggrat, da, wo ein Waldweg von Weſten her den, der auf's Schänzel führt, durchkreuzt, eine Compagnie Musketiere aufgeſtellt", dafür gelten laſſen; allein es iſt aller Wahrſcheinlichkeit damit nur jene Compagnie gemeint, welche General v. Pfau früher zur Verſtärkung des Poſtens am Ebenkobener Frohnbaum abgeſendet hatte, wobei es aber ungewiß bleibt, ob dieſe Compagnie dort belaſſen oder — was das Glaublichere iſt — mit den beiden ebendaſelbſt befindlichen Kanonen und und den beiden Comp., die vor der Ablöſung durch 2 andere Comp. auf dem Haßelberg (Halsberg) ſtanten, auch nach dem Steinkopf (Steigerkopf) zurückgezogen wurde. Dagegen iſt es als ein wahres Phantaſieſtück zu betrachten, wenn auf dem Plan bei Saint=Cyr 2 Abtheilungen Preußen — wie es ſcheint, ganze Bataillone — eingezeichnet ſind, wovon die eine unterhalb des Langenkopf und die andere in der Nähe des Herrgottsbrünnchens poſtirt geweſen wäre; denn bei gehöriger Achtſamkeit hätten dieſen beiden Poſten oder wenigſtens dem einen oder dem anderen davon der Marſch der 186. Halbbrigade in das Kleyenthal hinunter und dann dieſes Thal hinauf zum Aſpenkopf doch kaum entgehen können, vorausgeſetzt immerbin, daß ein Einblick in das genannte Thal bamals überhaupt nicht durch Waldungen gehindert war.

Hatte ſich General v. Pfau in der Anſicht nicht getäuſcht, daß die Operationen der Franzoſen jetzt dem Schänzel ſelbſt gälten, ſo mußte er, als dieſe Operationen in einer mit Beharrlichkeit fortgeſetzten Reihe von Neckereien, Plänkeleien und ernſteren Anläufen ſich bethätigten, nun auch die Ueberzeugung gewinnen, daß ihm ein heißer Tag bevorſtehe. Trotz ſeinem Vertrauen auf die Stärke der Stellung und die erprobte Tapferkeit der Beſatzungstruppen, konnte er ſich dennoch nicht des beunruhigenden Gedankens erwehren, daß die Situation gefährlich werden könne, wenn die Franzoſen ihre Anfälle mit der gleichen Ausdauer immer wieder erneuern und dazu noch Verſtärkungen erhalten würden [1]. Vielleicht war es auch die Ahnung einer ſich nähernden ſchlimmen Wendung, welche die Seele des greiſen Generals erfüllte. Begreiflich iſt es aber hiernach, daß derſelbe es der Vorſicht und Vorſorge gemäß hielt, den Hauptmann v. Bergen abermals zum Erbprinzen v. Hohenlohe zu ſenden und eine weitere Verſtärkung von mindeſtens 2 Bat. bringend zu verlangen.

---

[1] Die Preußen konnten, insbeſondere durch Gefangene, doch wohl wiſſen, daß bei ben bisherigen Kämpfen blos die Brigade Desgranges engagirt geweſen ſei. Es fehlte alſo noch die Brigade Siſcé und lag damit nahe, an deren bevorſtehende Cooperation mit der Brigade Desgranges wenigſtens zu denken.

Die Franzosen trafen inzwischen an allen Punkten, wo sie den Verschanzungen näher kamen oder sich, wie zumal bei der Centrumsschanze, in entschiedenerem Vorgehen versuchten, auf die nachdrücklichste Abwehr von Seiten der preuß. Truppen, so daß sie sich bis zur Mittagszeit keines anderen Erfolges zu rühmen hatten, als den, sich des Verhaues F bemächtigt, ihre Operationen über diesen hinaus erstreckt und, wie schon S. 106 angedeutet, bei ihren „forcirten Recognoscirungen" brauchbare Notizen für den Spätnachmittag gesammelt zu haben. Die preuß. Infanterie, der, wie schon oben §. 37 S. 90. gesagt ist, bei der Vertheidigung des Schänzel die Hauptaufgabe zufiel, sparte im Laufe aller dieser Scharmützel und Gefechte, sei es, daß sie sich der zähen Belästigung durch die franz. Tirailleure damit zu erwehren suchte, oder daß sie sich von denselben das Feuer allzu sehr entlocken ließ, das Pulver und Blei so wenig, daß ein jeder Soldat blos am 13. Juli über 100 Patronen verschossen haben soll.

Als die Franzosen gegen 12 Uhr Mittags allerwärts die Kämpfe abbrachen und sich in die zuvor innegehabten Stellungen zurückzogen, stellten auch die Preußen ihr Feuer ein, ohne daß sie, weil sie sich dazu doch nicht für stark genug hielten, die rückgängige Bewegung zu einer wirksamen Verfolgung oder zu irgend einem Gegenstoß zu benützen versucht hätten. Ueber alle jene Kämpfe am Morgen und Vormittag weiß das „M.-W.-Bl. v. 1825", außer der erwähnten Vertreibung des Postens am Satzerstein, nur folgendes Wenige zu berichten:

„Am heftigsten war der Kampf auf dem Kesselberg und am Rennpfad, wo der Feind mit dem größten Nachdruck durchzudringen suchte. Weder das Kartätschenfeuer der Geschütze, noch das kleine Gewehrfeuer vermochten ihn aufzuhalten; nur durch den Angriff mit dem Bajonet wurde er endlich zum Weichen gebracht. Die hitzigen Sturmanfälle des Feindes wurden am Vormittag noch dreimal von ihm wiederholt, bis er endlich um Mittag, nachdem er viele Leute verloren, die weiteren Angriffe aufzugeben schien."

Was den Kesselberg anbelangt, auf dem es aus dem einfachen Grund kein Kartätschenfeuer gab, weil kein Geschütz oben war, so findet hier eine Verwechselung mit den Angriffen am Spätnachmittag des 12. Juli statt; denn am Morgen und Vormittag des 13. Juli wurde gegen den preuß. Posten auf dem Kesselberg nur geplänkelt und konnte ein ernsthafter Angriff auf diesen Posten um so weniger vor sich gehen, als ein solcher, zumal nach der am Tage vorher dort erlittenen Schlappe, für den Morgen und Vormittag des 13. Juli gar nicht mehr im Plan der Franzosen lag, deren eigentliche Schlachtlinie jetzt in das Terrain vom Küchenkopf bis zur Salzgrube gerückt war. Und wie hätte General v. Pfau 2 (oder sogar 3) von den 6 Compagnien auf dem Kesselberg von da weg nach dem Schänzel ziehen mögen, wenn zu jener Zeit dort ein heftiger Kampf stattgefunden oder für die nämliche Zeit in Aussicht gestanden hätte? Mit den Sturmanfällen am Rennpfad (auf die Schanze Nr. II) können dagegen nur die bei den Operationen unterlaufenen Scheinangriffe gemeint sein. Auffallen muß es aber, daß im „M.-W.-Bl." der gleichzeitigen Bewegungen von der Salzgrube aus gegen die Schanzen Nr. I und Nr. IV, so wie gegen die Brustwehr G gar nicht gedacht ist, obwohl gerade diese Operationen, wenn auch weniger lebhaft und heftig, wie jene gegen die Schanze Nr. II, doch ausgedehnter und anhaltender, damit aber an und für sich bedenklicher waren (§. 43 und Anm. 2. S. 105. mit §. 45 S. 112. und Anm. 2. dort).

§. 46.

D. Die Pause vom Mittag bis zum Spätnachmittag.

General Desgranges, der zu dieser Pause die Initiative gegeben hatte, verwendete dieselbe dazu, nicht allein seinen begreiflicher Weise sehr ermüdeten und ohnehin auf sehr magere Kost gesetzten Truppen für den, auf den Spät= nachmittag zu gewärtigenden, Hauptangriff die nöthige Erholung zu verschaffen, sondern auch seine Vorkehrungen so zu treffen, daß seine Bataillone bereit waren, zur kritischen Zeit (§. 47 S. 120) auf ein verabredetes Zeichen hin [1] gleich= zeitig gegen die ihnen dazu angewiesenen Punkte der preuß. Stellung vorzu= rücken und zum Sturm auf die Schanzen zu schreiten, um auf diese Weise den bevorstehenden Angriff des Schänzel durch die 18G. Halbbrigade rechtzeitig und wirksam unterstützen zu können.

Dagegen sah die Besatzung des Schänzel, dem „M.=W.=Bl. v. 1825" zufolge, die Angriffe des Feindes als völlig beendigt an, obwohl Hauptmann v. Bergen, der nach eingetretener Pause auf Befehl des Generals v. Pfau nochmals in das Hauptquartier ritt, um den Erbprinzen v. Hohenlohe über den Stand der Dinge mündlichen Rapport zu erstatten, die schon am Vormit= tag gestellte Bitte um eine Verstärkung von 2 neuen Bat. in Anbetracht der Möglichkeit erneuerte, daß der Feind seine überlegenen Angriffe wiederholen werde — eine Bitte, die jedoch keine weitere Berücksichtigung fand, nachdem der Erbprinz dem vormittägigen Antrag durch die Absendung der 2 Musketier= Bat. v. Schladen bereits entsprochen hatte und sich jetzt nur auf allgemeine Instruktionen beschränken zu sollen glaubte.

Zwar berichtet das „M.=W.=Bl. v. 1841", daß die ununterbrochenen und auf allen Punkten gleichzeitig erfolgten Angriffe des Feindes durch den uner= schütterlichen Muth und die äußerste Standhaftigkeit der Truppen von Mor= gens $3^1{}_2$ Uhr bis Mittags 3 Uhr jedesmal zurückgeschlagen worden seien, indem es um diese Zeit geschienen habe, als wolle der Feind von allen weiteren Versuchen abstehen; allein dieser Bericht steht, abgesehen von seiner augen= fälligen Uebertreibung, bezüglich der Pause nicht allein mit jenem im „M.= W.=Bl. v. 1825", sondern mit den Thatsachen, wie sie erwiesen vorliegen, im grellsten Widerspruch und verdient daher nicht die mindeste Beachtung.

General v. Pfau, der, wie gesagt, die Meinung der Besatzung, als sei das Tagewerk vollendet, nur mit Vorbehalt theilte und hiernach handelte, hegte hiebei sicherlich keine andere Ansicht, als die, daß der Feind, sollte er seine Angriffe erneuern, dies immer nur wieder von den nämlichen Punkten aus thun würde, von wo aus sie am Morgen und Vormittag ausgeführt worden seien. So scheint denn auch die doch so plötzlich eingetretene Pause wenigstens keinen Anlaß zum Nachdenken darüber gegeben zu haben, durch was sie etwa herbeigeführt worden sei und was allenfalls dahinter stecken möge.

In die Pause fallen folgende zwei beachtenswerthe Schreiben, die am Nachmittag des 13. Juli schon beiläufig um 2 Uhr an ihre Adresse ge= langten:

---

[1] In den „Aufzeichnungen" ist ausdrücklich gesagt, daß vor dem Hauptangriff am Spätnachmittag ein solches Zeichen bei der Brigade Desgranges an dem einen Punkt gegeben und am anderen beantwortet worden sei, und es ist das Zeichen selbst als ein „leuchtender Strahl" (Rakete) beschrieben.

1) „Annweiler, ben 25. Meßibor II (13. Juli 1794). Michaub an Gouvion Saint=Cyr. Desgranges und Sisce schlagen sich lebhaft; Sibaub ist vorwärts Hofstätten.

„P. S. Sisce ist Herr von Steineck: er wendet sich nach dem Blöbers=berg, indem er sich an Desgranges anlehnt; mit biesem steht es gut (celui-ci-va bien)".

Mit bem lebhaften Schlagen von Sisce ist, wie schon ber damit in Verbinbung gebrachte Satz über Sibaub und die Nachschrift im ersten Satz barthun, nichts anderes gemeint, als die Vertreibung der preuß. Posten auf bem Steineck und am Erlenkopf. Hiemit steht auch ber zweite Satz mit ber Nachschrift im Einklang, weil er boch nichts weiter heißen will, als baß sich Sisce erst jetzt nach bem Blöbersberg wenten und an Desgranges an= lehnen werde. Auf ber Karte bei Saint=Cyr befinden sich 2 Berge mit bem Namen Blöbersberg, wovon der eine der Blätteröberg bei Weyher der andere ber Drenselberg bei der Mobenbacher Schloßruine ist. Michaub kann aber unter seinem „Blöbersberg" keinen biefer 2 Berge, sondern muß barunter ben Plattberg ober ben Triefenberg — bas Schänzel selbst — verstanden haben; benn nur bann hat auch bas „Anlehnen", weil es boch blos auf ber bei ber Salzgrube befindlichen Linken von Desgranges hätte erfolgen können, einen vernünftigen Sinn. Freilich hanbelte es sich nicht blos um ein „Anlehnen", sondern um ein Umgehen; allein ber von Michaub gewählte unrichtige Aus= bruck läßt sich baburch erklären, baß ber Obergeneral in seinem Quartier zu Annweiler entweber nur von ber Einschiebung ber Vertreibung bes Postens auf bem Steineck in die Aufgabe ber Brigaben Desgranges und Sisce Kenutniß besaß, dagegen von bem Ramberger Beschluß, bei ber auch biesen Generalen durch ben Kriegsrath zugestandenen Befugniß, je nach Umständen selbstständig zu hanbeln, gar nicht ober nicht genügend unterrichtet war, ober baß er Ursache hatte, gerabe bas Wichtigste beim Zweifel, ob bas Wagstück gelingen werbe, in bem bamaligen kritischen Moment bem Papier nicht anzu= vertrauen.

Wie bem Allem aber auch sein möge: so viel bleibt immerhin gewiß, baß ber Brief von Michaub bas vollkommen bestätigt, was oben im §. 42 E. und im §. 43 B. gesagt ist. Er wirb wohl, auf bie von ben Brigabegeneralen erstatteten ersten Berichte, um bie Mittagszeit geschrieben worden sein.

2) „Ramberg, ben 25. Meßibor II (13. Juli 1794). Desgranges, Brigabegeneral, an Gouvion Saint=Cyr, Divisionsgeneral. Ich habe bie Hochebene, von ber bu mir sprachst [1]), gesäubert und ben Feind bis in seine Hauptstellung zurückgetrieben [2]), wo er noch Wiberstand leistet. Du mußt mel= nen Angriff gehört haben; er war kräftig, und ich setze ihn ebenso fort. Allein ich habe noch nichts auf meiner Linken gehört; boch vernehme ich, baß Sisce ben Posten von 500 M. auf ber Höhe bes Steineck zurückgetrieben hat, und wir werden jetzt mit einander im Einklang hanbeln. Du mußt mich ben ganzen Morgen hinburch gehört haben; mache also alle Anstrengungen, um so viel, wie möglich, festzuhalten. Wir werden eine neue Anstrengung machen."

Zu biesem Schreiben ist im Werk von Saint=Cyr Folgenbes bemerkt:

„[1]) Dieses Plateau ist basjenige, welches einen Theil bes Blöbersberg (Drenselberg) ausmacht und auf bem bie Preußen einige Schanzen im Süden bes Schänzel angelegt hatten."

„[2]) Damit ist bas eigentliche Schänzel gemeint."

Desgranges, der an Saint-Cyr offenbar erst dann schrieb, als er gegen das Ende des Vormittags die in §. 43 A. erwähnte Depesche des Generals Sisce empfangen und den Abbruch der Gefechte auf der ganzen Linie befohlen hatte, konnte unter dem „kräftigen Angriff", wenn er ihn auch mit stärkeren Farben auftrug, doch nichts weiter verstehen, als die mehr oder weniger lebhafte Demonstrationen und Scheinangriffe am Morgen und Vormittag. Dagegen bezieht sich die „neue Anstrengung" auf den für den Spätnachmittag verabredeten combinirten Angriff der Brigade Desgranges und der 186. Halbbrigade. Hatte Desgranges wohl so gut, wie Michaud, Grund dazu, sich nicht bestimmter und ausführlicher auszusprechen, so gab er doch durch den Satz „wir werden jetzt mit einander in Einklang handeln" deutlich genug zu verstehen, daß er und Sisce nach einem im voraus festgestellten Plan verfuhren, dessen Schlußakt jetzt zum Vollzug kommen werde. Hieran kann um so weniger gezweifelt werden, als Desgranges ja im Moment, wo er die Vertreibung der Preußen vom Steineck „vernahm", auch schon den „Einklang" zwischen ihm und Sisce kannte.

Selbst die Aufforderung an Saint-Cyr „festzuhalten" (nämlich das Corps des Erbprinzen v. Hohenlohe vollauf zu beschäftigen), verräth eine Zuversicht, die nur auf einer so sollben Basis, wie der fragliche Plan, beruhen konnte.

Auch der Brief von Desgranges dient demgemäß zur Bekräftigung dessen, was oben in dem §. 42 E. und §. 43 B. vorgetragen ist.

Es ist jetzt noch eine Lanze mit Saint-Cyr zu brechen. Derselbe macht nämlich dem General Sisce den Vorwurf, „daß er in der Meinung, sich des Postens auf dem Steineck bemächtigen zu müssen, obgleich letzterer doch zu sehr links und vom Schänzel viel zu weit entfernt gewesen sei, um auf diesen Einfluß üben zu können, einen halben Tag verloren und dem Feind dadurch Zeit gegeben habe, eine Verstärkung nach dem Schänzel zu schicken, die ohne die rechtzeitige Hilfe durch Gazan das Unternehmen hätte scheitern machen können." Doch spricht Saint-Cyr dem genannten General im nämlichem Athem das Verdienst zu, „daß er, nachdem es dem General Desgranges nicht gelungen sei, den Kesselberg, der das Schänzel beherrsche, oder letzteres selbst in der Front zu forciren, endlich gegen Abend nach seiner Rückkehr vom Steineck den vortheilhaftesten Punkt zur Vertreibung des Feindes gefunden, d. h. daß er ihn, um die Hindernisse zu vermeiden, die er in der Front nicht zu überwältigen vermochte, auf seinem rechten Flügel umgangen habe."

Indem vorbehalten bleibt, die völlige Unrichtigkeit der Behauptung, als habe eigentlich Gazan — im Vollzug eines Befehls von Saint-Cyr — durch eine rechtzeitige Hilfe die Eroberung des Schänzel sicher gestellt, weiter unten darzuthun (im §. 56), ist schon hier nachzuweisen, daß die ganze obige Aufstellung von Saint-Cyr, der es so sehr liebt, auf Unkosten Anderer sich hinten nach mit der Feder Verdienste zuzuschreiben, durchaus unhaltbar und geradezu ersonnen zu betrachten sei. Es wird sich dabei auch zeigen, wie wenig Glauben das verdiene, was der Specialplan bei seinem Wert bezüglich der Stellungen der Brigade Desgranges und der 186. Halbbrigade am Nachmittag des 13. Juli, ersehen läßt.

1) Bei der schweren Verantwortlichkeit, die, wie schon bemerkt (§. 42 S. 100), unter der Herrschaft des damaligen Schreckensystems auf den Brigadegeneralen der ihres Chef beraubten IV. Division für den 13. Juli haftete, ist die An-

nahme, als habe Si s c é bie burch bie Mobifitation Bnchst. c bes Lanbauer
Operationsplanes (§. 24 S. 41) ihm unb D e s g r a n g e s auferlegte Vertreibung
bes preuß. Postens auf bem Steinec (unb am Erlenkopf), an bem entschei-
benben Tag einseitig unb ohne vorgängige Verständigung mit D e s g r a n g e s
unternommen, mit bem gesunben Menschenverstanb um so weniger vereinbar,
als sonst vorausgesetzt werben müßte, baß am 13. Juli bis zum Spätnachmittag Uneinigkeit zwischen ben beiben Generalen geherrscht habe — wie
S a i n t - C y r verbächtigenb anbeutet — unb baß bann plötzlich, wie ein deus
ex machina, bie schönste Harmonie an bie Stelle getreten sei. Eine solche
Voraussetzung, an unb für sich schon unhaltbar, zerfällt aber vor ber Erwägung vollenbs in nichts, baß ber Obergeneral M i ch a u b nicht allein, seinem
Briefe an S a i n t - C y r zufolge, bie fragliche Expedition mit seiner Zustimmung vor sich gehen ließ, sonbern sogar in seinem Berichte an bie Volksrepräsentanten vom 15. Juli ben vollkommenen Einklang zwischen ben beiben
Generalen besonbers hervorhob.

2) Es ist ebenso unbenkbar, baß S i s c é erst nach seiner Rückkehr vom
Steinec „gegen Abenb" burch einen reinen Zufall, ober wie burch ein Wunber,
einen beschwerlichen unb weiten Weg über Berg unb Thal zur Umgebung bes
Schänzel entbeckt habe unb baß, trotzbem „gegen Abenb" noch bie Möglichkeit
gegeben gewesen sei, mit D e s g r a n g e s einen combinirten Plan zu verabre-
ben, ber sich vor Einbruch ber Nacht — weil seit J o s u a kein Felbherr mehr
ber Sonne Stillstanb gebieten konnte — nur bann hätte ausführen lassen,
wenn bie 186. Halbbrigabe hätte fliegen unb bie Brigabe D e s g r a n g e s
hätte zaubern können, Dinge, bie allerbings selbst ber, so weit vorgeschrittenen
mobernen Kriegswissenschaft, vorerst noch spanische Dörfer sinb.

3) D e s g r a n g e s hätte, „wenn ber vortheilhafteste Punkt zur Vertreibung bes Feinbes" erst „gegen Abenb" entbeckt worben wäre, nicht schon am
Vormittag bem General S a i n t - C y r schreiben können, baß er nunmehr mit
S i s c é im Einklang hanbeln werbe; benn bieser Einklang konnte ja nur
barauf beruhen, baß jene Entbeckung bereits stattgehabt habe.

4) Selbst bie auf Befehl von D e s g r a n g e s gegen Mittag so plötzlich
erfolgte Einstellung ber Operationen bekommt nur baburch einen richtigen Sinn,
baß man sie mit einem bestimmten Plan in Zusammenhang bringt.

5) S i s c é konnte bei ben Versuchen, bas Schänzel burch „Angriffe in
ber Front zu nehmen", aus bem einfachen Grunb keine „nicht zu bewältigenbe
Hindernisse" gefunben haben, weil er solche Versuche weber gemacht hatte, noch,
seines Zuges nach bem Steinec wegen machen zu können in ber Lage war,
wie bies zur Genüge auch schon burch bie Bemerkung von D e s g r a n g e s
im Brief an S a i n t - C y r erhärtet wirb, baß er am Vormittag nichts auf
seiner Linken gehört habe.

6) Aus bem Plan bei S a i n t - C y r ist nur zu ersehen, baß bie Brigabe
S i s c é am Morgen bes 13. Juli von Ramberg aus in bie Vormittagsstel-
lung auf ber Salzgrube unb bem Gungelkopf (Kühnel) gerückt, von ba aber
b i r e k t in bie Nachmittagsstellung auf ben (im Plan nicht einmal genannten)
Bösenberg marschirt wäre; vergeblich sucht man aber auf bemselben bie Haupt-
s a ch e, nämlich bie Marschlinie a. für ben Abstecher nach bem Steinec unb
b. für bie Route vom Steinec (ober Erlenkopf) nach bem Bösenberg, c. für
ben Marsch von letzterem nach bem Schänzel.

Ebenso fehlt jeber Aufschluß barüber, wie es benn für bie Franzosen ausführbar gewesen wäre, in ber Zwischenzeit zwischen ber Vormittags- unb ber

Nachmittagsstellung nach dem Erlenkopf und dem Steineck zu marschiren, die dortigen Posten zu vertreiben, dieselben so weit nöthig zu verfolgen und dann so rechtzeitig zurückzukehren, um noch „gegen Abend" den „vortheilhaftesten Punkt" zur Vertreibung des Feindes auf dem Schänzel nicht allein entdecken, sondern auch so benützen zu können, daß sie die Position schon gegen 7 Uhr Abends in Besitz zu nehmen vermochten

Ist nun die der Brigade Sisce angewiesene Nachmittagsstellung als solche das einzig Richtige im Plan, so läßt sich diese Ausnahme nur dadurch erklären, daß Saint = Cyr, — der Näheres ebenso wenig wußte, wie das „M.= W.=Bl.", vielmehr, wie dieses beim Kieselecker Bild, so beim Bösenberg Halt machte — dennoch kein Bedenken trug, selbst jeden Fetzen oberflächlichster Kunde für sein Werk beliebig zu verwenden.

7) Die gänzliche Fehlerhaftigkeit des Plans bezüglich der Brigade Sisce ergibt sich indeß noch daraus, daß der Marsch dieser Brigade schon deßhalb nicht über den Gungelkopf und den Flachkopf gegangen sein konnte, weil beide Berge viel niedriger als das Schänzel und Angesichts desselben so gelegen sind, daß die Colonne der Wahrnehmung von Seite der Besatzung des Schänzel nicht hätte entgehen können und ihr Marsch die letztere auf eine drohende Gefahr von dorther hätte aufmerksam machen müssen.

8) Aus der Darstellung in den §§. 39 und 43 ist endlich leicht zu entnehmen, daß der Plan bei Saint=Cyr auch die Stellungen der Brigade Desgranges am 13. Juli ganz irrig bezeichnet, indem nur für einen Theil dieser Brigade diejenige Position paßt, welche einem Theil der Brigade Sisce irrthümlicher Weise auf der Salzgrube angewiesen ist.

Saint=Cyr war bei der Abfassung seines Werkes von dem eigentlichen Hergang unmittelbar vor und bei der Eroberung des Schänzel, klärlich sehr wenig oder gar nicht unterrichtet, insbesondere aber mit dem Schlüssel dazu, wie er blos im Ramberger Beschluß findbar ist, ebenso wenig oder gar nicht bekannt, sonst hätte insbesondere auch der Plan ganz anders ausfallen müssen; allein gerade deßhalb wäre es unbestreitbar seine Pflicht gewesen, sich aller willführlichen Annahmen und noch um so mehr aller leichtfertigen Ausstellungen und Vorwürfe zu enthalten.

Abschnitt V.

Die Katastrophe am Spätnachmittag des 13. Juli 1794.

Plan Nr. IV und Plan Nr. V.

§. 47.

A. Erstes Stadium.

Die Pause bis zum Spätnachmittag wurde nur durch einzelne Flintenschüsse unterbrochen, welche die französischen Tirailleure mit den preußischen Vorposten wechselten. Da änderte sich auf einmal die Scene, indem es schon gegen 4 Uhr Nachmittags bei der Brigade Desgranges auf allen Punkten lebendig wurde und deren Aufstellungen einen so drohenden Charakter annahmen, daß die Preußen einen bevorstehenden ernstlichen Angriff vermuthen mußten und sich daher in Bereitschaft setzten, denselben nach Gebühr zurückzuweisen. Desgranges wußte nämlich durch die nähere Mittheilung von Sisée, daß die Ankunft der 186. Halbbrigade auf dem Bösenberg für die Zeit zwischen 4 und 5 Uhr berechnet sei und suchte schon jetzt die ganze Aufmerksamkeit der Preußen durch sehr ostensibele Vorbereitungen zum Angriff in der Erwartung auf sich zu ziehen, daß die Nachricht, von welcher der Beginn des Kampfes selbst abhängig gemacht sei, in Bälde eintreffen werde.

Auf dem Schänzel scheint man nun darüber stutzig geworden zu sein, daß trotz jener unverkennbaren Einleitungen zu einem Angriff noch immer kein Vorrücken der Franzosen erfolgte. Wenigstens heißt es in den „Aufzeichnungen" ausdrücklich, daß General v. Pfau sich zu seiner Umgebung geäußert habe: „er könne das Zaudern des Feindes ebenso wenig begreifen, wie den Plan überhaupt, eine so feste Stellung anzugreifen; nur Tollköpfe seien einer solchen Wagniß fähig;" worauf ihm jedoch von einem Officier erwiedert worden sei, daß den Franzosen in diesem Krieg schon mehrere solcher waghälsigen Thaten gelungen wären.

Die Geduld der Besatzung des Schänzel wurde jedoch nur auf eine kurze Probe gestellt; denn es währte nicht lange, so erhielt Desgranges durch Sisée die Meldung, daß die 186. Halbbrigade gegen 5 Uhr auf dem Bösenberg angekommen sei und ihn nach einer kleinen Rast wieder verlassen habe, um die letzte Strecke zum Schänzel zurückzulegen. Damit war der Augenblick gekommen, wo die verschiedenen Abtheilungen der Brigade Desgranges, auf das hiezu gegebene Signal hin, den erhaltenen Instruktionen gemäß, sich nach den dafür bezeichneten Punkten in Bewegung setzen sollten. Während das gegen den Kesselberg bestimmte Bataillon den dortigen Posten nur lebhaft zu beschäftigen und zu bedrängen hatte, fielen die 2 Bat., welchen die Centrumschanze (Nr. II) als Objekt des Angriffes angewiesen war, dieselbe in heftiger Weise an und drangen die anderen 3 Bat., denen sich die zurückgebliebene Mannschaft der 186. Halbbrigade anschloß, von der Salzgrube her gegen die rechte Flügelschanze (Nr. I), die Schanze beim Driffenbrunnen (Nr. IV) und die Brustwehr auf dem Köpfchen G ungestüm vor. Die Besatzung leistete jedoch den tapfersten Widerstand, indem sie die Franzosen, sobald dieselben den Schanzen oder dem Rande der Bergkuppe, insbesondere im Zwischenraum zwischen der Schanze Nr. I und der Schanze Nr. II, zu nahe kamen, mit dem Bajonet jedesmal kräftig zurückwarf. Konnten die Franzosen auch dergestalt keinen festen Fuß auf der Kuppe des Schänzel fassen, so erreichten sie doch das für sie erhebliche Resultat, die Besatzung so ernstlich und nachhaltig in den Kampf zu verwickeln, daß dieselbe nur dafür Gedanken hatte, die Angriffe der Brigade Desgranges an den verschiedenen Punkten abzuwehren.

Nach den „Aufzeichnungen" behielt auch General v. Pfau, der seinen Standort zuerst bei der Schanze Nr. I hatte und sich dann, als die Anfälle der Franzosen auf die Schanze Nr. II immer heftiger wurden, dahin begab, im Verlaufe aller dieser Kämpfe seine ganze Zuversicht bei, indem er seine Truppen, unter Hinweisung auf die Thaten der preuß. Heere unter Friedrich dem Großen, mit kräftigen Worten zu muthiger Ausdauer anfeuerte.

Mittlerweile war nun, jedenfalls schon zwischen 5 und 6 Uhr, wahrscheinlich aber schon bald nach 5 Uhr, die vom Erbprinzen v. Hohenlohe dem General v. Pfau zugesendete Verstärkung mit den 2 Musketier-Bat. v. Schladen, unter Anführung des Generals v. Schladen, auf der Kuppe des Schänzel eingetroffen, ohne daß dieselbe auf ihrer Route, sei es, daß sie oben beim Langenkopf die über den Plattberg führende Hochstraße nach dem Sattel D einschlug, oder daß sie im St. Martiner Weg weiter rückte, und dann unterhalb der Platte zwischen u und M den von hier nach jenem Sattel ziehenden Pfad hinaufstieg, in oder bei dem Kleyenthal irgend etwas Verdächtiges bemerkt hätte — ein Umstand, der, vorausgesetzt immerhin, daß ein Einblick dorthin überhaupt möglich, insbesondere nicht durch Gehölz gehindert war, zum Ueberfluß auch noch bestätigen dürfte, daß die beiden Bataillone v. Schlaben bereits die Kuppe des Schänzel erreicht hatten, als die 186. Halbbrigade sich erst dem Kleyenthal näherte.

Indeß vermochte auch diese Verstärkung das dem Schänzel beschiedene Verhängniß nicht mehr abzuwenden.

Die 186. Halbbrigade marschirte nämlich, durch den Kleyenkopf jeder Beobachtung vom Schänzel aus entzogen, vom Bösenberg weg um dessen südwestliche Spitze oder Ecke herum in den Kessel zwischen den genannten 2 Bergen und durch diesen hinunter in das Kleyenthal, in letzterem dann aufwärts bis zum Fuß des Aspenkopf und nun die dortige Mulde, die Saulache (§. 32 I. A. g. S. 73), über den Rücken des Berges hinauf [1]) in die Nähe des Punktes X [2]), bei dem sich aus dem St. Martiner Weg der Verbindungsweg nach dem Punkt O an der Hochstraße abzweigt.

Hier wurde Halt gemacht. Der Marsch war so rasch und in aller Stille vor sich gegangen, daß die 186. Halbbrigade ungefähr um 6 Uhr den Bergrücken erstiegen hatte [3]), ohne daß das Anrücken von irgend einer Seite her wahrgenommen worden wäre. Die Halbbrigade konnte sich sogar während jenes kurzen Haltes unter dem Lärm des auf der Angriffsseite den preuß. Verschanzungen näher gerückten Kampfes, noch immer ganz unbemerkt, so weit formiren, als es zum Vollzug der, vom Obersten nach genauer Information durch den Jäger getroffenen, Dispositionen förderlich war.

Diesen Dispositionen gemäß schlugen die 2 vorderen Bataillone links den St. Martiner Weg ein und marschirten auf diesem, vor der Erblickung von der Schanze Nr. IV oder der Kuppe des Schänzel aus, schon durch das zwischen dem Weg und der ohnehin höher gelegenen Hochstraße befindliche Gehölz gänzlich geschützt, eine Strecke und bis dahin aufwärts, wo oberhalb des Punktes u der St. Martiner Weg von der Hochstraße nur etwa 70—80 Schritte entfernt ist, schwenkten nun in letztere hinauf und wendeten sich jetzt, anstatt auf ihr bis zu dem Sattel D weiter zu rücken und erst dort in den Rindspfad einzulenken, sogleich rechts auf die schon hier gegen jenen Sattel hin sich abflachende Kuppe, um so desto rascher in den genannten, ganz nahen Pfad gelangen und, ihn verfolgend, das preußische Lager sammt den Schanzen Nr. I, II und III im Rücken angreifen zu können. Die beiden Bataillone

---

[1]) Hätte die 186. Halbbrigade vom Kleyenthal aus durch das Seitenthälchen bei u das Schänzel erklimmen wollen, so würde der Weg nicht allein ungleich weiter und beschwerlicher gewesen sein, sondern auch bei dem Umstande, daß das Thälchen, seiner ganzen Länge nach, in schräger Richtung gegen die Platte und den Sattel D aufwärts zieht, die Colonne der Gefahr ausgesetzt haben, von dort aus allzu frühe entdeckt zu werden.

[2]) Zog sich der Verhau um die Rückseite der Brustwehr G herum (S. 33 Anm. S. 78), so erreichte die Halbbrigade die Kuppe des Aspenkopf rechts von ihm in einer Entfernung von beiläufig 200 Schritten und war sie durch den Wald gedeckt, der sich noch etwas über den St. Martiner Weg hinüber erstreckte.

[3]) Ein ordentlicher Fußgänger braucht vom Fuß des Aspenkopf unweit der „Saulache" bis zum Punkt O hinauf 1000 Schritte in 15 Minuten.

hatten vom Punkt X bis zum erwähnten Eintritt in den Rindspfad ungefähr 8—900 und von da bis zur Fläche L oder zum Hauptreserveplatz etwa 700—750 Schritte zurückzulegen. Allerdings hätten die 2 Bat. einen kürzeren Weg nach dem preußischen Lager gehabt, wenn sie bei O den nördlichen Abhang des Berges hinauf geklettert wären; allein einmal fällt dieser Abhang so steil nach der Hochstraße ab, daß das Ersteigen größere Anstrengung gekostet haben würde und dann wäre das sofortige Entdecktwerden unvermeidlich und damit zu besorgen gewesen, daß es der Besatzung, weil ohnehin der Angriff jetzt nur in der rechten Flanke und nicht im Rücken stattgehabt hätte, möglich geworden wäre, den ohnehin bereits ermüdeten und oben um so erschöpfter ankommenden Truppen einen solchen Empfang zu bereiten, der das Scheitern des ganzen Unternehmens nach sich ziehen konnte.

Das 3. Bat. aber rückte, den nämlichen Dispositionen zufolge, nach dem Abmarsch der 2 anderen Bataillone, bis zu dem Punkt O vor, indem 4 Compagnien über die Brustwehr G und die Schanze Nr. IV herzufallen, die 2 übrigen Compagnien den Pfad von O nach der Schanze Nr. I [1]) zu besetzen und darauf vorzurücken, die 6 Compagnien aber, nach Ueberwältigung jener Verschanzungen, gemeinsam auf die Schanze Nr. I loszugehen hatten. Dasselbe machte bei O, um die Mannschaft sich noch vor dem Angriff ein wenig verschnaufen zu lassen und die Compagnien im Sinne der erhaltenen Ordre abzutheilen, noch einen kleinen Halt und wurde von der Schanze Nr. IV, die 300 Schritte von O entfernt ist (Plan Nr. V), erst in dem Augenblick entdeckt, als die Compagnien aus dem bis an die Hochstraße reichenden Gehölz hervorbrachen und in den ihnen angewiesenen Richtungen vordrangen.

§. 48.

B. Zweites Stadium.

Die Action des 3. Bat. der 186. Halbbrigade mußte, obgleich sein erster Halt bei X sich verlängerte, bis die 2 vorderen Bataillone abmarschirt waren und auch der zweite Halt einige Minuten währte, doch noch immer einige Zeit — vielleicht 10 Minuten — früher eintreten, als die Ankunft dieser beiden Bataillone auf der Kuppe oben und ihr Angriff zu gewärtigen war; allein es blieb eine solche Differenz bei den getroffenen Dispositionen nicht außer Ansatz und Berechnung.

Es kam nun der Angriff der 4 Comp. des 3. Bat. so unvermuthet und so stürmisch über die Brustwehr G und die Schanze Nr. IV, daß die Vertheidiger, ehe und bevor sie die durch den Ueberfall von der Rückseite verlorene Fassung wieder vollständig erlangt hatten, ihm schnell erlagen, indem sie theils mit dem Bajonet niedergestochen, theils zersprengt wurden.

Mittlerweile waren aber auch die 2 anderen Compagnien des 3. Bat. auf dem Pfad von O nach 1, in der Erwartung der Wegnahme der erwähnten Verschanzungen, gegen die Schanze Nr. I eine Strecke langsam vorgerückt; allein es warfen sich denselben jetzt jene 2 Musketier-Comp. v. Schlaben

---

1) Dieser Pfad wurde unzweifelbar auch dazu benützt, die Truppen oben auf der Kuppe und in den Schanzen mit Trinkwasser aus dem Driffenbrunnen zu versorgen.

entgegen, welche General v. Schladen auf Befehl des zur besseren Leitung des Kampfes nach allen Seiten hin, von der Schanze Nr. II auf die Kuppe geeilten Generals v. Pfau, dem rechten Flügel zu Hilfe gesendet hatte, als ihm gemeldet war, daß dieser Flügel in Noth und Bedrängniß gekommen sei, so daß sich nunmehr auf und bei dem erwähnten Pfad[1]) ein hitziges Gefecht entspann.

Offenbar hatten die preußischen Generale in diesem kritischen Moment noch keine Ahnung von der bereits durch die 186. Halbbrigade vollzogenen Umgehung des Schänzel und waren dieselben vielmehr der Meinung, daß es sich lediglich darum handle, eine dem rechten Flügel durch Truppen der Brigade Desgranges drohende Gefahr abzuwenden und daß eine Verstärkung mit 2 Comp. dazu hinreichen werde.

Es dürfte von einigem Interesse sein, hier zu vernehmen, wie Berié, der im 3. Bataillon der 186. Halbbrigade diente, in einfacher und schlichter Weise den Vorgang schildert:

„Nach einem Halt (unweit von X), wobei Keiner sich setzen oder aus dem Glied treten durfte, Jeder aber einen fatalen Auftritt ahnte, der Hunger, Durst und Müdigkeit benahm, wurde Peloton vor Peloton in kurzer Distanz, eines nach dem anderen vorgeführt und unterhalb der Hochstraße eines neben das andere halblinks aufgestellt, die Officiere voran, die Unterofficiere hinten, und so gieng es gegen 50 Schritte vorwärts, worauf noch einmal Halt gemacht (bei O) und der beabsichtigte Sturm in aller Stille vor der Front erklärt wurde, indem man mit wenigen Worten gute Haltung empfahl und den Soldaten Muth einflößte. Dann gieng es in Gottes Namen stille, wie auf Federn, bis auf die Hochstraße, wo sich dann die Compagnien nach verschiedenen Seiten theilten, indem jede die beste Passage durch den Kriegsverhau suchte, um auf die Schanze loszugehen[2]). Alles war gegen unsere Seite stille; dagegen war gegen die Angriffsseite starke Bewegung und dies veranlaßte, daß die Officiere winkten, so schnell wie möglich vorzurücken. Schon durch den Kriegsverhau[3]) auf den für die Preußen bestimmten Ein- und Ausgängen außer Reihe und Glied vorgerückt, wurden wir erst erblickt und die von uns, welche die deutsche Sprache verstanden, hörten deutlich rufen: „Der Feind kommt von hinten, gebt Feuer!" —; allein es war zu spät. Ohne großen Verlust schon vor der Schanze, wurden die in den Laufgräben liegenden feindlichen Tirailleure, ohne sich fassen zu können, mit dem Bajonet niedergestoßen. Während man von einer anderen Seite schon in die Verschanzungen einstürmte, waren auch schon zur Bewunderung die auf der Angriffsseite gestandenen Bataillone, trotz allem Feuer, theilweise bei den Verschanzungen angekommen[4]).

---

[1]) Auf diesem Pfad wurden noch in den letzten Jahren Flintenkugeln gefunden, und es war im Mai 1869, daß ein Begleiter des Verfassers eine durch den Regen aufgespülte Flintenkugel oberhalb der Quelle des Driffenbrunnen dort aufhob.

[2]) Berié meinte damit die Schanze Nr. IV.

[3]) Was Berié vom „Kriegsverhau" sagte, dürfte auch darauf hinweisen, daß sich der Verhau auf dem Köpfchen G um die Brustwehr unten herum und nach dem Driffenbrunnen hinaufzog (Anm. [1]) auf S. 78).

[4]) Unstreitig verstand Berié unter „den von einer anderen Seite Einstürmenden" das 1. und 2. Bat. der 186. Halbbrigade und unter „der stärkeren Bewegung gegen die Angriffsseite" die Bataillone der Brigade Desgranges. Der Ausdruck „Angriffsseite" ist im Munde des Berié dadurch sehr bezeichnend, daß er mittelbar auf den durch den Ramberger Beschluß festgestellten Plan in soweit hinweist, als sich darnach die Brigade Des-

Unter einem erbärmlichen, die Wolken durchdringenden Mord= und Todesgeschrei, gieng Alles durcheinander und die noch am Leben gebliebenen Preußen flohen in verzweifelter Unordnung, wohin sie konnten."

Das zwischen den 2 Comp. des 3. Bat. und den 2 Comp. v. Schla= den auf der Linie O—I begonnene Gefecht war indeß bald entschieden, als die 4 Comp. jenes Bataillons, nachdem sie die Brustwehr G und die Schanze Nr. IV genommen hatten, ihren Waffengenossen zu Hilfe eilten; denn die 2 Comp. v. Schladen wurden jetzt mit Ungestümm nach der Schanze Nr. I zurückgedrängt.

Während einerseits die Brigade Desgranges ihre Angriffe auf die ganze preußische Linie von der Brustwehr G bis zur Schanze Nr. II ausdehnte und insbesondere dieser, so wie der Schanze Nr. I, immer lebhafter zusetzte, andererseits bereits ein Theil des 3. Bat. der 186. Halbbrigade die Brustwehr G und die Schanze Nr. IV überfallen, der andere Theil aber ein Gefecht mit den 2 Musketier-Comp. v. Schladen engagirt hatte, der Kampf also auf jener Linie und zwischen O—I über dieselbe hinaus, ein allgemeiner geworden war, eilte ein Officier zu General v. Pfau, der wahrscheinlich zwischen J und L auf der Kuppe seinen Standpunkt genommen hatte, um ihm zu rappor= tiren, daß „nach der Meldung der Brandwachen ganze Schaaren von Fußvolk über den Bergrücken her im Anmarsch seien, ohne daß man jedoch noch unter= scheiden könne, wer sie wären; der Officier auf dem Schweißfuchs, welcher vor Kurzem aus dem Lager geritten sei, sprenge ihnen voran". General v. Pfau, der einen Moment glaubte, daß ihm der Erbprinz v. Hohenlohe doch noch eine weitere Verstärkung schicke, gab seine Freude darüber seiner Umgebung auf das lebhafteste kund; allein er war sehr schnell enttäuscht; denn es jagte der erwähnte Officier mit dem Zuruf herbei: „die Franzosen kommen, sie ha= ben uns umgangen; wir sind abgeschnitten!" indem er beifügte: „er sei fast in ihre Hände gefallen, da er sie nicht gleich erkannt habe; sie hätten nicht auf ihn geschossen, wahrscheinlich um nicht zu frühe Aufmerksamkeit zu er= regen [1]).

Die beiden Bataillone der 186. Halbbrigade hatten nämlich bereits den Rindspfad erreicht und drangen nunmehr auf ihm gegen das preuß. Lager heran.

General v. Pfau, durch die so gänzlich unerwartete Unglücksbotschaft momen= tan außer Fassung gebracht, erholte sich gleich wieder von seiner Bestürzung und ertheilte mit der größten Kaltblütigkeit seine Befehle, indem er den Muth seiner Truppen, auf welche, trotz ihrer so oft und auch bei dem heutigen Kampf bewiesenen Tapferkeit, die bereits in Umlauf gekommene schlimme Kunde lähmend und entmuthigend zu wirken begann, mit der eindringlichsten Ansprache zu beleben wußte. Indeß war es nicht zu verhindern, daß die Hiobspost bis zu den Schanzen Nr. I und Nr. II und über die ganze Vertheidigungslinie

---

granges, während die 186. Halbbrigade das Schänzel umgieng, auf der eigentlichen Angriffsseite befand.

[1]) Obige Details sind in den „Aufzeichnungen" enthalten, welche dazu noch weiters berichten, daß der Hauptmann auf dem Schweißfuchs — es wird Hauptmann v. Bergen gewesen sein (§. 46) — vom General v. Pfau um diese Zeit neuerdings nach dem Haupt= quartier geschickt worden sei, um dort zu veranlassen, daß durch eine Diversion gegen die (rechte) Flanke der Franzosen von Erenloben her dem Schänzel, auf dem man weder vor= noch rückwärts könne, Luft gemacht werden möge.

hinflog und allerwärts einen mehr oder minder ähnlichen Eindruck hervor=
brachte; allein es gelang auch hier dem einbringlichsten Zuspruch von Seiten
der Officiere und ihrem Beispiel von unerschütterlichem Muth, jenen schlimmen
Eindruck wieder zu beschwichtigen.

Die preuß. Generale konnten sich gleichwohl nicht mehr darüber täuschen, daß
die Lage eine höchst kritische geworden sei, daß die bei weitem größere Gefahr von
dem Rindepfad her drohe und daß Alles verloren sei, wenn es nicht gelänge, die von
dort heranbringenden Franzosen zurückzutreiben. General v. Voß ertheilte daher,
auf Befehl des Generals v. Pfau, den unweit des Steigerkopf mit 2 Kano=
nen als Reserve aufgestellten 2 Musketier=Compagnien v. Kunitzki die Ordre,
sich dem Feind entgegenzuwerfen [1]). General v. Pfau aber bot unter so
äußerst schwierigen und bedenklichen Umständen Alles auf, was von einem
tapferen und entschlossenen Anführer nur irgendwie erwartet werden konnte. Als
die Meldung kam, daß die jetzt allerdings auch von dem 3. Bat. in der rech=
ten Flanke angefallene Schanze Nr. I in großer Gefahr schwebe, da der Feind
die Nordwestecke herauf stürme, so beauftragte er einen Obersten (wahrschein=
lich den v. Uttenhoven), „die Verwegenen in das Thal hinunterzustürzen“,
indem er beisetzte, daß „er hoffe, es werde ihm gelingen, die Eingedrungenen
wieder aus dem Lager zu treiben“. Die dringende Bitte seiner Umgebung,
daß er sich doch nicht so sehr exponiren möge, weil mit ihm die Besatzung den
ihr so nöthigen Anführer verlöre, mit den Worten ablehnend, daß „er entweder
den ihm anvertrauten Posten behaupten oder sterben wolle, da er dessen Ver=
lust nicht überleben könne“, sammelte General v. Pfau „auf dem Hauptre=
serveplatz eine gewaltige Schaar“ und stellte sich mit ihr dem schon ganz
nahe gekommenen Feind in den Weg [2]).

Kaum hatten nämlich die beiden Kanonen der 2 Musketier=Compagnien
v. Kunitzki einige Schüsse gethan, so waren die beiden Bataillone der 186.
Halbbrigade, das ehemalige Bataillon der Nationalfreiwilligen des Unterel=
sasses und von diesem wieder die Grenadier=Compagnie mit dem Obersten an
der Spitze, schon bis auf 30—40 Schritte Entfernung herangestürmt und
durch als Eclaireurs voran beorderte, aus den besten Schützen der Compagnie
ausgewählte Grenadiere, alle Kanoniere bis auf Einen erschossen, den, als er
gerade im Begriff war, die Lunte anzulegen, der Tod jetzt durch den glücklichen
Schuß eines Grenadiers gleichfalls ereilte [3]). Die 2. Comp. v. Kunitzki
selbst waren ebenso rasch über den Haufen geworfen und so fand nunmehr
auf der Fläche L oder dem Hauptreserveplatz der entscheidende Zusammenstoß

---

[1]) Beim Steigerkopf wurden noch vor wenigen Jahren, gelegentlich von Waldkultu=
ren, eine Anzahl von Flintenkugeln gefunden.

[2]) Die mit Anführungszeichen versehenen Stellen sind den „Aufzeichnungen“ entlehnt.
Die 2 Musketier=Bat. v. Schladen stellten zweifelsohne hiezu ein großes Contin=
gent, da wenigstens 6 Comp. davon in der Nähe waren.

[3]) Das Schicksal wollte es, daß derselbe Grenadier, welcher seinem Obersten und
einer Anzahl Kameraden durch den glücklichen Schuß in die Stirn des Kanoniers das
Leben rettete, dem Obersten wahrscheinlich auch das Leben zu verdanken hatte. Lufft,
damals noch Chef des 2. Bat. du Bas-Rhin, ließ nämlich einen jungen Burschen, der auf
der Wanderschaft erkrankt war und hilflos in einem Chausseegraben lag, von ihm aber in
diesem Zustand beim Vorübermarschiren wahrgenommen wurde, auf einen Wagen bringen
und sorgte im nächsten Ort auch noch für Wart und Pflege desselben. Der Bursche genas
wieder, nahm dann bei dem in der Nähe befindlichen Bataillon freiwillig Dienst und kam,
als stattlicher Mann, zu der Grenadier=Compagnie. So fand ein Akt der Humanität schon
bald darauf seine Belohnung.

der unter dem Ruf: „vive la république!" stürmisch anbringenden 2 franz. Bat. (§. 56. Anm.) mit der vom General v. Pfau gesammelten Schaar statt. Allein auch dieser letzte Versuch des preuß. Anführers, das Geschick des Tages abzulenken, scheiterte vollständig. Die erwähnte franz. Grenadier=Compagnie [1]) durchbrach mit einer Kampfeswuth, die unwiderstehlich war, in einem Nu die preuß. Phalanx, in deren Mitte General v. Pfau, seine Truppen mit energischen Worten anfeuernd, hoch zu Roß hielt, um den Tod des Helden in dem Augenblick zu sterben, als sich Oberst Lufft inmitten seiner Grenadiere schon so weit genähert hatte, daß er ihm zurufen konnte, sich zu ergeben. Der greise General hatte nämlich im gleichen Moment die Aufforderung mehrerer auf ihn losgesprungener Grenadiere, Pardon zu nehmen, in heftigster Weise und Gegenwehr abgelehnt und fiel nun, von einem Kolbenschlag auf das entblößte Haupt getroffen und von einem Bajonetstich durchbohrt, entseelt vom Pferde [2]).

Der Fall ihres heldenmüthigen Anführers zog die Niederlage der Preußen um so rascher und entschiedener nach sich, als jene französischen Abtheilungen, deren Angriff auf die Schanze Nr. I gerichtet war, den oben auf der Bergkuppe erhobenen Ruf: „vive la république!" vernahmen, dadurch elektrisirt, jetzt diese Schanze, trotz der tapfersten Gegenwehr, erstürmten und, unter dem nämlichen Ruf, die dreifarbige Fahne auch darin aufpflanzten.

Da es nicht erhoben ist, ob es Leute des 3. Bat. der 186. Halbbrigade oder Leute der Brigade Desgranges waren, welche zuerst in die Schanze Nr. I drangen und die Fahne aufsteckten, so mag die Ehre gemeinsam errungen bleiben.

Der Kampf wurde gleichwohl noch eine kurze Zeit mit einer solchen Erbitterung von beiden Seiten fortgeführt, daß er in ein wildes Handgemenge überging, bei dem Mann gegen Mann focht und Jeder, in Ermangelung von Raum und Zeit zum Laden und Schließen, nur vom Bajonet und Gewehrkolben [3]) Gebrauch machte.

Hatten die Generale v. Voß und v. Schlaben, so wie der Commandeur des Regiments v. Schlaben, Oberst v. Uttenhoven, schon zuvor das Ihrige gethan, um den gesunkenen Muth der Mannschaft zu heben, so boten sie jetzt alles Mögliche auf, um, wenn auch nicht den Verlust des Schänzel, doch eine wirkliche Niederlage abzuwenden; allein alle ihre Bemühungen waren so vergeblich, daß sie auch nicht ein einziges Geschütz zu retten ver-

---

[1]) Oberst Lufft rühmte dieser Grenadier=Compagnie mit besonderer Genugthuung nach, daß dieselbe bei dem Entscheidungskampf auf der Kuppe des Schänzel Wunder der Tapferkeit verrichtet und er hauptsächlich ihr zu verdanken habe, daß dieser Kampf so schnell in so günstiger Weise entschieden worden sei.

[2]) Oberst Lufft sprach stets von einem Kolbenschlag; dagegen heißt es in den „Aufzeichnungen", daß ein Grenadier, dem General v. Pfau auf die Frage: ob er Quartier wolle? eine zornige Antwort gegeben, ihn mit dem Bajonet durchstochen habe. Berié aber erzählt — freilich nur von Hörensagen — daß der General einem Sergeanten, der ihm mit zurückgehaltenem Gewehr Pardon angeboten, als Antwort einen Degenstoß versetzt habe und dann von anderen Grenadieren mit Bajonetstichen getödtet worden sei. Wahrscheinlich machten Kolbenschlag und Bajonetstich gleichzeitig seinem Leben ein Ende. Dagegen ist die ohnehin vereinzelte Nachricht, als sei General v. Pfau verwundet in die Hände des Feindes gefallen und habe noch eine Zeitlang gelebt, ganz unrichtig.

[3]) Der vom Gewehrkolben auch französischer Seits gemachte Gebrauch zeigt, daß es deutsche Elsäßer waren, die hier fochten.

mochten, indem alle Bajonetangriffe, die sie mit den Truppen, so viel sie deren noch in geordnete Haufen zusammenbringen konnten, auf die nächsten Abtheilungen der beiden französischen Bataillone zu machen versuchten, von diesen energisch zurückgewiesen wurden. Bei einem solchen Versuch, den Franzosen die beiden Kanonen seines Grenadier=Bataillons wieder zu entreißen, wurde Oberst v. Uttenhoven selbst verwundet und gefangen [1]). Ebenso fiel Major v. Wendstern, Commandeur des Grenadier=Bataillons v. Romberg, da er nicht von seinen Stücken in der Schanze Nr. I weichen wollte, schwer verwundet in die Hände des Feindes [2]), und es ließen sich auch die meisten der von den Kugeln der Franzosen verschont gebliebenen Kanoniere in den Schanzen Nr. I und Nr. II auf ihren Geschützen tödten.

Die Schanze Nr. II hielt sich noch kurze Zeit länger, als die Schanze Nr. I, und während die Truppen, welche diese zu vertheidigen hatten, sich auf den Pfad l–l in der Richtung nach der Schanze Nr. III flüchteten, zogen sich die Vertheidiger jener auf dem Pfad p–p in der nämlichen Richtung zurück, indem die Einen, wie die Anderen, solchergestalt zu ihrer Rettung entweder den Weg rr–r oder den Sattel E gewinnen konnten. Ebendahin lief auch die einzige mögliche Rückzugslinie für die Trümmer der übrigen Truppenabtheilungen oben auf der Kuppe. Auf dem Weg rr–r konnte man nämlich nach dem Sattel D und von da nach St. Martin und Neustadt a.H. oder in das Edenkobener Thal, vom Sattel E aber in letzteres über den Halsberg gelangen.

Die Anstrengungen der Generale v. Voß und v. Schladen, sowie des Hauptmanns v. Bergen, welche erkannten, daß es sich nur noch darum handeln könne, den Ueberresten der Truppen einen thunlichst geordneten Rückzug zu sichern, gelang es denn auch, unter Begünstigung der einbrechenden Nacht und der großen Erschöpfung der ohnehin mit den Oertlichkeiten nicht bekannten Franzosen, jene Ueberreste aus den Schanzen sowohl, als auch von der Kuppe, bei dem Punkt rr zu vereinigen und mit denselben längs dem östlichen Abhang des Berges nach dem Sattel D zu entkommen, von wo aus ein Theil nach St. Martin und ein anderer nach Neustadt a.H. weiter retirirte, was um so leichter vor sich gieng, als die Franzosen die Verfolgung nur lässig betrieben und bald ganz einstellten.

Der Weg in das Edenkobener Thal stand den Preußen allerdings auch offen; allein er wurde wohl in der Ungewißheit, wie es draußen mit dem Corps des Erbprinzen v. Hohenlohe stehe und ob hiernach die Route frei sei, vorsorglich nicht gewählt.

---

[1]) Dieser vom „Magazin" erzählte Vorgang ist nicht genug aufgeklärt; denn es fehlt eine befriedigende Antwort auf die Frage: wo denn die beiden Kanonen in diesem Augenblick waren? Anfänglich befanden sich die 2 Kanonen des Grenadierbataillons v. Schladen jedenfalls in der Schanze Nr. III; allein es ist zweifelhaft, ob sie auch dort blieben, als das genannte Grenadierbataillon auf den Kesselberg detachirt wurde, wohin es seine beiden Geschütze nicht mitnehmen konnte. Es sind nun drei Fälle denkbar. Die zwei Kanonen waren entweder schon früher in die Schanzen Nr. II und Nr. I oder in eine davon gebracht und wurden dann da oder dort genommen, oder sie kamen gar nicht aus der Schanze Nr. III heraus und fielen mit dieser den Franzosen in die Hände, oder sie wurden aus dieser Schanze geholt, um etwa auf dem Reserveplatz zur Verwendung gegen die dahin vordringenden franz. Bataillone geschafft zu werden, und giengen dann verloren. Der zweite Fall ist die eigentliche Bestimmung der Schanze Nr. III für sich, während sich für den ersten und dritten Fall geltend machen läßt, daß die beiden Kanonen in dieser nicht direkt angegriffenen Schanze entbehrlich waren. Oberst Lufft sprach übrigens von 2 Kanonen, die aus einer Schanze auf die Kuppe gezogen und dort erobert wurden.

[2]) Major v. Wendstern starb einige Tage darauf an seinen Wunden.

Während der Kämpfe am und auf dem Schänzel hatte das Grenadier=
Bataillon v. Schladen — sei es, daß es seine 4 Comp. oder nach der An=
merkung 2) auf S. 112 nur 3 davon zählte — auf dem Kesselberg zwar
vollauf zu thun, um sich der fortgesetzten lebhaften Angriffe des gegen diesen
Posten commandirten Bataillons der Brigade Desgranges zu erwehren;
allein dasselbe behauptete unter der geschickten Führung seines wackern
Majors v. Bord fest und unverrückt seine Stellung. Als aber der schlimme
Stand der Dinge auf dem Schänzel nicht mehr zu verkennen und zudem eine
feindliche Colonne — die 2 Bat. der 11. leichten Halbbrigade unter Gazan —
wahrzunehmen war, die vom Blättersberg nach dem Meisenthal hinabstieg und
so den Posten auf dem Kesselberg im Rücken und mit der Gefahr, abgeschnitten
zu werden, bedrohte[1]: so zeigte der genannte Officier, was ein Befehlshaber,
der Besonnenheit, Tapferkeit und das Vertrauen seiner Untergebenen besitzt,
in kritischer Lage zu leisten vermag. Selbst zweimal, wenn auch nur leicht,
verwundet, sammelte derselbe, raschen Entschlusses, gelassen seine Mannschaft,
eilte mit ihr über den steilen Abhang des Dächel in das Meisenthal hinunter
und bahnte sich dort mit dem Bajonet durch die gerade eingetroffene und von
einer so kühnen und muthigen That überraschte feindliche Colonne den Weg
in das Edenkobener Thal[2]). Das Bataillon erreichte denn auch unter den Ku=
geln, welche ihm die Franzosen vor den Hängen des Zweiter Berg nachsendeten,
von der Nacht begünstigt, wenn gleich mit Verlust und in ziemlicher Unord=
nung, doch glücklich Edenkoben noch rechtzeitig genug, um sich dem Corps des
Erbprinzen v. Hohenlohe anschließen zu können.

§. 49.
C. Drittes Stadium.

So waren halb nach 7 Uhr Abends die Kämpfe beendigt, die Franzosen
im Besitz des Schänzel und des Kesselberg, die Preußen in vollem, eiligem
Rückzug begriffen.

Die Stelle, wo die endliche Entscheidung fiel und das Drama mit dem
Heldentod des Generals v. Pfau seinen Abschluß fand, war keine andere, als
die Fläche L oder der Hauptreserveplatz.

Allgemeine Theilnahme erregte dieser Todesfall, da der Verlebte sowohl
bei dem preußischen, als auch bei dem östreichischen Heer in hoher Achtung
stand.

Oberst Lufft ließ sich die Brieftasche seines ritterlichen Gegners aus=
händigen und schickte die darin vorgefundenen Briefe mit einigen passenden
Zeilen seiner Familie zu; er schilderte öfters, in welch' rührender Weise der

---

[1]) Wenn das „Magazin" den Vorgang so erzählt, als habe Major v. Bord im
beständigen Feuer und Handgemenge nicht eher wahrgenommen, was auf dem Schänzel
vorgehe, als bis er den Feind im Edenkober Thal, also in seinem Rücken, erblickt habe,
so verwechselt dasselbe jenes Thal mit dem Meisenthal. Von dort aus, wo das Grenadier=
Bataillon v. Schladen kämpfte, konnte man in das Edenkober Thal weder sehen, noch
direkt vom Kesselberg hinunterkommen.

[2]) Major v. Bord verfiel in Folge der physischen und moralischen Anstrengungen
an den Tagen des 12. und 13. Juli in eine hitzige Krankheit, die seinem Heldenleben ein
frühes Ziel setzte.

greife General darin von den Seinigen gebeten worden sei, bei seinem hohen Alter doch in ihren Schooß zurückkehren zu wollen.

Der östreichische Feldmarschall v. Wurmser ließ im Jahr 1796 seinem Freund und Waffenbruder einen Grabstein mit folgender Inschrift fertigen:
„Dem anno 1794 vor dem Feind gebliebenen königl. preuß. Herrn Generalen v. Pfau. Als Held und Biedermann bekannt, starb Pfau für's deutsche Vaterland. Als Freund von edler Tapferkeit, sei dieses Denkmal Ihm geweiht von dem kaiserl. königl. General-Feldmarschall Dagobert Grafen v. Wurmser."

Das Denkmal, bestehend aus einem einfachen, vierseitigen Sandstein von etwa 4 Fuß Höhe auf einem vierstufigen Sockel, blieb in Folge der Zeitverhältnisse im Steinbruch zu Neustadt a/H., woselbst es verfertigt worden war, stehen, bis dasselbe im Jahr 1828 kraft einer Verfügung des damaligen Regierungspräsidenten v. Stichauer zu Speyer, auf Kosten der benachbarten Gemeinden nach dem Schänzel gebracht und dort in der Schanze Nr. I — bei a im Plan Nr. V — aufgestellt wurde [1]. Wohl nimmt sich das Denkmal an dieser, von Bäumen umschatteten Stelle ganz gut aus; allein es steht eben nicht auf dem Wahlplatz, wo General v. Pfau sein Heldenleben aushauchte. Bei dem Aufstellen des Denkmals war leider Niemand zugegen, der genaue Auskunft zu geben wußte oder der so viel Interesse an der Sache genommen hätte, um vor Allem, nachdem das Denkmal einmal oben auf dem Schänzel war, die geeigneten Nachforschungen anzustellen. So kam es denn, daß man eine Stelle wählte, die sonst dazu passend erachtet wurde, ohne sich weiter darum zu bekümmern, ob die Wahl sich rechtfertigen lasse oder auch nur die Wahrscheinlichkeit für sich habe [2].

Oberst Lufft brachte mit seiner Halbbrigade die Nacht auf dem Schlachtfeld zu [3], während die beiden Generale Desgranges und Slcé sich oben gar nicht sehen ließen, sondern ein besseres Quartier in Ramberg aufsuchten und dort der Ruhe pflegten. Aber es hatte derselbe immerhin nicht allein die Genugthuung, sofort richtig erkannt zu haben, daß das Anerbieten des Jägers und wie es benützt werden müsse, um die den Brigaden Desgranges und Slcé auferlegte schwierige Aufgabe rechtzeitig und glücklich lösen zu können,

---

[1] Dies geschah auf eine mittelbare Anregung von Seite des ältesten Sohnes des Obersten Lufft, der damals Regierungsaccessist zu Speyer war und wußte, daß das Denkmal noch immer im Stein³ruch zu Neustadt a/H. stehe und dort eben doch allen Zufällen preisgegeben sei. Bei einem Besuch zu Heidelberg forderte derselbe das ihm von seinen Universitätsjahren her bekannte Corps „Saxo-Borussia" zur patriotischen That auf, ihrem heldenmüthigen Landsmann noch eine letzte Ehre zu erweisen und demgemäß das Denkmal in einer der Sache würdigen Weise nach dem Schänzel zu bringen. Das Corps nahm den Vorschlag mit der größten Bereitwilligkeit an und sicherte alsbaldige Ausführung zu. Als jedoch der Regierungspräsident das Projekt erfuhr, kam er dem Vollzug durch die erwähnte Verfügung in der Besorgniß zuvor, daß der Studentenaufzug Aufsehen erregen möchte.
Im Mai 1869 wurde das Denkmal aufgeputzt, die Inschrift renovirt und in der Nähe eine Bank angebracht.

[2] Abgesehen davon, daß General v. Pfau doch nicht zu Pferde in der Schanze Nr. I halten konnte, rief ihn die Pflicht des obersten Befehlshabers überhaupt an einen Platz in der Mitte der Position, und als das Verhängniß im Rücken dieser Position hereinbrach, dorthin, wo es galt.

[3] Beachtenswerth ist, daß auch nach den „Aufzeichnungen" ein Oberst es war, dem der Jäger sich als Führer anerbot, der die Franzosen, welche das Schänzel umgiengen und dessen Eroberung bewirkten, befehligte, und der auch dem General v. Pfau zurief, sich zu ergeben.

9

sonbern außerdem noch das Bewußtsein, daß das gewagte Unternehmen unter seiner Leitung vollkommen gelungen sei. Dagegen vergaßen die zwei Generale nicht, die 10 Reitpferde, welche, meist zum Marstall des Generals v. Pfau gehörend, auf dem Schänzel erbeutet wurden, sich anzueignen, ohne daß es ihnen auch nur eingefallen wäre, dem Obersten Lufft eines davon anzubieten[1]). In dieser Nacht war die Lage der Sieger sowohl, als auch der Gefangenen, besonders aber die der Verwundeten eine wahrhaft betrübte, da es auf der von allen Ortschaften entfernten öden Wahlstatt an Speisen und Getränken gänzlich fehlte und sogar, um wenigstens Wasser zu erhalten, der Driffenbrunnen erst aufgesucht werden mußte. Doch waren die Pflegten vor der Katastrophe noch mit dem Nöthigsten versehen, während die Sieger in der dortigen armen Gebirgsgegend schon den ganzen Tag über Mangel litten, nach der Erstürmung des Schänzel aber von Lebensmitteln so entblößt waren, daß Soldaten den Schimmel, welchen General v. Pfau geritten hatte, schlachteten und verzehrten, indem sie Stücke Fleisch an Säbel oder Bajonette steckten und am Feuer brieten. Oberst Lufft, der, trotzdem daß ihn der Hunger plagte, von dem ihm durch seine Soldaten angebotenen Pferdefleisch nichts genießen mochte, mußte sich mit zwei alten Kartoffeln begnügen, die er, nebst einem Schluck Branutwein, von einem Unterofficier erhielt. Am beklagenswerthesten war begreiflich der Zustand der vielen Verwundeten, die erst am andern Morgen vorerst in die zunächst gelegenen Orte des Vorbergebirges gebracht werden konnten. Oberst Lufft, der sich die Sorge für die Verwundeten, so weit nur thunlich, angelegen sein ließ, nannte denn auch den 13. Juli stets den schwersten Tag seines Lebens, und er sprach mit großem Leidwesen namentlich auch von einem preußischen Officier, der mit verschlungenen Händen in einer ausdrucksvollen Stellung, den Blick gegen den Himmel gerichtet, auf die Knie sterbend niedergesunken war. Einzelnen Gefangenen gelang es, den Umstand, daß die Wachen zum Theil vor Ermüdung eingeschlafen waren, zu benützen und sich im Verlauf der Nacht davon zu machen[2]).

Abschnitt VI.

Die beiderseiligen Verlußte am 13. Juli 1794.

§. 50.

A. Verlußte der Preußen.

Die Nachrichten über diese Verlußte sind mangelhaft und in großem Widerspruch mit einander. Einige deutsche Berichte geben den Verlust an Todten,

---

[1]) Dieser Umstand vermag ein grelles Licht auf jene Zustände und Verhältnisse zu werfen, unter denen es möglich war, die Eroberung des Schänzel lediglich auf die Rechnung der Generale Desgranges und Siscé zu setzen. Zweifelsohne beeilten sich beide Generale, noch am nämlichen Abend dem Obergeneral den erfochtenen Sieg als einen solchen einzuberichten, der ihrer persönlichen Tapferkeit und Geschicklichkeit zu verdanken sei.

[2]) Viele Jahre später wurde beim Fällen eines hohlen Baumes auf dem Schänzel ein Gerippe mit einer silbernen Taschenuhr gefunden, woraus man folgerte, daß ein Preuße sich auf den Baum geflüchtet habe, in die Höhlung hinuntergesunken und so eines jämmerlichen Todes gestorben sei.

Verwundeten und Gefangenen auf 30 Offiziere und 500 Mann an, wie es z. B. auch im „M.-W.-Bl. v. 1825" und im „Magazin" geschieht. In der „Geschichte der Kriege" ist der Verlust des Erbprinz v. Hohenlohe'schen Corps in den Gefechten am 12. und 13. Juli zusammen auf 6 todte, 25 verwundete und 11 gefangene Officiere, dann auf 98 todte, 472 verwundete und 317 gefangene oder vermißte Gemeine mit dem Beifügen berechnet, daß die größere Hälfte davon auf das Schänzel komme. Diesen Nachrichten ist jedoch nicht der mindeste Glauben zu schenken; denn obige Zahlen stehen in gar keinem Verhältniß zu den stattgehabten heißen Kämpfen, wie sie insbesondere mit der Vertheidigung des Schänzel verbunden waren. Hätten sich die Verluste nicht höher belaufen, als wie sie in jenen Werfen angegeben sind, so müßte gerade diese Vertheidigung nothwendiger Weise in den Schatten treten und des Lobes, daß sie der preußischen Tapferkeit alle Ehre gemacht habe, verlustig werden. In der That erzeigt man der Sache, der man dienen will oder zu dienen vermeint, mit solchen handgreiflichen Reduktionen den allerschlechtesten Dienst. Dagegen kommen andere deutsche Mittheilungen der Wahrheit viel näher, indem sie, wie z. B. in den "Erinnerungen" zu lesen ist, den preuß. Verlust blos an Todten auf 500 Mann angeben. Ein Bericht schlägt schon den Verlust des Regiments v. Schladen allein, das allerdings (bei einer Gesammtstärke von 1680 M.) mit seinem Grenadier-Bataillon die Gefechte auf dem Kesselberg und auf dem Rückzug von da zu bestehen hatte, mit seinen 2 Musketier-Bataillonen aber bei den blutigen Kämpfen während der Katastrophe ganz besonders betheiligt war, auf 60 Officiere und 350 Gemeine an Todten und auf nahezu 600 Mann an Verwundeten an. Ein anderer Bericht, der nur im Allgemeinen sagt, daß viele Preußen niedergehauen und verwundet worden seien, bemerkt jedoch ausdrücklich, daß die Franzosen ein ganzes Bataillon gefangen hätten[1].

Jomini schreibt, daß die Bataillone der Preußen zerstreut und zur Hälfte aufgerieben worden seien, und gibt noch die nähere Erläuterung, daß das Treffen beim Schänzel, so wie die Gefechte am Gebirge und in der Ebene die Preußen im Ganzen 2400 Mann gekostet hätten.

Saint=Cyr äußert sich dahin, daß der Verlust der Preußen am Schänzel mehr, wie 1000 M. betragen habe, indem er unbestimmt läßt, ob darunter blos die Todten und Verwundeten, oder auch die Gefangenen zu verstehen seien. Im Bericht der Volksrepräsentanten an den Wohlfahrtsausschuß vom 15. Juli heißt es, daß die franz. Bataillone den Feind mit dem Bajonet aus seiner Stellung vertrieben, seine ganze Artillerie genommen, seine Bataillone zernichtet und das Schlachtfeld mit Leichen besäet hätten.

Michaud nennt in seinem Bericht an den nämlichen Ausschuß vom 15. Juli den Verlust der Preußen blos im Allgemeinen beträchtlich, indem er beifügt, daß 9 Geschütze[2], caissons und Pferde genommen worden seien.

Als sicherstes Ergebniß aus allen diesen Nachrichten dürfte die Annahme zu betrachten sein, daß der Gesammtverlust der Preußen auf dem Schänzel und dem Kesselberg an Todten, Verwundeten und Gefangenen sich beiläufig

---

[1] Oberst Lufft sprach immer von 7—800 gefangenen Preußen, die Verwundeten inbegriffen. Daß eine größere Anzahl Preußen in Gefangenschaft kommen mußte, erklärt sich schon aus dem Angriffe im Rücken ihrer Stellung.
[2] Bezüglich der verlorenen Geschütze wird auf §. 35 A. verwiesen.

9*

auf ¹/₃ der Befatzung in ihrer Stärke am Spätnachmittag des 13. Juli, oder auf nahezu 1500 M. belaufen habe (§. 35 A.).

Unter den Gefangenen befand sich, wie schon gesagt, der verwundete Oberst v. Uttenhoven. Charakteristisch und weiter oben (§. 37) Bemerktes bestätigend, ist folgende Stelle im Bericht der Volksrepräsentanten:

„Es ist gut, Euch von der Stumpfsinnigkeit unserer Feinde ein Bild zu geben. Der gefangen genommene Oberst erklärte, daß er es sei, welcher den Platz befestigt habe, und beklagte sich darüber, daß die Republikaner ihn in einer Weise genommen hätten, auf die man nicht gefaßt gewesen sei; er prätendirte, daß man ihn in dieser Weise nicht hätte nehmen sollen. Diese Herren sind über unsere Unerschrockenheit erstaunt; sie werden dadurch außer Fassung gebracht und mit Erstaunen erfüllt. Sie glaubten nicht, daß es möglich sei, ohne ihre Taktik und ihre Verfahrungsweise zu siegen."

§. 51.
B. Verluste der Franzosen.

Hierüber ist Näheres nicht bekannt. In den deutschen Berichten ist blos gesagt, daß die Franzosen den Sieg nicht wohlfeil erkauft, sondern viele ihrer besten Truppen eingebüßt hätten. Im Bericht der Volksrepräsentanten aber ist, offenbar viel zu niedrig, der Verlust „lediglich zu 20 Todten und 150 Verwundeten" angegeben.

Abschnitt VII.
Die Folgen der Eroberung des Schänzel.

§. 52.

Diese Folgen zeigten sich alsbald in ihrem ganzen Umfang. General v. Blücher gesteht in seinem Tagebuch, daß er selbst bei seiner Sorglosigkeit im Bewußtsein, siegreich gefochten zu haben, durch die Abends um 9 Uhr empfangene Hiobspost vom Verlust des Schänzel, wie vom Blitze getroffen, der Erbprinz v. Hohenlohe aber genöthigt worden sei, sich mit seinem Corps zurückzuziehen, so zwar, daß derselbe noch um die Mitternachtstunde den Rückzug nach Neustadt a. H. habe antreten lassen wobei er, v. Blücher, auf Befehl des Erbprinzen, das Commando über die Arrièregarde geführt habe.

Die deutschen Geschichtschreiber bestätigen diese Wirkung, indem sie besonders betonen, daß die Eroberung des Schänzel die Verbindung zwischen dem Corps des Erbprinzen v. Hohenlohe und dem Hauptcorps des F.-M. v. Möllendorf bei Kaiserslautern durchbrochen, die Preußen, weil die Franzosen jetzt überall ihre Rücken bedrohten, in die schrecklichste Lage gebracht und überhaupt eine so allgemeine Bestürzung hervorgerufen habe, daß jetzt die Stellung der Verbündeten nicht mehr haltbar erschienen und eine Armee von mehr als 70,000 Mann¹) durch die Niederlage einiger

¹) Die Alliirten waren, ohne Hinzurechnung des östr. v. Blankenstein'schen und des preuß. v. Köhler'schen Corps, auf dem linken Rheinufer gegen 90,000 M. stark.

Bataillone zu einem allgemeinen Rückzug genötbigt worden sei, den die Preußen vorerst bis Mußbach (bei Neustadt a. H.), die Oestreicher aber über den Rhein bewerkstelligt hätten.

Das „M.-W.-Bl. v. 1825" sagt ganz kurz: „Der Verlust der Gebirgs-posten entschied bald die rückgängigen Bewegungen der vereinigten Armee-corps."

Jenes „v. 1841" spricht sich also aus: „Gegen Sonnenuntergang (8 Uhr) würde die Feldwache ausgesetzt, und Alles schien zu unserem Vortheil beendigt zu sein, als der Erbprinz Abends um 9 Uhr die Nachricht erhielt, das Schänzel sei verloren. Da hierdurch unsere Verbindung mit der bei Kaiserslautern stehenden Hauptarmee unterbrochen war, so traf er vor allen Dingen die nöthigen Vorkehrungen zur Sicherung unserer rechten Flanke und gab dann den Befehl, in 2 Colonnen ab- und nach der Position von Mußbach hinter dem Speyerbach zurückzumarschiren. Dies geschah um Mitternacht in der voll-kommensten Ordnung."

Die „Oestreichische militärische Zeitschrift" schreibt:

„Die Ankunft der östr. Verstärkung (von 2 Bat. des Regiments v. Wallis) belebte den Muth der vom Kampf erschöpften Preußen, als plötzlich die Nach-richt von dem Verlust des Schänzel unter den Alliirten einen allgemeinen Schrecken verbreitete. Die Lage der preuß. Armee war bedenklich, da die Fran-zosen, Meister im Gebirge, ihre rechte Flanke und, bei längerem Verweilen, ihren Rücken bedrohten. Dieser Unfall und die Unmöglichkeit, sich vorwärts zu behaupten, ohne dem Feind das Thal von Neustadt, in dem er vordrang, preiszugeben, bewogen den Erbprinz v. Hohenlohe, sich noch in der Nacht über den Speyerbach in das Lager von Mußbach zurückzuziehen. Erst nach Mitternacht erfuhr der Herzog Albert v. Sachsen-Teschen den Abzug der Preußen. Dies erheischte auch seinen Rückzug, der mit Tagesanbruch ange-ordnet wurde."

Jomini läßt sich also vernehmen:

„Bald verbreitete sich die Nachricht von diesem Unglück (dem Verlust des Schänzel) in der ganzen Linie der Alliirten und säete Bestürzung. Der Erb-prinz v. Hohenlohe, in der Besorgniß, am anderen Morgen angegriffen zu werden, verließ die Höhen von Edenkoben und zog sich über Mußbach nach Dürkheim zurück. Der Herzog v. Sachsen-Teschen, obgleich nicht lebhaft angegriffen, dachte nunmehr auch an seinen Rückzug. Das Treffen beim Schänzel störte und verwirrte alle Berechnungen der Alliirten und verdoppelte ihre Verlegenheiten an der Maas, indem dasselbe sie hinderte, auf die ge-ringste Mitwirkung der Armee des F.-M. v. Möllendorf, wie sie sich ge-schmeichelt hatten, rechnen zu können."

G. C. v. Wibbern sagt in seiner Schrift „Der Rhein und die Rhein-feldzüge" (Berlin, 1869): „Die oben genannten Posten in der Rheinthal-ebene, wie am Abhange der Vogesen, wurden also verbündeterseits gehalten, und es war nur jenes Vordringen der 3 französischen Brigaden vom Ann-weilerthal aus gegen die preußischen Posten im Gebirge, das durch sein Ge-lingen den Rückzug der gesammten Verbündeten-Corps rheinabwärts be-wirkte."

Im Berichte der Volksrepräsentanten heißt es, daß „dieser fürchterliche Kampf den Feind umgangen und in die große Noth gestürzt habe, in der er er sich jetzt befinde". Michaud nennt in seinem Berichte die Eroberung des Schänzel „einen großen Erfolg und das Ereigniß eines unerschrockenen Muthes".

Das Corps des Erbprinzen v. Hohenlohe nahm am 14. Juli hinter dem Speyerbach bei Mußbach eine solche Stellung ein, daß auf das Vorhaben, selbst eine Schlacht annehmen zu wollen, geschlossen werden konnte. General Saint-Cyr vermied jedoch, auf die Preußen in dieser Stellung einen allgemeinen Angriff zu machen und begnügte sich damit, seine Vortruppen mit den Gegnern scharmuziren und sein Hauptcorps eine solche Position nehmen zu lassen, daß dasselbe, seine Linke an Hambach, seine Rechte an Duttweiler anlehnend, in den Stand gesetzt blieb, auf die erste Nachricht aus den Thälern Besitz von Neustadt a. H. zu ergreifen.

Saint-Cyr, der in der Nacht vom 13. auf den 14. Juli am rechten Ufer des Modenbach bivouacquirt hatte, war allerdings, obwohl ein günstiges Resultat in Betreff der Angriffe der Moselarmee bei Trippstadt und der Brigade Sibaub bei Johanneskreuz noch nicht bekannt war, anfänglich entschlossen, seine Angriffe auf das Corps des Erbprinzen v. Hohenlohe am 14. Juli in der Hoffnung fortzusetzen, daß die Brigaden Desgranges und Sisée, welche nur noch einige Abtheilungen leichter Truppen in den Gebirgen vor sich haben könnten, ihn um so eher unterstützen würden, als sie mit Leichtigkeit zu debouchiren und die ihrer Stütze in den Gebirgen beraubte rechte Flanke des Feindes zu umgehen vermöchten: allein es beruhte seine Hoffnung auf falschen Voraussetzungen und war hiernach nicht zu erfüllen, so ungehalten, wenn gleich mit dem größten Unrecht, auch er und der Obergeneral der Rheinarmee darüber waren.

Wie nämlich die preußischen Generale die Schänzel-Position als unüberwindlich überschätzten, so unterschätzten die Generale Michaud und Saint-Cyr dieselbe als leicht einnehmbar und rechneten daher mit einem unrichtigen Faktor. Hätten diese beiden Generale gewußt oder vielleicht wissen wollen, daß für die Stärke der Stellung auf dem Schänzel gleichmäßig durch die Natur, wie durch die militärische Kunst in einer Weise gesorgt war, wornach bei den Mitteln, die den Brigaden Desgranges und Sisée zur Verfügung standen, von einem Angriff in der Front wenigstens für den 13. Juli ein Erfolg kaum oder gar nicht erwartet werden konnte, hätten dieselben also verstanden oder getrachtet, die Anstrengungen zu bemessen, die bei größerer Aussicht auf das Mißlingen, wie auf das Gelingen, nothwendig gewesen wären, um das außerdem durch eine ansehnliche und tapfere Besatzung vertheidigte Schänzel durch einen Frontangriff zu nehmen, oder die wirklich erforderlichen waren, um sich der furchtbaren Position durch den Vollzug einer Combination zu bemächtigen, von der sich freilich Michaud und Saint-Cyr nichts träumen ließen: so würden sie, zumal bei weiterer Erwägung der mißlichen Verkehrs- und Verpflegungs-Verhältnisse in der dortigen Gegend, es wohl begriffen haben oder hätten sie es wohl begreifen können, daß den 14. Juli schlechterdings dazu verwendet werden mußte, um die von den großen Strapazen des 13. Juli gänzlich erschöpften und durch Hunger und Durst gequälten Truppen sich in etwas erholen und sich, so weit möglich, mit Lebensmitteln versehen zu lassen. Ueberdies war es eine gebieterische Nothwendigkeit, für den Transport der Verwundeten und die Escorte der Gefangenen nach den dazu geeigneten Orten sorgen zu müssen[1]. Trotz allem dem traf die 186. Halbbrigade, welche berufen war,

---

[1] Obiges kann auch zur Widerlegung der leichtfertigen Vorwürfe dienen, die
1) das „Magazin" den Franzosen dabin macht, daß sie versäumt hätten, nach der

an der Spitze zu marschiren, nach einem wenigstens 5 Stunden langen, sehr beschwerlichen Marsch über Berg und Thal, auf den schlechtesten Wegen und durch ein unbewohntes Waldland, schon am 15. Juli zur Mittagszeit in St. Lambrecht ein[1]).

Inzwischen hatte Saint-Cyr nicht allein durch ein Schreiben von Michaub d. d. 15. Juli die Erfolge bei Johanneskreuz und Trippstadt, sondern auch durch eine Zuschrift des den Generalen Desgranges und Eisce beigegebenen Adjunkten der General-Adjutantur Morel erfahren, daß die Brigaden Desgranges und Eisce Mittags zu St. Lambrecht angekommen seien[2]). Derselbe trat daher sogleich mit diesen Truppen in Verbindung und ließ noch am nämlichen Tag (15. Juli) sein durch 4 Bat. der Alpenarmee verstärktes Corps gegen Deidesheim vorgehen, wohin sich das Erbprinz v. Hohenlohe'sche Corps mittlerweile zurückgezogen hatte. Auf Befehl des F.-M. v. Möllendorf setzte jedoch dieses Corps schon in der Nacht vom 15. auf den 16. Juli den Rückzug zuerst nach Dürkheim und dann noch weiter fort, bis dasselbe am 19. Juli hinter dem Eisbach bei Pfeddersheim Stellung nahm, indem es 2 Vorposten-Detachements vorschob, wovon das eine rechts unter Gen. v. Blücher-Grünstadt und seine Kette von der Herxheimer Höhe über Weisenheim a. S., Neuleiningen und Tiefenthal bis vor Kirchheimbolanden zur Verbindung mit den Vorposten des Hauptcorps unter Oberst l'Estocq ausdehnte, das andere links unter General v. Wolfrath seine Posten bis an den Rhein erstreckte.

F.-M. v. Möllendorf selbst hatte in Folge der Ereignisse bei Johanneskreuz und Trippstadt, so wie auf die Nachricht vom Verlust des Schänzel, in der

---

Eroberung des Schänzel sogleich eine Colonne durch die Berge nach Neustadt a. H. zu schicken, um die Communication zwischen dem Erbprinz v. Hohenlohe'schen Corps und dem v. Möllendorf'schen Hauptcorps gänzlich abzuschneiden, das Magazin in Rußbach zu nehmen und jenes Corps zu nöthigen, entweder mit den Oestreichern bei Mannheim über den Rhein zu gehen oder um den Preis der größten Opfer die Verbindung mit diesem Corps wieder herzustellen.

2) Jemini und die ihm blindlings nachbetende „Oestr. militär. Zeitschrift" aber in der ungereimtesten Weise sogar noch dahin erweitern: es habe der Besitz von Landau und von den Höhen der Vogesen die Franzosen in den Stand gesetzt, das Centrum des Feindes zu überwältigen, insofern sie noch am nämlichen Abend (des 13. Juli) die Division Desaix nach Zisolingen vorgeschoben hätten, während der ganze Rest der Armee längs dem Fuß der Vogesen und durch die Thäler hindurch, deren Herr man gewesen, sich bei Tagesanbruch (am 14. Juli) zu Neustadt vereinigt haben würde, um dann, während die 2 Divisionen der Moselarmee durch den Marsch nach Hofstätten und Trippstadt die Bewegung gedeckt und durch das Annweilerer Thal communicirt hätten, mit einer Masse von 40 bis 50,000 M. das Erbprinz v. Hohenlohe'sche Corps zu erdrücken, so daß dessen Trümmer sich hätten glücklich preisen müssen, die Mannheimer Rheinbrücke zu erreichen.

So sündigt man auf die Geduld des Papiers und die Leichtgläubigkeit von Solchen, die das Terrain nicht kennen und nicht näher unterrichtet sind. Nur eine Frage anstatt weiterer Widerlegung: woher die 40—50,000 M. rasch nehmen (§. 20 und §. 24 S. 41) und wie dann mit den 32,000 M. Oestreichern, die dem General Desaix gegenüberstanden?

[1]) Zum Beweise dessen, daß auch mit diesem Marsch das Aeußerste geleistet wurde, mag der Umstand gelten können, daß selbst Oberst Lufft, vom Hunger gepeinigt, am ersten Häuschen zu St. Lambrecht links vom Weg, dessen Schornstein rauchte, vom Pferde stieg und sich als ungebetener Gast zu der Familie an den Tisch setzte, um ihr die eben aufgetragene Zwiebelsuppe verzehren zu helfen.

[2]) Morel zeigte Saint-Cyr diese Ankunft mit dem Beifügen an, daß die schlechten Wege und andere Hindernisse, so wie die Nothwendigkeit, ein Bataillon erwarten zu müssen, die Verspätung verursacht hätten." Dieses Bat. wird eben den Transport der Verwundeten und die Escorte der Gefangenen im Laufe des 14. Juli besorgt haben.

Beforgniß, jetzt von Moment zu Moment durch die Moselarmee angegriffen zu werden, mit allen zum Hauptcorps gehörenden Truppen (§. 23 B.) in der Nacht vom 15. auf den 16. Juli über Winnweiler, wohin die Magazine und Ambulancen bereits vorausgeschickt waren, den Rückzug in die Gegend von Kirchheimbolanden angetreten.

General Saint-Cyr folgte dem Erbprinzen v. Hohenlohe auf dessen Rückzug mit großer Vorsicht, während General Meynier nach dem Abmarsch der Moselarmee an die Saar, mit der neugebildeten V. Division der Rheinarmee Kaiserslautern besetzte (§. 29 D.).

Das oestr. Corps unter dem Herzog Albert v. Sachsen-Teschen, welches nach dem Rückzug des Erbprinzen v. Hohenlohe'schen Corps sich in seiner rechten Flanke bedroht sehen mußte, gieng am 14. Juli des Morgens in aller Frühe bis hinter den Rehbach zurück und auf die, am 15. Juli gegen 6 Uhr Abends vom Erbprinzen v. Hohenlohe erhaltene, Mittheilung, daß er sich auf Befehl des F.-M. v. Möllendorf noch in der Nacht nach Dürkheim zurückziehen werde, auch in der nämlichen Nacht über den Rhein, nachdem der Herzog sein Hauptquartier von Speyer nach Schwetzingen zurückverlegt und mit einigen Abtheilungen Reichstruppen Lußheim, Speyer gegenüber, besetzt hatte. General v. Wartensleben, der mit der Deckung des Rückzuges der Oestreicher beauftragt war und die Generale v. Hotze und v. Karaczay unter seinen Befehlen hatte, schlug am 15. Juli noch einen lebhaften Angriff der Division Desaix bei Schifferstadt zurück und besetzte vor seinem Uebergang über den Rhein bei Mannheim den Brückenkopf — die Rheinschanze — mit 5 Bat. und 8 Esc. unter General v. Roßpoth.

Abschnitt VIII.

Die Berichte über die Eroberung des Schänzel.

§. 53.

A. Mittheilungen des (preuß.) Militair-Wochen-Blatte's.

Eine Reihe von Unrichtigkeiten und Irrthümern in den betreffenden Berichten der Jahrgänge 1825 und 1841 (preuß.) Militair-Wochenblattes haben bereits im Interesse der Wahrheit die nöthige Berichtigung gefunden. Es erübrigt jedoch noch, auch die Mittheilungen über die Vorgänge am Nachmittag des 13. Juli in so weit mit erläuternden Bemerkungen zu begleiten, als dies zu ihrem eigenen besseren Verständniß unbedingt geboten erscheint.

a. Militair-Wochenblatt von 1825.

„Als Hauptmann von Bergen um 4 Uhr Nachmittags nach dem Schänzel zurückkam (aus dem Hauptquartier von Venningen), hörte man von der Seite des Satzerstein ein schwaches feindliches Feuer, welches immer stärker wurde. Es war dies eine neue Colonne des Feindes, welche, nachdem sie die Posten beim Steineck und Erlenkopf zurückgeworfen, von dorther gegen den

Schänzel anrückte[1]). Noch waren die beiden Bataillone v. Schlaben nicht auf der Höhe des Schänzel angekommen, da sie durch weite, zum Theil vergebliche Märsche in der drückendsten Hitze sehr ermüdet waren[2]). Während der Feind immer lebhafter gegen die rechte Flügelschanze und gegen die Schanze am trüben Brunnen andrängte, defilirte zugleich eine starke Colonne desselben[3]) auf der hohen Straße in das zwischen diesen beiden Schanzen gelegene und das Schänzel in der rechten Flanke umfassende Thal[4]). In diesem Augenblick langten die beiden Bataillone v. Schlaben bei dem Schänzel an. Der General v. Schlaben, welcher vorgeritten war und sich von der Lage der Dinge selbst unterrichtet hatte, schickte sogleich eine Compagnie zur Unterstützung der rechten Flügelschanze vor, in welcher der Major v. Schack mit 2 Compagnien stand[5]) und stellte eine zweite zur Reserve derselben auf. Mit den übrigen 6 Compagnien füllte er den Raum links derselben gegen den Rennpfad aus, um dadurch die rechte Flanke des Schänzel vollständiger zu decken[6]). Allein der Feind drang jetzt mit großen Massen in dem vorgedachten

[Fußnoten-Text]

[1]) Ganz irrig! Auf wen soll denn diese Colonne gefeuert haben, da so der preuß. Posten am Sagerstein schon Morgens um 6 Uhr (§. 43 A.) vertrieben wurde und die Posten auf dem Steineck und am Erlenkopf ungefähr um die nämliche Zeit (§. 44 B.) das gleiche Schicksal hatten, die ganze Hochstraße vom Steineck bis zur Salzgrube also schon nach 6 Uhr Morgens im unbestrittenen Besitz der Franzosen war? Oder welcher nur einigermaßen vernünftige Grund ließe sich überhaupt für ein solches Feuern um 4 Uhr Nachmittags aus der Richtung vom Sagerstein her geltend machen? Es ist nur so viel richtig, daß der Umgebungs-Colonne vom Steineck aus — wie es auf dem Plan beim „M.-W.-Bl." zu ersehen ist — bis zum Kieseledder Bild vorrückte; allein der weitere Marsch von da an, blieb eben dem „M.-W.-Bl." ein Geheimniß (§. 44 B. S. 109). so daß der Einbildungskraft freier Spielraum blieb.

[2]) Da Hauptmann v. Bergen, der als Adjutant des Erbprinzen v. Hohenlohe eine wichtige Rolle gespielt zu haben scheint, auf seinem Ritt nach Benningen Nachmittags die 2 Bat. v. Schlaben schon bei St. Martin traf und so war bereits wieder auf das Schänzel zurückgekehrt war, so waren selbstverständlich die sogenannten „vergeblichen Märsche" damals längst zurückgelegt, und erübrigte den beiden Bataillonen nur noch der 1½ stündige Marsch auf das Schänzel selbst (§. 54).

[3]) Jener „Feind" war kein anderer, als das 3. Bat. der 186. Halbbrigade (§. 47 S. 122) und diese „starke Colonne", aus der gleich darauf (S. 137 unten) „große Massen" wurden, bestand aus den 2 anderen Bataillonen der nämlichen Halbbrigade.

[4]) Zwischen den Schanzen Nr. IV und Nr. I befindet sich überhaupt kein Thal, also auch kein Thal, wie das bezeichnete. Zieht man von der Schanze Nr. IV eine gerade Linie nach Norden, so bezeichnet sie die Richtung des Klepenthals; letzteres konnte also die rechte Flanke der preuß. Stellung nicht „umfassen", viel weniger den Rücken. Angenommen sogar, es sei die Colonne bei » oder † von der Hochstraße nach C und von da den Pohlweg oder die Schlucht hinunter in das Klepenthal, so mußte sie aus diesem doch wieder herauf. Dies konnte aber nur über den Appenkopf oder durch das Seitenthälchen n geschehen. War nun dieser Marsch, abgesehen davon, daß man von der Kuppe des Schänzel ebenso wenig, wie von der Schanze Nr. I und Nr. IV in das Klepenthal und in das Seitenthälchen n zu sehen vermag, gleichwohl entdeckt, so wirft sich die seltsame Frage auf: weßhalb traf man nicht rechtzeitig die erforderlichen Maßregeln gegen die von dorther drohende Gefahr? Die einzige richtige Antwort ist nur die, daß man von dem Marsch der Umgebungscolonne nichts wußte.

[5]) Da das Grenadier-Bataillon v. Romberg die Schanze Nr. I (§. 35 S. 85) zu vertheidigen hatte und Major v. Wendstern auch darin verwundet und gefangen wurde, so fragt es sich: wo war denn im kritischen Augenblick dieses Bataillon? Ein neues Räthsel!

[6]) Damit ist zugegeben nicht allein, daß die 2. Bat. v. Schlaben schon oben auf dem Schänzel waren, als die Umgebungscolonne sich noch im Thal befand, sondern auch, daß General v. Schlaben höchstens die Bedrängniß wahrnahm, in welche die rechte Flanke der Stellung durch das 3. Bat. der 186. Halbbrigade gekommen war, daß er aber die

Thal und gegen den Edighofer Frohnbaum vor [1]). Seine Absicht, den Posten vom Schänzel zugleich in der rechten Flanke und im Rücken anzugreifen, oder den geschlagenen Truppen hier den Rückzug abzuschneiden, war nicht mehr zu verkennen [2]). Der Angriff auf den linken Flügel [3]) war um diese Zeit ebenfalls allgemein geworden und der General v. Pfau hatte sich eben nach dieser Seite hinbegeben, um das Gefecht daselbst zu leiten. Da jedoch die Gefahr jetzt bei dem Edighofer Frohnbaum am dringendsten schien, so erhielt der Hauptmann v. Bergen von dem General v. Voß, dem bereits ein Pferd unter dem Leibe verwundet worden war, den Auftrag, dem Feind hier mit den beiden Compagnien v. Kunißli und deren Kanonen, welche am Steinkopf standen, auf den Hals zu gehen, um ihm das weitere Debouchiren in den Rücken des Schänzel zu verwehren [4]). Kaum hatte er einige Kanonenschüsse von dem Edighofer Frohnbaum auf den Feind thun lassen, als er das feindliche Feuer gegen die rechte Flügelschanze vorrücken und die Infanterie daselbst zurückweichen sah [5]). Er sprengte sogleich dahin, um sie wo möglich noch auf der Kuppe des Schänzel zum Stehen zu bringen und sodann den Feind durch einen nochmaligen Angriff mit dem Bajonet zurückzuwerfen [6]). Die Generale

---

ganze Schwere dieser Bedrängniß nicht einmal erkannte, weil er sonst nicht 6 Comp. in den Zwischenraum zwischen den Schanzen Nr. I und Nr. II beordert hätte.

[1]) Das „vorgedachte Thal" würde allerdings so ziemlich auf das Seitenthälchen u passen; allein es ist bereits in der Anm. [1]) S. 121 gesagt, weßhalb der Jäger nicht den Weg durch dieses Seitenthälchen, sondern jenen über den Aspenkopf wählte. Ohnehin war es nur auf dem letzteren Weg möglich, sich über X und O der Schanze Nr. IV und der Brustwehr G bis auf Büchsenschußweite unvermerkt zu nähern. Auch hier drängt sich wiederum die Frage auf: warum ließ man die „großen Massen des Feindes" ungehindert heraufkommen? Es gibt nur die nämliche Antwort, wie die auf die Frage in der Anm. [4]) S. 137.

[2]) Endlich will man die in der rechten Flanke und im Rücken herandrängende Gefahr bemerkt und erkannt haben! Gerade in dieser Aeußerung liegt vollends das Geständniß, daß die Erkenntniß erst eintrat, als es bereits zu spät war. Aber vergeblich sucht man durch diese und jene Wendung den Mangel an Voraussicht und Umsicht zu beschönigen, wodurch es möglich war, das Schänzel in geschehener Weise zu nehmen.

[3]) Muß heißen: der Angriff auf die Centrumsschanze Nr. II. Auf die Schanze Nr. III wurde gar kein direkter Angriff gemacht und der Kesselberg kommt für jetzt gar nicht in Betracht.

[4]) Mit dem „Steinkopf" kann vernünftigerweise doch nur der „Steigerkopf" gemeint sein. Die 2 Comp. kamen aber mit ihren 2 Kanonen höchstens eine ganz kleine Strecke über den Steigerkopf hinaus; denn die 2 Bat. der 186. Halbbrigade waren schon auf dem Rindspfad und im Vorrücken gegen den Steigerkopf begriffen, als die 2 Comp. den betreffenden Befehl erhielten. Was sollten aber 2 Comp. gegen die angeblichen „großen Massen" ausrichten, sobald dieselben einmal oben waren? Selbst die von General v. Pfau rasch gesammelte „gewaltige Schaar" (§. 48 S. 125) war nicht mehr im Stande, das Unheil abzuwenden.

[5]) Die 2 Comp. kamen, wie gesagt, mit ihren 2 Kanonen nicht mehr bis zum Sattel D, denn „der Offizier auf dem Schweißtuch" traf den Feind schon auf dem Rindspfad (§. 48 S. 124) und damit stimmten die Meldungen der Brandwachen überein. Vom Edighofer Frohnbaum — Sattel D — aus konnten Truppen, welche das Seitenthälchen u hinaufrückten, nicht einmal beschossen werden. Vielmehr lag nur die zunächst befindliche Strecke der Hochstraße im Bestreichungsraum von dort aufgefahrenen Geschützen. Ueberdies ist zu erinnern, daß Hauptmann v. Bergen vom „Edighofer Frohnbaum" aus das Vorrücken des feindlichen Feuers gegen die Schanze Nr. I und das Zurückweichen der dortigen Infanterie gar nicht sehen konnte. Dies war wohl in der Nähe des Steigerkopf möglich.

[6]) Warum ließ Hauptmann v. Bergen das ihm vom General v. Voß übertragene Commando im Stich? Dieses Davonsprengen nach der Schanze Nr. I erscheint um so weniger gerechtfertigt, als ja die 3 Generale v. Pfau, v. Voß und v. Schladen in

v. Schlaben und v. Voß vereinigten ihre Anstrengungen mit ihm zu diesem Zweck, doch alles war vergebens [1]). Die feindlichen Tirailleure drangen in großer Zahl von allen Seiten unaufhaltsam vor. So erfolgte nunmehr der Rückzug vom Schänzel unter dem fortwährenden Feuer des Feindes, jedoch nicht ohne Ordnung. Durch Aufstellungen, welche der Hauptmann v. Bergen mit den bisher weniger im Feuer gewesenen Truppen [2]) beim Edighofer und St. Martiner Frohnbaum nahm, sicherte er den Abzug derselben theils nach St. Martin, theils nach Neustadt."

b. Militair-Wochenblatt von 1841.

„Der Feind, welcher ununterbrochen und auf allen Punkten zugleich angriff, wurde durch den unerschütterlichen Muth und die äußerste Standhaftigkeit der Truppen von Morgens halb 4 Uhr bis Nachmittags 3 Uhr [3]) jedesmal zurückgeschlagen, ohne daß es ihm möglich gewesen wäre, auch nur einen Fuß breit Terrain zu gewinnen. Um 3 Uhr schien er von allen weiteren Versuchen abzustehen; doch diese Ruhe war nur scheinbar und kurz. Der Feind hatte von der Seite von Ramberg mehrere Truppen, die man über 2000 Mann angibt, durch den hohen Wald unbemerkt vorrücken lassen und die Redoute Nr. 2 zum Angriffspunkt gewählt [4]). Dieser gegenüber formirte er sich um 4 Uhr Nachmittags, stürzte er sich plötzlich durch den Wald in den Grund der von dem Geschütz der Schanzen nicht mehr eingesehen werden konnte, erstieg, fast ohne einen Schuß zu thun, die Höhe und drang mit dem Bajonet in die mit 2 Comp. besetzte und noch durch 2 von den Nachmittags in der Position angekommenen Bataillonen v. Schlaben verstärkte Schanze, zwang die Truppen nach dem heftigsten Widerstand sich herauszuziehen und nahm nun die Schanzen Nr. 3 sowohl, als Nr. 4 im Rücken [5]). Zu gleicher Zeit war er mit einigen Truppen durch den Grund von der Schanze Nr. 1 bereits herumgegangen und suchte auf diese Art auch die Hauptposition auf der Platte im Rücken zu nehmen [6]). Die Generale

---

der Nähe der Schanze und mithin in der Lage waren, das Erforderliche anzuordnen. Der einzige Erklärungsgrund mag darin beruhen, daß der genannte Hauptmann nach der Einbuße der 2 Kanonen und bei dem Erblicken der „starken Colonne" die Schänzel-Position für verloren hielt und jetzt zurückeilte, um retten zu helfen, was noch zu retten war.

[1]) Der heldenmüthigen Haltung des Generals v. Pfau unmittelbar vor und während der Katastrophe ist mit keiner Silbe gedacht. Wie es scheint, bezieht sich der Satz auf die Vorgänge nach dem Tode des Generals.

[2]) Damit sind wohl die 2 Musketier-Bat. v. Schlaben gemeint.

[3]) Die Pause trat schon gegen Mittag und nicht erst um 3 Uhr Nachmittags ein.

[4]) Während das „M.-W.-Bl. v. 1825" die „neue Colonne des Feindes" vom Steinel und Erlenkopf her kommen läßt, rücken die „mehreren Truppen" nach dem „M.-W.-Bl. v. 1841" direkt von Ramberg an, wobei letzteres jedoch zu errathen gibt, was das für ein „hoher Wald" gewesen sei. Dagegen paßt die Angabe der Stärke der „mehreren Truppen" so ziemlich, wie schon früher gesagt, auf die 186. Halbbrigade.

[5]) Wieder ein „Wald" und ein „Grund", ohne daß Beides näher bezeichnet ist! Wäre dieser Angriff schon um 4 Uhr Nachmittags geschehen, so hätte die Eroberung des Schänzel viel früher, als erst um 7 Uhr Abends vollendet sein müssen. Die Schanze Nr. I kam erst in den Besitz der Franzosen, als die Entscheidung oben auf der Kuppe fiel. Wie will auch der Angriff um 4 Uhr so plötzlich und so rasch geglückt sein, nachdem die Angriffe „bis 3 Uhr" insgesammt mißlungen waren? Die Schanzen Nr. 2, 3 und 4 sind die Schanzen Nr. I, II und III im Plan Nr. IV und Nr. V.

[6]) Abermals ein „Grund", ohne daß gesagt ist, welcher? Dieser jeder Begründung entbehrende bitterböse „Grund" ist dem „M.-W.-Bl. v. 1841" das, was das „die rechte Flanke

v. Pfau, v. Schlaben, v. Voß, sowie der von dem Erbprinzen herauf=
geschickte Kapitän v. Bergen, ließen in dieser verzweifelten Lage der Dinge
kein Mittel unversucht, sich der Schanzen und des darin verlorenen Geschützes
wieder zu bemächtigen, nahmen auch, als sie dieses ganz unmöglich fanden, in
der Gegend des Frohnbauers noch eine Stellung und griffen den Feind, jedoch
mit etwas wenig Erfolg, von Neuem an. Der Rückzug war nun drin=
gend [1]).

§. 54.
B. Uebrige deutsche Berichte.

c. Geschichte der Kriege.

„Die Preußen schlugen mehrere Angriffe ab, unterlagen aber am späten
Nachmittag einem allgemeinen Angriff der übermächtigen Gegner, kurz nach=
dem die zur Unterstützung gesendeten 2 Bat. ermattet und für den Augenblick
kaum zum Gefecht brauchbar, auf dem Kampfplatz eingetroffen waren."

d. Oestr. militärische Zeitschrift.

„Gegen den sinkenden Tag hatte sich eine starke französische Abtheilung
auf eines Büchsenschusses Weite vor dem rechten Flügel des Schänzel gesam=
melt, indessen andere Colonnen in den Rücken des Postens manövrirten, und
wurden nun die Preußen in einem allgemeinen Angriff von allen Seiten um=
faßt, angefallen und zersprengt [2]).

e. Tagebuch des Generals v. Blücher.

Dasselbe enthält nur die magere Notiz: „daß der Feind, obgleich er den
Tag über das Schänzel vergeblich bestürmt hatte, nach einer Abends um 8
Uhr erhaltenen Verstärkung von 2 frischen Bataillonen [3]) seinen Sturm rasend
und mit aller Aufopferung erneuert und bei seiner großen Uebermacht und der
gänzlichen Erschöpfung der preuß. Truppen endlich den Posten genommen
habe".

f. Andere Nachrichten

lassen die Truppen auf dem Schänzel mehrere Angriffe, deren es bald 3, bald
5 gewesen sein sollen, kräftig zurückschlagen, ohne daß dieselben jedoch zwischen

---

umfassende Thal" dem „M.-W.-Bl. v. 1825" ist, nur daß die „großen Massen" bei letzterem,
jenem „einige Truppen" sind. An der Krise selbst schlich das „M.-W.-Bl. v. 1841" vor=
über, indem es anstatt „der Feind nahm" setzte: „der Feind suchte zu nehmen"; allein ein
solches Ausbiegen hilft und nützt in der Hauptsache gar nichts.

[1]) Standen denn etwa oben auf der Kuppe noch Truppen, welche erst die Schanzen
nehmen ließen, um sich dann derselben wieder zu bemächtigen? Am „Frohnbauer" (Frohn=
baum) schlugen sich die preuß. Truppen doch wahrscheinlich nicht mehr für einen Erfolg, son=
dern nur noch für den Rückzug!

[2]) Die „Oest. mil. Zeitschrift" kommt, auch wenn sie keine Details weiß, doch der
Wahrheit am nächsten. Die „Abtheilung auf Büchsenschußweite" war das 3. Bat. der
186. Halbbrigade, und das 1. und 2. Bat. bildeten die „anderen Colonnen".

[3]) General v. Blücher irrt in der Zeit, denn er vernahm ja schon um 9 Uhr bei
Ebersheim den Verlust des Schänzel. Die „2 frischen Bat." aber waren keine andere, als
das 1. und 2. Bat. der 186. Halbbrigade.

ben 12. und 13. Juli, dann zwischen dem Schänzel und dem Kesselberg unterschieden und sie fügen nur noch im Allgemeinen bei, daß die Verschanzungen Abends um 7 Uhr mit stürmender Hand nach blutigem Kampf eingenommen worden seien.

g. Das „Magazin".

Darin ist der Hergang etwas ausführlicher beschrieben, wie folgt:

„Nach Aussage ihrer Gefangenen wollten die Franzosen vorzüglich im Gebirge durchzubringen suchen, und ihr Angriff auf den Höhen von Bennungen [1] geschah blos, um den gegen das Schänzel zu maskiren. Sie schickten daher einen großen Theil ihrer Infanterie durch das Modenbacher Thal gegen das Schänzel. Der Prinz v. Hohenlohe detachirte deßhalb dem immer noch bedrohten Posten eine Verstärkung von 2 Musketier-Bat. v. Schlaben unter Anführung ihres Generals zu Hilfe. Unglücklicher Weise war der Marsch, den diese Truppen zu machen hatten, äußerst lang und schwierig; steinigte Holzwege und das beständige Berganklettern [2] hemmten bei den großen Sommerhitze das schnelle Vorrücken, so daß man nach einem achtstündigen Marsch den Ort der Bestimmung noch nicht erreicht hatte. Die Verstärkung der Franken, die, ohne Kanonen mit sich zu führen, ihren Marsch angetreten hatten, war indeß angekommen. Der Feind formirte sich in den Gebüschen, wo man ihn nicht entdecken konnte, auf Distanz eines Büchsenschusses vom rechten Flügel des Schänzel und fieng seinen ungestümmen Angriff von Neuem an [3]. Etwa eine halbe Stunde darauf, als die Affaire am heftigsten war, kam endlich die Verstärkung, aber was konnte man von diesen Truppen erwarten, die 9 Stunden lang [4] die Mühseligkeiten eines beschwerlichen Marsches ausgestanden hatten? Sie waren ebenso erschöpft, als diejenigen, die sie unterstützen sollten; die Kräfte waren erschöpft.

„Indeß detachirte der Generalmajor v. Schlaben auf Befehl des Generals v. Pfau dem angegriffenen rechten Flügel 2 Comp. zu Hilfe; mit den anderen füllte er eine Lücke aus, die bei dem Mangel zureichender Truppen zur Vertheidigung eines so ausgedehnten Terrains bisher nicht besetzt war. Der Angriff war jetzt allgemein; am gefährlichsten aber schienen die franz. Haufen, welche stets im Thal um den rechten Flügel der Preußen herum marschirten, um diese entweder in den Rücken zu nehmen, oder ihnen die Retraite abzuschneiden. Der General v. Voß beorderte deßhalb 2 Comp. vom Regiment v. Kunitzki, die (als eine Art Reserve) nebst 2 Kanonen zur Deckung der Thäler aufgestellt waren, dem Feind auf den Leib zu gehen und zu verhindern, daß er den Preußen in den Rücken komme. Kaum hatte man auf die vorrückenden Franken etliche Kanonenschüsse gethan, so war der Feind

---

[1] Der Angriff der II. Division Saint-Cyr geschah weder auf den, noch auf die Höhen von Benningen; der Kampfplatz dieser Division war auf das Terrain zwischen Hainfeld, Edesheim, Edenkoben, Rhodt und Weyher beschränkt.

[2] Von „Berganklettern" konnte keine Rede sein. Es führte ein ordentlicher Weg von St. Martin nach dem Schänzel, der nur auf ⅓ seiner Länge und auf dieser nur allmählig bergan stieg.

[3] Das war eben das 3. Bat. der 186. Halbbrigade, nur daß dasselbe nicht „von Neuem", sondern das erste Mal angriff.

[4] Hier sind aus den 8 Stunden oben schon deren 9 gemacht.

auf dem rechten Flügel bereits vorgedrungen und die dort stehenden Truppen im Rückzug begriffen [1]."

„Die Generalmajore v. Schladen und v. Voß gaben sich alle Mühe, den entkräfteten Kriegern Muth einzusprechen, aber umsonst. Ihre Officiere waren größtentheils todtgeschossen oder blessirt, ihre physischen und moralischen Kräfte erschöpft; so setzten sie ihren Rückzug fort. Alle nachherigen Versuche, die Franken wiederum mit der Spitze des Bajonets zurückzutreiben, mißlangen.

„Der General v. Pfau, welcher en chef auf dem Schänzel commandirte und den 13. hingekommen war, wollte den Rückzug seiner Truppen nicht überleben; da er Alles verloren sah, stürzte er sich in den dichtesten feindlichen Haufen, suchte und fand einen edlen und ruhmvollen Tod."

Jeder Unbefangene wird aus obigen Berichten ersehen können, daß sie insgesammt auf eine höchst oberflächliche Weise, ohne eine auch nur annähernde Bekanntschaft, sei es mit dem Terrain des Schänzel und seiner nächsten Umgebung, sei es mit dem Verlauf des Kampfes in seinen verschiedenen Stadien und Einzelheiten, abgefaßt wurden, daß aber mehrere darunter nicht allein eine Reihe von Verwechselungen, Widersprüchen und selbst Erfindungen sich schuldig machen, sondern auch zum größten Nachtheil der historischen Wahrheit von einem einseitigen Parteistandpunkt aus sich in Uebertreibungen und Entstellungen ergehen.

Indeß läßt sich selbst der Bericht im „Magazin", sobald man sich nur die Mühe gibt, seine Widersprüche auszugleichen und seine Verwirrungen zu entwirren, mit der Darstellung des Verfassers einigermaßen vereinbaren, die mindestens in den Augen von Jedem, dem es um geschichtliche Treue zu thun ist, aller bisherigen Ungewißheit, Verdrehung und Unterschiebung ein= und für allemal ein Ende zu machen im Stande ist.

Zur Berichtigung einiger wesentlichen Irrthümer in den deutschen Berichten möge übrigens noch Folgendes dienen:

1) Die angebliche große Uebermacht der Franzosen anbelangend, so waren die letzteren, wie aus den §§. 35 und 36 ersichtlich ist, den Preußen bei der Katastrophe nicht einmal um den dritten Theil überlegen; dagegen befanden sich alle sonstigen Vortheile unbedingt auf Seite der Vertheidiger und zwar in einem solchen Maaß, daß dadurch das Mehr der Mannschaft auf Seite der Angreifer reichlich ausgeglichen wurde. Wie schon früher bemerkt wurde, ließ das Fechten in Schwärmen von Tirailleuren und zerstreuten Haufen die Zahl der Franzosen ungleich größer erscheinen, als sie wirklich war.

2) Was aber die behauptete Erschöpfung betrifft, so konnte dieselbe bei den Preußen, welche Verschanzungen und überhaupt Positionen zu vertheidigen hatten, die auf hohen, steilen Bergen lagen, doch gewiß nicht größer sein, als bei den Franzosen, deren Aufgabe es war, in der lästigen, drückenden und erschlaffenden Hitze der Julisonne an jenen Bergen zuerst auf und ab und hin und her zu klimmen, um die Besatzung unaufhörlich zu belästigen und zu beschäftigen, dann aber diese Berge selbst zu stürmen und tapfere Truppen

---

[1] Auch hier will ein „mysteriöses Thal" seine Rolle spielen; allein die einfache Hinweisung auf den §. 53 und insbesondere auf das in der Anm. [4]) S. 137 und der Anm. [4]) S. 138 Gesagte genügt vollständig, um den Versuch, die Wahrheit zu verhüllen, scheitern zu machen. Die Franzosen wurden schlechterdings erst dann in der rechten Flanke und im Rücken des Schänzel entdeckt, als es zur Beschwörung der Gefahr viel zu spät war.

aus Stellungen zu vertreiben, die durch Natur und Kunst so stark waren, daß sie von den Vertheidigern sogar für uneinnehmbar gehalten wurden.

3) Ebenso liegt es auf flacher Hand, daß die Franzosen, welche aus einer armen Gebirgsgegend in die arme und noch dazu in eine solche kamen, die von den Preußen seit ihrem mehrwöchentlichen Aufenthalt wohl gehörig „ausgegessen" war, an Hunger und Durst doch wenigstens ebenso viel zu leiden hatten, als die Besatzung des Schänzel, welche, abgesehen davon, daß 4 Bat. ja erst am 12. und 13. Juli, und sicherlich mit Proviant versehen, hinauf kamen, ohnehin den Magazinen bei Edenkoben und den ergiebigen Bezugsquellen von Lebensmitteln in der dortigen Gegend nahe genug war, das Trinkwasser aber selbst während der Kämpfe im Laufe des Tages aus dem innerhalb der Verschanzungen und damit in der Nähe gelegenen Driffenbrunnen beziehen konnte.

4) Die Vorspiegelung, als hätten die 2 Musketier-Bat. des Regiments v. Schladen, welche der Erbprinz v. Hohenlohe dem General v. Pfau am 13. Juli als Verstärkung zuschickte, 8, ja 9 Stunden gebraucht, um auf das Schänzel zu gelangen, zerfällt vollends in nichts. Es ist nämlich deutscher (§. 29 A. S. 53) und französischer Seits (§. 29 B. S. 58) genugsam constatirt, daß die beiden Bataillone des östreichischen Regiments v. Wallis schon gegen Mittag den Preußen zu Hülfe kamen, und daß diese dadurch in die Lage versetzt wurden, die 2 Bat. v. Schladen sofort aus dem Lager hinter Benningen[1]) nach dem Schänzel abrücken lassen zu können. Erwägt man, daß Hauptmann v. Bergen auf seinem Nachmittagsritt nach Benningen die beiden Bataillone bereits in St. Martin traf, und daß derselbe um 4 Uhr schon wieder auf dem Schänzel zurück war, so muß es unbedingt zwischen 2 und 3 Uhr gewesen sein, als die Begegnung in St. Martin statt hatte. Nun beträgt die Entfernung zwischen Benningen und St. Martin, selbst wenn man den Umweg durch Edenkoben bis zum Eingang in das Thal[2]) und von da links am Kiefernberg vorbei nach St. Martin einrechnet, doch nur 2 Stunden, jene zwischen St. Martin und dem Lager auf dem Schänzel aber ungefähr 1½ St., oder, falls man in Anschlag bringt, daß es ¾ St. lang allmählig bergauf geht, höchstens 2 St. Der ganze Marsch von Benningen bis zum Lager auf dem Schänzel betrug demnach, da Benningen von St. Martin ¾ St. entfernt ist, höchstens 3¼ St., und selbst dann, wenn man den Umweg einzählt, doch nicht mehr als 4 St., so daß die 2 Bat. jedenfalls schon zwischen 4 und 5 Uhr den Ort ihrer Bestimmung erreichen konnten[3]). Ob aber Truppen, die zuvor, Gewehr beim Fuß, im Lager standen, also ganz

---

[1]) Der Abmarsch von da muß gleich nach Mittag erfolgt sein; denn es stimmt dies sowohl mit der Ankunft der 2 Bat. in St. Martin, als damit überein, daß Saint-Cyr schon um 2 Uhr herum die Vermuthung schöpfte, daß eine Verstärkung nach dem Schänzel unterwegs sei (§. 29 B. S. 58).

[2]) In einer Anmerkung zum „M.-W.-Bl. v. 1825" heißt es, daß die 2 Bataillone v. Schladen den Umweg über St. Martin hätten machen müssen, weil sie den Feind schon im Edenkobener Thal gefunden hätten; allein es ist diese Notiz ganz unrichtig. Denn zwischen 12 und 2 Uhr konnten Franzosen gar nicht in jenem Thal gewesen sein. Der Marsch gieng vielmehr nur deßhalb über St. Martin, damit die Franzosen die Verstärkung der Besatzung des Schänzel und damit zugleich die Schwächung des Erbprinz v. Hohenlohe'schen Corps nicht merken sollten (§. 53 a. Anm. [1]) S. 137).

[3]) Ein ordentlicher Fußgänger braucht von St. Martin bis zum Sattel D nur 1 Stunde.

ausgeruht waren, als völlig erschöpft und kampfunfähig unter Umständen geschildert werden dürfen, unter denen ihre physischen Kräfte sogar durch mora=
lische Hebel hätten gehoben werden sollen: dies mag dem Urtheil eines jeden
vorurtheilsfreien Sachverständigen um so mehr überlassen bleiben, als zur Begründung eines solchen Urtheils die Vergleichung mit den Leistungen der 186.
Halbbrigade am nämlichen Tag zu Gebote steht.

5) Das Vorbringen des „Magazin" endlich, als seien die 2 Bat. v.
Schlaben erst ½ Stunde nach dem Angriff von Seite der 186. Halbbrigade
eingetroffen, verdient als eine reine Erdenkung nicht die geringste Berück=
sichtigung. Dieses ohnehin ganz vereinzelte Vorbringen verliert schon vor der
einzigen Betrachtung allen und jeden Halt, daß nach ihm die Franzosen bereits
mitten im preuß. Lager gewesen sein müßten, als die 2 Bat. erst im Sattel
ankamen, daß also die preuß. Generale gar nicht mehr über dieselben in geschehener Weise hätten verfügen können. Grund und Boden wird demselben
aber noch vollends durch die Erwägung dessen entzogen, was unter Ziffer 4
S. 143 gesagt ist.

Bei der Beschreibung geschichtlicher Ereignisse ist es stets das Beste, an
der Wahrheit ohne Befangenheit und Einseitigkeit festzuhalten und Gerechtigkeit
nach allen Seiten widerfahren zu lassen. Dies gilt um so mehr für die Berichte über kriegerische Vorgänge, weil die kämpfenden Truppen nur Befehle
ausführen, für die sie nicht verantwortlich sind, zu deren Vollzug sie aber ihr
Leben in die Schanze zu schlagen haben. Die von den Preußen am 12. und
13. Juli bei der Vertheidigung des Schänzel und des Kesselberg bewiesene
Tapferkeit ist, wenn auch die Haltung derselben im Allgemeinen — wie es
erfahrungsgemäß den bewährtesten Elitentruppen passiren kann — durch das
ominöse „der Feind kommt von hinten, wir sind abgeschnitten" schließlich etwas
erschüttert wurde, doch von Freund und Feind so gleichmäßig und zweifellos
anerkannt, daß alle und jede Zuthat, sei es, um das Verdienst der Vertheidi=
gung zu erhöhen und zu illustriren, sei es, um die Niederlage zu beschönigen
und zu bemänteln, eher einen nachtheiligen, als einen vortheilhaften Eindruck
hervorbringen muß [1]).

§. 55.

C. Bericht von Jomini.

Dieser Bericht hat Specielleres nicht anzugeben und beschränkt sich auf
die allgemeine Mittheilung:

„Die Wegnahme des Schänzel habe größere Anstrengung gekostet, wie
jene des Saukopf und des Johanneskreuz, indem die Brigaden Desgranges
und Gisée zwar umbekümmert um die Strapazen des Marsches, mit Feuer
zum Kampfe geeilt wären, jedoch bei mehreren Stürmen von Seiten der preuß.
Grenadiere einen solchen Widerstand gefunden hätten, wie er einer von der
Wichtigkeit des Postens durchdrungenen Elitentruppe würdig gewesen sei; die
beiden Bataillone v. Schlaben hätten, um auf den Berg zu kommen, 2

---

[1]) Oberstlieutenant Charras sagt sehr wahr in seiner „Geschichte des Feldzugs von
1815": „Wer seinen Feind verleumdet oder herabsetzt, vermindert, wenn er Sieger ist, den
Glanz seiner Erfolge, und vermehrt, wenn er geschlagen wird, das Gewicht seiner Niederlage."

Stunden gebraucht und dort außer Athem angelangt, die Niederlage der Trup=
pen getheilt, denen sie Hilfe bringen sollten, nachdem diese durch mehrere mit
großem Verlust besonders an Officieren bestandenen Stürme bereits physisch
und moralisch erschöpft gewesen seien und Mangel an Speise und Trank, ja an
Wasser gelitten hätten."

Jomini begnügte sich damit, aus dem „Magazin" einen Auszug zu
machen und ihn so zuzustutzen, wie es in seinen Kram paßte, nur daß er es doch
für räthlich fand, die 9 Stunden Marsch nach dem Schänzel sogar auf deren
2 zu reduciren. Es hieße zuviel zugemuthet, über einen Bericht, der ein Mu=
ster von Oberflächlichkeit ist, auch nur noch ein einziges Wort verlieren zu
sollen.

<h3>§. 56.</h3>

<h3>D. Französische Berichte.</h3>

a. Darstellungen, wie z. B. die im Werke: „Victoires et conquêtes des
Français" 2c. müssen gänzlich mit Stillschweigen übergangen werden, weil sie
in Seichtigkeit, Parteilichkeit und Uebertreibung zu Gunsten der Franzosen den
deutschen Berichten nicht blos ebenbürtig sind, sondern sie darin eher noch
übertreffen.

b. Der Obergeneral Michaud berichtete unter dem 15. Juli an den
Wohlfahrtsausschuß in Paris: „Die zweite Division richtete ihre Bewegungen
nach denen der Division der Thalschluchten (der IV. Div.); hier wurden die
größten, aber auch die schwierigsten Schläge geführt. Die Preußen lagerten
auf dem Platzberg, einem der höchsten Berge des Zweibrücker Landes und hat=
ten sich dort durch Verhaue und Verschanzungen geschützt. Die Generale
Sisco und Desgranges waren beauftragt, diese äußerst wichtige Stellung
anzugreifen; sie thaten es mit ebenso viel Uebereinstimmung als Schnelligkeit
(autant d'accord que de célérité); unsere braven Waffenbrüder erstiegen den
Berg stürmend und mitten in einem fürchterlichen Feuer ließen sich plötzlich
auf dem Gipfel die Rufe hören [1]): es lebe die Republik!"

c. Der Bericht der Volksrepräsentanten Goujon und Hentz an den
Wohlfahrtsausschuß vom nämlichen Tag besagt:

„Die Rheinarmee schlug sich zur nämlichen Zeit mit der gleichen Tapfer=
keit; die Truppen unter den Befehlen der Generale Sisco und Desgran=
ges nahmen mit Sturm die vom Feind auf dem Platzberg angelegten Ver=
schanzungen, einem Berg, der dem Feind die furchtbarste Stellung gewährte."
(§. 50).

Beide Berichte (Buchst. b und c oben) können mindestens zur Bestätigung
dessen dienen, daß die Brigaden Desgranges und Sisco sich am 13. Juli
mit großer Bravour schlugen.

---

[1]) Das waren eben die 2 Bat. der 186. Halbbr., welche den Ruf: „vive la république!" plötzlich auf dem Gipfel des Berges hören ließen; allein dieser Bataillone und
ihres Obersten besonders zu gedenken, das kam den franz. Generalen nicht in den Sinn.
Indeß bestätigt gerade jene Stelle des Berichtes in sehr verständlicher Weise, daß der
wahre Hergang bei der Eroberung des Schänzel ganz und gar so beschaffen war, wie er
vom Verfasser dargestellt ist.

d. **Saint-Cyr** weiß in der Hauptsache nichts von Belang zu berichten und faßt sich ganz kurz dahin:

„Die Rechte des Generals v. **Pfau** begann anfänglich Terrain zu verlieren und wendete sich bald darauf zur Flucht; vergeblich suchte General v. **Schladen** der letzteren mit den von ihm herbeigeführten Truppen Einhalt zu thun; diese wurden vielmehr von den Flüchtigen mit fortgerissen und es theilte sich der Schrecken rasch der Linken mit."

Man sollte hiernach glauben, daß die Preußen in einer förmlichen Schlachtordnung mit einer Rechten, einem Centrum und einer Linken auf dem Schänzel aufgestellt gewesen wären, während ihre Position doch lediglich durch die Schanzen in der Weise bezeichnet wurde, daß z. B. die Schanze Nr. 1 den rechten Flügel und die Schanze Nr. IV sammt der Brustwehr den äußersten rechten Flügel bildete (Anm. 1. S. 82).

Die Rechte des Generals v. **Pfau** konnte also nicht beginnen, Terrain zu verlieren, sondern es konnten die Truppen, welche die eben erwähnten Verschanzungen zu vertheidigen hatten, nur gezwungen werden, letztere zu räumen. Wie aber dieser Zwang vor sich ging, das übergeht **Saint-Cyr** mit Stillschweigen, weil ihm eben Näheres darüber nicht bekannt war. Dagegen verstand es der französische Marschall die in seinem Werke wörtlich abgedruckte Relation des „Magazins" dazu zu benützen, um einige Details, wie z. B. die über den Tod des Generals v. **Pfau**, die Gefangennehmung des Majors v. **Uttenhoven** und des Majors v. **Wendstern**, das tapfere Verhalten des Majors v. **Bork** und dessen kühnen Rückzug seinem Bericht einzuverleiben und diesem dadurch, ohne seiner einseitigen Darstellungsweise etwas zu vertragen, den Schein der Unparteilichkeit zu geben.

Trotz allem Dem trug **Saint-Cyr** kein Bedenken, sich auch noch einen besonderen Antheil an der Eroberung des Schänzel dadurch beizulegen, daß er nachstehende Sätze in sein Werk einschob:

a. „im Zweifel, ob der Angriff der Generale **Sisce** und **Desgranges** gelingen werde, habe er sich am Nachmittag des 13. Juli entschlossen, zur Eroberung des Schänzel mitzuwirken, indem er die Besatzung im Rücken fasse und deßhalb den Brigadechef **Gazan** mit 2 Bat. über den Blötersberg mit dem Auftrag rücken lassen, diese Bewegung auszuführen und die Besatzung alsbald anzugreifen;

b. „Der Angriff von **Sisce**, unter Umgehung der Rechte der Preußen sei denn auch durch den Eindruck, den der unerwartete Angriff ihrer Linken durch **Gazan** auf die Besatzung gemacht habe, nachdrücklichst unterstützt worden; wäre **Gazan** nicht rechtzeitig dem General **Sisce** zu Hilfe gekommen, so hätte das ganze Unternehmen daran scheitern können, daß der Feind Zeit gehabt habe, eine Verstärkung nach dem Schänzel zu senden."

Die nachfolgenden Betrachtungen sollen jedoch zeigen, daß obige Sätze insgesammt der Wahrheit ins Gesicht schlagen:

Zu a.

1) **Saint-Cyr** tritt mit dem aus seinem Auftrag von seinem Adjutanten **Guyot** an General **Michaud** erstatteten Rapport (§. 29 B. S. 59) in grellsten Widerspruch, und doch verdient dieser Rapport um so mehr Glauben, als er vom Tage des Vorganges datirt, während **Saint-Cyr** sein Werk viel später schrieb und die Sache dann so drehen und wenden konnte, wie es ihm gerade paßte.

2) Sein eigener Bericht an Michaud (§. 29 B. S. 60) bestätigt sogar die Richtigkeit dessen, was sein Adjutant auf seinen Befehl über das „Plateau" rapportirt, von dem aus „ein Hagel von Haubitzgranaten und Kanonenkugeln" gegen die Truppen der Brigade Girard-dit-vieux geschleudert wurde, daß es nämlich die Aufgabe der detachirten 2 Bat. unter Gazan war, den Versuch zu machen, ob die Stellung auf jenem Plateau, worunter nichts Anderes verstanden war, als der Kiefernberg, zu umgehen und der Feind von dort zu vertreiben sey [1]).

3) Saint-Cyr konnte nach Maßgabe der ihm zur Verfügung gestandenen Truppenzahl wohl eine Diversion, wie die unter Ziffer 2 erwähnte, zu seinen eigenen Gunsten, nicht aber eine Schwächung, wie die riskiren, welche die ohnehin schon in einer mißlichen Lage befindliche Brigade Girard-dit-vieux durch die Absendung der 2 Bat. nach dem Schänzel erlitten hätte.

4) Derselbe hatte um so weniger nöthig, eine Diversion zum Vortheil der Brigaden Desgranges und Sicé zu machen, als jener ihn ja in seiner Zuschrift aus Ramberg (§. 46 S. 116) ausdrücklich versicherte, daß er und Sicé jetzt im Einklang handeln und eine neue Anstrengung machen würden, zugleich aber weiter nichts von ihm verlangte, als daß derselbe alle Anstrengungen machen solle, um das Corps des Erbprinzen v. Hohenlohe draußen festzuhalten.

Zu b.

1) Die 186. Halbbrigade hatte bei ihrem Angriff auf das Schänzel ebenso wenig, wie die Besatzung bei der Vertheidigung der Position, auch nur im entferntesten eine Ahnung von der erfolgten Absendung der 2 Bat. unter Gazan.

2) Die 2 Bat. unter Gazan kamen überhaupt nicht weiter, als bis in das Meisenthal [2]), demnach nicht einmal in eine solche Nähe des Schänzel, daß die 186. Halbbrigade oder die Besatzung davon hätte etwas merken können; dieselben waren vielmehr nur vom Kesselberg aus wahrzunehmen, als sie auf der Höhe des Blattersberg erschienen, um in das Meisentheil hinabzusteigen.

3) Diese Wahrnehmung hatte um die nämliche Zeit statt, wo daß Schicksal des Schänzel bereits durch die 186. Halbbrigade entschieden und auch vom Major vom Bork deutlich genug erkannt war, um ihn zu bestimmen, seinen Posten zu räumen.

4) Abgesehen davon, daß die Schanze Nr. III die Linke der Preußen bildete und daß Gazan aus der Ferne nicht einmal dahin sehen konnte, weil der hohe Kesselberg dazwischen lag, angenommen aber, daß der Posten auf letzterem als der äußerste linke Flügel zu betrachten war: so reducirt sich gleichwohl der ganze „unerwartete Angriff auf die Linke" auf den erst nach der Eroberung des Schänzel erfolgten Zusammenstoß der 2 Bat. unter Gazan mit dem über das Dächel hinuntereilenden Grenadierbataillon v. Schlaben im Meisenthal, ein Zusammenstoß, der allerdings gerade jenen 2 Bat. sehr unerwartet kam, weil sie nicht einmal im Stande waren, das Grenadierbataillon aufzuhalten, sondern sich begnügen mußten, ihm Flintenschüsse nachzusenden, um

---

[1]) Um eine solche Umgebung zu verhüten, waren sogar 2 Comp. des Grenadierbataillons v. Hohenlohe auf den Dachberg postirt (Anm. zu S. 60).
[2]) Der Specialplan bei den Memoiren von Saint-Cyr zeigt die 2 Bat. bloß auf der Höhe des Blattersberg.

10*

dann selbst sich zu ihrer bereits in die frühere Stellung zurückgekehrten Brigade auf den Weg zu machen.

Auf dem Grund obiger Betrachtungen ist daher dem General Saint-Cyr jedes Verdienst an der Eroberung des Schänzel, was über die Lösung der ihm durch den Landauer Operationsplan gesetzten Aufgabe, das Corps des Erbprinzen v. Hohenlohe festzuhalten, hinausgeht, unbedingt abzusprechen.

Abschnitt X.

§. 57.
Einige Urtheile über die Eroberung des Schänzel.

A. Das „Magazin" spricht sich am Schlusse seiner Relation also aus: „Denkt man über Niederlagen nach, so findet man oft, wenn man das Benehmen der Individuen mit den Resultaten zusammenhält, daß die Truppen unter dem Gewicht unbesiegbarer Schwierigkeiten unterlagen oder daß sie die Opfer von Fehlern waren, die ihnen nicht zugerechnet werden konnten [1]). Gewiß ist, daß mehrere ungünstige Umstände zum unglücklichen Ausgang dieser Affaire beitrugen. Die Erschöpfung der Truppen nach wiederholten Angriffen, die große Entfernung, welche die zu Hilfe Gesendeten zurückzulegen hatten [2]), weil man die am nächsten gestandenen Bataillone nicht detachiren wollte [3]) diese Partikularitäten widersetzten sich dem Sieg ebenso sehr, wie das der Organisation der Truppen ungünstig gewesene Terrain des Kampfes. Die Stellungen in den Bergen sind stets gefährlich, wenn die Stärke des Feindes darin besteht, als leichte Infanterie zu fechten, wenn der Feind mit der Flinte allein sich begnügt, ohne Artillerie, ohne Patrontasche und Tornister und in zerstreuten Haufen angreift [4]). Die leichte Infanterie allein, fähig in der nämlichen Weise zu fechten, scheint dazu geeignet, ein solches Terrain zu vertheidigen, nicht aber eine Truppe, die blos gewöhnt ist, in geschlossenen Gliedern zu manövriren [5]). Endlich scheint der alte Grundsatz: „wer Alles bewahren will bewahrt nichts", durch das Ereigniß eine neue Bestätigung erhalten zu haben, Je mehr man seine Kräfte concentrirt, desto besser kann man widerstehen; je mehr man sie aber zerstreut, desto mehr hängt man von dem Erfolg.

---

[1]) Die begangenen Fehler sind am allerwenigsten den braven preuß. Truppen, sondern ganz anderen Faktoren, darunter auch die Heerführung, zuzurechnen.

[2]) Auf das rechte Maß zurückgeführt und widerlegt im §. 54 S. 143 unter 4).

[3]) Da der Hauptangriff der Division Saint-Cyr dem rechten Flügel der Preußen galt, so ist es begreiflich, daß die Verstärkung für das Schänzel vom linken Flügel genommen wurde.

[4]) Dies hat seine volle Richtigkeit; allein ebenso richtig ist es, daß man darnach mittelst Beschreibung des alten Zopfes hätte rechtzeitig seine Vorkehrungen treffen sollen.

[5]) Dagegen läßt sich im Allgemeinen nichts einwenden; allein es ist der Ausspruch auf den vorliegenden Fall deßhalb kaum oder doch nur in sehr beschränkten Maaß anwendbar, weil die Truppen auf dem Schänzel, worunter sich ohnehin 3 Comp. Füsiliere und 1 Comp. Jäger, die Compagnie-Schützen nicht gerechnet, befanden, eine verschanzte Stellung zu vertheidigen hatten, Grenadiere aber hiezu ganz gut geeignet waren. Das Grenadier-Bataillon v. Schladen vertheidigte ja mit Erfolg auch die Stellung auf dem Kesselberg, obwohl dieselbe nicht verschanzt war. Das Schänzel unterlag lediglich den Folgen der Umgehung und wäre, ohne diese, am 13. Juli schwerlich genommen worden.

einzelner Gefechte ab. Durch die Niederlage einiger Bataillone kann man ge=
nöthigt werden, sich mit einem ganzen Armeecorps zurückzuziehen, ohne geschla=
gen, ja ohne angegriffen worden zu sein. Dieß gilt von der Affaire am
Schänzel und am Johanneskreuz [1]).

B. Jomiui raisonnirt, wie folgt:

„Wenn auch der Wohlfahrtsausschuß eine seltene Energie entwickelte und
der Instinkt des Krieges den größten Theil seiner Projekte durchdrang, so muß
man doch zugestehen, daß dieselben nicht immer über die Censur erhaben waren
und völlig der nöthigen Entwickelungen entbehrten, um sie jenen gehörig ver=
ständlich zu machen, denen der Vollzug anvertraut wurde. Das war z. B.
der Fall mit dem Projekte, welches damals dem General Michaud vor=
schrieb, sich aller Vortheile der Initiative zu versichern, ohne Unterlaß den
Feind anzugreifen und in Masse aufzutreten. Diese für einen Heerführer,
welcher im Stande ist, den Geist davon aufzufassen und glückliche Anwendun=
gen zu machen, genügende Instructionen waren nicht bestimmt genug für einen
gewöhnlichen General und besonders für Michaud. Man mußte ihm auch
den entscheidenden Punkt und die Zahl der Divisionen bezeichnen, die in Action
zu setzen waren, ebenso die wichtigsten Hypothesen setzen und diskutiren, welche
sich beiden Theilen darboten und die Manöver angeben, welche je nach den
vom Feind gewählten zu vollziehen waren.“

Allerdings war Michaud ein höchst mittelmäßiger Feldherr. War auch
durch den Landauer Operationsplan der „entscheidende Punkt“ vorgezeichnet
und die „verwendbare Zahl der Divisionen“ bestimmt, so verblieb es doch dem
Obergeneral, je nach den Umständen während des Vollzugs einzugreifen und
jeden erzielten Vortheil entschieden und ausgiebig zu benützen. Michaud
war jedoch weder für das Eine, noch für das Andere zu einer kräftigen Ini=
tiative befähigt [2]). So trifft ihn insbesondere mit vollem Recht der Vorwurf,
daß er unterließ, das Corps des Erbprinzen v. Hohenlohe nach dem Rück=
zug von Mußbach mit allem Nachdruck zu verfolgen, obgleich er wußte, daß das
österr. Corps des Herzog Albert v. Sachsen=Teschen am 15. Juli bei
Mannheim über den Rhein gegangen war.

Verschafften übrigens die Gefechte am 12. und 13. Juli, obwohl sie die
Alliirten zum Rückzuge zwangen, den Franzosen doch nicht die erheblichen Vor=
theile, wie man sie zu Paris erwartet hatte, so ist dies immerhin wenigstens
zum guten Theil dem Umstande zuzuschreiben, daß der zweite Landauer Ope=
rationsplan trotzdem, daß er im Allgemeinen sehr wohl durchdacht und vor=

---

[1]) Gerade einer solchen folgenschweren Niederlage einiger Bataillone vorzubeugen, das
war eben die Aufgabe der Heerführung; allein sie wurde mit in Folge eines verkehrten Sy=
stems sehr ungenügend gelöst.

[2]) Saint=Cyr schildert Michaud als „einen aufrichtigen Patrioten und einen
der besten Franzosen, von gesundem Menschenverstand und Unterrichtsein bei bemerkens=
werther und ungeheuchelter Bescheidenheit, so daß er sich nie auf die eigene Einsicht ver=
lassen und stets die Rathschläge einiger seiner ersten Officiere erholt habe. Er habe sich
nicht um das hohen und wichtigen Posten eines Obergeneral beworben, sondern ihn aus
Gehorsam und Hingebung für sein Vaterland angenommen. Indeß habe das Glück seinen
Eifer gekrönt, weil der unter ihm gemachte Feldzug einer der schönsten der Rheinarmee ge=
wesen sei.“ Bei diesem Lob hatte Saint=Cyr wohl sich selbst mit seinem Antheil daran
im Auge, wie denn auch deutsche Geschichtschreiber wissen wollen, daß Michaud, der
seiner Stelle nicht gewachsen, jedoch besser, wie der größere Theil seiner Vorgänger gewe=
sen sei, die Klugheit gehabt habe, sich ganz den Rathschlägen seiner Untergenerale Desaix
und Saint=Cyr zu fügen.

trefflich angelegt war, gleichwohl im Einzelnen Mängel hatte, die aus einer ungenügenden Kenntniß des Terrains hervorgiengen und daß hiernach die Ausführung auf Hindernisse und Schwierigkeiten stieß, die nicht vorgesehen waren und durch die Mobisikationen des Plans, sowie durch die außer aller Berechnung gelegenen glücklichen Ergebnisse der Ramberger Conferenz sich doch nicht so rasch und so gründlich beseitigen ließen, wie es zur Sättigung der Pariser Erwartungen nöthig gewesen wäre [1]).

C. Saint-Cyr gibt seine Meinung dahin ab:

„Wenn die Stellung des Schänzel schon Vormittags hätte genommen werden können, wie man gehofft hatte, und wenn die mit dem Angriff beauftragten Truppen sich nach der Rechten des Prinzen v. Hohenlohe gegen Edenkoben oder St. Martin gewendet hätten, so würden unsere Erfolge sicherlich so vollständig gewesen sein, wie sie nur immer von einer Armee gehofft werden konnten, welche viel schwächer war, als die, welche sie zu bekämpfen hatte. Vormittags hatten die mit dem Angriff beauftragten Truppen viel mehr Wahrscheinlichkeit des Erfolges, weil die durch General v. Schlaben herbeigeführte Verstärkung noch nicht angekommen war. Allein der Krieg in den Bergen ist äußerst schwierig, wenn man nicht eine vollständige Kenntniß des Terrains hat, auf dem man operiren muß, und es zieht die geringste Aenderung, welche die Umstände in den anfänglichen Dispositionen zu machen nöthigen, einen so großen Zeitverlust nach sich, daß das Ende des Tages herbeikommt, ehe man mit einer Operation fertig wird, die man in wenigen Stunden hätte vollbringen können, wenn man eine genaue Kenntniß der Localitäten gehabt hätte."

Läßt sich auch die Richtigkeit dessen nicht bestreiten, was Saint-Cyr über das Schwierige und Prekäre des Krieges in den Bergen sagt, so verdient doch sein übriges Raisonnement keine weitere Berücksichtigung, weil dasselbe lediglich auf Voraussetzungen beruht, welche nach den Erläuterungen in §. 52 S. 134 und §. 57 B. S. 149 eben nicht in Erfüllung gehen konnten. Sonderbar klingt es aber, wenn Saint-Cyr sich zur Aeußerung verirrt, daß die Brigade Desgranges und Eisco nach der Rechten des Erbprinzen v. Hohenlohe gegen Edenkoben und St. Martin hätten wenden sollen, nachdem dieselben ja doch gemäß dem Landauer Operationsplan und dessen Mobisikationen eine ganz andere Bestimmung erhalten hatten.

Indeß geben die Kritiken von Jomini und Saint-Cyr Veranlassung auf den Rückzug des Erbprinz v. Hohenlohe'sche Corps bis Pfeddersheim und des Herzogs v. Sachsen-Teschen über den Rhein um so mehr zurückzukommen, als derselbe gleichfalls offen vor Augen liegt, wie das Verhältniß zwischen den Alliirten beschaffen war und wie der leidige Dualismus selbst auf die Feldherrn allewege lähmend wirkte. Durch die Gefechte am 12. und 13. Juli waren nämlich die Oestr. gar nicht und die Preußen so wenig geschwächt, daß sie am 15. Juli bei Mußbach in Schlachtordnung anmarschir-

---

[1]) So gab es, wie schon oben §. 15 S. 25 bemerkt wurde, keinen kürzeren und ungehinderteren Weg in das Neustadter Thal und nach St. Lambrecht, als den der Tuseribal über das Steineck oder den Erlenkopf nach Elmstein und von da den Speyerbach hinunter in jenes Thal. Ebenso hätten die Brigaden Desgranges und Eisec vom Schänzel weg auf der Hockstraße direkt nach Neustadt, anstatt über Berg und Thal nach St. Lambrecht, marschiren sollen; allein es lautete nun einmal der Befehl nach diesem Ort (§. 24 S. 41 unter c.).

ten, um, falls die Franzosen angreifen würden, den Kampf anzunehmen[1]). Hätte nun das rechte Einverständniß unter den Alliirten geherrscht, so konnten und mußten sie daran denken, für die Schlappen in den Gebirgen jetzt in der Ebene, wo die Manövrirfähigkeit der Infanterie ein geeignetes Feld hatte und die treffliche und zahlreiche Cavalerie ergiebig zu verwenden war, Revanche zu nehmen. Zur Ausführung dieses Gedankens bedurfte es blos vermittelst einer kleinen Frontveränderung hinter der Speyerbach und der Rehbach etwa auf der Linie Deidesheim-Schifferstadt eine Stellung zu nehmen, welche eine größere Concentration der östr. und preuß. Corps und eines engeren Anschlusses beider bewirkt und zugleich die Möglichkeit gewährt hätte, aus der Defensive in die Offensive überzugehen. Die Alliirten hatten hiezu auf ihrem linken Flügel und im Centrum (§§. 16 und 17), nach Abzug der Verluste am 12. und 13. Juli und mit Hinzurechnung der Ueberreste der Besatzung des Schänzel, etwa 45,000 M. zur Verfügung, während die Stärke der Franzosen nach Abzug der Verluste am 12. und 13. Juli und mit Hinzurechnung der Brigaden Desgranges und Sisce, dann der eingetroffenen 4 Bat. der Alpenarmee, nur ungefähr 34,000 M. betrug. Es konnte jedoch bei der damaligen Lage der Dinge ein Gedanke, wie der erwähnte, begreiflicher Weise nicht aufkommen. Wäre Erzherzog Karl oder der Marschall „Vorwärts" mit freiem Willen an der Spitze gestanden, sicherlich hätte der Feldzug auch jetzt noch eine andere und günstige Wendung genommen.

Schlußwort.

Die Verhältnisse haben sich Gottlob! endlich geändert und es ist hoffentlich der Dualismus vom Zeitbedürfniß für immer über Bord geworfen.

Mögen Deutschland und Oestreich, eingedenk ihrer vielen wechselseitigen Beziehungen, nunmehr, den Blick von der Vergangenheit weg in die Zukunft gewendet, neben einander die Bahnen wandeln, die ihnen von der Vorsehung vorgezeichnet sind. Dieselben werden dann vermittelst der Pflege der geistigen und sittlichen Güter der Menschheit auf allen Gebieten des Lebens, trotz der solch' edlen Bestrebungen feindseligen Elemente in Staat und Kirche, sich selbst und der Welt, insbesondere auch durch Erhaltung des Friedens, die größten und nützlichsten Dienste leisten.

Preußen aber war es, das aus den Revolutionskriegen im Verlaufe der Zeit reellen Gewinn zog. Dasselbe konnte nämlich aus denselben die Lehre ziehen, was das heißen will, wenn ein Volk für eine Idee, für die Freiheit und das Vaterland, seine Schlachten schlägt. Was in den Jahren 1793 und

---

[1] Nach General v. Blüchers Tagebuch erwarteten die Preußen sogar mit Sehnsucht, daß es zu einer förmlichen Schlacht kommen, indem sie auf einen glücklichen Ausgang hofften, denn die Position war gut und es waren zudem 40 Esc. Cavalerie links von Mußbach auf einer ziemlich weiten Plaine aufmarschirt, die dem Feind viel zu schaffen gemacht haben würden; allein Saint-Cyr hütete sich an diesem Tage anzugreifen, da die Brigaden Desgranges und Sisce erst Mittags in St. Lambrecht ankamen und also noch nicht verfügbar waren.

1794 die Nationalfreiwilligen mit der „Marseillaise" von Rouget de Lisle für Frankreich waren, das wurden in den Jahren 1813 und 1814 die Landwehrmänner mit den Liedern von Arndt und Körner für Preußen.

Wie General v. Blücher bereits im Jahr 1805 die schon durch ihren Titel und die darin ausgesprochene Grund idee bemerkenswerthe Schrift schrieb: „Gedanken über Formirung einer preußischen Nationalarmee", worin er forderte, daß jeder Preuße Soldat, die Dienstzeit kurz, die Behandlung besser werden müsse; so sprach sich General von Valentini dahin aus, daß die fortschreitende Cultur der Zeit gerade auf den jüngeren Officierstand schon damals (in den Revolutionskriegen) vortheilhaft eingewirkt und ihn für Alles empfänglich gemacht habe, so daß aus ihm jene höheren Befehlshaber hervorgegangen seien, welche 20 Jahre später die preuß. Schaaren zum Siege geführt hätten.

Die treffliche Königin Louise von Preußen aber schüttete nach dem Unglück von 1806 ihr Herz gegen ihren Vater also aus: „Es wird mir immer klarer, daß Alles so kommen mußte, wie es gekommen ist. Die göttliche Vorsehung leitet unverkennbar neue Weltzustände ein und es soll eine andere Ordnung der Dinge werden, da die alte sich überlebt hat und in sich selbst als abgestorben zusammenstürzt. Wir sind eingeschlafen auf den Lorbeeren Friedrich des Großen, wir sind mit der von ihm geschaffenen neuen Zeit nicht fortgeschritten, deßhalb überflügelte sie uns."

Eine ernste Mahnung, eingegraben in Erz ihrem Geist und Sinne nach!

Die Weltgeschichte geht ihren Gang über das Treiben der Sterblichen hinweg, die ihn nicht begreifen können oder nicht begreifen mögen.

Anhang.

Ein Urtheil über die bamalige Lage.

Aus Dr. L. Häuſer's „Teutſche Geſchichte vom Tode Friedrich des Großen bis zur Gründung des teutſchen Bundes."

„Frankreich hatte an Einheit der Gewalt, an Selbſtvertrauen, an Soldaten und Feldherren eine ungeheure Verſtärkung erhalten; es handelte ſich zunächſt nicht mehr um eine Invaſion in Frankreich, ſondern wahrſcheinlich nur um Abwehr einer Invaſion der Franzoſen. Wie ganz anders ſah es im Lager der Coalition aus! Dort war nur die britiſche Regierung ernſtlich entſchloſſen, der Ausbreitung der Revolution und dem Zuwachs an Macht, den Frankreich dadurch erwarb, mit äußerſter Anſtrengung entgegen zu treten. Von den übrigen Regierungen war höchſtens Holland durch das oraniſche Hausintereſſe zu gleichem Eifer getrieben. Wie es zwiſchen den beiden deutſchen Großmächten ſtand, haben uns die letzten Ereigniſſe gezeigt; ihr Einverſtändniß war gelöſt, die beiden Heere in bitterſter Entzweiung, die Feldherren, Staatsmänner und Diplomaten Belder eher wie Feinde, als wie Alliirte gegen einander geſtimmt. Der preußiſch-öſtreichiſche Bund exiſtirte thatſächlich nicht mehr; die Coalition von 1792 war in voller Auflöſung... Jetzt ſtand die ganze Anſſicht, die Coalition zu erhalten, auf der Unterhandlung Malmesbury's — des gewiegteſten unter den britiſchen Diplomaten jener Tage —. ... Oeſtreich lehnte den Beitritt zum Subſidien-Vertrag ab, während Englands Vorſchlag von Holland und Preußen angenommen war... So gelang es denn — durch Malmesbury's Vermittelung — noch einmal, im Haag das gelockerte Bündniß nothdürftig zwiſchen England, Holland und Preußen zuſammenzukitten; die Seemächte waren in der dringendſten Sorge, Preußen ganz ausſcheiden zu ſehen, williger zum Zahlen geworden, und Preußen ließ ſich von dem lockenden Anblick der Subſidien noch einmal in die Wege einer Politik zurücklenken, der es bereits innerlich entfremdet war... Der Vertrag vom 19. April 1794 litt zugleich an einer Zweideutigkeit, die den ganzen Erfolg der verabredeten Hilfe in Frage ſtellte. Das preußiſche Heer ſollte nach einem militäriſchen Einverſtändniß zwiſchen England, Preußen und den General-Staaten dort verwendet werden, wo es den Intereſſen der Seemächte am angemeſſenſten erſchien... Der preußiſche Oberfeldherr — F.-M. v. Möllendorf — hatte von dem Wunſche Englands und Hollands, daß die preußiſche Hilfsmacht in Belgien verwendet werde, keine Ahnung und legte den größten

Nachdruck auf das „militärische Einverständniß" und dachte nicht anders, als daß der Gang der Operationen von seiner Zustimmung abhängig sein würde.

... So meinte denn das britische Kabinet — gestützt auf den von Mack entworfenen und von ihm, ohne Betheiligung Preußens, in London besprochenen Plan — die Preußen würden nach Belgien aufbrechen; und im preuß. Lager dachte man an nichts anderes, als an eine Fortsetzung des Feldzugs am Rhein. ... So waren die 4 ersten Monate des Jahres 1794 über dem Bemühen, die wankende Coalition zusammenzuhalten, verloren worden, ohne daß draußen im Feldlager etwas Erwähnenswerthes geschah. Es fehlte nicht an Entwürfen und Plänen, aber die Ungewißheit der Mittel hielt die Ausführung zurück. ... Nach den Entwürfen, die von Mack ausgiengen und die Unterstützung der Seemächte hatten, war Möllendorf ausersehen, zu den belgischen Operationen der Oestreicher unmittelbar mitzuwirken; nach seiner eigenen Ansicht hielt der preußische Feldmarschall eine Operation zwischen dem Rhein und der Saar für das allein Richtige. ... Der kaiserliche General v. Seckendorf, der Möllendorf als ein „vernünftiger und einsichtsvoller Mann" erschien, gieng auf die Ansicht des preußischen Feldherrn ein, machte aber doch vom Standpunkte der Mack'schen Entwürfe seine Einwendungen. Der Marschall blieb bei seiner Meinung und war entschlossen, die Operation zunächst mit einem Angriff auf die feindlichen Armeen in der Pfalz, die ihm gegenüberstanden, zu beginnen."

§. 2.
Organisation der Armeen.

A. Oestreichische Armee.

Die Linien-Infanterie bildete Regimenter, von denen die 11 ungarischen 4, die übrigen 3 Bat. zu 6 Comp. und 924 Köpfen zählten, ohne die Grenadiere, welche in Bat. von 690 M. zusammengezogen waren. Leichte Infanterie existirte nur in Freicorps und Grenztruppen. Bei der Cavalerie hatten die Carabiniers=Regimenter 6 Esc. Carabiniers und 6 Esc. Chevaurlegers, die Cuirassier=, Dragoner= und Chevaurlegers=Reg. 6, die Husaren=Reg. 10 Esc. Die Escadrons der schweren Cavalerie zählten 160, die der Dragoner, Chevaurlegers und Husaren 200 Pferde. Außerdem bestand ein Uhlanen= Freicorps von 6 Esc. Bei der Infanterie und Cavalerie bildeten je 2 Comp. oder Esc. eine Division. Die Artillerie anbelangend, so bestand nur bei der berittenen die Eintheilung in Batterien von 4 Sechspfündern und 2 Haubitzen; von der Fußartillerie waren jedem Infanterie=Regiment 2 Zwölfpfünder und 6 Sechspfünder zugetheilt, welche am Tage der Schlacht nach Erforderniß aus dem Reservepark verstärkt wurden.

B. Preußische Armee.

Jedes Linien=Infanterie=Regiment bestand aus 1 Grenadier=, 2 Musketier= und 1 Depot=Bataillon. Die Grenadier= und Musketier=Bat. zerfielen bei einer Normalstärke von 700 M. in 4 Comp. von je 175 M.; das Depot=Bat. zählte nur 3 Comp.

Die leichte Infanterie war in selbstständige Füsilier=Bat. von gleicher Stärke mit jenen der Linie formirt; überdies existirten besondere Jäger=Comp.

und waren bei jeder Comp. der Linien-Inf. 10, bei jeder Füsilier-Comp. 20 M. Scharfschützen mit gezogenen Gewehren bewaffnet und zum zerstreuten Gefecht bestimmt. Die Cavalerie hatte Cuirassier-Reg. von 5 Esc., Dragoner-Reg. zu 10 oder 5 und Husaren-Reg. zu 10 Esc., wovon je 5 ein Bataillon bildeten; die Escadron war im Durchschnitt 175 Pferde stark.

Die Artillerie bestand in Fußbatterien zu 6 sechspfündigen Kanonen und 2 siebenpfündigen Haubitzen, in einigen Fußbatterien zu 6 zwölfpfündigen Kanonen und 2 zehnpfündigen Haubitzen, in reitenden Batterien zu 8 Sechspfündern und 1 siebenpfündige Haubitze, in sechspfündigen und dreipfündigen Regiments- oder Bataillons-Kanonen.

C. Französische Armee.

Der Krieg mit dem Ausland in Folge der Revolution machte eine Vermehrung der Armee nothwendig. Es wurden daher Bataillone von National-freiwilligen gebildet, deren Officiere aus der Bevölkerung gewählt wurden, da sogar eine große Anzahl Officiere, die ausgewandert waren, durch Unterofficiere ersetzt werden mußten. Die von den Linientruppen getrennten National-freiwilligen erlagen jedoch, da es ihnen an Disciplin und gehöriger Ausbildung fehlte, nur zu oft überraschenden Kriegsereignissen oder ungewöhnlichen Anstrengungen. Um dieses Uebel in der Wurzel zu ersticken, wurde die Verschmelzung der Nationalfreiwilligen mit den Linientruppen, so wie die völlige Gleichstellung in Bezug auf Sold, Bekleidung, Einrichtung und Beförderung decretirt und diese neue Organisation bei dem größten Theil der republikanischen Armeen in den ersten Monaten des Jahres 1794 in folgender Weise ausgeführt. Ein Bat. Linientruppen wurde mit 2 Bat. Nationalfreiwilligen unter dem Namen „Halbbrigade" in ein Corps vereinigt, welches mit Einschluß der Officiere 2437 M. zählte[1]; 6 vierpfündige Bataillonskanonen, von einer Artillerie-Compagnie bedient, sollten demselben beigegeben werden. Die Beförderung wurde zu $1/_3$ von dem Dienstalter, zu $2/_3$ von der Wahl abhängig gemacht; die Ernennung zum Chef der Halbbrigade sollte stets nach der Anciennetät, die der Generale zu $1/_3$ nach dem Dienstalter, zu $2/_3$ nach der Wahl des Kriegsministers geschehen. Die leichte Infanterie wurde ganz nach denselben Grundsätzen formirt, nur erhielt sie keine Bataillonsgeschütze. Die Linien-Infanterie bildete 196, die leichte Infanterie 14 Halbbrigaden.

Die Veränderungen bei der Cavalerie zielten hauptsächlich dahin ab, sie in ein richtiges numerisches Verhältniß zur Infanterie zu bringen. Die bisherigen 29 Regimenter schwerer Cavalerie erhielten den Namen Reiter-Regimenter und mit Einschluß der Officiere eine Stärke von 695 M. in 4 Esc. Die leichte Reiterei wurde auf 20 Dragoner-, 23 Chasseurs- und 11 Husaren-Regimenter von 6 Esc. und 1402 M. gesetzt. Bei der reitenden Artillerie hatte eine Vermehrung auf 54 Batterien in 9 Regimentern statt.

---

[1] General v. Balentini meinte, daß diese neue Organisation allerdings erst noch die Probe zu bestehen gehabt habe, daß es ihr aber gegen die schwächliche Kriegsmanier der Alliirten gelungen sei.

§. 3.
Verpflegung der Armeen.

a. Was die so wichtige und auf die damalige Kriegführung so einflußreiche Art und Weise der Verpflegung betrifft, so war bei den alliirten Heeren das Magazinsystem eingeführt. Ein sicherer Platz im Rücken der Armee diente als Hauptmagazinspunkt; rückten die Truppen vor, so wurde eine Verpflegelinie gebildet, indem man gleichfalls sichere Zwischenpunkte zur Errichtung von Bäckereien wählte, von wo aus das Brot zur Armee geliefert und zugleich der Ersatz des verbackenen Mehles aus dem Hauptmagazin bezogen wurde. Für 3 Tage trug der Soldat das Brot bei sich; für 6 Tage wurde es auf dem Brotwagen nachgeführt [1].

Die Verpflegung der alliirten Heere wurde aber dadurch ganz besonders erschwert, daß ein großer Train sie auf ihren Märschen zu begleiten hatte, indem sogar die Subaltern-Officiere mit Pferden und Knechten reichlich bedacht waren. Hieran knüpfte sich aber noch der weitere Nachtheil, daß die Beweglichkeit der Truppen gehemmt und insbesondere das Kriegführen in den Gebirgen nicht bloß erschwert, sondern auch dadurch verleidet wurde, daß dasselbe Entbehrungen auferlegte.

b. Auch bei den französischen Armeen galt als Regel die Magazinverpflegung; doch wußte man sich das Nöthige in eintretenden Fällen durch Requisitionen oder direkt von der Bevölkerung zu verschaffen — e'ne Manier, die allerdings nicht geeignet war, bei letzterer besonders beliebt zu machen. Dagegen machten sich die Franzosen mit einem Train, wie ihn die Alliirten nachschleppten, nichts zu schaffen, und nur die Stabsofficiere hatten Pferde.

§. 4.
Kriegstüchtigkeit der Armeen.

A. Oestreichische Armee.

Die Infanterie bestand gleichwie die Cavalerie aus gedienten, tüchtigen und kriegserfahrenen Leuten, wovon Viele schon gegen die Türken gekämpft hatten. Die Infanterie war gut geschult und besonders für Manöver in geschlossenen Reihen und größeren Massen gehörig eingeübt; die Cavalerie aber bewährte ihren alten Ruf, trefflich beritten und ihrer Bestimmung gewachsen zu sein [2].

B. Preußische Armee.

Die preuß. Truppen nahmen vermöge ihrer taktischen Ausbildung, ihrer strengen Disciplin, ihrer Selbstverläugnung in Reihe und Glied und ihrer sich bewußten

---

[1] General v. Balentini macht sich über die „damaligen preußischen Strategen" mit der Aeußerung lustig, daß sie immer geglaubt hätten, bei jeder Operation vorwärts ein System von Feldbacköfen hinter sich haben und nachschleppen zu müssen, indem er die „Feldbäckerei" geradezu deren Schooßkind nennt.

[2] General v. Balentini schildert den gemeinen Mann als willig, genügsam und brav, die Unterofficiere (Korporale) mit ihrem „Faststod" als besonders tüchtig und die Subaltern-Officiere als gediegen, wenn auch ihr Geist gerade nicht zu loben und das Princip des Ehrgefühls damals noch weniger vorherrschend gewesen sei.

Tapferkeit damals wohl den ersten Rang in Europa ein. Die Infanterie zeichnete sich besonders durch eine äußerst stramme und ordonnanzmäßige, ja pedantische Haltung, so wie durch die größte Präcision bei dem Manövriren auf freien Felde in Bataillonen und Regimentern vortheilhaft aus. Ihre Füsiliere, Schützen und Jäger erwiesen sich auch als für das zerstreute Gefecht sehr brauchbare Leute, ohne daß sie jedoch, den zahlreichen, flinken und decken franz. Tirailleuren gegenüber, das nöthige Gegengewicht gewährten. Ganz Vorzügliches leistete aber die Cavalerie, bei der nicht allein jeder einzelne Mann sich dem einzelnen französischen Cavaleristen überlegen wußte oder doch hielt, sondern auch die Meinung feststand, daß jeder feindliche Infanteriehaufen in der Ebene in ihre Hand gegeben sei. Unter der Cavalerie thaten sich aber die Husaren durch ihre Gewandtheit, Kühnheit und Unermüdlichkeit zumal beim Vorpostendienst und auf Streifzügen noch besonders hervor. Die preuß. Artillerie verdiente nicht minder das beste Lob.

Trotz aller dieser Lichtseiten hatten jedoch die preuß. Truppen ein mehr maschinenmäßiges Gepräge und besaßen die einzelnen, an das strenge Commandowort ausschließlich gewöhnten Leute, die ohnehin schon vermöge ihrer Uniformirungsklemme und ihrer Gepäcklast schwerfällig genug waren, viel zu wenig Selbstständigkeit und Selbstbestimmung. Vielmehr herrschte der todte Mechanismus, die Puderzopf= und Kamaschen-Qual noch immer vor, obwohl so Manches, was in früherer Zeit ein Vorzug war, unter den neuen Verhältnissen und Zuständen doch nur als veraltete Pedanterie erscheinen konnte. Ueberdies fehlte es an einem Impuls, an einer Idee, die geeignet gewesen wäre, die Geister zu erheben, die Herzen zu erwärmen und frisches Leben in die Massen sowohl, als auch in die Einzelnen zu bringen.

Erklärlich ist es daher, daß die preuß. Truppen zwar für die Kämpfe in der Ebene, wo es galt, mit größeren, geschlossenen Abtheilungen die befohlenen Evolutionen und Manöver genau und untadelhaft auszuführen, sehr befähigt, dagegen für die Operationen in den Gebirgen, wobei sich die Persönlichkeit des Einzelnen mit ihren besten Kräften geltend zu machen hatte und geltend machen konnte, ungleich weniger geschickt waren[1]).

C. Französische Armee.

Es fehlte derselben an taktischer Ausbildung und an Disciplin, damit aber an der festen Haltung und dem strengen Zusammenhang, indem die Zeit zur Heranbildung dieser Faktoren viel zu kurz war; zudem hatten sich die Leute, worunter sehr viele blutjunge waren, in die neue Armee=Organisation noch nicht genug einleben können. Erst aus den Gefechten mit dem Feind

---

[1]) General v. Balentini entwirft von den preuß. Truppen, welche nach dem Vermächtniß Friedrich's II. für den Angriff gemacht und von dem öftr. Feldmarschall v. Wurmser „unverbesserlich brav“ genannt worden seien, folgendes Bild: „In Tapferkeit, gutem Willen, regem Ehrgefühl und taktischer Vollkommenheit seien ihnen zur Zeit keine Truppen der Welt gleichgekommen; der Ruhm des Regiments und die Genugthuung, bei Allem dabei gewesen zu sein, wären belebende Motive für den Soldaten, wie für den Officier gewesen, und es habe das stille Ehrengericht eines Officiercorps einer heiligen Scheibe geglichen. Indeß sei die Intelligenz — Kriegsgewandtheit — der Officiere hauptsächlich nur in der Klasse der unteren Hauptleute und Subalternen zu finden gewesen, während die Stabsofficiere und Compagniechefs höchstens dunkle Reminiscenzen aus dem siebenjährigen Kriege und meistens Schmerbäuche, Gicht und Hämorrhoiden gehabt hätten.

mußte sich der rechte Soldat allmählig herausentwickeln, was bei der natür=
lichen Gewandtheit und Rührigkeit, so wie bei dem praktischen Sinn und der
größeren Selbstständigkeit der einzelnen Leute desto leichter vor sich gieng. Da=
gegen wußten die Franzosen, für was sie fochten; der Gedanke, für die Frei=
heit und das Vaterland zu kämpfen, elektrisirte und begeisterte [1]), so daß selbst
die erlittenen vielen und großen Verluste nicht vermochten, die Bravour abzu=
schwächen und die Opferwilligkeit zu vermindern. Auch brachte das System,
welches die republikanischen Armeen schuf, zahlreiche Intelligenzen unter die
Truppen, die bei solchen Einflüssen nur gewinnen konnten. Obiges zunächst
auf die franz. Infanterie angewendet, so ist es begreiflich, daß die Truppen
die zerstreute Gefechtsart, wobei die Persönlichkeit mit freiem Willen hervor=
treten und zur Initiative schreiten konnte, dem Kampf in Reihe und Gliedern
vorzogen, wie denn auch die Erfahrung lehrte, daß sie von dieser Fechtart
einen sehr geschickten Gebrauch zu machen wußten und insbesondere alle und
jede Vortheile, welche die Terrainverhältnisse ihnen darboten, ungleich besser zu
benützen verstanden, als ihre Gegner. Selbstverständlich war unter solchen Um=
ständen auch der Krieg in den Gebirgen der Eigenthümlichkeit der franz. Sol=
daten ungleich angemessener, als jener in der Ebene. Kam aber denselben hie=
bei auch noch die viel leichtere und bequemere Uniformerung, so wie die größere
Genügsamkeit zu Gutem, so ward ihnen außerdem das Fechten durch die prak=
tische Einrichtung erleichtert, daß sie ihre Tornister in den Lagern oder an den
Beiwachtplätzen zurücklassen durften, um dort auf Wägen geladen und von
einigen Leuten bewacht zu werden.

Anders verhielt es sich freilich mit der französischen Cavalerie, weil sie
zu ³/₄ aus Rekruten mit Pferden bestand, die nicht zugeritten waren, die
größte Bravour aber diese Mängel nicht ersetzen konnte. Es zeigte sich denn
auch, daß dieselbe der Cavalerie der Alliirten, besonders bei Einzelnkämpfen,
nichts weniger als gewachsen war, so gewiß es auch ist, daß der Krieg für
sie die beste Schule war, indem sie allmählig lernte, wenigstens bei Gefechten
in Massen [2]) ihren Beruf befriedigender zu erfüllen, während den Heerführern

---

[1]) In dem Werk von Joh. Scherr: „Blücher. Seine Zeit und sein Leben" heißt es
treffend: „Zur Antwort, die der revolutionäre Zorn am 10. August auf das berüchtigte Kriegs=
manifest der Verbündeten am 25. Juli 1892 gab, kam mit einem Male — der Mar=
seillaise — das Göthe das revolutionäre Tedeum nannte und eine schicksalsmächtige Er=
scheinung war, eine zweite Antwort." Lamartine sagt von ihm: „Die Noten dieser
Melodie rieselten gleich der auf dem Schlachtfeld noch in heißem Blut getauchten Fahne.
Sie machte erbeben, aber dieses das Herz mit seinen Schwingungen erfassende Beben
war furchtloser Art. Sie gab Schwung, sie verdoppelte die Kräfte, sie verschleierte den
Tod, sie goß die Trunkenheit des Kampfes in die Sinne und die Seele des Volkes." Ein
deutscher Geschichtschreiber zeichnet den damaligen Geist unter den französischen Truppen
also: „In Folge der Siege ihrer Landsleute auf den anderen Schlachtfeldern, namentlich in
den Niederlanden, habe in der Rhein= und Moselarmee eine sehr gehobene Stimmung ge=
herrscht, so daß schon bei den Angriffen auf Trippstadt am 2. und 3. Juli in offener, bra=
vourvoller Art bewiesen worden sei, wie ein mächtiges Interesse und eine achtungswürdige
Standhaftigkeit den kühnen Kampf der Franzosen leite und wie die größten Aufopferungen
und die unüberwindlichsten Schwierigkeiten nicht leicht ihren fanatischen Muth zu lähmen
vermöchten." Ebenso ist von andern deutschen Geschichtschreibern berichtet, daß die franz.
Truppen am 13. Juli 1794 mit dem Vorsatz: zu siegen oder zu sterben, in den Kampf
gezogen sind.

[2]) Im Laufe der Feldzüge von 1794 wurde zum ersten Mal und zwar bei der Sambre=
und Maas=Armee, die gesammte Reiterei in ein selbstständiges Corps unter dem Namen
„Cavalerie=Reserve" vereinigt.

der Alliirten, den General v. Blücher mit seinen Husaren ausgenommen, keineswegs nachgerühmt werden kann, von ihrer guten und zahlreichen Cavalerie den rechten Gebrauch gemacht zu haben.

§. 5.

Die Kriegführung der Alliirten und die der Franzosen; Einflüsse auf den Charakter der einen und der anderen.

a. Karl Friedrich Becker äußert sich hierüber folgendermaßen in seiner „Geschichte der neueren Zeit„:

„Bei der Einfachheit des seit der Revolution eingeführten Waffendienstes, bei der Nichtbeachtung gleichförmiger Bewaffnung und Kleidung und bei der natürlichen Gewandtheit, welche die französische Nation zur Erlernung der unerläßlichen Fertigkeiten besitzt, war es weder schwer, noch kostspielig, die französischen Aufgebote in wirkliche Soldaten zu verwandeln. Allerdings standen sie an eigentlicher militärischer Brauchbarkeit weit hinter den deutschen Truppen zurück, die, trotz aller Hemmnisse und Gebrechen des veralteten pedantischen Dienstwesens, durch ihre Geübtheit in regelmäßigen Bewegungen und im schnellen Waffengebrauch, wie durch den Besitz sachverständiger Officiere, auf dem Schlachtfeld selbst einer größern Anzahl von Franzosen überlegen waren; aber diese taktische Ueberlegenheit der Deutschen wurde durch den Mangel der moralischen Triebfedern, welche den Franzosen die Freiheitsidee gab, durch die zwischen den Heeren und Heerführern der verschiedenen Mächte stattfindende Eifersucht, und selbst durch die Abgelebtheit der meisten höheren Officiere aufgewogen, die, nach der herrschenden, an das Dienstalter geknüpften Beförderungsweise, mit Ausnahme der Fürsten und Fürstensöhne, fast durchgängig aus sehr bejahrten Männern, wie sie für die Geschäfte des Krieges in der Regel nicht mehr ganz tauglich sind, bestanden. Die Kunst, tüchtige Führer unter den jüngern Stabsofficieren herauszufinden und auf die rechten Posten zu stellen — diese Kunst, der Friedrich einen großen Theil seiner Erfolge verdankte — war schon von ihm selber vernachlässigt worden, viel weniger hatte man nach= her Sorge getragen, sie zu üben und mit der Zeit im Gleichschritt zu bleiben. Die, welche jetzt der Kraft des jugendlichen Weltgeistes entgegentreten sollten, hatten ihre Lorbeeren im siebenjährigen, nun 30 Jahre rückwärts liegenden Kriege gesammelt... Die Armee verlor das Selbstvertrauen, weil ihr kein Vertrauen bezeigt und im wichtigsten glücklichsten Momente jedesmal der Angriff als zu gewagt oder zu schwierig unterlassen wird. An die Stelle der kühnen Kriegskunst, mit welcher Friedrich im siebenjährigen Kriege überlegene Gegner vielfach aus dem Felde geschlagen und, selbst besiegt, ihnen immer wieder die Spitze geboten hatte, war eine andere, mattherzige Weise getreten, die sich die Strategie des bayerischen Erbfolgekrieges zum Muster nahm und, unter der Angabe, methodisch und wissenschaftlich zu verfahren, den Krieg in ein künstliches Spiel mit Demonstrationen, Stellungen und Märschen verwan= delte, Angriffe und Schlachten aber als Hilfe und Maßregeln eines rohen Naturalismus verachtete oder zu verachten vorgab. Vielleicht wäre diese neue Kriegsweise ein Gewinn für die Menschheit gewesen, wenn nur auch die Geg= ner ihr gehuldigt hätten...„

b. Ludwig Häuser läßt sich über den nämlichen Gegenstand also ver= nehmen in seiner „Deutschen Geschichte vom Tode Friedrich's des Großen bis zur Gründung des deutschen Bundes":

11

„So war (im September 1793) zwar die polnische Verwicklung für's Erste gelöst, aber die Eindrücke, welche die letzte Krisis geweckt, wurden damit nicht verwischt. Die Coalition gegen Frankreich war gelockert, und Preußen, tief verstimmt durch die Rolle der östreichischen Politik in Polen, stand nur noch mit halbem Herzen bei dem Kampf am Rhein. . . Doch waren es die politischen Ursachen nicht allein, die ihren Antheil am Mißlingen der kriegerischen Operationen trugen. Wohl hatte der Widerstreit der Interessen, wie er sich in den Niederlanden, z. B. bei dem Unternehmen auf Dünkirchen, kund gegeben, das Hin= und Herschwanken zwischen Restaurations= und Eroberungs= Politik, der Mangel an Harmonie zwischen Oestreich und Preußen und vor allem die Verwicklung in Polen zu dem traurigen Ergebniß mächtig mitgewirkt, aber die Kriegskunst der Zeit, wie sie z. B. der Herzog von Braunschweig vertrat, war darum doch von der Mitschuld nicht freizusprechen [1]). Die überlieferte Organisation, die Verpflegungsanstalten, die übertriebene Rücksicht auf Flanken= und Rückendeckung, die stete Sorge, umgangen zu werden [2]), die Gewohnheit, alle möglichen Punkte festzuhalten und die Heereskräfte in einem weiten Cordon zu zersplittern, das hat im Jahr 1793 zwar nicht den Sieg, aber sehr oft die rasche und fruchtbare Benützung des Sieges gehindert. Die Truppen — die Oestreicher, wie die Preußen — waren den Franzosen noch in jeder Hinsicht überlegen, und wenn die Gefechte bei Pirmasens, bei Kaiserslautern, um die Weißenburger Linien, bei Hagenau auch keinen anderen Erfolg hatten, so bezeugten sie doch die volle Superiorität der alten Heere über die neuen revolutionären Horden. In einzelnen Gattungen, z. B. den leichten Truppen, der Reiterei, lebte noch die ganze Tüchtigkeit und Ueberlieferung der Zeiten des siebenjährigen Krieges. Männer, wie der Husaren= Oberst v. Blücher — „le roi rouge" nannten ihn die Franzosen damals — genossen denn auch beim Feinde einen sehr wohlbegründeten Respekt.

„Dies Verhältniß ward schon zu Ende des Jahres 1793 ein anderes, weil die Franzosen allmählig das Kriegshandwerk aus der Praxis erlernten. Sie machten aus der Noth eine Tugend und schufen sich eine Taktik, wie sie ihren Verhältnissen entsprach. In den zahllosen kleinen Gefechten, zumal auf durchschnittenem Terrain, übten die Neulinge ihre körperliche Gewandtheit und lernten ihren Waffen im vereinzelten Gefecht vertrauen. Die tapfern Veteranen der Verbündeten verschwendeten bald ihr Feuer vergeblich auf vereinzelte Plänkler, ließen sich wohl zu weit fortreißen, bis sie nach Verbrauch der Munition, auf einem unbekannten labyrinthischen Boden, von stärkeren feindlichen Haufen auf allen Seiten umschwärmt, zersprengt und zum verlustvollen Rückzug gezwungen wurden. Selbst die französische Reiterei, im Einzelgefecht anfangs dem Gegner nirgends gewachsen, griff wenigstens in geschlossenen Reihen tapfer und bisweilen auch glücklich an. Die Artillerie war, wie immer, ihre beste Waffengattung; es war daher System der französischen Generale, vieles und

---

[1]) „Der Herzog — sagt ein sachkundiger Militär — nahm sein Cordons=System auch mit auf das Schlachtfeld; einen Punkt oder Theil für den Augenblick preiszugeben und am andern Ort den mächtigern Vortheil zu gewinnen und zu verfolgen, war aus der damaligen Feldherrnkunst gänzlich verschwunden."

[2]) „Und doch wurde — wie die Gegner der damaligen Kriegstheorie nicht unterlassen anzumerken — bei allen sonstigen Vorsichtsmaßregeln gerade die öfters unterlassen, welche den Ueberfall des Feindes abwehren konnte, wie z. B. am 14. September 1793 bei Pirmasens und am 13. Juli 1794 beim Schänzel."

gut bediente8 Geſchütz ſchon aus großer Entfernung auf die Hauptangriffs=
punkte des Feindes zu vereinigen und unter dem Schutze dieſes Feuers ihre
ungeübten Truppen vorwärts zu bringen. Verluſt des Geſchützes und Ver=
ſchwendung der Munition hatten ſie nicht ſo hoch anzuſchlagen, wie ihre Geg=
ner; ja ſelbſt die Opfer an Menſchen hatten bei der ungeheuren Anſpannung
aller Kräfte der Nation für ſie nicht ſo viel zu bedeuten. Griffen ſie dann
einen Punkt an, ſo theilten ſie ihre überlegene Maſſe in viele kleine Colonnen,
unterſtützten ſie durch Reſerven, ließen die Ablöſung ſogar während des Ge=
fechtes vornehmen, um durch immer friſche Truppen die Kraft der Gegner zu
ermüden. Ihre wahre Stärke war dem Gegner geſchickt verborgen; er blieb
dann wohl unentſchloſſen, ließ ſich auch bisweilen durch einen Scheinangriff
verblüffen und zu Fehlern verleiten. Die vielen kleinen Gefechte zerſplitterten
und ermüdeten, wie es in den letzten Kämpfen im Elſaß geſchehen war, die
taktiſch überlegenen Gegner, bis dann ein nachdrücklicher allgemeiner Angriff
ſie endlich überwältigte. In dieſer Art des Kampfes zeigten die Franzoſen ſeit
den letzten Wochen des Jahres 1793 eine erſtaunliche Beharrlichkeit; wie wir
es mit Wurmſer's Armee geſehen haben, verwendeten ſie viele Tage eine
Reihe von Angriffen auf einen Punkt und entriſſen zuletzt der Erſchöpfung
ihrer tapfern Gegner Vortheile, die ihnen der eigentliche Kampf nicht gegeben
hätte. Damit hieng denn die neue Organiſation des Heeres zuſammen, wie ſie
Carnot ſchuf. Die herrſchende Lineartaktik, die auf langer Uebung und
künſtlichen Evolutionen beruhte, ließ ſich natürlich den Maſſen, die den Con=
vent zu den Fahnen trieb, ſo leicht nicht anbilden, und ſo lange im Geiſte
der überlieferten Taktik Linie gegen Linie focht, waren die wohlgeſchulten
Truppen der alten europäiſchen Heere den Franzoſen überall überlegen. So
verband denn Carnot die neuen Elemente mit den Reſten der alten Truppen,
ſchuf aus ihrer Miſchung die neuen Halbbrigaden, kam darauf zurück, ver=
ſchiedene Waffengattungen in einen Körper zu verſchmelzen, und führte dieſe
Maſſen dann zum Angriff. Es galt, den Feind durch zahlloſe einzelne Schläge
zu verwirren, zu ermüden und ſeine Verbindung zu zerreißen, bis der Moment
gekommen war, mit einem letzten gewaltigen Stoß die Kraft des Gegners zu
zertrümmern. Das Jahr 1793 hatte zum letzten Mal das Uebergewicht der
alten Kriegskunſt gezeigt[1]); ſchon die letzten Wochen deuteten auf einen Um=
ſchwung, wie ihn der folgende Feldzug gezeigt hat. Es begann die Zeit einer
neuen Kriegskunſt, gegen die wir Deutſche erſt die alte austauſchen mußten,
bevor wir ſelber wieder dauernd ſiegen lernten. . . Man mochte von dem po=
litiſchen Ausgang dieſer Dinge denken, wie man wollte, ein großer Nachtheil
entſprang ganz unmittelbar aus dieſer Verwicklung. Dieſes Politiſiren im
Lager, dieſes imperium in imperio, wie Malmesbury ſagt, verdarb den
Geiſt der Armeen. Die Idee, daß der Krieg nothwendig ſei — das geſteht
ſelbſt Maſſenbach ein — verſchwand nach und nach aus den Köpfen; man
fieng an zu glauben, dieſer Krieg ſei ſchädlich. In den Kantonirungen jener
fruchtbaren Gegenden (am Rhein) gewöhnte man ſich an mancherlei Bequem=
lichkeiten; man lebte in einer Ruhe, die der Sicherheit des Friedens nahe kam.
Wie ſich das ſchon ſeit 1793 verbitterte Verhältniß zu den Oeſtreichern ge=

---

[1]) Will man ſich von der Eigenthümlichkeit der alten Kriegskunſt eine richtige Vor=
ſtellung machen, ſo muß man auch das ſo übertriebene große Gewicht in Betracht ziehen,
welches unter ihrer Herrſchaft auf kleine Bäche, wie die Queich, der Rehbach, die Speyer=
bach u. ſ. w. gelegt wurde.

ſtaltete, läßt ſich denken. Möllendorf ſelbſt, deſſen Schule die ſchleſiſchen und der ſiebenjährige Krieg geweſen waren, führt darüber Klage: „kein Ver-trauen, keine Harmonie herrſcht zwiſchen unſern Nachbarn und uns."

c. General v. Valentini ſpricht ſich über die damalige Lage aus, wie folgt: „Luſt am Kriege nährt ſich überhaupt nur durch Erfolge. Für dauernde Widerwärtigkeit — welcher längere Unthätigkeit in der Wirkung gleich zu achten iſt — gibt ſelbſt das Avancement kein Gegengewicht. Kein Wunder alſo, daß Sehnſucht nach Ruhe und Frieden in der Armee überhand nahm, und es war ſicherlich nur dem guten Grundſtoff von Ehre, Gehorſam und Vaterlandsliebe zu verdanken, wenn die preuß. Truppen immer gleichtüchtig und wohlgemuthet waren, wo es nur irgend zum Fechten kam. Aber auch ſelbſt Generale, die, wie Prinz Hohenlohe, v. Rüchel, v. Kalkreuth, v. Blücher, v. Götz die Fortſetzung des Krieges wünſchten, waren zum großen Theil der Anſicht, daß derſelbe gegen das Intereſſe Preußens ſei. Dagegen hat es ſeine volle Richtigkeit, daß die tiefer liegenden Triebfedern und Hemmungen, ſo wie die Parteihäupter — die bald mit Staats- und Kriegs-Gelahrtheit, bald mit Phra-ſen und ſarkaſtiſchem Witz ſich bekämpften und zum Theil, dem ſybaritiſchen Leben im ruhigen Hof- und Feldlager oder in der lieben Heimath geneigt, je-nen ruhigen Gedanken des Egoismus nährten, daß ſelbſt das größte Uebel zu ertragen ſei, wenn es nur erſt nach uns komme — blos in den Hauptquartieren bekannt waren."

§. 6.

Kurze Biographie preußiſcher und franzöſiſcher Generale.

a. Preußiſche Generale.

1) Richard Joachim Heinrich v. Möllendorf, geboren 1725 auf Lin-denberg in der Priegnitz, diente im Schleſiſchen Kriege als Hauptmann und Flügel-Adjutant des Königs Friedrich II, wurde im Siebenjährigen Krieg Ge-neral-Major, 1787 Gouverneur von Berlin. Unter dem König Friedrich Wilhelm II. 1787 General der Infanterie und 1793 Feldmarſchall, erhielt er 1794 den Oberbefehl über die preußiſchen Heere am Rhein, folgte als 81 jäh-riger Greis 1806 noch dem Rufe ſeines Königs zu den Waffen, gerieth nach der Schlacht bei Jena zu Erfurt, das er, trotz einer durch Flüchtlinge von Auer-ſtädt und Jena auf mehr als 10,000 M. vermehrten Beſatzung, an die Avant-garde des franzöſiſchen Marſchalls Ney übergeben half, in Gefangenſchaft und ſtarb 1816 zu Havelberg. Er hatte den Ruf eines geſchickten Taktikers.

2) Friedrich Adolph Graf v. Kalkreuth, geboren 1737 zu Sotters-hauſen bei Sangerhauſen (Pr. Provinz Sachſen), trat 1752 in preußiſche Dienſte, zeichnete ſich mehrfach aus und wurde 1788 in den Grafenſtand er-hoben. In dem Kriege gegen die franzöſiſche Republik diente er gleichfalls mit Auszeichnung. Er leitete 1806 nach der Schlacht bei Jena den Rückzug der preuß. Armee, vertheidigte 1807 Danzig ſo gut, daß er unter ehrenvollen Bedingungen abziehen konnte, ward Feldmarſchall und ſchloß 1807 zu Tilſit den Waffenſtillſtand zwiſchen Preußen und Frankreich, ſowie den Frieden mit Talleyrand. 1810 war er Gouverneur von Berlin, dann Gouverneur von Breslau, worauf er 1814 wieder das Gouvernement von Berlin über-nahm. Er ſtarb am 10. Juni 1812.

3) **Ernst Fr. Wilh. Phil. v. Rüchel**, geboren 1754 zu Zizenow in Hinterpommern, wurde im Kadettencorps erzogen und machte sich, ohne daß er gründliche Bildung besaß, doch durch einen hellen lebhaften Geist und als Muster von Dreistigkeit bemerkbar, indem er von Allem, was er wußte, Gebrauch zu machen und sich in Allem leicht zurechtzufinden verstand. Er besaß zwar praktisches und militairisches Talent und war ein Mann der Initiative; allein er litt zugleich an großer Aufgeblasenheit und Süffisance, so daß er z. B. bei einer Parade in Potsdam vor dem Ausbruch des Krieges von 1806 äußerte: „Meine Herren! Generale, wie der Herr von Bonaparte, hat die Armee Sr. Majestät mehrere aufzuweisen." Nachdem er sich 1792 ·schon anderwärts ausgezeichnet hatte, nahm er mit den hessischen Truppen am 2. Dez. Frankfurt. a. M. mit Sturm und machte sich dadurch einen Namen. Am Tage der Schlacht bei Jena traf er mit seinem Corps erst dann ein, als dieselbe bereits verloren war. Wohl machte er vor Kapellendorf noch einen Angriff auf die siegreich vordringenden Franzosen, aber er that dies nur mit einem Theil seines Corps, indem er den anderen Theil als Rückhalt auf verschiedenen Punkten zerstreute. Gleich im Anfang des Kampfes schwer verwundet, sah er sich zum Rückzug genöthigt, allein er verließ das Schlachtfeld nicht eher, als bis er sein Corps hinter Kapellendorf wieder geordnet hatte, worauf dasselbe vom General Tauenzien nach Oßmanstädt geführt wurde.

4) **Wilhelm René von Courbière**, geboren den 25. Februar 1733 zu Gröningen in Holland, trat in preußische Dienste, war 1757 Ingenieur-Kapitain, zeichnete sich öfters aus und wurde allmählig General der Infanterie. Gouverneur v. Graudenz 1798, vertheidigte er 1807 diese Festung heldenmüthig gegen die Franzosen, indem er auf die Vorspiegelung: „der König sei aus seinem Reich geflüchtet und Preußen habe aufgehört zu existiren", mit Entschlossenheit antwortete: „Nun gut, so bin ich in Graudenz König!" Nach dem Frieden von Tilsit Feldmarschall und Gouverneur von Westpreußen, starb er am 23. Juli 1811.

5) **General v. Kleist**, geboren . . . . zu . . . . . . , zeichnete sich schon 1793 im Elsaß aus und schien zu schönen Erwartungen zu berechtigen; allein im Jahre 1806 bedeckte er sich mit ewiger Schmach, indem er die starke, mit einem großen Vorrath von Munition und Lebensmitteln versehene, mit 600 Geschützen bewehrte und von 24,000 M. besetzte Festung Magdeburg, nach einer leichten Berennung, am 8. November 1806 dem Marschall Ney übergab. Und doch hatte er zuvor seinen Officieren erklärt: „er werde die Stadt nicht eher übergeben, als bis ihm das Schnupftuch in der Tasche brenne". Er starb bald darauf, über 70 Jahre alt, zu Berlin, woselbst er unter französischem Schutz lebte.

6) **Friedr. Ludw. Fürst v. Hohenlohe-Ingelfingen**, geb. 1746, nahm frühzeitig als Erbprinz preußische Dienste, kämpfte 1792 und 1793 als Befehlshaber eines preuß. Corps mit Auszeichnung, siegte in den Treffen bei Kaiserslautern vom 17. bis 20. September 1794 über die Franzosen und befehligte 1796 den Neutralitätscordon an der Ems. In eben diesem Jahre folgte er seinem verstorbenen Vater als Fürst von Hohenlohe-Ingelfingen in der Regierung. Am 14. Okt. 1806 verlor er die Schlacht bei Jena gegen den Kaiser Napoleon. Zum Verluste dieser Schlacht dürfte die Zersplitterung der preuß. Armee, die in 5 einzelnen Abtheilungen focht, wenigstens beigetragen haben — eine Zersplitterung, die auf Verhältnissen beruhte, welche der Fürst nicht zu ändern vermochte. Nach der tödtlichen Verwundung

des Herzogs Karl Wilh. Ferd. v. Braunschweig erhielt der Fürst von Hohen-lohe-Ingelfingen den Oberbefehl über das gesammte preuß. Heer und führte dessen Trümmer nach der Oder; er kapitulirte aber am 28. Okt. zu Prenzlau an den Ufern der Ucker mit 16,000 M. vor dem Prinzen Murat. B. Massenbach, der als Generalquartiermeister diese Kapitulation abschloß, versuchte dieselbe zwar mit dem Eingeständnisse eigener gänzlicher Betäubung zu entschuldigen; allein die unparteiische Geschichte kann diesen Versuch nicht als gelungen betrachten, so gewiß es auch ist, daß da, wo zuerst Uebermuth gewaltet hatte, jetzt nach psychologischen Erklärungsgründen Rathlosigkeit und Kleinmuth, herrschten.

Der Fürst nahm hierauf seine Entlassung aus den preuß. Diensten, verließ sein Fürstenthum, dessen Regierung er schon 1806 seinem Sohn August über-tragen hatte, gieng nach Schlesien, von da nach Frankreich, kehrte 1813 nach Schlesien zurück und starb am 15. Febr. 1816 auf seinem dortigen Gut Schla-wenzig. General v. Valentini spricht mit der größten Verehrung von ihm und zählt den „viel verkannten und viel geschmähten Fürsten zu den edelsten Naturen, die je einen Kommandostab führten. General v. Blücher zollt ihm in seinem Tagebuch gleichfalls großes Lob und nennt ihn „einen General und Anführer, auf den die preuß. Armee stolz sein könne".

7) Gebhard Leberecht v. Blücher, Fürst von Wahlstadt, geboren zu Rostock am 16. Dez. 1742, ist durch sein Leben und seine Thaten zu bekannt, als daß eine nähere Schilderung nöthig erachtet werden könnte. „Bei seiner kräftigen, unverwüstlichen körperlichen Constitution entwickelten sich in freiem glücklichen Jugendleben seine Tugenden der Körpergewandheit, des kühnen un-erschütterlichen Muthes, des gesunden Sinns und Blicks und des tüchtigen Charakters, sowie die unzerstörliche Heiterkeit und Lebenslust und seine offene gutmüthige Treuherzigkeit gegen Geringe und Vornehme." G.-L. v. Blücher war in den Jahren 1793 und 1794 zuerst als Oberst des v. Golz'schen Husaren-Regiments — nach dessen rother Uniform (Spenser) ihn die Fran-zosen „roi rouge" nannten — und seit Anfang Juli 1794 als Generalmajor und Chef des genannten Husaren-Regiments der nämliche „Vorwärts", der er auch als Feldmarschall blieb. Früher, wie später „zeigten sich sein kühner Geist und seine Freude am Kampf, der schnelle Blick und Entschluß in jeder Lage, die von Tollkühnheit entfernten vorsichtigen Anstalten, wie die Energie der Ausführung, endlich die begeisterte Liebe und Folgsamkeit, welche des An-führers Vorangehen in jeder Gefahr und Mühseligkeit und das gutmüthige treuherzige Wohlwollen seinen Kriegern einflößten". Der greise Held entschlief sanft aus seinem Gute Kriblowitz am 12. Sept. 1820.

8) Generalmajor v. Pfau, geboren . . . . . . zu . . . . . war schon vor dem Siebenjährigen Krieg im Gefolge des Königs Friedrich II. von Preußen und ein sehr geachteter Officier des Generalstabes; in jenem Krieg war er Adjutant des Generallieutenants v. Fink und wurde mit diesem und dessen ganzen Corps am 21. November 1759 bei Maren von den Oestreichern gefangen. Im bayerischen Erbfolgekrieg 1778—79 war er Major und Chef des Generalstabes der zweiten Armee unter dem Prinzen Heinrich von Preußen.

9) Ludwig Friedr. Christ. Prinz von Preußen (gewöhnlich Prinz Ludwig Ferdinand genannt), geboren den 18. November 1772, genoß eine treffliche Ausbildung seines Geistes, während die Ausbildung seines Charakters vernach-lässigt wurde, so daß er häufig seiner großen Leidenschaftlichkeit als Beute

verfiel. Er machte die Kriege von 1792—94 mit, zeigte Feldherrntalent, war aber stets zu ungestümm, so daß er dadurch oft in Verlegenheit gerieth. Derselbe war im Jahre 1806 Führer der Kriegspartei und wurde, als der Krieg zum Ausbruch kam, an die Spitze eines Corps von 18,000 M. gestellt. Anstatt nun, den erhaltenen Instruktionen gemäß, jedes Gefecht zu vermeiden, warf er sich, weil er um jeden Preis dem Feind einen ersten Schlag versetzen wollte, in seinem brausenden Reitermuth immer mehr Soldat, als General, einem zweimal überlegenen Feind am 10. Oktober 1806 bei Saalfeld entgegen, wurde geschlagen und im Gewühl eines Reitergefechts, in das er sich, um seiner Infanterie Luft zu machen, verwickeln ließ, von einem Wachtmeister des 10. franz. Husaren-Regiments erstochen [1].

Zusatz: Von den in der Schrift genannten preuß. Stabsofficiren kommen 1806 als Generalmajore vor: v. Bila, v. Müffling, v. Renouard, v. Saniz und v. Schack.

b. Französische Generale.

1) Claude Ignaz Franz Michaud, geboren zu Pontarlier (Franche-Conté) 1752, diente mit Auszeichnung 1792 und 1793, wurde Divisionsgeneral 1794 und Nachfolger von Pichegru im Befehl der Rheinarmee, erzielte schöne Erfolge 1794 und 1795, trat dann vom Obercommando zurück und führte eine Division nach Holland. Zum Befehlshaber der 13. Division 1798 ernannt, erhielt er interimistisch das Commando der Armee von England. Er machte dann den italienischen Feldzug vom Jahre IX mit, wurde nach geschlossenem Frieden Generalinspektor der Infanterie und ersetzte 1805 Marmont im Commando der Truppen in Holland. Vom Jahre 1806—1813 war er Gouverneur der Hanseestädte. Im Jahr 1814 wurde er Chevalier de St. Louis, Großofficier der Ehrenlegion und General-Inspektor der Infanterie der 15. Division.

2) General Moreau machte den Feldzug von 1793 bei der Moselarmee mit, war 1794 Oberbefehlshaber dieser Armee, besetzte mit ihr, nach der Vertreibung der Preußen aus der Position von Trippstadt, die Stadt Trier und machte sich 1795 noch mehrmals bemerkbar. Von da an ist Weiteres über ihn nicht bekannt.

3) Ludwig Karl Anton Desaix de Voygonz, aus altadelichem Geschlecht, geboren am 17. August 1768 zu Saint Hilaire d'Ayat (Auvergne) trat, auf der Militairschule zu Essiert vorbereitet, mit 15 Jahren in ein Infanterie-Regiment und kam bei Ausbruch der Revolution als Adjutant des Generals Victor zur Rheinarmee, wurde, reich an Kenntnissen und Muth, den neuen Ideen aufrichtig ergeben, 1793 Brigadegeneral bei der Moselarmee, 1794 Divisionsgeneral bei der Rheinarmee und zeichnete sich unter Moreau 1795, 1796 und 1797 sehr aus. Desaix gieng nach dem Vertrag von Leoben nach Italien, um Bonaparte kennen zu lernen, begleitete diesen 1798 nach Egypten, bedeckte sich in mehreren Schlachten mit Ruhm, gewann die besondere Gewogenheit Bonaparte's, vollzog unter Kleber die Convention von El-Arisch am

---

[1] Dieser Wachtmeister führte, wohl auf Befehl von Oben zur Ostentation, das Reitpferd des Prinzen mit Sattel und Zeug nach Paris. Auf seiner linken Backe war die noch nicht vernarbte Hiebwunde sichtbar, die ihm der Prinz auf die Aufforderung, sich zu ergeben, versetzt hatte.

24. Januar 1800, kehrte nach Frankreich zurück, erhielt von Bonaparte den Befehl über 2 Divisionen und traf am 14. Juli 1800 noch rechtzeitig genug ein, um die bereits verlorene Schlacht bei Marengo wieder herzustellen und dem I. Consul den endlichen Sieg zu verschaffen, fand jedoch mitten in seinem Erfolg, von einer Flintenkugel in die Brust getroffen, den Heldentod. Desaix hinterließ den Ruf nicht blos eines ausgezeichneten Feldherrn, sondern auch eines edlen Charakters.

4) Ludwig Gouvion Saint-Cyr, geboren zu Toul (Lothringen) am 16. April 1764, trieb erst die Malerkunst und trat 1792 in's Militair; er diente mit Auszeichnung zuerst der Republik und dann dem Kaiserreich, unter dem er die Marschallswürde erhielt. Gouverneur von Dresden im Jahr 1813, gerieth er in Gefangenschaft. Nach der Restauration der Bourbons gieng er nach Paris, wurde unter Ludwig XVIII Pair und 1815 Kriegsminister, trat als solcher wieder zurück, wurde Graf, dann Marquis, übernahm hierauf das Marine- und später abermals das Kriegsministerium. Im Jahr 1819 zog er sich wiederholt zurück und starb am 17. März 1830. Als militärischer Schriftsteller machte er sich einen Namen.

5) Ein Maréchal de camp. Bachot blieb 1813 in Schlesien; ob es der Nämliche war, der 1794 bis III. Division der Rheinarmee befehligte, ist nicht aufgeklärt. Sonst ist von einem General Bachot nichts bekannt.

6) Girard-dit-vleur diente in den Jahren 1793 ff. bei der Rheinarmee und war als Brigadegeneral 1799 Commandant von Mainz. Er scheint unter dem Kaiserreich nicht mehr gedient zu haben.

7) Ambert war schon 1793 Divisionsgeneral, bestand am 23. Mai 1794 das (für ihn unglückliche) Gefecht bei Kaiserslautern, war dann bei der Einnahme von Trier und commandirte 1795 die zur Belagerung von Mainz verwendeten 3 Divisionen der Moselarmee, zeichnete sich 1796 bei Schliengen und 1797 während der Belagerung von Kehl aus. In die Ungnade von Moreau hineingezogen, wurde er am 4. Februar 1813 wieder reaktivirt und diente im Laufe des Feldzuges dieses Jahres mit Auszeichnung. Vom König Ludwig XVIII zum Chevalier de St. Louis am 19. August 1814 ernannt, commandirte er 1815 die 9. Militär-Division.

8) Alexander Camille Taponnier, geboren zu Valence (Drôme) den 2. Februar 1749, trat in das Regiment der franz. Garden am 25. November 1767, wurde Grenadier-Sergeant und machte als solcher an der Spitze einer Füsilier-Compagnie am 14. Juli 1789 den Sturm auf die Bastille mit. Am 1. September 1789 wurde er Aide-major in der Pariser Nationalgarde, am 1. Januar 1792 Kapitän im 103. Infanterie-Regiment, im Jahr 1794 Brigade- und dann Divisions-General; er zeichnete sich durch Tapferkeit öfters aus, so auch bei der Schlacht von Rastadt und beim Gefecht bei Ettlingen. Taponnier erhielt im Jahr VIII der Republik das Commando der 13. Militair-Division, trat später zurück und diente nicht mehr unter dem Kaiserreich.

9) Bernhard Malye, geboren zu Clermont-Ferrand (Puy-de-Dôme) den 27. August 1758, trat am 1. Mai 1776 als Soldat in das Regiment von Beaujolais, diente auf der Insel Martinique, wurde 1792 Bataillonschef bei der Nordarmee unter Houchard, am 25. September 1793 aber Brigadegeneral bei der Rheinarmee, kam dann zur Moselarmee, machte in den Jahren VIII und IX der Republik die Feldzüge in Italien mit und diente hierauf noch unter Moreau, aber nicht mehr unter dem Kaiserreich.

10) Gabriel Job. Jof. Molitor, geb. am 7. März 1772 zu Hayange (Lorraine), nahm zu Anfang der franz. Revolution Dienst und avancirte rasch (1791) zum Kapitän und 1793 zum General-Adjutanten, in welcher Eigenschaft er alle Feldzüge der Mosel= und der Rheinarmee mitmachte. Im Jahr 1799 wurde er Brigadegeneral, zeichnete sich in der Schweiz unter Massena namentlich gegen Suwarow aus, kam dann zur Rheinarmee, wurde im Jahr IX der Republik Divisionsgeneral und nach dem Frieden Gouverneur der 7. Militair-Division. Er focht 1805 in Italien gegen die Russen, wurde 1806 Großofficier der Ehrenlegion, machte 1809 den Krieg gegen Oestreich mit, befehligte 1810 in den Hanserstädten, 1811 bis 1813 in Holland, wohnte 1814 in Frankreich mehreren Schlachten bei, wurde nach der Restauration Chevalier de St. Louis und am 1. Juni 1814 Generalinspektor der Infanterie, am 21. Jan. 1815 Großkreuz der Ehrenlegion, organisirte im Mai die Nationalgarden der 5. Division und führte sie in das Elsaß, wurde Pair und blieb nach der zweiten Restauration eine Zeitlang ohne Anstellung. Bald wieder in Gnaden aufgenommen, trug er zur raschen Beendigung des Feldzuges gegen Spanien wesentlich bei, wurde Marschall und abermals Pair von Frankreich. Unter Ludwig Philipp brachte Molitor es zum Commandanten der Invaliden und unter der Präsidentschaft von Ludwig Bonaparte, zum Großkanzler der Ehrenlegion. Er starb am 28. Juli 1849.

11) Von General Taintrailles ist nur noch bekannt, daß er 1799 in der Schweiz war, das Walliser Land besetzte und die Insurgenten dieses Kantons zerstreute.

12) 13) 14) 15) Desgranges, Gisca, Gibaud, Argont. Ueber diese Generale konnte Näheres nicht erhoben werden. Nur so viel läßt sich annehmen, daß Keiner von ihnen unter dem Kaiserreich diente. Wahrscheinlich waren sie ihrer Gesinnungen halber mißfällig, oder aus anderen Ursachen abgängig.

Zusatz: Von den 4 Generalen, die der Republik und dann dem Kaiserreich dienten, wurden 3 (Michaud, Ambert und Molitor) unter der Restauration Chevalier de Saint-Louis und rehabilitirt, 1 aber (Gouvion Saint-Cyr) Pair, Kriegsminister, Graf, Marquis. Sic eunt fata hominum!

§. 7.
Biographie des Obersten Lufft.

August Karl Lufft, Sohn des hochgräflich Löwenhaupt'schen Rathes Karl Ludwig Lufft zu Oberbronn[1]) im Unterelsaß, dort geboren am 18. Februar 1769, verlor schon frühe seine Mutter und im 15. Lebensjahre seinen Vater, trat, nachdem er die Gymnasialstudien absolvirt hatte, aus Vorliebe zum Militairstand, im Jahr 1787, also 18 Jahr alt, bei dem zu Metz garnisonirenden französischen Infanterie-Regiment Royal Deurponts freiwillig ein, diente darin 7—8 Monate als Soldat, wurde von seinem Vormunde wieder losgekauft und studirte dann bis zum Spätjahr 1791 auf den Univer-

---

[1]) Oberbronn war die Residenz der Grafen von Löwenhaupt.

ſtäten Marburg und Heidelberg die Cameralwiſſenſchaften. Da ſeit der Erklärung, welche die Monarchen von Oeſtreich und Preußen in Folge der franzöſiſchen Revolution am 27. Auguſt 1791 zu Pilluitz abgaben, Frankreich ſich
zum Kriege rüſtete und die Bataillone der Nationalfreiwilligen organiſirte, ſo
ließ ſich A. K. Lufft, als Angehöriger der unter der Suzerainetät der
franzöſiſchen Krone geſtandenen und dieſer daher zum franzöſiſchen Kriegsdienſt
verpflichteten Grafſchaft Löwenhaupt, am 3. Oktober 1791 bei dem 2. Bat.
der Nationalfreiwilligen des Niederrheins enroliren und wurde aus Rückſicht
auf ſeinen Bildungsgrad und ſeine frühere Dienſtzeit Lieutenant bei der Gre-
nadier-Compagnie.

Durch Wahl des aus Officieren und Unterofficieren des Bataillons zu-
ſammengeſetzten „Conſeil d'Adminiſtration" ſchon am 20. Okt. 1791 zum
Hauptmann befördert, machte er ſich nach dem Ausbruch des Krieges durch
Muth und militäriſche Anlagen bald ſo bemerkbar, daß er von dem „Conſeil
d'Adminiſtration" am 18. Februar 1793 zum 2. Oberſtlieutenant und am
7. Sept. 1793 zum wirklichen Bataillonschef erwählt wurde[1].

In Folge der neuen Armee-Organiſation im Frühjahr 1794 wurde das
2. Bat. der Nationalfreiwilligen des Niederrheins der 186. Halbbrigade einverleibt und A. K. Lufft durch Dekret der Volksrepräſentanten Rougemont vom 11. Mai 1794, alſo nach 2½ jähriger Dienſtzeit in einem Alter
von 25 Jahren und nicht ganz 3 Monaten zum Chef dieſer Halbbrigade ernannt[2].

A. K. Lufft fand in dieſer Eigenſchaft ſchon kurze Zeit darauf Gelegenheit, zur Eroberung des Schänzel am 13. Juli 1794 entſcheidend beizu-
tragen[3].

---

[1] Aus dieſer Zeit rühren 2 intereſſante Aktenſtücke her.
Das Eine — ein Zeichen der damaligen unſicheren und mißlichen Zuſtände — iſt ein
Dekret vom 20. Sept. 1793, worin die Volksrepräſentanten Guyardin und Milhaud
dem Bataillonschef Lufft, als ihn die großen Anſtrengungen zur Rettung des in Brand
gerathenen Arſenals zu Hüningen auf das Krankenbett geworfen hatten, die Urſache ſeiner
Erkrankung und Abweſenheit vom Dienſt, unter der ausdrücklichen Anerkennung „ſeiner
Bürgertugend und ſeiner militäriſchen Talente," mit der Erklärung bezeugten, daß er
„ſeinen Rang als Commandant (des 2. Bat. des Niederrheins) nicht verloren habe, ſondern ſeine Funktionen nach erfolgter Geneſung fortſetzen werde."
Das Andere iſt ein eigenhändiges Schreiben des Generals Pichegru, welches derſelbe, als Oberbefehlshaber der Rheinarmee, unterm 1. Nivoſe II[2] (21. Dez. 1793) aus
dem Hauptquartier Brumpt, in einer militäriſchen Angelegenheit „aus beſonderem Vertrauen" direkt an den Bataillonschef Lufft richtete.
[2] Dieſes Dekret lautet, wieſolgt: „Hauptquartier Kirrweiler den 22. Flor. II (11. Mai
1794) der einen, untheilbaren und demokratiſchen Republik. Der Volksrepräſentant bei
der Rheinarmee für die Eintheilung der Brigaden, auf den Grund der vortheilhaften
Zeugniſſe über die Bürgertugend, den Eifer, die gute Aufführung und die militäriſchen
Talente des Bürgers Auguſt Lufft, Chef des 2. Bat. des Niederrheins, ernennt den genannten Bürger Lufft zum Chef der 186. Halbbrigade, um die mit dieſem Grad verbundenen Einkünfte und Vorzüge zu genießen. Unterz.: Rougemont."
[3] Dieſer Antheil iſt feſtgeſtellt a. durch die glaubwürdigen Ueberlieferungen der Familie, wonach Oberſt Lufft es war, der den Plan zur Umgehung des Schänzel entwarf
und auch ausführte, b. durch die darüber ſich beſtimmt ausſprechenden „Aufzeichnungen eines preuß. Officiers", c. durch nachfolgende zwei Urkunden: 1) „Im Hauptquartier zu
Worms den 12. Nivoſe des Jahres XII der Republik (3. Januar 1804). Der Brigade-
General Martillière, in ſeiner Abſicht, dem Bürger Lufft, Brigade-Chef und
Waffencommandant zu Worms, unzweideutige Beweiſe ſeiner Anhänglichkeit und ſeiner Achtung
zu geben, bezeugt, daß am 25. Meſſidor II (13. Juli 1794) der Bürger Lufft, damals Chef der 186.

Wie dem deutschen Elsasser französische Mißgunst und Eitelkeit, so traten dem jungen Obersten ungünstige Zufälligkeiten zum Nachtheil seiner Laufbahn öfters in den Weg. So wurde A. K. Lufft, nachdem er der französischen Gesandtschaft zu den Baseler Friedensunterhandlungen im Jahr 1795 beigegeben war, durch die am 17. Febr. 1796 vor sich gegangene Verschmelzung der 186. Halbbrigade mit der 92. zur 44. Halbbrigade, als der jüngere Brigadechef überzählig erklärt. Einer durch Neid und Eifersucht geförderten Intrigue war es gelungen, das Verdienst zu verdrängen[1].

Von da an kam eine große Unstätigkeit störend über seine Laufbahn, wenn sie auch von vielfachen Beweisen der Anerkennung und des Vertrauens begleitet war[2]. Oberst Lufft wurde nämlich Platzcommandant von Bergzabern durch Ordre des Generals Desaix vom 11. April 1796, Commandant der beweglichen Colonne des niederrheinischen Departements im August 1796 durch Ordre des Generals Marescot, Präsident des Kriegsgerichts der Division dieses Generals im Oktober 1796, interimistischer Befehlshaber der 68. Halbbrigade an der Stelle ihres gefangenen Obersten durch Ordre des Generals Moreau vom 29. Januar 1797[3], aktiver Chef der 44. Halb-

---

Halbbrigade der Linie, an der Spitze dieses Corps bei der Einnahme des Platzberg (Schänzel) sich befand und daß er, sowohl durch seine Unerschrockenheit (intrepidité), wie durch seine militairischen Talente zur Wegnahme dieser furchtbaren Stellung viel beitrug..." Unterz.: "Martillière."

2) „Ehrenlegion. Paris den 10. Floréal im Jahr XII (18. Mai 1804). Der Großkanzler der Ehrenlegion an den Bürger Lufft, Oberst, Waffencommandant, Mitglied der Ehrenlegion zu Worms. Ich habe, Bürger, Oberst und lieber Waffenbruder, mit dem Brief, womit Sie mich beehrten, das Certifikat erhalten, das Sie Ihren anderen Belegen beigelegt wünschen. Sobald der Große Rath sich mit Beförderungen beschäftigen wird, werde ich mich beeifern, ihm diesen neuen Beweis der Tapferkeit (bravoure) vorzulegen, die Sie auszeichnet, und ich werde ihm mit Interesse von der Eroberung des Platzberg sprechen, zu der Sie so mächtig (puissamment) sowohl durch Ihre Unerschrockenheit, wie durch ihre militairischen Talente beigetragen haben. Ich habe die Ehre, Sie zu grüßen." Unterz.: b. g. é. l. Lacepède."

Militairische Talente traten als solche bei der Eroberung des Schänzel nur in dem Ramberger Beschluß und dem ihm zum Grund gelegten Umgehungsplan hervor (§. 42 des Textes). Dem Obersten Lufft ist in obigen 2 Urkunden bezeugt, daß seine „militairischen Talente" zur Eroberung des Schänzel mitwirkten. Hierin liegt also die Bestätigung dessen, daß jener Beschluß nebst Umgehungsplan und damit der erzielte Erfolg selber diesem Officier zu verdanken waren.

1) Der die V. Division der Rhein- und Moselarmee commandirende General Beaupuy drückte ihm in einem Schreiben vom 30. Januar 1796 sein lebhaftes Bedauern über diesen bevorstehenden Wechsel mit dem Bemerken aus, daß er daran nicht den geringsten Antheil habe. Der ältere Brigadechef Majnoni war ein ganz unbedeutender Officier, aber desto geschickterer Ränkeschmied. Trotz dessen Vorsitz, stellte der Conseil d'Administration der 44. Halbbrigade dem scheidenden Brigadechef doch noch das Zeugniß aus, daß er seine Pflichten stets mit Eifer, Intelligenz und als guter Befehlshaber (en bon chef) erfüllt habe und das Bedauern und die Achtung aller seiner Waffenbrüder mit sich nehme.

2) Hätte Oberst Lufft längere Zeit unter einem Feldherrn wie Moreau oder Napoleon Bonaparte, diesem sich fügend, gedient, so hätte er sicherlich eine glänzende Carrière gemacht.

3) Oberst Lufft gab aus unbekanntem, aber gewiß sehr begründetem Anlaß seine Dimission von diesem Posten. Auf die in die Hände des Generals Saint-Cyr niedergelegte Petition des ganzen Officiercorps der 68. Halbbrigade, die Lufft doch erst ganz kurze Zeit befehligt hatte, erklärte jedoch der Obergeneral Moreau durch Ordre vom 23. April 1797 die Dimission als nicht gegeben.

brigabe burch Orbre bes Generals Augerau vom 22. Dez. 1797, Platz=
commandant von Worms burch eine am 27. Januar 1798 von General
Hatry bestätigte Orbre bes Generals Oubinot vom 11. Januar 1798,
Präsibent bes Kriegsgerichtes zu Mainz burch Orbre bes Generals Freitag
vom 10. April 1799, Commanbant ber auf ber Linie bes Rheins befinblichen
Truppen burch Orbre ber Generale Tureau und Girard=bit=pleur
vom 28. Juni 1799 [1]), in ben Generalstab bes General=Hauptquartiers berufen
burch Orbre bes Obergenerals Müller vom 19. Juli 1799, pro=
visorischer Befehlshaber ber 2. Territorialbivision ber Armee burch Orbre bes
nämlichen Generals vom 24. Juli 1799, in bas Hauptquartier berufen, um
von bem Obergeneral mit einer geheimen Mission beauftragt zu werben, burch
Orbonnanz bes Divisionsgenerals und Generalstabs=Chef Baraguay D'Hil=
liers vom 31. Juli 1799, Commanbant ber auf bem linken Rheinufer von
Mainz bis Germersheim stationirten Truppen mit bem Sitz zu Worms, burch
Orbre bes Divisions=Generals Leval vom 15. März 1800 [2]), in biesem Com=
manbo bestätigt burch ben Generallieutenant St. Susanne mit Orbre vom
31. Juli 1800, Platzcommanbant von Worms burch Orbre bes Generals
Chambarthac vom 3. Februar 1801, in bieser Eigenschaft bestätigt burch
bas „Gouvernement", in Anerkennung seiner Dienste und militairischen Talente,
zufolge Erlasses bes Kriegsministers Berthier vom 30. Juli 1801, zum
provisorischen Commanbanten ber Subbivision ber Rheinarmee ernannt burch
Orbre bes Generals Chambarthac vom 28. Sept. 1801 an bie Stelle
bes Generals Oswalb.

Bekanntlich wurde nach bem Frieben zu Amiens (am 6. Mai 1802) im
Senate ber Antrag gemacht, Bonaparte's Consulat zum Beweise ber Na=
tionalbankbarkeit auf lebenslängliche Dauer auszubehnen und biese Frage bann
bei bem französischen Volke zur Abstimmung gebracht [3]). Oberst Lufft war
Einer ber wenigen Officiere, welche ein „Nein" in bie Urne legten und kam
bamit um so mehr auf bie schwarze Tafel, als er einige Zeit unter Pichegru
und Moreau gebient und beren besonberes Wohlwollen sich erworben hatte,
zubem aber als ein Mann von unabhängiger Gesinnung bekannt war.

Bonaparte brachte währenb ber Abstimmung ben Vorschlag zur Stif=
tung bes Orbens ber Ehrenlegion an bie gesetzgebenden Körper und führte ihn,
trotz ber beschlossenen Vertagung, bennoch alsbalb besinitiv ein.

Oberst Lufft wurde zufolge eines Schreibens bes Großkanzlers ber Ehren=
legion b. g. ö. l. Lacepède vom 26. März 1804, in Anerkennung

---

[1]) General Girard=bit=pleur, bamals Oberbefehlshaber in Mainz, brückte bem
Obersten Lufft in einem Schreiben vom 23. Juni 1799 ben lebhaftesten Wunsch aus,
ihn in seiner Nähe zu haben (auprès de moi) mit bem Beifügen, bie erste beste Gelegen=
heit benützen zu wollen, um biesen Wunsch in Erfüllung zu bringen.

[2]) Inhaltlich eines bem zu Landau commanbirenben Divisions=General Delaborbe
am 4. Germinal VIII (25. März 1800) erstatteten Berichtes, vertrieb Oberst Lufft an
biesem Tage bie Oestreicher aus bem Brückenkopf bei Mannheim, ber sogenannten Rein=
schanze (jetzt Lubwigshafen), wobei bieselben namhaften Verlust erlitten. Die Besatzung
bes Brückenkopfes bestanb aus Truppen bes Regiments von Bentheim, Tiroler Frei=
schützen und Husaren v. Beczay.

[3]) Das Enbergebniß ber Abstimmung wurbe, ohne baß irgenb eine Revision stattge=
funben hätte, am 30. Juni 1802 bekannt gemacht. Hiernach kamen auf 3,577,379 Stim=
men 3,568,885 bejahenbe. Zu Gunsten bes „Ja" hatte man auch bei ber Armee kein
Mittel gescheut.

seiner ausgezeichneten Leistungen vor dem Feinde, zur Bezei-
gung der Achtung des Großen Rathes und der nationalen Erkenntlichkeit, in
die Reihe der Mitglieder der Legion aufgenommen. Wie es scheint herrschte
damals noch ein etwas besserer und unabhängigerer Geist in dem Großen
Rath oder unterlief vielleicht auch die Absicht, dem Obersten mit dieser allerdings wohlverdienten Auszeichnung die Brücke zur Rehabilitirung in der Gunst
des I. Consuls zu schlagen.

Bonaparte verfolgte indeß mit eiserner Beharrlichkeit und Energie den
Plan, eine neue Despotie zu gründen. Am 15. Februar 1804 wurde Moreau,
als Haupt der Republikaner betrachtet, verhaftet; am 20. des nämlichen Mo-
nats hatte Pichegru das gleiche Schicksal, und am 21. März fand die
schändliche Ermordung des Herzogs v. Enghien statt, nachdem er am Tage
zuvor auf deutschem Gebiet völkerrechtswidrig überfallen und nach Frankreich
geschleppt worden war.

Am 18. Mai 1804 erließ der Senat den Beschluß, welcher dem I. Consul
Napoléon Bonaparte den Kaisertitel zuerkannte und die Erblichkeit der
kaiserlichen Würde in seiner Familie feststellte.

Oberst Lufft konnte und wollte sich, bei der Ehrenhaftigkeit seines Charakters, nach solchen Vorgängen zu keinem Schritte mehr verstehen, der ihm
bei dem Kaiser die Indemnität hätte verschaffen können [1]). Aber er sollte
bald auch an sich selber die Erfahrung machen, daß die neue Despotie,
einmal gekrönt, Jeden als ihren Feind betrachtete und behandelte, der nicht
ihr erklärter Freund war. Derselbe wurde nämlich durch Erlaß des zu
einem blinden Werkzeug des Kaisers gewordenen Kriegsministers Berthier
vom 7. September 1804 mit ²/₃ seiner Besoldung vorläufig in Ruhestand versetzt, nachdem die Waffencommandantschaft zu Worms schon zuvor durch Dekret
vom 4. Mai 1804 aufgehoben worden war. An die ihm durch den frühern
Großkanzler d. g. é. l. Lacepède in Aussicht gestellte Beförderung zum Officier der Ehrenlegion aber durfte derselbe um so weniger mehr denken, als die
Ehrenlegion sich unter dem neuen Regime zu jenem unbedingt vom Willen
des Stifters abhängigen Institut gestaltete, wozu sie schon bei ihrer Stiftung
bestimmt war.

---

[1]) Diese Ehrenhaftigkeit offenbarte sich unter allen Verhältnissen. So schaffte er
sich, als er bei der Belagerung von Mainz seine 3 Reitpferde verlor, aus seinen eigenen
Mitteln 3 andere an, anstatt sie, nach dem damaligen Brauch, kurzweg zu requiriren.
Ebenso wurde die Stadt Worms Zeuge ähnlicher Charakterzüge in ungleich erheblicheren
Fällen. Auch Landgraf Ludwig von Hessen hatte Gelegenheit, ihn von dieser Seite
kennen und hochachten zu lernen. Ganz besonders bezeichnend und, bei Berücksichtigung
der damaligen Zeitverhältnisse, beachtenswerth, sind jedoch die Worte, womit General Martillière sein Zeugniß vom 3. Januar 1804 (Anm. ⁷) c. S. 170)
schließt:

»Indem ich seit dieser Epoche die Ehre habe, den militairischen Bezirk von Worms zu commandiren und demgemäß den
Bürger Lufft unter meinen Befehlen zu haben, habe ich die Genugthuung gehabt, mich zu überzeugen, daß dieser brave Militair mit allen Eigenschaften eines guten Officiers jene eines
Mannes von der reinsten Moral und der strengsten Redlichkeit
vereinigt.«

Oberſt Lufft, der ſich treu blieb und zu reſigniren wußte, auch mehr=
fachen Verſuchen, namentlich von Seite des Generals Rapp[1]), ſeines Lands=
mannes, ihn für die Sache der „Kaiſerlichen Majeſtät“ zu gewinnen, feſt
und entſchieden widerſtand, zog im Jahr 1805 aus Familienrückſichten nach
Kaiſerslautern über[2]).

Jn dieſer Stadt bald bei der Bürgerſchaft beliebt und hochgeachtet, nahm
er die im Jahr 1810 angebotene Ernennung zum Maire an und verwaltete
dieſes Amt ſo eifrig, wohlwollend und ſorgſam, daß wenige Jahre hinreichten,
ihm ein geſegnetes Andenken zu ſichern[3]).

Zu Anfang des Jahres 1813 ließ zwar der Kaiſer wegen ſeiner Reakti=
virung Unterhandlungen mit ihm anknüpfen; allein ſie blieben erfolglos.
A. K. Lufft hatte, als der Jmperator im Jahr 1812 ſein gewaltiges Heer
nach Rußland führte, mit dem ihm eigenen Scharfblick das Erbleichen des
damals noch hell ſtrahlenden Sternes vorhergeſagt.

Es kam der 1. Januar 1814 und mit ihm der Uebergang der alliirten
Armeen über den Rhein. Auf die durch einen Kurier Nachmittags gebrachte
Nachricht legte A. K. Lufft ſogleich die Stelle des Maire von Kaiſerslautern
nieder und reiste noch am nämlichen Tage nach der Feſtung Metz ab, indem
er von ſeiner Familie mit den Worten Abſchied nahm: „ich bin, obgleich
außer Aktivität, doch noch immer franzöſiſcher Officier und muß es demgemäß
als Ehrenmann für meine Pflicht halten, jetzt, innerliche Abneigung überwin=
bend und widerfahrene Zurückſetzung vergeſſend, dem ſchwer bedrohten Vater=
lande meine Dienſte zu widmen.“

Jn Würdigung ſeiner militäriſchen Antecedentien, ernannte ihn der das De=
partement und den Platz commandirende General, Baron Richter, am 19. Jan. zum

---

[1]) Rapp war erſt Kapitän bei den reitenden Jägern, als Lufft ſchon im Rang
des Oberſten ſtand. Als Adjutant von Deſair kam er mit dieſem nach Jtalien und
wurde Adjutant bei Bonaparte, der ſich ſeine naturwüchſige Derbheit, wonach er ſich
ſtets gab, wie er war, ausnahmsweiſe gefallen ließ. Doch brachte es Rapp nur zum
Diviſionsgeneral, nicht auch zum Marſchall und Herzog; er war mehr Haudegen, als mili=
tairiſches Talent.

[2]) Jn dieſe Zeit fällt ein Brief, den Oberſt Lufft ſeinem Schwager ſchrieb, der, in
der Pariſer Militärſchule erzogen und gebildet, damals als Lieutenant zum erſtenmal in
das Feld zog. Sein Jnhalt iſt ſo charakteriſtiſch, daß er wohl hier eine Stelle verdient:
„Fahre fort, lieber Freund, dir täglich mehr Kenntniſſe zu erwerben; vergiß nie, daß die
erſte Regel eines Kriegers Folgſamkeit iſt. Was würde ohne dieſe eine Armee ſein! —
Oft, ſehr oft müſſen wir Befehle vollziehen, die im erſten Augenblick unſeren Beifall nicht
haben. Können wir aber immer die Mittel berechnen, die zum Ziel führten? Du biſt in
deinen beſten Jugendkräften, feurig und redlich — mäßige dieſes Feuer und handle nicht,
ohne zuvor wohl überlegt zu haben. Gegen deine Gefährten ſei höflich, ohne dir etwas zu
vergeben: geringe Beleidigungen ſuche durch Liebe und Freundſchaft zu erwiedern; gegen
große, nicht geſuchte Ungerechtigkeiten ſei ein Mann. Deiner Untergebenen Liebe zu erlan=
gen, ſei dein ſchönſtes Ziel; ſie ſind Menſchen, wie du, nur hat das Schickſal und deine
Erziehung dich über ſie geſetzt. Strafe nie in der Hitze des erſten Augenblicks, um nicht
Tyrann zu werden. Sollteſt du Vergehen beſtrafen müſſen, ſo beſtimme die Dauer der
Strafe nach reiflicher Ueberlegung. — Dem „Gouvernement“, welches dich bilden ließ,
welches dir nun einen geehrten Poſten anwies, ſei treu und ergeben; rechtfertige ſeine
Wahl durch deine Aufführung. — Kommſt du endlich auf den Kampfplatz, ſo handle als
ein Mann; ſei brav, ohne tollkühn zu ſein. Das Letztere führt dich vom Zweck ab und
koſtet manchmal unnöthig Blut.“

[3]) Kaiſerslautern hatte ihm, außer der Einführung eines geregelten Hausbaltes,
u. A. auch die Errichtung eines Gymnaſiums, das leider im Jahr 1818 in Folge der
Gründung des Lyceums zu Speyer, auf die Stufe eines Progymnaſiums herabgedrückt
wurde, ſo wie die Berufung des tüchtigen Schulmannes Friedrich Balbier zum
Direktor zu verdanken.

Chef des „Etatmajor" der mit einer zahlreichen Besatzung versehenen Festung. Wohl erwarb sich Oberst Lufft in dieser wichtigen, für ihn höchst ehrenvollen Stellung das durch den Gouverneur der Stadt Metz, Divisionsgeneral Baron Durutte, „der Wahrheit gemäß" bestätigte Zeugniß des Commandanten Baron Richter vom 13. April 1814, daß „er sich durch den Eifer und die Thätigkeit, womit er seine Pflichten erfüllt, ausgezeichnet habe"; allein kaum mit Urlaub in die Mitte seiner Familie nach Kaiserslautern zurückgekehrt, erkrankte derselbe so schwer, daß er, ein trefflicher Gatte und Vater, schon am 22. Oktober 1814 im Alter von 45 Jahren seiner Familie durch den Tod entrissen wurde. Derselbe hatte sich in Metz mit dem ganzen Feuer seiner früheren kriegerischen Laufbahn dem Dienste gewidmet und sich dadurch ein Lungenleiden zugezogen, welches die von der sorgfältigsten Pflege unterstützte ärztliche Kunst eines treuen Freundes nicht zu heben vermochte [1]. Einige Tage vor seinem Tode war ihm noch die Nachricht zugekommen, daß er zum Commandanten der Festung Thionville vorgeschlagen und seine Ernennung sicher zu erwarten sei.

Hielt sich der Verfasser bei der Biographie des Obersten Lufft etwas länger auf, so geschah es, um darzuthun, wie sehr es dieser Ehrenmann verdiente, daß ihm der gebührende Antheil an der Eroberung des Schänzel vindicirt und endlich ein Akt der Gerechtigkeit gegen sein Andenken geübt werde (Text §. 42).

§. 8.

Der Jäger als Wegweiser.

Eine lange Reihe von Jahren war die Sage im Volke keine andere, als die, daß ein Jäger den Franzosen den Weg zur Umgehung des Schänzel gezeigt habe. Diese Sage wurde seit dem Aussterben der Generation, welche die Ereignisse des 13. Juli 1794 erlebte oder Zeuge davon war, allmählig verunstaltet. Heute werden sogar ein halbes Dutzend Leute genannt, die zum Führen bei jenem Marsch gedient haben sollen. So z. B. ein Fischer aus Grävenhausen bei Annweiler, ein Engel und ein Rothhaas aus Ramberg, ein

---

[1] Kurz vor seinem Tod hatte Oberst Lufft den Wunsch geäußert, von „seinen Bürgern" ohne alles weitere Gepränge zur irdischen Ruhestätte getragen zu werden. Dieser Wunsch gieng in Erfüllung, indem die Wittwe, eine deutsche Frau, ihm auch dadurch genützte, daß sie das Anerbieten des russischen Stadtcommandanten, dem Verewigten beim Begräbniß alle militärischen Ehren erweisen zu lassen, dankend ablehnte. Dem guten Namen aber, den Oberst Lufft hinterließ, war es zu verdanken, daß König Maximilian I. von Bayern der Wittwe für ihren ältesten Sohn einen Freiplatz im k. b. Cadetten-Corps zu München anbieten und diesen Platz, als jener zum Studiren bestimmt wurde, für den jüngsten Sohn offen ließ. Adolph Lufft zeigte sich der Allerhöchsten Gnade und dem Andenken seines Vaters dadurch würdig, daß er sich durch alle Klassen des Cadetten-Corps hindurch den I. Platz errang. Ebenso kenntnißreich und wißbegierig, als talentvoll und charakterfest, zog er, vom Unternehmungsgeist getrieben, als Lieutenant im Geniecorps mit König Otto nach Griechenland (Dezember 1832) und starb als Hauptmann und Chef der k. griech. Genie-Direktion in Missolunghi, an den Folgen des griechischen Fiebers und eines vernachlässigten Zubübels, am 16. März 1839 zu Athen im Alter von 28 Jahren. Sein so frühzeitiger Tod erregte bei Allen, die ihn kannten und auch wegen seiner liebenswürdigen Persönlichkeit werth schätzten, um so lebhafteres Bedauern, als der Verlebte zu großen Erwartungen berechtigte. Selbst die „Allgemeine Zeitung" gedachte dieses Todesfalles als eines Verlustes.

Weber aus Dernbach u. s. w. Offenbar spielt hiebei das Hörensagen und das Nebelhafte der Tradition vom Großvater auf den Enkel besonders unter der Landbevölkerung, nebst einer gewissen Wichtigthuerei im Schleier der Mythe, seine Rolle, obwohl selbst an diesen Gerüchten so viel wahr sein mag, daß Leute aus den zunächst gelegenen Dörfern nicht blos den Preußen, in deren Lager sie marketenderten, sondern auch den Franzosen Kundschafter- und Weg-weiser=Dienste da= und dorthin leisteten. Aber die Eingangs erwähnte alte Sage verdient um so mehr allen und nur allein Glauben, als ihre beste Bestätigung in den zuverlässigen Ueberlieferungen der Familie des Obersten Lufft, wonach es ein Jäger (Förster) war, der ihm und seiner Halbbrigade als Führer diente, dann in den damit übereinstimmenden „Aufzeichnungen eines preußischen Officiers" zu finden ist.

Diesen Aufzeichnungen zufolge verhielt es sich mit dem Jäger also: „er habe aus Habsucht den Franzosen, wie den Preußen als Kundschafter gedient, sei von diesen über dem Einverständniß mit jenen ertappt und vom Kriegsgericht zum Tod verurtheilt worden, habe jedoch in der Nacht vor dem Vollzug des Urtheils aus der Gefangenschaft zu Trippstadt entspringen können und nun aus Rachgier am Tage vor der Erstürmung des Schänzel in Abwesenheit des Generals dem Obersten das Anerbieten gemacht, die Franzosen in die rechte Flanke und den Rücken der preußischen Position am Schänzel auf ihm genau bekannten Wegen und Stegen so führen zu wollen, daß die Besatzung davon nicht eher etwas merken werde, als bis es für sie zu spät sei; der Oberst habe dieses Anerbieten angenommen und dem General sogleich gemeldet, in Ermangelung des nöthigen Vertrauens jedoch der Person des Jägers sich versichert. Am andern Tage sei denn auch vom Obersten unter der Führung des Jägers, die sich vollkommen bewährt habe, der Umgehungsmarsch vollzogen und dadurch die Eroberung des Schänzel herbeigeführt worden."

Ob und in wie weit alles das seine Richtigkeit habe, was in den „Aufzeichnungen" über die doppelte Rolle des Jägers gesagt ist, das mag dahingestellt bleiben. Jedenfalls war derselbe nicht blos mit dem Schänzel selbst und der Umgegend, sondern auch mit den Verschanzungen und Stellungen so genau bekannt, daß er dem Obersten über alle diese Punkte Auskunft zu geben wußte.

Bedurften die Franzosen auch eines Führers zur Umgehung des Schänzel, so hat die Eroberung dieser starken Position vermöge der Art und Weise, wie, auf das Anerbieten des Jägers hin, der Plan zur rechtzeitigen Lösung der schwierigen Aufgabe vom „militärischen Talent" rasch entworfen und von der „Unerschrockenheit" kühn ausgeführt wurde, den begründetsten Anspruch darauf, daß sie als eine glänzende Waffenthat betrachtet werde.

Ohne Kundschafter und Wegweiser läßt sich nun einmal nicht Krieg führen, am allerwenigsten in den Gebirgen eines fremden Landes. So war es von jeher, und so wird es auch fernerhin bleiben. Ja! es würde Der, welcher manierirt genug wäre, daran Anstoß zu nehmen, geradezu dem bitteren Loos verfallen, sich gründlich lächerlich zu machen, so gewiß es auch ist, daß ein ehrlicher, gewissenhafter Mann sich nicht dazu hergeben wird, dem Feinde Kundschafter- oder freiwillige Wegweiser-Dienste [1]) zu leisten. General v. Blücher, der in seinem Tagebuch öfters bemerkt, wie die Alliirten und er

---

[1]) Zum Wegweiserdienst kann Jemand auch, z. B. durch Drohungen, gezwungen werden, während der Kundschafterdienst aus eigenem Entschluß geleistet wird.

selbst mit Kundschaftern gut bedient gewesen seien, sagt noch besonders von sich: „Ich hatte einen alten, zuverlässigen Jäger, der mich auf einem Wege neben seiner eigenen Wohnung vorbeiführte" [1] . . . und dann wieder: „Es war daher meine erste Sorge, mich mit guten Kundschaftern und mit Leuten zu versehen, die vom Terrain Kenntniß hatten und mir nützlich sein konnten. Diese fand ich unter anderen in 2 fürstlich Leining'schen Jägern, die die ganze Gegend und jeden Fußsteig im Gebirge genau kannten. Ich machte mit ihnen den Accord, daß, wenn sie Officiere zu Unternehmungen führten, sie für jeden gefangenen Cavaleristen 1 Carolin und für jeden Infanteristen 1 Dukaten erhielten, und fesselte auf diese Art ihr Interesse, um des guten Erfolges desto gewisser zu sein" [2].

§. 9.
Ortsbeschreibungen [3].

A. Das Haardt- und Vogesen-Gebirge. Der Eschenkopf.

(Aus dem Buch: „Die Pfalz und die Pfälzer" von August Becker. Leipzig 1858.)

S. 5 ff. „Jedoch dürfen wir auch einen Central- und Schlüsselpunkt des Terrains suchen und zwar dort, wo einsichtsvolle Feldherren ihn gefunden und alle ihre Entscheidungsschlachten geschlagen haben [4], da, wo sich die Wasgauerfirnen oder die Wasserscheide in dem 2100 b. F. hohen Eschenkopf zu einem Hauptknoten abstockt, bei dem das einsame Forsthaus Johanneskreuz mitten in großen Wäldern steht, völlig im Herzen des Landes, in der Mitte der Pfalz. Das ist der pfälzische Gotthard (wenn wir so sagen dürfen), wo die Gebirgsäste, welche die natürliche Gliederung des Landes bestimmen, zusammenlaufen und sich kreuzen, wo die Hauptthäler ihren Ausgangspunkt finden und von welchen fast alle größeren Bäche der Pfalz strahlenförmig nach allen Richtungen hinabfließen. Natürlich rechnet man alles, diesen Concentrationspunkt umlagernde Hochland noch hinzu, und hier bei Kaiserslautern kreuzen sich auch fast alle Straßen der Pfalz. Vom Süden her läuft über die Schlachtfelder von Pirmasens die waldige Vogesenfirne oder „Waslichenfirst" und setzt sich nördlich fort, indem sie sich in dem schlachtenreichen Plateau von Kaiserslautern und weiter etwas abflacht, um dann als mächtiger Bergstock nochmals emporzusteigen und mit dem majestätischen 2300 b. F. hohen

---

[1] Es war dies in der Gegend von St. Ingbert bei einem beabsichtigten Ueberfall des Feindes.

[2] General v. Blücher commandirte damals die Vorpostenkette von Westhofen bis Alzey, während die Franzosen bei Dürkheim standen.

[3] Sollten Touristen aus dem Militär- und auch aus dem Civilstand durch diese Schrift vielleicht angeregt werden, die Stätten zu besuchen, woselbst insbesondere die Kämpfe am 13. Juli 1794 statt hatten, so kommen sie zugleich in Gegenden, welche durch die Ereignisse vergangener Jahrhunderte ein hohes geschichtliches Interesse erhalten. Aber es werden dieselben außerdem durch den Genuß jener Naturschönheiten erfreut werden, welche sich in jenen Gegenden so mannigfach darbieten, hier in anmuthigen Thälern und herrlichen Waldungen, dort auf den Höhen der Vogesen und des Haardtes mit ihren großartigen Ausblicken in eine Gebirgswelt, deren Meer von Kuppen durch groteske Felsenmassen und imposante Burgruinen an Reiz und Anziehung gewinnt.

[4] Kaiserslautern und Pirmasens, wo 1793 und 1794 bedeutende Gefechte und Schlachten vorfielen, sind vom Eschenkopf, jenes 4—5, dieses 6—7 Stunden entfernt.

Donnersberg die ganze 30 Meilen lange Vogesenkette würdig abzuschließen. Westlich von dem Knotenpunkte aus laufen die Sickinger Höhen, welche den Kessel der Blies von dem Glan-Nahe-Gebiet scheiden und so das Westrich doppelt gliedern, so daß eine südwest- und eine nordwestliche Neben-Abdachung sich bildet. Nach Osten dagegen zieht von dem Knotenpunkt am Johanneskreuz um die Quellen der Speyerbach herum und zwischen den Thälern derselben hin das Waldgebirge der Haardt. Das Queichthal scheidet es von dem kühner geformten und zerrissenen Felsgebirge des Wasgau, des eigentlichen Vogesus, der, aus dem Elsaß kommend, das Terrain zwischen Queich und Lauter ausfüllt. So ziemlich in der Mitte zwischen dem Laufe des Rheins und jenem des Hauptgebirgskammes, läuft nun mit beiden parallel die vorderste, der Rheinebene zugekehrte Bergreihe der Vogesen und der Haardt, indem sie sich in ihrer ganzen Linie zu der höchsten Höhe erhebt und jäh abstürzend den hinteren Hauptkamm, was charakteristisch für die Vogesen ist, völlig überragt. Sie stellt sich als eine stattliche Gebirgswand dar, die besonders in ihrer Mitte von der Queich (Landau) bis zur Isenach (Dürkheim) als ein festgeschlossener Bergwall erscheint, der nur von einem engen Hauptthale, dem der Speyerbach (Neustadt a. H.), durchbrochen ist. Dies ist aber die waldige Haardt, die in ihrem Innern äußerst schwach bevölkert, sich als eine dicke Scheidemauer zwischen das Westrich und die Vorderpfalz legt. Dagegen zeigt sowohl der linke, als der rechte Flügel dieser ganzen Gebirgswand mehr durchbrochene Glieder: das hochwellenförmige, gut angebaute und stark bevölkerte Hügelland vor dem Donnersberger Norden, und das schluchten- und dörferreiche Felsgebirg des Wasgau im Süden vermitteln den Uebergang der Vorderpfalz zum Westrich, indem sie überall offene Pässe zeigen. Ueberblicken wir nun das Land im Allgemeinen, so zeigt sich die Pfalz in der Mitte am höchsten und an den äußersten Grenzen im Osten, Südwesten und Nordwesten am niedrigsten."

S. 647 ff. „Die Mitte der Pfalz, auf dem Hauptknoten der Wasserscheide, von welchem die Gebirgsäste, Thäler und Flüßchen ausgehen, ist überlagert von ungemein großen, herrlichen Wäldern, welche von der Vogesenstirne bis an den Rand der weinreichen Haardt lagern. Es ist dies das einsame, fast unbewohnte Waldland der „Frankenweide", an das sich der große Elmsteiner Staatsforst und die Haingeraiden östlich, und die Grävensteiner Forste westlich anschließen. Die Frankenweide reicht von der Queich bis zur Hochspeyer, von dem Annweilerer bis zum Frankensteiner Thal; sie macht den Kern des königlichen Forstes Vogesus und war später an den Besitz der Falkenburg bei Wilgartswiesen geknüpft."

S. 649 ff. „Die Hochstraße führt in südlicher Richtung von Johanneskreuz innerhalb einer Stunde an die höchste Spitze des „pfälzischen Gotthard", zum Eschenkopf, der noch 500 F. über die Firne des Gebirgs emporragt. Durch den grünen Baldachin der Buchen, Eichen und Eschen steigt man empor zum Gipfel des Berges, den ein hölzerner Thurm von erstaunlicher Höhe krönt — der „Tillegraf" genannt[1]). Aus gewaltigen Balken gezimmert, trägt

---

[1]) Von diesem Thurm ist keine Spur mehr vorhanden. Ein passiver Vandalismus ließ ihn allmählig verfallen und endlich auf den Abbruch versteigern. Und doch wäre es ein Leichtes gewesen, den Thurm wenigstens in einer Höhe zu erhalten, welche gestattet hätte, über die Bäume hinwegzusehen, die dermalen nach Osten und Süden die Aussicht versperren. Das ist die Folge, wenn man den Idealismus unter dem Materialismus gänzlich verkümmern läßt.

er in schwindelnder Höhe ein Bretterhäuschen, eine Art Taubenschlag. Er ward von Napoleon als Telegraphenthurm errichtet, um Paris mit Mainz in Verbindung zu setzen. Eine Bretterstiege führt hinauf, und eine unermeßliche Aussicht nach allen Seiten thut sich oben auf, vielleicht einzig in ihrer Art. Oben blauer Himmel, unten ein grüner Ocean von Wäldern. So ergreift diese weite Rundsicht durch die majestätische Einsamkeit und die imponirende Ruhe, in welcher der alte Vogesus sich unter uns ausbreitet. Da hinaus nach Osten ziehen die hohen Forste der Haardt, nach Westen der Gebirgszug der Eidinger Höhe, und hier allein schauen gleich Inseln einige Dörfer von an= gebauten Höhen herüber; jenseits derselben heben der Potzberg und Königsberg ihre Häupter, während aus fernem Norden der riesige Donnersberg über das Waldmeer schaut und südlich waldige Kuppen und Felsberge den Gebirgs= kamm bis nach Lothringen und Elsaß begleiten. Das ganze Gebirgsland der Pfalz mit vielen hundert grünen Kuppen und Bergrücken spiegelt uns das Wogen des Meeres im Sturme vor."

B. Das Dörfchen Hofstätten.

(Aus Becker's „Die Pfalz und die Pfälzer".)

S. 652. „Ueber dem „Häuschen" (das im Flachsthal unweit der Stelle liegt, wo der Flachsbach sich mit dem Wellbach vereinigt) liegt hoch auf dem steilen Thalrande, auf der Gebirgsfirne, das kleinste, abgelegenste, einsamste und höchste Dorf der Pfalz, Hofstätten oder Hochstedten, zu welchem ein Steg emporführt. Es war vor Zeiten ein Pfarrdorf und große Melkerei; 1635 zer= stört, fristet es nun seine armselige Existenz durch den Erwerb in den Wäl= dern. Hofstätten liegt in gleicher Höhe mit dem Trifels, 1580 b. F. über dem Meer."

Nach Pfarrers M. Frey „Beschreibung des k. bayer. Rheinkreises" (Speyer 1836) war Hofstätten das uralte Hubestatt oder Hubestatt, und wurde die Melkerei nach der Zerstörung des Pfarrdorfes 1635, im Jahre 1665 auf der nämlichen Stelle und unter dem gleichen Namen erbaut.

Das Dörfchen zählt dermalen 28 Familien und ist der Gemeinde Will= gartswiesen einverleibt.

C. Das Staats-Forsthaus „Johanneskreuz".

(Aus Becker's „Die Pfalz und die Pfälzer".)

S. 648. „Mitten in diesem grünen Herzen der Pfalz, hoch auf der Wasscheufirst der „Riesenberge", liegt 2½ Stunden südlich von Kaiserslautern über den „Hirschsprung" hin das einsame Forsthaus „Johanneskreuz" auf einer Lichtung des Gebirgskammes, wo sich alle Waldstraßen mit der Hoch= straße treffen, auf der Wasserscheide der Mosel und des Rheins. Die Familie des Revierförsters Weißenauer hält hier ein treffliches Gasthaus, wo man sein gutes Glas Wein trinkt, ein ausgezeichnetes Wildpret, das aus der Jagdtasche des Hausherrn selbst kommt, ißt, und wo man um so mehr die müden Glieder ausruhen kann, als nichts die hehre Bergeinsamkeit und Wäldesstille stört. Es ist ein ganz herrlicher Sommeraufenthalt hier oben, von der lärmenden Welt draußen so fern, inmitten der alten Forste des Vogesus. Noch schöner ist es hier im Herbste, wenn die Wälder das bunte Gewand anlegen und nach und nach abschütteln, da die Winde kühler vom „Winterhauch" und Hundsrück wehen. Von den 40 Quadratmeilen Wald der Pfalz lagert ſich bei Weitem der größte Theil um das Johanneskreuz. Hier ſtoßen zuſammen die Frankenweiden, Haingeraiden, der Elmſteiner Staatsforſt, die Wälder des Hochlandes, der Grävenſteiner und Merzalber Forſt, der Lauter-, Reiche- und Stiftswald.

„Der Name „Johanneskreuz" rührt von einem alten ſteinernen Kreuze her[1]), das hinter dem Forſthaus auf der Straße nach Kaiserslautern ſteht. Vielleicht iſt es ein bloßes Wetterkreuz hier auf der Schneeſchmelze des Waßichen; nach der Sage ſoll es das Grabmahl eines ſchwediſchen Generals ſein, der hier im 30=jährigen Kriege fiel[2])."

Rühmt A. Becker das Gaſthaus auf „Johanneskreuz" unter Führung des mittlerweile verſtorbenen Revierförſters Weiſſenauer, ſo hat dieſes Lob auch heute noch, wo Oberförſter Albrecht die Wirthſchaft führt, ſeine volle Geltung. Insbeſondere verdient die Thätigkeit. Geſchicklichkeit und freundliche Unverdroſſenheit, womit deſſen Ehefrau dem Hausweſen nach allen Richtungen vorſteht, die beſte Anerkennung. Mehr wie ein halbes Dutzend netter Zimmer mit guten Betten ſtehen zur Aufnahme von Gäſten bereit, und vorausſichtlich werden dieſe Räumlichkeiten, da der gute Ruf von Johanneskreuz ſtets größere Kreiſe zieht, für die Dauer nicht ausreichen. Das, was durch die Wirthſchaft an Lebhaftigkeit gewonnen wird, geht an der Waldeinſamkeit und Bergesſtille für Den nicht verloren, der Beides, weil es noch immer ganz in der Nähe zu finden iſt, nur aufzuſuchen die Luſt und die Liebe hat.

In der Umgebung von „Johanneskreuz" entſpringen nachgenannte Bäche, nämlich:

1) die Erlenbach ¾ St. von da unterhalb des Eſchenkopf, der, nach Nordoſten ſich wendend, ſchon nach 1½ ſtündigem Lauf bei Speyerbrunn mit dem dort entquellenden Speyerbach ſich vereinigt[3]);

2) dieſer Speyerbach ſelbſt 1 St. von da, der, in öſtlicher Richtung an Elmſtein, St. Lambrecht und Neuſtadt a. H. vorbeifließend, bei Speyer in den Rhein fällt;

3) die Burgalbe oder Schwarzbach, ½ St. von dort zwiſchen dem ſüdlichen und ſüdweſtlichen Aſt der Hochebene, die, nach Südweſten ſich wendend, bei Burgalbe die Mooſalbe und bei Thaleiſchweiler die Rodalbe in ſich aufnimmt, um dann unter dem Namen Schwarzbach oder Erbach unweit Zweibrücken in die Blies und mit dieſer bei Saargemünd in die Saar ſich zu ergießen;

---

[1]) Das ſteinerne Kreuz ſelbſt exiſtirt nicht mehr und iſt durch ein auf dem Sockel angebrachtes gußeiſernes Kreuz mit der Inſchrift „Johanneskreuz" erſetzt. Zu den Merkwürdigkeiten von Johanneskreuz gehören die „höchſte und ſchönſte Buche in der Pfalz' in der Wolfendell (¼ St.) und eine dreiſtämmige Buche von höchſt origineller Figur am Geiſmannsſohl (¼ St.).

[2]) Vielleicht war es religiöſer Sinn, der das Kreuz am dortigen Straßenknotenpunkte aufſtellte. Mit dem „ſchwediſchen General" dürfte es um ſo mehr zweifelhaft ſein, als unweit der Beilſteiner Schloßruine ¾ St. von Kaiserslautern, neben der Heerſtraße am Abhang des Wallenberg ein halb zerbrochenes ſteinernes Kreuz von ſchöner Arbeit ſteht, welches, der Sage nach, auch das Grabmal eines ſchwediſchen Generals iſt, dem ſogar, obwohl im Widerſpruch mit der Geſchichte, der Name Torkenſohn beigelegt wird. Bei Kaiserslautern hatten insbeſondere nach der Schlacht von Nördlingen blutige Gefechte zwiſchen den Kaiſerlichen und Schweden ſtatt, und die Stadt ſelbſt wurde von jenen am 7. Juli 1635 erſtürmt, geplündert und größtentheils zerſtört.

[3]) Die Erlenbach quellt aus einem Felſenbecken heraus. Horcht man hinein, ſo hört man das Waſſer aus anſehnlicher Höhe durch den Felſen herunterrauſchen.

4) die Moosalbe, ³/₈ St. von Johanneskreuz zwischen den beiden westlichen Aesten der Hochebene, die, von Westen nach Nordwesten an dem südlichen und südöstlichen Fuß der Trippstadter Hochebene durch das bekannte Karlsthal vorüberfließend, sich dann nach Südwesten wendet und, wie gesagt, bei Burgalben in die Schwarzbach einströmt.

Diesen Bächen sind jedoch, zumal Johanneskreuz doch eigentlich nur in Verbindung mit dem Eschenkopf als Wasserscheide betrachtet werden kann, noch folgende zuzuzählen, als :

5) die unweit Merzalben etwa 2¹/₂ St. vom Eschenkopf entspringende Wieslauter, die, bis Bobenthal eine südliche Richtung einhaltend und von da in eine nahezu östliche Richtung einlenkend, an der französischen Grenzstadt Weißenburg vorüberfließt und bei Neulauterburg sich in den Rhein ergießt, indem dieselbe, wie sie früher in ihrem Weiterlaufe von da die bekannten Weißenburger Linien bezeichnete, so jetzt die Grenze zwischen Deutschland und Frankreich bildet;

6) die Nieders- und die Gelsbach, welche, jene nordöstlich ¹/₂ St., diese östlich 1 St. vom Eschenkopf entspringend, bei der Gelswies nördlich vom Gelskopf sich vereinigen, um als Helmbach weiter und bei der Helmbacher Mühle, 1 St. von Elmstein, in den Speyerbach zu fließen ;

7) die Wellbach, welche ¹/₄ St. östlich vom Eschenkopf entspringt, in südlicher Richtung weiter läuft, dort, wo die Füße der beiden Ausläufer des Saukopf, Aron und Pfälzerteich, sich berühren und nach Südosten eine Ecke bilden, die aus Westen kommende Flachsbach in sich aufnimmt und dann in südöstlichem Lauf unweit Rinnthal in die Queich sich ergießt, welche bei Germersheim in den Rhein fällt und die sogenannte Queichlinie markirt.

D. Das Landauer Forsthaus Taubensuhl.

Dasselbe liegt am südwestlichen Abhang der 1883 F. hohen „Sommerscheide" an der nach dem Eschenkopf ziehenden Hochstraße, aus der sich ganz in der Nähe ein Weg rechts nach Elmstein und ein Weg links nach Hofstätten abzweigt.

Wer vom Mai bis Oktober die Einsamkeit und Stille des Waldes inmitten der herrlichsten Forste von Laubholz, darunter in erster Linie der Landauer [1]), bei der kräftigsten Bergluft ungestört genießen will, der mag in dem 1660 F. über dem Meer gelegenen Forsthaus, welches einer Straße der Stadt Landau mit Nr. 20 zugetheilt ist, seinen Aufenthalt nehmen, wo er bei Herrn Oberförster Aul und dessen Familie die freundlichste Aufnahme, die aufmerksamste Behandlung, ein reines Glas Wein und eine zwar einfache, aber gute Kost, bei der das Rehwildpret nicht fehlt, unter sehr mäßigen Preisen findet. Zwei nette Zimmer mit guten Betten sind zur Aufnahme von Gästen in Bereitschaft. Nöthigenfalls können noch mehr, wie zwei Personen, wenigstens auf kürzere Zeit, Unterkunft finden. Einige 100 Schritte vom Forsthaus, zu

---

[1]) Die Waldungen der Stadt Landau befinden sich in einem trefflichen Zustand, der hauptsächlich dem Umstand zu verdanken ist, daß kein Streuwerk daraus geholt wird, alles Laub vielmehr zur Düngung des Bodens liegen bleibt. Eine Vergleichung mit den angränzenden Waldungen jener Haingeraide-Gemeinden, welche die Berechtigung, Streuwerk zu holen, meist zum Uebermaß ausüben, fällt entschieden zum Nachtheil der letzteren aus und muß für deren Zukunft besorgt machen.

dem außer einem großen Garten noch Dienſtland gehört, auf dem eine Menge Kirſchenbäume ſtehen, die im Juli und Auguſt treffliche Früchte tragen, befindet ſich eine vom früheren Oberförſter P u r y n s gegründete ſchöne, ſchattige Waldanlage mit der Ausſicht u. A. nach der Kalmit. An größeren und kleineren, nicht beſchwerlichen Ausflügen in die bewaldete Umgegend fehlt es nicht und Der, welcher weniger bequeme und weitere Fußpartien liebt, kann ſeine Touren nach Gefallen über Berge und Thäler bei ſteter Abwechſelung der Scene ausdehnen.

E. Das Eßenlobener Forſthaus „am Heldenſtein.“ Der Steigerkopf.

a. Das Ebenlobener Forſthaus liegt 1440 b. F. hoch beiläufig 250 Schritte vom Fuß der Nordweſtecke des Schänzel, auf der ſich die Schanze Nr. I mit dem Denkmal a. des Generals v. Pfau (§. 49 S. 129) befindet; daſſelbe ſteht 30 bis 40 Schritte vom Punkt B auf dem unteren Abſatz des dort gelinde abfallenden öſtlichen Hanges der Salzgrube und einige Schritte von einem Röhrbrunnen, deſſen laufendes Waſſer durch eine Leitung aus dem Driſſenbrunnen zugeführt wird. Am Forſthaus hat man die ganze Weſtfront des Schänzel, alſo auch die Südweſtecke mit der Schanze Nr. II. vor ſich[1]), und vom Hofe aus erblickt man in ſüdlicher Richtung die impoſante Schloß-ruine Scharfeneck[2]).

Bei den auf dem Forſthaus wohnenden Waldhütern B r a n d t und G o-t h a r finden ſelbſt Touriſten, welche unerwartet kommen, an Speiſe und Trank jederzeit ſo viel, als zur Labung erforderlich iſt. Mäßige Anſprüche werden aber um ſo beſſer dann befriedigt, wenn z. B. das Mittageſſen im Voraus beſtellt oder ein längerer Aufenthalt genommen wird. 2 Zimmer mit 3 Betten ſtehen zum Beherbergen von Gäſten bereit.

b. Nach dem Schänzel, deſſen Oberfläche durch die Waldculturen in den letzten 40—50 Jahren gänzlich verändert iſt, gelangt man von Johanneskreuz aus über Taubenſuhl (Steineck) auf der Hochſtraße und vom Annweilerer Thal her über Ramberg, von wo aus man ſich nach dem Modenbacher Hof und in das Modenbacher Thal oder über das Gebirg nach dem Satzerſtein an der Hochſtraße wenden kann. Der eine und der andere Weg führt zunächſt zum Forſthaus, von dem man aus in 12—15 Minuten auf einem gut angelegten Pfad zur Schanze Nr. I und in 10—12 weiteren Minuten zum höchſten Punkt des Schänzel, dem Steigerkopf, ganz bequem kommen kann. Von der Schanze I bis zur Schanze Nr. II ſind es 5 Minuten.

Aus den Orten am Vordergebirge gehen verſchiedene Wege nach dem Schänzel. Von Edesheim, Gleisweiler[3]), Burrweiler, Weyher aus wählt

---

[1]) Leider ſind die Schanzen Nr. I und II jetzt hinter Bäumen verſteckt.

[2]) Die Burg war bis ins 15. Jahrhundert Eigenthum der Herrn v. S c h a r f e n e c k, kam 1430 an Kurpfalz und von dieſer durch Friedrich den Siegreichen an das fürſtliche Haus L ö w e n ſt e i n, in deren Beſitz ſie auch als Ruine bis zur franzöſiſchen Revolution blieb.

[3]) Eine Stunde von Landau entfernt liegt das 1843 vom Dr. med. L. Schneider aus Landau gegründete Bad Glasweiler neben dem Dorfe gleichen Namens, 1000 Fuß über der Meeresfläche, in einem hohen Bergeinſchnitt gegen Südoſt, im Schutze vor den rauheren Nord- und Weſtwinden. Von dem milden Klima der Landſchaft zeugen die bis gegen die Berggipfel reichenden Waldungen edler Kaſtanien, der in der nächſten Umgebung wachſende vorzügliche Wein, das gute Gedeihen der Mandeln und anderer an ein ſüdliches Klima erinnernder Producte, überhaupt die Üppigkeit der geſammten Vegetation. Der Beſchauer genießt hier die überraſchendſte Ausſicht in das lachende Rheinthal mit ſeinen unzähligen

man entweder den Weg durch das Modenbacher Thal, links am Modenbacher
Hof und dem Modenbacher Schloßberg vorbei nach dem Forsthaus hinauf,
oder jenen, welcher auf der Südseite des Blättersberg in das obere Meisenthal und von da auf einem bequem angelegten Pfad um die Südostseite des
Kesselberg herum, längs dessen Südwestseite in den Sattel E zieht. Von
Gleisweiler aus kann man aber auch durch das Hainbachthal und über den Sattel
zwischen dem Teufelsberg und dem Roßberg in das Modenbacher Thal unterhalb des Modenbacher Hofes gelangen, um von da aus das Forsthaus zu erreichen. Eben so läßt sich der Weg von Weyher aus über die Rippburg
und von hier über den Haag und die Meisenhalbe hinunter in das obere
Meisenthal nehmen. Es verdient sogar dieser Weg, der schönen Aussicht halber, die sich zumal von der Rippburg in die Rheinebene und das Rheinthal
darbietet, vor allen anderen Wegen den Vorzug.

Ist man einmal im Sattel E, so befindet man sich im Weg E—n—I,
von dem aus neu angelegte Pfade, der eine links zur Schanze Nr. III., der
andere oberhalb der Steinplatten mit den Inschriften rechts auf den Steigerkopf führt, von wo man dann die Schanzen Nr. II, I und IV nebst der
Brustwehr G und schließlich den Verhau F, so wie das Forsthaus besuchen
kann. Auch ist vom Sattel E aus der hohe und steile Kesselberg (§.32.I.A.b.)
mit seiner weiten Aussicht nach der Ebene und in die Gebirge am leichtesten
zu ersteigen.

Von Edenkoben und Rhodt aus hat man die Wahl zwischen dem Weg
durch das Edenkobener (Triefenbach-) Thal hinauf nach dem Sattel D und
zwischen dem Weg, der, nördlich an der Villa „Ludwigshöhe" vorbei, durch
den Distrikt Ameisenberg aufwärts in die Linie zwischen dem Haag und Zweiter Berg, von da nach der Meisenhald und durch diese hinunter in die Ein-
sattelung zwischen dem Zweiter Berg, Dächel, Meisenhald und Kesselberg b. h.
in das obere Meisenthal führt [1]).

Städten und Dörfern und auf die jenseitige Kette des Odenwaldes und Schwarzwaldes.
Von den nächsten Anhöhen aus erblickt das unbewaffnete Auge die Dome von Worms,
von Speyer und von Straßburg. Der Heilanstalt zunächst bietet die Kette der Vogesen,
hier das obere Haardtgebirg genannt, die schönste Gelegenheit zu unterhaltenden Ausflügen. Die als Wallfahrtsort bekannte Kapelle zur heil. Anna, das 2110 F. hohe Schänzel
mit dem Denkmal des am 13. Juli bei der Erstürmung der dortigen Schanzen gefallenen
preuß. Generals v. Pfau, die Ruinen Scharfeneck, Ramberg, Modeneck, Kropsburg,
Marburg, die Irrenheilanstalt zu Klingenmünster, das romantische Anweiler Thal mit dem
Trifels (Gefängniß des Königs Richard Löwenherz nach seiner Rückkehr aus Palästina),
die königliche Villa Ludwigshöhe, der Orensberg und die Madenburg, welche die imposan-
testen Fernsichten der Rheinpfalz bieten: — alle diese nur ½ bis 2½ Stunden entfernten
Punkte und manche andere, welche durch immer neue Naturschönheiten überraschen und an
die sich nicht unbedeutende geschichtliche Begebenheiten knüpfen, gehören zu den schönsten,
welche das Rheinthal aufzuweisen hat.
Zweck der Anstalt ist die Heilung chronischer Krankheiten durch die naturgemäßesten
Agentien, insbesondere: einfache, dem jedesmaligen Leiden anzupassende Diät, geeignete
Bewegung in einer höchst reinen und dabei milden Gebirgsluft, gymnastische Uebungen,
die methodische Anwendung der Kaltwasser-, Molken- und Traubenkur, Kräutersäfte, Kiefer-
nadelbäder und galvano-electrische Heilapparate. Warme Bäder (Schwefel-, Salz-, Stahl-
bäder), ein Dampfbad, die heilsamsten Mineralwasser zum Trinken, und ähnliche, wo es
nöthig ist, auch pharmaceutische Mittel, sind von der Behandlung nicht ausgeschlossen.
[1]) Von Edenkoben bis in den Sattel D 1¼ St., bis in das obere Meisenthal
1½ St. und von da in den Sattel E ¾ St. Von Weyher über den Blättersberg in
das obere Meisenthal 1 St., über die Rippburg dahin ¾ St. Von Gleisweiler über
Burrweiler durch das Modenbacher Thal nach dem Forsthaus 2½ St.

Ist man auf dem ersten dieser beiden Wege in den Sattel D gekommen, so begibt man sich von dort entweder die Hochstraße abwärts zuerst nach der Brustwehr G rechts und der Schanze Nr. IV links (beim Driffenbrunnen), dann zum Verhau F und von da zuvörderst zum Forsthaus, oder man wendet sich gleich links in den Rindspfad D–nn–I und geht auf diesem, links an den 5 Steinen m vorbei, bis dahin fort, wo sich links ein neu gebahnter Pfad nach dem Steigerkopf abzweigt, um vor Allem auf dieser höchsten Kuppe sich umzusehen und von da aus die weitere Tour zu machen.

Schlägt man dagegen den zweiten der beiden Wege ein, so gelangt man aus dem oberen Meisenthal auf dem erwähnten Pfad um den Kesselberg herum in den Sattel E.

Ein Besuch des Schänzel wird, abgesehen von dem Interesse, welches die Erinnerung an die daselbst vorgefallenen kriegerischen Ereignisse wenigstens bei Jedem zu erwecken vermag, der Sinn für vaterländische Geschichte hat, durch die großartige und reizende Aussicht in die Gebirgswelt belohnt, deren man sich auf dem Steigerkopf zu erfreuen hat.

Eine auf diesem 2110 F. hohen Punkt errichtete Erhöhung [1], welche vorerst dazu ausreicht, um über die Gipfel der Bäume ringsum wegblicken zu können, fördert die Umschau, in deren Kreis sich befinden:

aa. nach Nordosten und Norden näher der Hochberg (1963), die Kalmit (2333), die hohen Berge bei Neustadt, namentlich der Königsberg (2241), der Weinbieth (1906), der Stollenberg (1631), entfernter der Drachenfels (1964) und der Donnersberg (2366);

bb. nach Nordwesten näher der Geiskopf (1612), der Bloskülb (1962), entfernter der Königsberg (1837) und der Potsberg (1433);

cc. nach Westen näher der Erlenkopf (1889), der Almersberg (1936), der Armbrunnenkopf (1877) und die Sommerweide (1883), entfernter der Eschenkopf (2096) mit der ganzen Kette, die südlich zu dem Hortenkopf (2073), dem Weißenberg (1948), dem Katzenkopf (1875) und dem großen Boll (1826) zieht;

dd. nach Südwesten in größerer Entfernung die Berge bei Schönau und Nothweiler, näher die Berge bei Dahn mit ihren Felsengruppen;

ee. nach Süden näher der Rehberg (1932), der Roßberg (2180), der Teufelsberg (2065), der Arensberg (1845), entfernter die Berge bei Bergzabern, darunter der Abtskopf (1662), der Treutelskopf (gegen 1800), der Kanzelberg (1917), der Stabelsberg (1667).

An Bergruinen sind sichtbar: Neukastel, Madenburg (Eschbacher Schloß: 1551), Scharfenberg oder Münz (1684), Anebos, Trifels (1700), Lindelbrunn (1519), Dahn, Meisterseele, Ramberg (1503) — Scharfeneck ist durch den Roßberg verdeckt — Elmstein (1427), dann am fernen Horizont Wegelburg (1967) Hohenburg, Fleckenstein, Gutenberg (1732).

Dagegen ist die Aussicht gegen Osten durch den Hochberg, den Blättersberg, den Kesselberg (2280) und den Teufelsberg so versperrt, daß nur die Lücke, welche das Edenkobener Thal bildet, einen Blick in das Rheinthal gewährt. Da letzteres sich indeß auf gar vielen Punkten des Gebirgszuges von Dürkheim

---

[1] Ein Privatmann ließ diese aus Steinen und Rasen in Form eines Thürmchens erbaute, 10—12 F. hohe und mit einer Treppe versehene Erhöhung auf seine Kosten herstellen. Es ist abzuwarten, ob namentlich die Stadt Edenkoben sich daran ein Beispiel nehmen und zu Gunsten des in ihrem Waldgebiete gelegenen, ebenso interessanten, als schönen Punktes auch etwas thun werde.

bis Bergzabern überſehen läßt, ſo thut dieſer Abgang der eigenthümlichen Pracht des Ausblickes in die Gebirgswelt mit ihren zahlloſen Bergkegeln, burgähnlichen Felſen und denkwürdigen Schloßruinen an und für ſich nicht den mindeſten Eintrag.

Dem Intereſſe, welches der ſeit kurzem in Ruheſtand verſetzte Forſtmeiſter zu Elmſtein, Herr Michael Becker (§. 3 S. 10 Anm. 2), dann die Herrn Oberförſter Weidmann zu Weyher, Leich und Schneider zu Edenkoben bisher an dem Schänzel nahmen, ſind u. A. zu verdanken: der bequeme Weg von dem Forſthaus nach der Kuppe, die oberhalb der Fläche L aus den Wegen E–n–I und D–nn–I zum Steigerkopf führenden Pfade, der Pfad vom Weg E–n–I zur Schanze Nr. III, die Entfernung der Bäume, welche die Ausſicht auf den Steigerkopf hemmten. Der Waldhüter Gothar aber erwarb ſich, während der Waldhüter Brandt ſich in mancherlei Beziehung, insbeſondere auch bei der Erhöhung auf dem Steigerkopf nützlich machte, noch dadurch ein namhaftes Verdienſt, daß er mit Zuſtimmung und Unterſtützung ſeines Vorgeſetzten, des Herrn Oberförſters Leich, für die Renovirung des Denkmals des Generals v. Pfau in der Schanze Nr. I, die Errichtung einer Ruhebank einige Schritte davon und die Aufſtellung von Pfählen bei den 4 Schanzen mit den entſprechenden Nummern Sorge trug. Endlich hat Verfaſſer noch ſeine beſte Anerkennung nicht allein dafür auszuſprechen, daß namentlich die Herren Oberförſter Weidmann und Leich ihm durch Aufſchlüſſe bezüglich der Oertlichkeiten auf das Bereitwilligſte an die Hand giengen, ſondern auch dafür, daß dieſe beide Herren, ſo wie die Herren Oberförſter Aul zu Taubeniuhl und Albrecht zu Johanneskreuz, dann der Herr Förſter Knecht zu Hofſtätten entweder in eigener Perſon oder durch ihr untergeordnetes Perſonal bei der Begehung der Gebirgspoſten und dem Aufſuchen der Ueberreſte von Schanzen u. ſ. w. ihm weſentliche Dienſte leiſteten. Waldhüter Gothar that ſich auch in dieſer Beziehung noch beſonders hervor.

Druckfehler:

S. 161 unterste Zeile soll heißen: 1818 anstatt 1812.
S. 166 Zeile 13 von unten soll heißen: auf anstatt aus.

———

Pl. I.

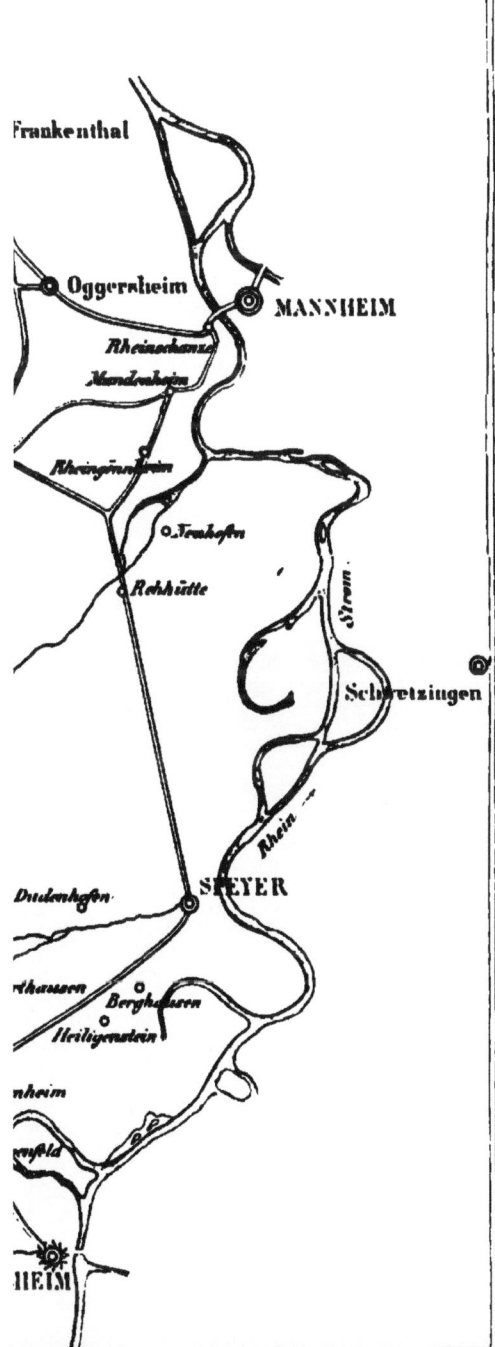